高等教育旅游类“十三五”规划教材

U0957337

中国旅游地理

王志电　付景保◎主编

郑州大学出版社
·郑州·

图书在版编目(CIP)数据

中国旅游地理 / 王志电，付景保主编. — 郑州 ：郑州大学出版社，2020. 12
ISBN 978-7-5645-7007-1

Ⅰ. ①中… Ⅱ. ①王…②付… Ⅲ. ①旅游地理学 - 中国 - 高等学校 - 教材 Ⅳ. ①F592.99

中国版本图书馆 CIP 数据核字(2020)第 072634 号

中国旅游地理
ZHONGGUO LÜYOU DILI

策划编辑	王卫疆　胥丽光	封面设计	苏永生
责任编辑	白金玉	版式设计	苏永生
责任校对	吴　静	责任监制	凌　青　李瑞卿

出版发行	郑州大学出版社有限公司	地　　址	郑州市大学路 40 号(450052)
出 版 人	孙保营	网　　址	http://www.zzup.cn
经　　销	全国新华书店	发行电话	0371-66966070
印　　刷	河南龙华印务有限公司		
开　　本	787 mm×1 092 mm　1 / 16		
印　　张	15.75	字　　数	363 千字
版　　次	2020 年 12 月第 1 版	印　　次	2020 年 12 月第 1 次印刷

书　　号	ISBN 978-7-5645-7007-1	定　　价	42.00 元

作者名单

主　编　王志屯　付景保

副主编　孙　靳　秦艳培　吴　琼　王焕弟

参　编　周振宇　周红军　李　乔

内容提要

本书比较系统地阐述了中国旅游地理的基本知识和基本研究方法,包括旅游地理的基础理论、旅游与地理环境、中国旅游资源地理、中国旅游交通地理、中国旅游地理区划、中国旅游地理分区等内容。本书可作为高等院校旅游专业学生的学习用书,亦可供社会上相关人士参考使用。

前 言

随着我国社会经济发展进程的加快和人民生活水平的提高，旅游作为一种现代生活方式，逐渐走进国人的日常生活。人们的旅游需求强劲增长，旅游市场不断扩大，促进了我国旅游业的蓬勃发展，但是与旅游发达国家相比，我国旅游业还有很大的发展空间。这就需要我们迅速提高对旅游知识的认知，并迅速予以发掘、归纳和整理；加快旅游专门人才的培养，为旅游业的发展提供人才支持和智力保障。

我国疆域辽阔，气候多样，历史悠久，文化灿烂，自然景观丰富多彩，人文景观璀璨夺目，五千年的古老文明和特有的东方神韵一直强烈地吸引着中外旅游者。本教材将全国旅游区划分为九大旅游区，在九大旅游区的划分与命名上，主要从高职高专教学的角度，根据旅游地理区划的基本原则，广泛吸收已有各区划方案的长处，突出资源条件的相对一致性和文化及人文风情的近似一致性，采用行政区名称、区域外文化底蕴与旅游景观主导因素复合命名的方法进行划分与命名。全书共分十四章，第一章至第五章主要介绍中国旅游地理的基本知识，第六章至第十四章主要介绍九大旅游区的旅游地理环境和主要景区。

为了满足高等院校培养应用型专门人才的需要，全书内容密切结合教学实践，以讲清概念、加强实训、案例分析、强化应用为重点，增加了相关全国导游资格考试试题，突出教材的职业性、新颖性、实用性及可读性等特点。为了便于学生使用和学习，本书还强化对旅游地理基础理论的应用和实践能力的培养，特别增设了案例分析和基础训练等内容。为了使学生明确每章的学习目的、提高学生学习的主动性，在每章前设有教学目标、案例导入栏目，便于学生自学。

本教材由王志电、付景保担任主编，负责编写大纲并组织编写工作。具体编写分工是：第一、五章，王志电；第二、三章，付景保；第四、七章，孙靳、李乔；第六、十三章，秦艳培；第八、九、十四章，孙靳、吴琼；第十、十一、十二章，王焕弟。最后由王志电总纂定稿。

在本书编写过程中，我们参考了许多旅游地理方面的著作和研究成果，郑州大学出版社对本书的编写给予了大力支持。在此向有关作者与单位表示衷心的感谢！

编者

2020 年 10 月

目　录

1

绪　论

教学目标

通过本章的学习，掌握旅游地理学的概念，熟悉旅游地理学的内容，了解旅游地理学的学科性质，掌握旅游地理学的学习方法。

1.1　旅游地理学概述

旅游活动从产生之日起，就与地理环境结下了不解之缘。各地区旅游环境的差异是旅游活动最基本的外在动力，而旅游活动的异地性和空间流动性使旅游和地理始终是紧密联系在一起的。正如马特勒在其《国际旅游地理》一书中所言，"旅游几乎没有哪个方面与地理无关，地理也几乎没有哪个部门无助于研究旅游现象"。古代人们的地理知识即来源于旅游活动，而地理知识的丰富又有指导旅游的作用。

1.1.1　旅游地理学的概念

地理学是一门研究人类活动与地理环境相互关系的科学，而地理环境是人类生存、繁衍、活动的根本基础，也理所当然的是人类旅游活动的大舞台。旅游的全部复杂性都是在一定的地理环境中表现出来的，旅游取决于一系列的地理、气候、地形和居民等因素。人们运用地理学的理论与方法研究人类旅游活动产生、发展及分布的时空规律，分析其与地理环境的联系与制约关系及其对人类社会经济的影响，并在此基础上形成和发展了旅游地理学。因此，旅游地理学是研究人类的旅游活动与地理环境及社会经济发展之间关系的科学。研究旅游地理学的最终目的是促进旅游业与社会经济的和谐发展，为人们合理地利用和保护旅游资源提供必要的理论指导。

如前所述，旅游地理学是随着现代旅游业的蓬勃发展而兴起的地理学的分支学科，专业研究与旅游业发展相关的多种地理问题。但是，由于各国的经济发展水平不同，旅游活动的内容也有很大的差异，许多学者对闲暇、游憩和旅游的理解也不尽相同，相应地其研究范围也不同，如英国部分学者称之为"休闲和旅游地理学"；加拿大有些学者称之为"游憩地理学";有的称之为"闲暇地理学";苏联学者则称之为"休憩与旅游地理学"等,此外还有"娱乐地理学"等不同名称,而在汉文化影响较大的日本和韩国,常称为"观光地理学",在中国通常称为"休闲和旅游地理学"。其实,它们之间既有相当多的共同之处,也有一定差异,因为"消闲""娱乐"等的范畴属于"旅游"。

1.1.2 旅游地理学的学科性质

1.1.2.1 地理学科属性

旅游地理学是从地理学的角度出发来研究有关旅游活动的,它无疑是属于地理科学范畴。人类旅游活动是涉及面极广的社会活动,其活动内容包括观光游览、探亲访友、文化娱乐、康体休闲、探险猎奇、科学考察、访古探幽、修学求知、会议交流、商务考察、宗教朝觐、民族采风等方方面面。从旅游活动的行为性质讲,旅游作为一项社会文化性突出的活动和产业,其旅游者、旅游资源和旅游产业的地理研究,都与社会文化地理有着最密切的联系,它是偏向于社会文化的,因此旅游地理属于人文地理学。而对旅游资源中的重要组成部分——自然旅游资源的研究,则与自然地理学科不可分割。同时旅游业又是国民经济的一部分,是一项产业,因此经济地理也要研究它。所以越来越多的地理学家认为旅游地理学是由自然地理学、人文地理学(社会文化地理学)和经济地理学交叉形成的综合性部门地理学。

1.1.2.2 旅游学科属性

旅游现象的综合性与复杂性,决定了旅游地理学的研究内容必然与其平行的各旅游学科又有不同程度的交叉与综合,如旅游管理学、旅游心理学、旅游经济学、旅游社会学、旅游文化学等,它们分别从不同的侧面来研究旅游活动和与旅游活动有关的复杂多样的社会现象,都是旅游地理学的平行姐妹学科,与这些平行学科比较,旅游地理学研究的特点是在空间上进行综合。因此,从事旅游地理研究,必须学习和掌握相关旅游学科的广泛知识。

1.1.2.3 边缘学科属性

由于旅游活动涉及的内容极其广泛,使得旅游地理的研究与众多学科的知识领域有着密切的联系,旅游地理学的许多课题都必须同时从多种学科的角度进行综合研究。如经济学、考古学、历史学、社会学、民俗学、宗教学、建筑学、园林学、环境学、美学、文学、心理学、公关关系学等,旅游地理研究必须学习和掌握这些学科与旅游相关的基本知识。因此,从这个意义来讲,旅游地理学又是一门具有综合性特点、多学科交叉的边缘学科。

1.1.2.4 应用学科属性

旅游地理学是随着旅游业发展的需要而产生并直接服务于旅游业的一门学科,因此特别注重其应用性研究。事实上,我国旅游业的发展就能很好地说明这一点。我国旅游业发展初期,在迫切的旅游需求推动下,许多地理学专家转而去从事旅游资源开发、评价和规划工作,并因此从实践中逐渐摸索和完善了适合我国国情的旅游地理学科的理论体系。旅游地理学发展至今,已开展了大量的以区域旅游开发为中心的应用课题研究,并在旅游资源的评价方法、旅游地的规划手段、旅游容量的估算、旅游流的测定与预报等技术手段的研究上取得了很多成果。旅游地理学正在不断扩大其为社会旅游发展服务的广度和深度,并力图为社会旅游发展中不断出现的新需求做好服务。实践证明,旅游地理学不仅能够为整体性区域旅游开发与经营管理服务,而且能够为各旅游分支行业、企业的发展与布局以及具体旅游产品的开发与经营服务,其研究的最终目的就是促进旅游业与社会经济的发展。有关旅游地理学的理论和方法的教学活动就是为旅游从业人员学习必要的知识素养服务,同时,旅游地理学的理论与知识,甚至可以说对每个旅游者都具有实用价值,很明显旅游地理学又是一门直接服务于旅游业的实用性很强的学科。

1.1.3 旅游地理学的发展

现代旅游地理学研究始于20世纪20年代。二战之前,旅游作为西方发达国家富有阶层生活的内容有了初步的规模,随着廉价的组团旅游的出现,参加旅游的人数越来越多,出游的距离越来越远。在这种情况下,旅游研究随之开始,地理学对旅游的研究在当时扮演了重要的角色。代表人物是麦克默里,他发表的《娱乐活动与土地利用关系》,被认为是现代旅游地理学的第一篇论文。二战以后,社会经济的较快发展使得发达国家国内旅游需求激增,以相邻国家为目的地的国际旅游业得到初步发展,绝大多数旅游地理著作主要是描述某些旅游胜地,或限于一般论述旅游的经济意义,对旅游地理学的基本理论极少探讨。20世纪60年代是现代史上全球经济和社会发展最快的时期。西方发达国家经历了持续的经济增长,人们的生活质量迅速提高。在这一社会经济背景下,世界旅游业也进入了发展最快和最稳定时期,旅游地理学的学科属性和理论问题逐渐为人们所重视。1964年,加拿大地理学家沃尔夫指出:旅游地理学是从经济地理学中分离出来的,可以从不同的角度进行研究。英国地理学家罗宾逊则把旅游地理学当作一门应用地理学。20世纪70年代,鲁彼特等结合联邦德国实例,对旅游市场和旅游区位做了分析研究。法国在这一时期对地中海沿岸的沼泽、沙丘地进行规划建设,成功地建成了富有魅力的国际海滨旅游胜地。同期,国际地理联合会和国际地理大会开始专门讨论旅游和娱乐地理。这一时期旅游地理研究呈现主动参与和多样化的研究,主要研究内容包括:旅游资源的评价、旅游地和旅游区域开发研究、对于旅游客流的调查分析、旅游对于区域自然和社会经济文化之影响的研究等。目前,旅游地理学研究已从传统的定性描述转入结合数学方法、系统工程、模型研究,参与旅游区(点)布局和开发规划。未来旅游地理学的发展趋势表现为研究旅游地理的学者注重理论和实用研究并举,参与多学科性的综合研究,从传统的以资源研究、土地利用研究,转移到以服务设施、旅游者的空间行为与旅游目的地的推销、区域旅游规划、旅游对区域的自然文化社会影响的过程及机制为研究主题,并注重对新技术手段的应用。

中国旅游地理学进入系统研究的标志是1979年底中国科学院地理研究所组建旅游地理学科组。此后,不少学者发挥地理学的综合性、区域性和实践性的特点,同旅游开发实践相结合,使旅游地理学在实践中逐步形成和发展起来。其中郭来喜、陈传康作为我国旅游地理学的开拓者,同时也是最富成效的实践者,大大推动了我国旅游地理学的发展。20世纪80—90年代,中国旅游地理的代表性刊物《地理研究》《地理学报》《地理科学》标志着中国旅游地理的研究已逐渐发展。其中,1985年李旭旦主编的《人文地理学概论》首次列入了旅游地理学条目(郭来喜撰写),标志着旅游地理学正式成为地理学的一门分支学科。初期阶段的旅游地理学,主要以旅游资源为研究内容,侧重于对旅游地景观的描述、并探讨其分布、形成的规律,对旅游区的交通、客源的流向,以及旅游区的开发建设进行描绘。进入20世纪90年代以后,中国旅游地理学主要侧重于参与旅游资源方面的开发和规划实践,在大量个案经验的基础上,对区域旅游开发规划理论和模式也有了初步总结。原有理论在实践中得到进一步验证和提高,旅游地理学研究的领域和内容也逐步扩大和深入,旅游可持续发展思想受到了旅游地理学界的高度重视,并贯穿于开发实践中。未来中国旅游地理学的发展趋势主要表现在:注重学科基本概念的研究和应用;在研究内容上,要从目前以资源、旅游开发的区域社会经济条件为主,扩展到从相互联系的角度对资源、市场、环境的系统研究;在研究方法上,要坚持理论研究与实际相结合的宗旨,提倡跨学科的合作研究。

旅游地理学作为一门与旅游实践密切结合的应用性学科,其发展与社会发展的需求及其自身对社会发展的指导作用密切相关。随着全球经济的迅猛发展和我国旅游业的快速、跨越式的大发展,极大地刺激了我国民众的旅游需求,特别是知识经济和信息时代的到来,为当代旅游地理学的研究和发展提供了良好的机遇,也提出了更高的要求。

1.1.4 旅游地理学的研究对象

关于旅游地理学的研究对象,有些人认为是研究景观的旅游价值;有些人则认为旅游地理学应注重研究旅游经济的发展和旅游资源的开发;还有一些学者认为从地理学的观点看,旅游由三个重要成分组成,即旅游客源地、旅游目的地和联系客源地与目的地之间的旅游通道。这种观点认为需要着重研究的问题有:什么样的条件和地理背景会吸引旅游者;旅游产生后,旅游者会有什么样的旅游模式;旅游客流怎样;旅游客流对目的地会产生什么样的影响;旅游通道作为整个系统的桥梁,其特征和效率将会影响和改变旅游客流的规模和方向;等等。郭来喜认为旅游地理学是研究人类的旅行游览、休憩疗养、康乐消遣同地理环境以及社会经济发展相互关系的一门学科。

如前所述,从旅游地理学的概念中,可知旅游地理学研究的对象是人类的旅游活动,包括旅游活动的主体(旅游者)、旅游活动的客体(旅游资源及旅游环境条件)和旅游活动的媒介(旅游业)三大要素。

1.2 中国旅游地理学的研究内容

旅游地理学研究的内容主要是围绕着旅游三要素(旅游者、旅游资源、旅游业)与地理环境之间的关系而展开的。中国旅游地理学是在旅游地理学的理论指导下对中国这个特定区域的旅游活动与地理环境的相互关系的研究,这种研究更多的是为满足中国旅游业区域发展对地理知识的实际需要,具体包括以下几个方面:

1.2.1 中国旅游者地理研究

旅游者是旅游活动的主体,在旅游活动与地理环境关系中扮演着重要的角色。随着中国旅游业的发展,对中外旅游者旅游动机的产生、偏好及空间行为等问题的研究成为中国旅游地理学的首要研究对象。这些研究内容主要侧重于对旅游者旅游行为产生过程的研究,包括感知环境、最大效益原则和旅游偏好等方面;对影响旅游者旅游决策因素的研究,包括旅游动机、旅游者的可自由支配的收入、闲暇时间和交通条件等方面;对旅游者旅游活动表现出来的空间规律的研究,包括旅游客流的发生、发展与特征等方面的研究。对旅游客源市场的未来发展预测的研究也是旅游地理学研究的重要课题之一。

1.2.2 中国旅游资源地理研究

旅游资源是旅游活动的客体,是旅游业发展的物质基础和必要条件。旅游资源研究是旅游地理学的一项主要内容。旅游地理学对旅游资源的研究侧重于对旅游资源的分类、特征、地域分布规律、形成条件、调查、评价等方面的研究,也包括对旅游资源的保护、利用与环境容量的研究。

中国旅游资源是在特定的地理环境中孕育的,对中国旅游资源形成的地理背景及其类型、特征进行调查、评价的研究有利于人们把握中国旅游资源的特征,进行相应的开发和利用。旅游资源调查和评价是旅游资源开发的基础,客观的评价是旅游开发的重要依据,是区域旅游开发的起点。中国旅游地理对旅游资源的研究已经为中国旅游业的发展发挥了巨大的作用,但是,我们还要注意旅游活动是依托地理环境而存在的,旅游开发必然对环境产生影响:一方面,旅游开发可以促进旅游环境保护;另一方面,又会使环境被破坏。因此,在对中国旅游资源的研究中,最重要的是旅游环境容量问题,旅游环境容量的研究是保证中国旅游业可持续发展的必要条件。

1.2.3 中国旅游业地理研究

中国旅游业地理研究包括旅游区划、旅游地方特色定位与营造、区域旅游业发展战略与规划、旅游交通、旅游线路设计、旅游业各主要组成要素的空间结构与合理布局、区域旅游影响等方面研究。旅游区划是对旅游区域的划分,合理的旅游区划,是划分旅游区域特色、制定旅游发展战略以及进行规划的基础。旅游规划是发展旅游业必不可少的纲领性文件,它使旅游开发更加科学、规范。旅游交通是旅游者实现旅游活动的凭借条件,旅游交通与地理条件有着紧密的联系,了解旅游交通的类型、特点有利于合理安排旅游交通,提高区域可以进入性以及进行合理的旅游交通布局。旅游开发使旅游目的地的区域经济、环境和社会文化诸方面发生变化,因此,中国旅游业地理研究如何正确评价旅游开发的区域影响,对指导旅游业发展具有极其重要的意义,这也是中国旅游地理研究的主题和热点。

1.2.4 旅游信息系统与旅游地图研究

旅游信息系统与旅游地图研究包括各类旅游信息的收集与传播,旅游地理信息系统的建立和运用,旅游地图的绘制及使用的研究。旅游信息系统是进行查询、分析乃至旅游管理的重要工具。旅游地图作为传统的研究手段,不但使中国旅游地理学的研究更加方便(如旅游资源区位的确定),而且让旅游研究更加明了(如旅游规划图的设计运用)。旅游信息系统与旅游地图是中国旅游地理学研究的主要技术手段。

中国旅游地理学作为一门新兴的学科,在实践中不断丰富自身的学科内容,更好地指导中国旅游业的发展,最终实现中国旅游业与社会经济的和谐发展。

1.3 中国旅游地理的学习方法

唯物辩证法是学习和研究旅游地理学的方法论基础。由于旅游活动是综合性的社会实践活动,涉及自然、技术、经济、社会诸因素,故应该重视马克思主义的理论观点和科学方法论对本学科研究的指导作用,努力做到以正确的观点和方法阐明、揭示错综复杂的旅游地理现象,特别注意学会用全面的、发展的、一分为二的观点分析中国旅游地理的基本状况和内在规律。只有这样,才能正确理解、掌握和运用中国旅游地理的理论与知识。具体的学习方法有以下几种:

1.3.1 综合分析与主导因素法

旅游涉及面广,旅游资源和旅游景观又是在一定区域内表现出来的,影响旅游业及区域旅游特色方面的因素极多。综合分析就是把各种影响因素联系起来综合考虑,分析其对旅游主体、旅游媒体和旅游客体的影响,从中找出作用最大的主导因素,并以此为依据总结区域旅游特征和发展方向。

1.3.2 类比法

区域的差异性和相似性是地理学研究的基础。对于旅游地理的庞杂知识体系,必须采取分类对比的方法才能掌握,类比法包括区域对比和类型对比。这是一种确定各级各类旅游地域综合体及其组成要素类型的相似性和差异性的方法。如旅游资源的分类、旅游客源的分类、旅游地及景区、景点的分类等，使之分门别类，杂而不乱。在分类的基础上，要特别注意运用区域对比分析法进行对比分析，才能把握各区域旅游发展的地位和特色。

1.3.3 野外考察法

读万卷书，行万里路。作为一门涉及地域很广的学科，野外考察法是学习和研究旅游地理学传统的行之有效的学习和研究方法。旅游地理是一个景观性、地域性、综合性很强的庞大系统，对旅游资源、旅游景观的分布位置、形成原因、数量、特点、类型、功能和价值等必须进行野外考察，只有通过实地考察，才能观察到各种地理现象，搜集和积累大量的感性材料，作为理性分析的依据，从而对所学习和研究的区域旅游地理状况做出正确的评价。

1.3.4 统计调查分析法

统计调查分析法是对大量实际调查资料进行加工、整理、分析，从中找出事物运动的内在联系及发展规律的方法。旅游地理的知识体系庞杂，统计调查不可能面面俱到，抽样调查是常用的一种调查方法，如在旅馆、机场、口岸请旅游者和旅行商写调查表，了解旅游者的出游动机、兴趣、路线等。统计分析法又分为定性分析和定量分析。定性分析是建立在经验和逻辑思维的基础上，凭借各种调查资料，对旅游地理的内容进行分析判断的方法，如常用的历史分析法、数据描述法、多变量交叉影响分析法等；定量分析法则是建立在数学、统计学、计量学、系统论、运筹学以及电子计算机等学科的基础上，运用方程、图表、数字、模型，对收集到的数据进行分析和推测的方法，如常用的开平方统计分析法、对比分析法、回归分析法等。

1.3.5 多媒体辅助学习法

中国旅游地理课程内容多、知识性强、信息形式多样，给我们的学习带来了一定的难度，而信息技术的发展在一定程度上解决了这一难题。使用多媒体手段可以满足旅游地理知识直观和信息量庞大的要求，为我们全面、系统、科学、便捷地学习掌握和运用中国旅游地理知识提供了前所未有的强有力的手段。通过对多媒体技术与互联网的运用，可以将抽象的内容通过图像、声音等直观的手段加强记忆与理解，同时还可以通过多媒体手段进行模拟实习，会大大提高学习的效率和效果。

本章小结

旅游地理学因旅游事业的兴起而产生,反过来又服务于旅游活动的开展和旅游事业的发展。其目的在于为旅游业服务,具有明显的交叉性、综合性和实用性特点。旅游地理学的研究内容主要包括:旅游者地理研究,旅游资源地理研究,旅游业地理研究和旅游信息系统与旅游地图研究。研究旅游地理学的主要方法有:综合分析与主导原则法、类比法、野外考察法和统计调查分析法。

自我检测题

1. 如何理解旅游地理学的学科属性?
2. 旅游地理学的研究对象是什么?
3. 旅游地理学的基本内容有哪些?
4. 旅游地理学主要有哪些学习方法?

2

旅游与地理环境

教学目标

通过本章的学习，使学生了解旅游者与地理环境、旅游资源与地理环境、旅游业与地理环境的关系，从而使学生掌握地理环境对旅游的影响以及旅游活动对地理环境所产生的影响，为学生建立旅游可持续发展与旅游环保意识奠定基础。

导入案例

认识误区——旅游是"无烟工业"

旅游与地理环境密切相关，一方面，旅游离不开地理环境，许多旅游资源是地理环境的重要组成部分；另一方面，旅游活动也会影响地理环境。多年来，人们一直认为：旅游业是"无烟工业""无污染产业"。旅游是"无烟工业""无污染产业"是一种认识误区，"无烟工业"只能在一定意义上领会。旅游同人类许多其他活动一样也会污染环境。废气（以交通工具产生最多）、废水、废物、噪声、电磁辐射等都造成环境问题；近年还有视觉污染，包括旅游业在内的大量宣传广告林立路旁，遮挡视线，妨碍人们欣赏悦目的景色，其色彩斑驳陆离，使人视觉疲劳。旅游设施大批涌现，若处置不当也会使环境质量下降，破坏生态平衡。一座现代化的宾馆，其各种能源的消耗和排污量可以超过一座一定规模的工厂。旅游交通、接待场所等基础设施也会造成环境资源的建设性破坏，垃圾污染和不良的生活方式亦会随之而来，带来的副作用不可低估，在发展中国家尤为严重。

在人类进入21世纪的今天，保护生态环境，寻求人类与生态环境和谐共存，实现旅游事业的可持续发展，是我们的目标和战略选择，不可掉以轻心。

以上的描述能给我们哪些启示呢？你认为旅游与地理环境的关系如何？你如何理解旅游是"无烟工业"这个认识误区？在你的亲身经历中，你了解到旅游活动会产生哪些环境问题？

人类只有一个地球,无论如何,我们都无法回避我们共同的家园和我们赖以生存的地理环境。无数研究证明:人类活动与地理环境之间具有密不可分的关系。不过,我们这里关注的人类活动仅限于人类的旅游活动。研究的重点问题是人类的旅游活动与地理环境之间的关系问题。

由于人类的旅游活动与地理环境之间有着千丝万缕的联系,所以,人类旅游活动的三大要素:旅游的主体——旅游者、旅游的客体——旅游资源和旅游的媒介——旅游业与地理环境之间息息相关,彼此相依,不可分离的关系。地理环境的差异性能激发旅游者的旅游动机,地理环境及其旅游资源对人类的旅游活动具有根本性的诱导作用,因此,我们不得不对旅游三大要素与地理环境的相互作用进行深入的分析,对旅游地域的环境容量与旅游业的区域影响,对旅游资源的开发利用,做出适当的评估。

2.1 旅游者与地理环境

旅游者作为旅游活动的主体,其产生受到了地理环境的持续影响。在地理环境中,与旅游者产生密切相关的组成要素被称为旅游者产生的地理背景。旅游者的流动是旅游的本质特征之一,其在地理空间上的分布具有一定的规律。

2.1.1 旅游者

旅游者是构成旅游的主体,是旅游三大要素的基本要素,没有旅游者,旅游就无法实现。旅游者,从字面上解释,就是游客,即从事旅游活动的人。

关于旅游者的概念,国内外学者具有很多不同的表述。旅游者在英文里写作“tourist”。意思是出于一种好奇心,为了得到愉快而进行旅行的人。但是在统计旅游者的人数时,便出现了一个难题:哪些人算旅游者,哪些人又不算旅游者?比如说,一个人离开居住地到异地观光,停留时间超过了24小时,这种情况算旅游者,看来是无可非议的;但是另一个人离开了本单位或家宅,在本居住地的城市或郊野游玩了几个小时,当晚又回到了住地。这种情况算不算旅游者?依我们的看法他是旅游者,可是在国际上统计旅游人数时,又不予以承认。所以,如何划分旅游者和非旅游者,就需要有一个标准。

我国大部分学者认为:旅游者就是为了物质和精神享受需要,暂时离开常住地,在异国他乡至少停留24小时但不超过半年而作旅行的人。

旅游者可分为国际旅游者和国内旅游者。旅游者群体从旅游客源地向旅游目的地的连续空间位移称为旅游流。旅游流的产生具有旅游系统全面而深刻的地理背景。各地区地理环境的差异激发了人们的旅游动机,因此,地理环境是决定并产生旅游流的基本动力。一般而言,两地地理环境的差异性越大,对旅游动机的激发力就越强。

2.1.2 旅游者产生的地理背景

旅游者产生的地理背景,是指对旅游者的产生具有恒定、持续影响的地理环境,它对旅游者的影响在于激发旅游动机的形成与旅游行为的实现。地理环境的差异性和丰富性与人类居住环境的局限性和单调性激发了人们的旅游愿望。在地理环境诸组成因素中，自然地理因素、文化地理因素、经济地理因素和环境质量因素等称为旅游者产生的四大地理背景。

2.1.2.1 自然地理背景

自然地理环境是由地貌、水文、气候、植物、动物等要素组成的，各种地貌区、自然带、气候等被人们称为旅游的第一环境。第一环境及其共生的自然旅游资源，不仅是旅游客流最稳定的基本因素，更是旅游动机最持久的主导因素。事实上，在地球表面没有任何两地区的自然地理环境是完全相同的，正是第一环境的差异性才唤起了人们的好奇心，激发了人们的旅游欲望。在影响旅游活动场所的一切因素中，最重要的是自然因素。

自然地理环境的复杂性、多样性、地带性造成了自然旅游资源的地带性和多样性的特点，如不同的阳光带、气候带和地貌区，不同的水体与陆地、山地与平地、高纬度与中低纬度等都造成了极大的差异。在自然地理环境的诸多构成要素差异中，不同自然地理环境特征差异越大，未知程度越高，对人们的心理吸引力越强。当前兴起的回归自然、森林旅游、生态旅游和探险旅游等，足以证明自然地理环境对于旅游者的恒定吸引作用是极强的和永久的。

2.1.2.2 文化地理背景

文化是人类社会历史实践过程中所创造的一切物质财富和精神财富的总和。文化地理环境也是激发旅游客流的一个重要因素。它包括人们的各种生活方式和传统的行为方式，如居室、服饰、食物、生活习俗和生产工具等，也包括人们的信仰、观念和价值观等意识形态，以及与之相适应的制度和组织形式，如法制、政府、教育、宗教、艺术等。

文化地理环境在时间和空间上都存在着较大的差异，即具有历史演变性和空间地域差异性。文化地理环境的时间差异是指随着时间的推移，在自然界中创造的有形的文化景观所发生的演变。而空间差异是指文化景观特征随着地域不同所发生的变化。和自然地理环境相比，文化地理环境及文化景观的时空演变速度会快得多，幅度会大得多，因此，文化地理环境包括文化景观之间的差异会更加明显，吸引力会更大。

2.1.2.3 经济地理背景

经济地理背景包括社会经济发展水平与社会经济结构的地区差异，是旅游者产生的重要客观因素。经济发达地区、经济中心城市以及口岸城市，为旅游者的产生奠定了重要的物质基础。

首先，经济发达地区是重要的旅游客源地。经济发达地区高度发达的生产力必然带来高效、快速的发展和高额的人均国民生产总值与人均收入，经济发达地区与经济中心城市错综复杂的社会因素必然诱发人们的旅游动机，同时，也必然使得旅游者产生的主观条件和客观条件得以具备。邹统钎曾把旅游需求归纳为“5-2-3 模型”，即“五有”（有钱、有闲、有房、有车、有病）、“两求”（求解脱、求补偿）、“三感”（新鲜感、亲切感、自豪感)。这里的“有钱”“有闲”是基本的客观条件,而“有病”则指心理压力与异常。国际统计资料显示:当一国人均国民生产总值达到800~1 000美元时,居民将普遍产生国内旅游的动机;达到4 000~10 000美元时,将产生出国旅游的动机;超过10 000美元时,将产生洲际旅游的动机。

其次,经济发达地区的中心城市,为各种出游动机提供了充足的推动力。由于社会经济的发展,人口的集中,城市化的提速,生活节奏的加快,市场竞争的加剧,工作压力的增大,居住环境的恶化,心理的落差,使得生活在发达市场经济条件下的人们,很难找到快乐感。因此,人们需要理性,身体需要健康,心理需要解压,生活需要快乐。人们需要暂时离开原环境,外出旅游以寻找快乐,缓解压力。

最后,经济发达地区巨大的建设成就与发展活力,完善的旅游功能与服务设施,对旅游流的形成有显著的拉力作用,吸引人们前来旅游,是重要的旅游接待地。一般来说,经济发达地区都具备先进而完备的基础设施和现代化的旅游设施,大城市极为丰富的物质生活和精神生活条件,对外具有强烈的吸引力。

2.1.2.4 环境质量背景

环境质量即环境要素的优劣程度,标志着自然环境受人类活动负面影响的程度,是反映人类对环境评定的一种标准概念。它包括了生态环境的退化程度和环境污染程度。环境质量背景也是激发旅游者产生的又一重要因素。随着人类活动在广度和深度上对自然环境负面影响的增大,环境质量高的地区对旅游客流的吸引力有日益增强的趋势。因此,回归自然的田园生态旅游、森林生态旅游、海洋生态旅游、草原生态旅游和高山生态旅游等活动,已经成为人们普遍追求的时尚、高品质的旅游形式。

2.1.3 旅游者决策与旅游客流

2.1.3.1 旅游者决策

从旅游决策的角度可以将旅游活动分为两类:一类是旅游者参与决策程度不大或者根本不参与决策的旅游活动,如会议旅游、商务旅游、随团旅游等;另一类则是完全由旅游者自主决策的旅游,如自助游、自费游等。在此,我们主要针对后者进行讨论。

(1)影响决策的因素

一般而言,影响旅游者决策行为的主要因素包括感知环境、最大效益原则和旅游偏好三个方面。

1)感知环境。人们把进行旅游决策时收集的信息摄入脑中,形成对环境的整体印象即为感知环境。感知环境是影响人们进行决策的重要因素,对某个旅游目的地有良好的感知环境是去该目的地旅游的前提。现实中往往存在这种现象:某个旅游地的价值非常高,但由于“藏在深闺人不识”,没有成为人们感知环境的一部分,因此,很少有人前去旅游。所以说,景点价值大不一定具有良好的感知环境。

客观距离与感知距离是感知环境与客观环境之间联系的另一个表现。客观距离以里程来衡量,而感知距离则是以克服客观距离所消耗的时间、资金和精力来衡量。对旅游点影响较大的是感知距离而不是客观距离。尽管两地间的客观距离不变,但是由于两地间实现了通航,或开通了直达列车,则其感知距离会大大减少。

2)最大效益原则(资金与时间的最大效益)。最大效益原则是人们行为的重要准则。在旅游中人们也希望在一定的资金和闲暇时间的限制下实现最大的旅游效益。这种效益的最大化主要体现在以下两点。

最小的旅游时间比:一般而言,当人们花在旅行上的时间和在目的地游玩的时间小于某个临界值时,才会做出去旅游的决策,这个比值就是旅游时间比。

最大的信息收集量:旅游动机往往是由自然和人文环境的差异激发出来的,因此人们在旅游过程中会追求对异地环境的最大了解,这也就是对异地环境最大信息量的追求。

3)旅游偏好的影响。在总体方面,一个地区的旅游者往往会有一些共性的心理特征和需求,但是具体到个体旅游者则会由于年龄、职业、文化程度方面的不同,导致兴趣、能力、性格等因素构成的不同,从而导致旅游偏好的不同。

(2)旅游决策过程

旅游决策过程一般可以分为认识需要、信息收集、评价对比、最后决策四个步骤。认识需要是指首先要有旅游的主观需要,然后通过各种媒体进行相关旅游地的信息的收集,最后对旅游地进行分析、对比,确定自己的旅游目的地。

2.1.3.2 旅游客流

旅游客流指旅游者借助交通工具,从出发地向旅游目的地移动所形成的一定方向和一定数量的移动人群。其中旅游者的流向和流量是测试旅游客流的移动方向和规模的主要指标。流向就是指根据旅游者的旅游动机与经济能力所选择的从出发地到目的地的方向;旅游流量是指在一定时间内,进入同一目的地国家或地区的旅游者的数量。

(1)影响旅游客流形成的主要因素

1)旅游者因素。主要包括旅游者的经济收入水平、闲暇时间、职业爱好、旅游动机、体质状况等。

2)旅游资源因素。主要包括自然和人文旅游资源的数量、等级、空间组合度及开发利用状况等。

3)旅游交通因素。包括旅游交通方式的可选择度,旅游线路的可达性与快捷程度,旅游交通工具的快速舒适及安全程度,各种交通工具的配置组合状况等。

4)旅游地接待因素。包括旅游服务体系的建设状况、旅游地的地理区位、旅游地的旅游设施、功能布局、服务质量、市场价格等。

5)社会经济因素。包括旅游地的经济发达程度、开发与开放程度,国家经济、旅游政策,社区人口数量及文化素质,居民友善及社会安定状况等。

(2)旅游客流的现状特征

1)旅游客流多流向经济发达的国家和地区。全世界旅游一般可分为六大旅游区,即欧洲区、北美区、拉美区、亚太区、中东区和非洲区。就世界范围而言,国际旅游客流主要集中在欧美地区，尤其是集中于欧洲和北美洲，而欧洲和北美洲也正是当今世界上经济最为发达的地区。可见，世界旅游客流的最重要特征是流向经济高度发达的国家和地区。

2）旅游客流多流向邻近的国家和地区。根据客源市场的距离衰减规律，在世界旅游市场中，国内旅游无论在旅游人次还是在旅游收入上均超过国际旅游。即游客出游安排一般会由近及远，先近后远。目的地游客则表现为：国内多于国外，近距多于远距。

3）旅游客流多流向高知名度风景名胜区。高知名度风景名胜区具有立体形象感染力，雄浑、险峻、幽深、壮阔等特征能给人以美感，能满足旅游者想通过旅游活动来满足追求美感的特殊兴趣与普遍心理。如我国重要的风景名胜所在地，都是国内外知名的旅游热点地区。

4）旅游客流多流向政治、经济、文化中心。一般而言，世界上政治、经济、文化中心都是较大的发达城市，而较大的发达城市代表了一定的生活质量水准，因而也是著名的旅游城市。这些中心旅游城市具有多功能的旅游职能，相应建立了各种为旅游者服务的机构和设施，如旅游代理、海关、旅游饭店、娱乐、医疗保健、金融汇兑等机构设施，并以其强大的经济活力、优越的物质生活、齐全的旅游娱乐设施等，对旅游者产生了巨大的吸引力，能使旅游者在政治、经济、文化等多方面获得愉悦，因而成为旅游者的主要旅游目的地。

2.2 旅游资源与地理环境

地理环境是旅游资源的寄生体，旅游资源的深度组合又形成了错综复杂的地理环境。因此，旅游资源与地理环境互为共生体。地理环境的差异度决定了旅游资源的吸引价值与质量标尺。旅游资源作为存在于一定地理空间的地理环境的有机组成部分，地域差异、地域特色是其存在的根本客观基础。因此，旅游资源是与地理环境关系最直接、最密切的旅游要素，其特色与分布直接受制于所在的地理环境。

2.2.1 旅游资源的概念与内涵

2.2.1.1 旅游资源的概念

随着旅游业的发展，作为旅游客体的旅游资源也越来越被重视，对旅游资源的探讨和研究也越来越深入，对旅游资源的开发和利用也越来越广泛。然而，由于人们的着眼点不同，认识的差异，对旅游资源这一概念的具体界定也存在差异，因而提出了关于旅游资源的各种不同的阐述。

在国外，旅游资源被作为旅游吸引物（tourist attraction），是指旅游地吸引旅游者的所有因素之总和。而国内学者在对旅游资源的表述中，一般认为：凡是能够吸引旅行者进行各种旅游活动的自然和社会因素，统称为旅游资源。原国家旅游局资源开发司和中科院地理所认为："自然界和人类社会凡能对旅游者产生吸引力，可以为旅游业开发利用，并可产生经济效益、社会效益、环境效益的各种事物因素都可视为旅游资源。”在众多旅游资源概念的表述中，其共同之处都认为旅游资源必须对游客具有一定的吸引力，其不同之处主要是对旅游资源具体内容的概括和表述存有差异。

2.2.1.2 旅游资源的内涵

(1)旅游资源是客观存在的

旅游业是建立在旅游资源基础上的经济性产业。旅游资源作为旅游业发展的前提条件，必然存在于自然界或人类社会中，作为资源的一部分，必然具有资源的共性，即实用价值和基础性。所谓资源，一般是指生产资料和生活资料的来源，也就是说，凡是资源都对人类生产、生活具有实用价值，而且是人类生产、生活中最基本的物质基础。例如土地资源、矿产资源、森林资源和水资源等，都是现今人类社会生产生活中必不可少的最基本的物质基础。可见，旅游资源的实用价值和基础性均有其共性，即在旅游业发展中具有可利用价值，并作为重要的基础而客观存在。

(2)旅游资源均具有吸引力

旅游资源最核心的特点就是能激发旅游者的旅游动机和引导旅游行为的实现。无论是自然界赋予的还是人工创造的、历史遗存的客观实体，还是那些不具备物质形态的文化、艺术等因素，其表现形式繁多。但上述这些并非都是旅游资源，只有那些对游客具有一定吸引力，具有一定美学艺术观赏价值的内容才能算是真正的旅游资源。譬如优美的自然山水，奇异的森林草地、鸟兽虫鱼，珍稀的文物古迹，独特的文化艺术与民俗等都具有很强的旅游吸引功能，是很有魅力的旅游“吸引物”或“吸引因素”。

(3)旅游资源的范畴包罗万象

旅游资源作为旅游吸引因素可以是有形的，也可以是无形的；可以是具体的，也可以是抽象的；可以是天然的，也可以是人造的；可以是物质的，也可以是精神的；可以是真实的，也可以是虚构的。在旅游资源中，那些如自然景观与人文古迹等物质实体，是无可非议的旅游资源。但是那些社会现象中的精神的、无形的、虚构的吸引因素，不易被人们所感受，其本质也不易被人们理解与认可。实际上这些无形的表现在精神方面的旅游吸引因素，是在各种实实在在的、复杂的地理环境中和物质基础上产生的，总是与一定的物质基础相联系，并依附于一定的物质而存在的。这些无形的旅游吸引因素，势必使有形的旅游资源客体内容得以拓展，使之具有深奥厚重的文化底蕴和内涵，所以也同样属于旅游资源的范畴。

(4)旅游资源有可能为旅游业所利用

旅游资源与一般资源的共同点均在于其“可利用性”。作为驱使旅游者产生旅游动机并实施旅游行为的旅游吸引因素，必定能为旅游业所利用，或者在可预见的将来有可能被旅游业所开发利用，并产生相应的旅游价值及效益。在现实条件下，正在利用的旅游吸引因素，是现实的旅游资源；在可明确预见的将来能被利用的旅游吸引因素，则是潜在的旅游资源。它们一经开发、修复、重新创造，被旅游业所利用，同样可创造较高的旅游效益。我们强调旅游资源可能为旅游业所利用，既包括已开发的旅游资源，也包括未开发的潜在旅游资源。至于旅游效益，我们并不过分地强调经济效益，而更加看重社会效益和环境效益，这是旅游业可持续发展的最终宗旨与关键所在。

2.2.2 旅游资源的特征

旅游资源，既有与其他各种资源所共有的属性，又有许多自己所独有的特性。

2.2.2.1 区域性

地域性是指旅游资源分布具有一定的地域范围，存在地域差异，带有地方色彩。旅游资源的地域性是由以下方面引起的：一是，由于地域分异因素（纬度、地貌、海陆位置等）的影响，自然环境因素如气候、地貌、水文、动植物出现地域分异，从而导致自然旅游资源出现地域性。如赤道雨林景观、温带大陆内部的荒漠景观、南极的冰原景观等分别出现于不同的地表区域。二是，由于人文景观与自然环境有紧密的联系性，这种联系性在农业社会及其以前的历史时期，甚至表现为强烈的依赖性，自然景观的地域性也导致了人文景观的地域性。如不同民族具有风格各异的文化活动、风俗习惯、村镇民宅等。

2.2.2.2 观赏性

旅游资源与其他资源最主要的区别，就是它有美学特征，具有观赏价值。尽管旅游动机因人而异，旅游内容与形式多种多样，但观赏活动几乎是所有旅游过程都不可缺少的。从一定意义上说，缺乏观赏性，也就不构成旅游资源。形形色色的旅游资源，既有雄、秀、险、奇、幽、旷等类型的形象美，又有动与静的形态美；既有蓝天、白云、青山、绿水、碧海、雪原的色彩美，又有惊涛骇浪、叮咚山泉、淙淙溪涧、苍莽松涛等的声色美；既有建筑景观的造型美、气势美、时代美，又有地方特色菜肴的味觉美、嗅觉美和视觉美……它们都给游客以符合生理、心理需求的美的享受，使人们的精神、性格、品质等在最有美质的各类旅游资源中找到对象化的表现。

2.2.2.3 差异性

旅游资源的区域差异，意味着资源的可模仿性极差，它难以模仿或复制。尽管许多有关民族风情的主题园仿制了逼真的诸如竹楼、蒙古包等兄弟民族的村寨或居室，但它缺乏地域背景、周边环境与民族习俗等的依托，在游客的视域中，真假泾渭分明，无法替代。那些历史感强的资源，更无法离开特定地理环境的历史背景，否则将失去其本身的历史价值与观赏价值。长江三峡、桂林山水、壶口飞瀑等资源的特定地理环境，更是无法用人工力量来搬迁或异地再现。

2.2.2.4 文化属性

旅游资源除具有美学观赏性外，还具有丰富的文化内涵。不论是自然赋存还是社会创造、不论是自然为主辅以人文还是人文为主利用自然的各类不同形成机制的旅游资源，都有其科学性和自然、社会哲理。正是旅游资源这种深层次的文化内涵，才使它具有对游客的吸引力。旅游作为一种文化性的经济活动，文化成为旅游的核心。但应指出的是，自然情趣作为人的精神享受的一部分，要受到人的文化修养和精神境界的制约。文化修养和精神境界的高低直接影响着人们对旅游景观的欣赏水平。因此文化内涵的深浅，艺术水准的高低，在某种场合不与吸引力大小成正比。甲骨文具有很高的历史价值，但不可能吸引大批人去观赏，就是这个道理。

2.2.2.5 不可再生性

旅游资源，除人工可以栽培与繁殖的动植物外，绝大多数是一种不能再生的资源，一旦破坏将不复拥有。例如地面上的古建筑，总是有减无增，会一天比一天少下去。历史上许多有价值的古建筑资源被人为的破坏，虽然后来进行了重新修建，但其原有的旅游价值内涵却大打折扣。旅游资源的这种不可再生性决定了其保护的重要性。巨大的旅游需求对旅游产品的开发、销售，可能是一种难以抗拒的诱惑，但同时对旅游资源也可能是一股无法估量的潜在破坏力。有人把旅游资源强调为能加以永续利用的资源，突出旅游资源供旅游者就地享用，不可能占为己有，更无法随身带走，游客买到的是经历，带走的是感觉，旅游资源却安然不动。

2.2.2.6 不可转移性

旅游资源一般在地域上是固定的，不可移动的，这样便形成了旅游资源的地域垄断性。旅游资源的不可移动性可以从以下方面来理解：

第一，自然旅游资源是大自然的杰作，它们都是在一定自然地理环境下形成的，由于其规模往往巨大或与地理环境的紧密联系性，使其难以发生空间位移。如长江三峡、壶口瀑布、桂林山水等资源产生于特定的地理环境，无法用人工力量来搬迁或异地再现。

第二，人文旅游资源是在特定的地域环境和特定的历史条件下的人类社会产物，它们的价值主要体现在包含人类社会、历史信息的丰富性上。由于这类资源与其生成环境紧密联系，人为割裂其环境联系，势必会影响到旅游资源所承载信息的完整性、原生性和真实性，使资源的价值降低。

第三，在现代经济和技术条件下，在其他地方仿制有名的旅游资源是可能的，如微缩景观、园林建筑等，但由于脱离了历史和环境，仿制品往往失去了原有的魅力和意义，其生命力非常有限。

2.2.2.7 整体性

孤立的单个景物，往往很难作为一种旅游资源加以开发利用。即使资源的品位很高，也会影响其对游客的吸引力。一是游客总是期望花最少的时间和财力，游览与观赏到尽可能多的景物。二是单个景物在不同层次、不同旅游动机的游客面前，真所谓“众口难调”，只能吸引其中一部分甚至是一小部分游客。三是，常讲的“红花需有绿叶衬”，说的是美需有组合，美需有层次。因此一个地区不同类型、不同层次、不同尺度景物的数量越多，比例越协调，联系越紧密，就越能显示出其观赏价值，才能最大限度地释放出其对游客的吸引力。例如杭州，有山有水、有草有木、有洞有泉、有园林和寺庙，有古迹和遗址，不仅类型多样，而且组合有序，层次清晰，整体性强。无论游客的年龄、性别、职业、文化素养、兴趣爱好有何差别，在这里都能找到适合于自己的游览地与观赏点，游客量久盛不衰，成为誉满海内外的“天堂”。

2.2.2.8 时代性

时代的变迁，季节的变化，都会促使旅游资源的含义、特性、吸引力大小等产生影响或变化。20 世纪 90 年代初，中东海湾战争战场，随着时代的发展，现已成为猎奇者追求的旅游热点地区。气候的季节性变化，也直接对旅游资源产生影响。例如开展冰雪旅游，只能在严寒的冬季；大连、青岛海滨避暑城市，盛夏季节才备受青睐；北京西山的红叶，要到深秋才能展现其魅力；民俗风情中的节庆活动，如藏族每年秋收前举行的“望果节”，傣族的“泼水节”，白族的“三月街”，蒙古族的“那达慕”等，都只能出现在某些特定的时段内。旅游资源的这种时限特性，会导致有关旅游线、旅游点呈现旺季和淡季、热点和冷点。因此重视不同类型旅游资源的组合，从而延长旺季时段，促使淡季不淡，显得格外有意义

2.2.3 旅游资源的分类

为了深入认识与研究旅游资源，以便更好地予以开发、彰显其吸引力与存在价值，更好地服务于旅游业及旅游者需要，有必要对旅游资源进行科学的分类。

到目前为止，关于旅游资源分类与评价的方案已有多个，权威性的主要有两个。一个是中国科学院地理研究所与国家旅游局资源开发司从 20 世纪 90 年代初期开始研究，于 1992 年提出的《中国旅游资源普查规范》（试行稿）。规范中旅游资源由“类”和“基本类型”组成，共包括 6 类 74 种基本类型：地文景观类（13 种）；水域风光类（7 种）；生物景观类（6 种）；古迹与建筑类（32 种）；消闲求知健身类（11 种）；购物类（5 种）。另一个重要的旅游资源分类方案是于 2003 年发布的国标《旅游资源分类、调查与评价》。国标依据旅游资源的性质，即现存状况、形态、特性、特征划分，分为 8 个主类 31 个亚类 155 个基本类型 3 个层次。

2.2.4 旅游资源形成的地理环境条件

地理环境是旅游资源形成的基本条件，这不仅是因为各种各样的旅游资源存在于错综复杂的地理环境之中，而且各种地理环境的差异性本身就是一种极典型的旅游吸引因素。因此，从某种意义上说，地理环境既为旅游资源提供了存在的场所和条件，自身也形成了旅游资源。也就是说旅游资源与地理环境相辅相成、彼此相依、互相兼容、密不可分。

2.2.4.1 自然旅游资源形成的地理环境条件

（1）地球圈层是形成自然旅游资源的物质条件

地球圈层可分为岩石圈、生物圈、水圈和大气圈。岩石、生物、水体和大气是构成旅

游资源，尤其是自然旅游资源的基本物质要素，它们之间互相制约、彼此共生，通过物质循环和能量转化形成复杂的地理系统和物质基础，也导致各种旅游资源的生成。如岩石圈表层的各类岩石形成各种地质地貌景观或旅游资源；生物圈的100万种植物和50万种动物以及不计其数的微生物等形成各种各样的生物景观或旅游资源；水圈分布的江河、湖泊、瀑布、涌泉及海洋等水体形成各种水景或旅游资源；大气圈内大气中的冷热、干湿、风云、雨、雪、雾等形成瞬息万变的气象景观或气候旅游资源。

(2)地质作用是形成自然旅游资源的动力条件

地质作用是自然旅游资源，尤其是风景地质地貌形成的根本动力。地球表面千姿百态的地貌形态，具有观赏功能的山地、平原、峡谷、盆地和丘陵等都是由地球内力与外力共同作用的结果。地球内力作用可使地表产生褶皱、断层，上升或下降，使地表变得高低起伏；而外力作用则可削高填低，使地表日趋平坦。正是这两种力共同作用于地表，才形成了地表各种各样的地貌景观与地质地貌旅游资源。

(3)地域分异规律是形成自然旅游资源的区位条件

地理环境是由地质、地貌、气候、水文、土壤、植被和动物等在内的许多组成成分和要素构成的统一整体。而这个整体又存在着显著的空间差异，这就是我们所说的地域分异，也是地理环境的基本特征之一。地域分异的基本因素是纬度地带性因素和非纬度地带性因素。纬度地带性因素简称地带性因素，它是太阳辐射能沿纬度方向分布不均与此相应的许多现象有规律的分布，即沿纬向延伸，经向更替。而非纬度地带性因素简称非地带性因素，它的地域景观变化不受纬度主导和控制，是海陆分布、大地构造和地貌差异等导致不沿纬线方向的地域分异。地带性与非地带性因素都对旅游资源的形成具有决定性的区位影响。

2.2.4.2 人文旅游资源形成的基本条件

(1)实物遗存是形成人文旅游资源的物质条件

实物遗存代表了一定的社会生产力和经济水平，是物质财富的载体。人类在漫长的历史发展过程中，创造了人文地理环境，也创造了丰富多彩的人文旅游资源。人类在不同历史时期的生产力和社会生活内容，具有特定的历史性和时代性特征，人类在历史进程中，在特定的地理环境中，根据不同时期社会生产力的发展水平，通过活动遗迹、工程建筑、雕刻绘画、文学艺术等形式遗存下来。它们是人类创造的物质财富和实体要素，是反映当时历史面貌的载体。

那些古人类及原始部落聚居和活动遗址、生产工具和生活器物等，对于了解人类和社会发展史具有重大意义，具有很高的历史价值和美学价值，因而成为重要的人文旅游资源。如古人类遗址、遗物、遗迹及古代伟大的工程，如军事工程——长城，水利工程——都江堰、京杭运河，桥梁工程——赵州石拱桥，巍巍的古城、辉煌的宫殿等古代建筑以及园林等。

(2)历史文脉是形成人文旅游资源的精神条件

文化是人类社会历史实践过程中所创造的物质财富和精神财富的总和。它包括人们的生活方式、传袭的行为和开发利用资源的技术装备等，也包括人们的意识形态与组织制度等，人们总是将自然的和人文的历史遗存，赋予深奥的文化意义和精神内涵，使其具有历史的延续性。文化的发展总是沿着一定的历史主线和脉络，继承优秀的文明成果和传统，使其适应地理环境循序渐进地优胜劣汰，并使得优秀的精神文化得到发展和传承。任何文化继承和物质文化实体都是人类文明智慧和技术水平的结晶，人类文明是在继承精华、扬弃糟粕，不断积累的过程中延续的，并非全部的破坏或替代，那些割断历史文脉，背弃文化传统的伪文明，只能是无根之木，最终是要被唾弃的。这就是历史的文脉，历史的传承性和延续性，是形成人文旅游资源的精神条件。

(3)文化差异是形成人文旅游资源的个体条件

不同的地域形成不同的文化，也就是说文化具有地域差异性。全世界的传统文化，表现在不同的文化圈、文化区和民族区之间，彼此都存在着一定的差异和较强的吸引力。无论是同质文化之间虔诚的向心力和凝聚力，还是不同质文化之间神秘的好奇心和吸引力，都表现出一种神圣的精神动力，因而形成了丰富的人文旅游资源和无形的精神条件。

人类社会在发展过程中，根据生产和生活需要不仅创造了辉煌的历史，更谱写了高度的物质文明和精神文明。这和人类社会的发展所需是分不开的，也与当时的社会环境和历史条件是分不开的。千差万别的地域文化，形成了各具特色的文化旅游资源。

2.2.5 旅游资源的开发与保护

旅游资源与旅游地理环境都是人类旅游活动的基础和前提条件，旅游资源的合理开发利用与科学规划保护，是旅游业可持续发展的保障。旅游资源的开发，可使潜在的旅游资源得到恢复、改善、提高和创新，强化旅游资源的旅游吸引功能，提高旅游资源的利用价值，也可提高民众对旅游资源的保护意识，防止对旅游资源的破坏。为了实现对旅游资源的合理开发与利用，我们必须坚持合理开发原则，精心设计并实施科学规划方案，采取有效的保护措施，以实现旅游业的可持续发展。

2.2.5.1 旅游资源开发的原则

(1)可持续发展原则

可持续发展原则是旅游资源开发的核心原则。可持续发展就是指在资源开发满足当代人需要的同时，不损害后代人满足其自身需要的能力。旅游的开发涉及旅游、经济、环境和社会各个方面，因此，旅游资源的开发必须走可持续发展的道路，以确保在从事旅游资源开发时，不损害后代人为满足其旅游需求而进行开发的可能性，旅游发展必须建立在生态环境的承受能力之上，符合当地经济发展状况和社会道德规范，与自然、文化和人类生存环境成为一个整体。

(2)科学发展观原则

科学发展观就是要“坚持以人为本，树立全面、协调、可持续的发展观，促进经济社会和人的全面发展”。旅游资源的开发更应该走科学发展的道路，要遵从旅游发展的规律、自然发展的规律、经济发展的规律、社会发展的规律，旅游的开发要与环境、经济和社会发展相适应。

(3)与经济发展相适应的原则

旅游资源的开发必须与国际、国内尤其是当地周边地区的经济发展相适应,与经济的发展相一致。资源开发的超前或滞后都不利于旅游业的发展。旅游资源的开发必须遵从经济发展的规律,在制定旅游业发展规划、发展速度时一定要与当地的旅游市场、经济发展的总体规划相适应。

(4)独特性原则

各地自然、社会、经济和文化条件各不相同,导致旅游资源之间的差异性,从而形成不同的特色,正是这种个性特色吸引旅游者前来旅游,此种差异性越大则吸引力越大,可以说,是否具有独具特色的旅游资源是旅游目的地的生命之所在。

坚持独特性原则应把挖掘区域特有的旅游资源作为开发的出发点,并把最能体现其特色的旅游资源作为重点开发对象,尽可能突出旅游资源的特色,从战略上认识到所拥有的优势,并通过开发措施强化其独特性,从而形成强大的吸引力和完整、独特的旅游形象。

2.2.5.2 旅游资源的保护对策

为了实现旅游业的可持续发展,延长旅游资源的生命周期,对旅游资源必须实施严格的保护对策。无论是可再生的旅游资源,还是非可再生的旅游资源,都要采取以保护为主、以开发为辅的措施。

(1)加强立法宣传,提高公民意识

旅游资源的保护,要建立健全法律法规体系,使其上升到法律层面,加强社会舆论与宣传教育,提高全民保护旅游资源与环境的公共意识和责任感,形成旅游与自然、文化资源和生存环境和谐相处的社会氛围。

(2)强化行政管理,做好科学规划

旅游资源的保护,政府部门要高度重视,并设立专门机构,专人负责,加强行政管理。同时,作好科学规划,坚持开发与保护并重,避免产品雷同、定位不准、过度开发、条块切割、资产流失。

(3)减缓自然风化,杜绝人为破坏

旅游资源的保护,要加强研究并掌握自然规律,使旅游资源的生存环境朝着有利于其生存保护的方向发展,以减轻自然界的风化影响与灾变性破坏。同时,通过法治手段,杜绝并追查那些因规划不当造成的建设性破坏和因管理不善而引发的管理性破坏。

(4)防止超负荷接待,复古整旧如故

旅游资源的保护,要认真评估旅游环境容量,严格控制旅游流量,高峰期不得超负荷运转,突破景区承载力,造成灾难性后果。对于已经遭破坏而需要修复的文物古迹,要坚持修旧如故,不得增删翻新,要将文物古迹看成是历史的见证与信息的载体,保证其历史可读性。

2.3 旅游业与地理环境

2.3.1 旅游业及其构成

旅游业是凭借旅游资源和设施,专门或主要从事招徕、接待游客,为其提供交通、游览、住宿、餐饮、购物、文娱等六个环节服务的综合性行业。它由旅行社、旅游交通和旅游饭店业三大支柱与食、住、行、游、购和娱等六大要素构成。现代旅游业起始于20世纪50年代的欧美,具体表现为大众化和社会化时代的到来。旅游业作为旅游主体和旅游客体之间的纽带和桥梁,是实现现代旅游活动的媒介。目前,旅游产业已成为世界经济第一大产业,也是当今世界发展速度最快、最具有活力的朝阳产业之一。

旅游业是关联性与带动性十分强的产业,与众多的第一、第二、第三产业等部门之间存在着连带关系,空间上存在着移动关系,经济上存在着供需关系。因此,具有显著的经济性、综合性、文化性、系统性、关联性和波动性等特点。其结构包括四大子系统,即客源市场子系统、目的地吸引力子系统、旅游企业子系统(分为旅游交通、餐饮、饭店、娱乐、景点和商业)、旅游支撑与保障子系统(分为人力资源、环境保护、财政金融和政策法规)。

2.3.2 旅游业对区域地理环境的影响

2.3.2.1 旅游业对区域经济地理环境的影响

据世界旅游组织公布的资料,旅游部门直接收入每增加1元,相关行业的收入就能增加4.3元;旅游部门每增加1个直接就业人员,社会就能增加5个就业机会。因此,旅游业具有关联带动、扩大就业、刺激消费、增收创汇及乘数效应。

旅游业对区域经济的积极影响主要表现为:旅游活动可使旅游地政府和居民获得较高的经济收入,可促进市场繁荣与稳定,并能带动各经济部门和行业的发展,因而促进地区经济的发展,提高区域经济发展的水平。不利影响则主要表现为:旅游者大量涌入,有可能引起物价上涨,有可能影响产业结构发生不利变化;由于旅游业的波动性,如果过度依赖旅游业会影响国民经济或地区经济的稳定。

2.3.2.2 旅游业对区域社会地理环境的影响

旅游业对区域社会地理环境的积极影响主要表现为:旅游有关机构积极组织人们外出旅游,促进了积极的民间外交活动,促进了民族文化的保护和发展,并推动了科学技术的交流和发展。旅游业对区域社会的不利影响主要表现为:有可能降低当地居民的物质文化生活质量。由于大量旅游者的涌入,势必造成旅游地空间环境拥挤不堪,使当地居民产生由欢迎到厌恶的情绪转变。来自世界各国有着不同政治信仰、道德观念和生产方式的旅游者,有可能带来消极的颓废意识和生活方式,这极有可能冲击旅游区居民的道德观念与价值水准,引起不良反应。不良旅游行为的侵入,有可能使当地文化被不正当地商品化,如地域文化被戏卖,传统习俗被打乱或同化,原始工艺被工业化、庸俗化等。

2.3.2.3 旅游业对区域生态地理环境的影响

旅游业对生态环境的积极影响主要表现为:随着旅游业的发展,生态旅游已成为时尚,旅游生态环境已引起人们的高度关注,对旅游资源的环境保护和建设提出了迫切的要求,也促进了景区生态环境的治理和建设工作。例如,旅游活动中的交通工具、宾馆设施、生态环境绿化以及服务质量等。

旅游业对生态环境的不利影响也很多。旅游交通对生态环境的影响是最为显著的。游客超量、游客素质不高和旅游管理水平较低都会对生态环境产生不利的影响。在旅游资源开发中,如若规划不当更会对生态环境产生不可估量的不利影响,如旅游景区建设中常见的"遇山开路、遇水搭桥、就地采石"等破坏性的现象与行为。

2.3.3 区域地理环境对旅游业的影响

2.3.3.1 人口地理环境对旅游业的影响

客源地人口总量规模,决定客源市场、消费规模,因而也影响旅游业的规模;人口增长速度,人口结构(年龄、性别),分布规律决定开发方向;客源地居民状况等影响旅游业的规格层次。

2.3.3.2 经济地理环境对旅游业的影响

旅游地经济水平不仅决定市场前景,还决定了旅游设施(硬件、软件)建设情况。①国民经济总量。国民经济总量增长速度快慢,增长效率高低,产业结构是否合理,影响目的地投资规模、开发质量。②个人收入增长情况。个人收入总量和个人可支配收入影响出游率。

2.3.3.3 社会地理环境对旅游业的影响

社会结构、社会阶层、社会群体、家庭、个人等因素决定旅游市场及产业。高层(专家、学者)、高管(银行家、企业家、官员)、富豪、白领等出游率高,消费量大,旅游业增长就快;反之,增长就慢。

2.3.3.4 政治地理环境对旅游业的影响

政府态度与政策、支持与重视程度、保障体制完善等影响旅游业;社会政治稳定与否决定市场兴衰。

2.3.3.5 文化地理环境对旅游业的影响

同质文化凝聚力强,有归属感,虔诚,向心吸引力大;异质文化差异性大,有神秘感,好奇,差异性吸引力大;文化开放程度高,交流壁垒少,阻力小,旅游业发展就快。

2.3.3.6 区位地理环境对旅游业的影响

①自然区位:空间与自然区位,是否临近大城市;②经济区位:在区域经济中的地位与竞合关系,经济发达与否;③交通区位:交通形式的可选性与通达便捷程度以及运力高低优劣等;④旅游区位:旅游业在区域发展中的地位与关联度,如重视度、占比重高低,影响力大小等。

本章小结

旅游是人们以审美、娱乐和社会交往为目的,离开常住地到异国他乡的非定居性旅行和暂时停留所进行的具有高消费特征的社会、文化生活的体验和高级需要活动。旅游资源是旅游业发展的基础,地理环境是旅游资源的寄生体,旅游资源的深度组合又形成了错综复杂的地理环境。因此,旅游与地理环境密切相连、相互影响。本章介绍了旅游者与地理环境、旅游资源与地理环境、旅游业与地理环境的关系,使学生掌握地理环境对旅游的影响以及旅游活动对地理环境的影响。

案例分析

旅游与地理环境密切相关,旅游对环境起到促进作用,但开发过度或不当,也会带来许多环境问题。2009 年 3 月份以来,广西北海市著名的银滩海域出现一些漂浮物。据调查,这些漂浮物实为生活垃圾,罪魁祸首是海上的渔船。为吸引更多的游客,一些渔民把渔船改造为流动餐饮休闲场所,在海面上从事海上钓鱼、饮食等经营活动,为游客提供水煮海鲜、海上垂钓服务。一些经营者和消费者缺乏必要的环保意识,将产生的生活垃圾随手扔到海里,导致银滩受到严重污染。

讨论题:

1. 你认为开发水体景观旅游项目,需要注意哪些问题?
2. 大家共同讨论一下目前我国在旅游资源开发过程中都存在哪些破坏环境的现象。

自我检测题

1. 什么是旅游资源? 为什么说旅游资源是一个发展的概念?
2. 简述旅游资源的属性与特征。
3. 简述旅游者与地理环境的关系。
4. 影响旅游客流形成的主要因素有哪些?
5. 旅游资源的保护有哪些基本对策?

6. 简述旅游业对区域地理环境的影响。

实训题

对你家乡附近的旅游资源进行一次实地考察，找出这些旅游资源与周边环境的关系。

3

中国旅游资源地理

教学目标

通过本章的学习，使学生了解中国旅游资源形成的地理环境，中国旅游资源的类型、特点，掌握中国主要自然旅游资源与人文旅游资源的分布、成因与特征，尤其让学生重点掌握中国著名自然景点景观和人文景点景观的分布与特征。以此达到丰富学生的旅游文化知识、提高学生旅游审美水平的目的。

导入案例

河南旅游业迎来蓬勃发展的春天

振奋人心！恰逢其时！河南旅游业迎来了又一个蓬勃发展的春天！

2017 年 8 月 31 日，河南省旅游业转型发展工作会议在郑州召开。与会者纷纷表示备受鼓舞，对今后我省旅游业转型发展充满了信心。

本次大会，河南省委、省政府高瞻远瞩、审时度势，根据新时期旅游业发展的新趋势、新阶段做出战略部署，对于河南旅游业转型发展具有里程碑意义。大会对全省旅游工作转型提质、跨越发展，指明了前进的方向、提出了具体的目标、给出了破题的良方。下一步，深入贯彻落实此次旅游产业转型升级会议精神，抓落实、出成效，已经成为各级党委政府近期的重点工作。全域共建、全民共享，支持旅游业发展的良好氛围已经形成。

以时代为己任，以责任为担当。河南省旅游业阔步发展的步伐清晰而坚定！

■郑州：推动全域旅游发展　助力国家中心城市建设

全省旅游业转型发展工作会议，是引领今后一个时期全省旅游业转型发展的重要会议。全省旅游业转型升级工作会议刚刚结束，郑州市就及时召开了郑州建设国家中心城市会议。

2017 年 9 月 2 日，郑州市市长程志明在郑州建设国家中心城市工作会议上，传达了全省旅游业转型发展工作会议精神，要求全市发挥郑州旅游特色和优势，加快旅游产业转型发展步伐。2017 年 9 月 4 日,郑州市旅游局召开党组学习(扩大)会议,专题学习贯彻全省旅游业转型发展工作会议精神,狠抓落实,坚决打好转型发展攻坚战。

郑州要强化工作举措确保转型发展。一是创新旅游发展空间。结合国家中心城市建设,突出规划引领作用,编制“多规合一”的全域旅游发展规划。二是创新旅游产品开发。做强少林、黄帝、黄河等龙头旅游产品,提升品牌号召力。三是创新旅游市场营销。精心打造郑州特色鲜明的目的地形象,强化“有功夫,来郑州”的市场效果。四是提升旅游发展国际化水平。加强与国内外知名航空公司合作,着力提高中欧(郑州)班列品牌效应。五是创新旅游服务体系。完善住宿、餐饮、购物、文化等服务配套,提升旅游承载力。六是提升旅游发展智慧化水平。积极申报设立国家旅游数据中心郑州分中心,尽快形成全市旅游经济数据运行统计体系。

■开封:做足“文化+” 打好转型牌

2017 年 8 月 31 日,开封市常务副市长秦保强在全省旅游业转型发展工作会议的分组讨论上,对开封的旅游发展充满了信心。“这次全省旅游产业大会的召开,非常重要,召开的时机也非常好。会议分析了当前全省旅游的发展形势,明确了下一步旅游转型升级的思路,抓住了当前旅游发展的主题,规划了旅游以后发展的路径。”秦保强说。

秦保强说,“开封文化氛围浓厚,旅游产业得到了较大的发展,也形成了若干的平台,但开封还有很大的差距,开封要在旅游发展的广度上拓展,市里提出了‘文化+’,这就是说,以文化为纽带,融合其他产业发展。当然,文化表现有多种形态,互相依存、互相支撑,我们有信心在全域旅游做出新的文章”。

开封要强化全域旅游纽带作用,把各个元素紧密联系起来。游客在开封从过去停留半天、一天,到现在停留两天、三天,已成为常态化。开封旅游要向深度上发展,所以转型升级很有必要。历史上开封旅游就是一个门票经济,对新的业态注入不够,只有面向市场,才能获得大的发展。比如,开封的清明上河园景区、开封府景区要面向市场,大踏步往前走。

开封的节会成为开封旅游的一大亮点,节会既有展示城市形象功能,又有招商功能,更重要的是旅游功能,开封最著名的节会就是每年一届的开封菊花文化节。最近几年,开封又推出了年文化节,在年文化节上,上元灯会成为一大亮点,在整个春节期间,人流量非常大。

■洛阳:以五大发展理念建设国际文化旅游名城

“近年来,洛阳市以五大发展理念为引领,认真落实省委、省政府决策部署,围绕建设国际文化旅游名城的新定位,把旅游业作为现代产业体系的主导产业,加快从‘景点旅游’向‘全域旅游’的转型升级。”2017 年 8 月 31 日,洛阳市常务副市长吴孟铎在全省旅游业转型发展工作会议上的发言信心满满。

2016 年,洛阳市接待游客 1.14 亿人次,旅游总收入突破 900 亿元,同比分别增长 9.5% 和 16%;洛阳先后入选中国旅游城市国际影响力 20 强、全国休闲农业和乡村旅游示范市、全国旅游标准化示范城市、国家智慧旅游试点城市;栾川县、嵩县、孟津县、洛龙区成为国家全域旅游示范区创建单位。主要做法是:一是坚持科学规划,创新机制体制,推动旅游发展全域统筹。突出规划先行,完善推进机制,深化改革创新。二是树立精品意识,放大特色优势,推动旅游品牌全域打造。擦亮历史文化品牌,叫响自然山水品牌,提升知名节会品牌。三是完善营销体系,加强宣传造势,推动旅游形象全域提升。提高精准度,搭建大平台,用好全媒体。四是增强承载功能,提高服务品质,推动旅游环境全域优化。五是丰富业态产品,增加有效供给,推动旅游产业全域融合。

通过上述报道你对旅游产业的发展有哪些认识呢?你认为旅游资源对旅游业的发展以及当地经济的推动有哪些积极意义?

(资料来源:摘自《河南日报》,2017 年 9 月 5 日 12 版。)

3.1 中国旅游资源形成的地理环境

中国地域辽阔,山川壮丽,气候适宜,物产富饶,拥有十分丰富的自然旅游资源。中华民族历史悠久、文化灿烂,古代建筑、文化古迹比比皆是,形成了广泛多样的人文旅游资源。中国还有很多自然与人文资源融合得十分协调的景观。它们既有诗和画的意境,又有历史和文化的积淀与震撼,是我国发展旅游业雄厚的物质基础,有利于发展多层次、多种类型的旅游活动。

3.1.1 中国自然地理环境特征

自然旅游资源是旅游资源的重要组成部分,人文旅游资源的某些部分直接或间接地与自然旅游资源相关联。自然旅游资源是旅游活动中最生动最具活力的部分。

3.1.1.1 优越的地理位置和疆域

中国国土大部分地处中纬度,陆地总面积约 960 万平方千米,在世界各国中,仅次于俄罗斯和加拿大,居第 3 位。

中国陆地疆界长 2.28 万多千米。中国海岸线总长度为 3.2 万多千米,其中大陆海岸线长达 1.8 万多千米。中国大陆的东部和南部濒临渤海、黄海、东海和南海四大边缘海。近海面积约 473 万平方千米。在辽阔的中国海域,分布着 6 000 多个面积超过 500 平方米的岛屿,其总面积达 8 万多平方千米。

3.1.1.2 多样的地貌形态和地势

(1)地形多种多样,山区面积广大

在中国辽阔的大地上,陆地的 5 种基本地形类型,中国均有分布。我国的主要地形有三大平原、四大高原、四大盆地、两大丘陵(山东丘陵和东南丘陵)及不计其数的高大山系与中低山地。通常人们把山地、丘陵和比较崎岖的高原称为山区。中国山区面积约占全国总面积的2/3,这是中国地形的又一显著特征。

(2)地势西高东低,略呈阶梯分布

中国地势自西向东呈阶梯状逐级下降,并大致分为三级。地势的第一级阶梯是青藏高原,平均海拔在4 500米,面积达230万平方千米,是世界上最高的高原之一;地势的第二级阶梯分布着大型的盆地、高原及山地,平均海拔在1 000~2 000米;地势的第三级阶梯分布着广阔的平原,间有丘陵和低山,海拔多在500米以下。自北而南分布有东北平原、华北平原、长江中下游平原与东南丘陵等。

3.1.1.3 气候复杂多样,季风气候显著

由于我国幅员辽阔、面积广大,外加复杂多样的地形,造成中国气候具有两大显著的特点:气候复杂多样,季风气候显著。也正是由于这个原因,世界上大多数农作物和动植物都能在我国找到适合生长的地区,我国的农作物和动植物资源十分丰富。

(1)气候复杂多样

我国幅员辽阔,由于纬度不同,从南到北,全国(除青藏高原高寒区外)跨越了热带、亚热带、暖温带、中温带和寒温带等5个温度带。其中亚热带、暖温带、中温带三者的面积占全国面积的70%。由于距海远近不同,经度差异,我国自东向西形成了湿润地区、半湿润地区、半干旱地区和干旱地区4个干湿地区。这5个温度带、4个干湿地区、1个青藏高原高寒区,造成我国各地的气候千差万别,复杂多样。

(2)季风气候显著

由于中国背靠世界上最大的大陆(亚欧大陆),面临世界上最大的大洋(太平洋),受海陆差异影响,因而在我国的大兴安岭—阴山—贺兰山—巴颜喀拉山—冈底斯山一线以东以南的广大区域,形成了世界上最大的季风气候区。区内一年之中随季节更替常受到夏季风与冬季风的交替影响。尤其是受夏季偏南风(海洋吹向陆地)的影响,在夏季我国东部比同纬度其他地区气温高,降水多,温暖湿润;受冬季偏北风(陆地吹向海洋)的影响,我国北方各地区比同纬度其他地区气温低,降水少,寒冷干燥。也因此形成了夏季高温多雨、冬季寒冷干燥的季风气候特点。

(3)雨热同期

我国位于北半球,正值夏季高温季节,且又赶上夏季风盛行雨季来临。因位于大陆东部的季风气候显著区,大部分地区受来自太平洋和印度洋夏季风的影响,夏半年雨热同季。一般来说,降水受地形、夏季风及距海远近位置的影响,从东南沿海向西北内陆逐渐减少。

温度和水分条件配合良好,为发展农业提供了优越条件。特别是占全国面积26%的亚热带地区温度高而降水丰沛,天然植被为亚热带季雨林与常绿阔叶林,适宜种植水稻和多种亚热带经济作物,这与大陆西部同纬度地区在回归高压带控制下降水稀少的荒漠景观迥然不同。

3.1.2 中国人文地理环境特征

3.1.2.1 悠久的历史和高度的文明

我国是世界四大文明古国之一。漫长的历史记录了从 800 万年前的云南腊玛古猿化石，到 300 万年前的湖南南方古猿的牙齿化石，直到 170 万年前的元谋人化石，证明着在中国这块土地上早期人类的存在和进化情况。在此后 170 万年的时间里，由旧石器时代到新石器时代，中华文明的早期基础在以母系氏族社会为主调的新石器时代逐渐奠定。

第四纪更新世的旧石器时代(猿人和智人时代)，大致形成了以黄河和长江两大流域为主的华北和华南两大文化体系。到全新世的新石器时代(母系与父系氏族社会时代)，中国又形成了以黄河、长江、华南和西南以及北方四大区域为中心的旱地农业、稻作农业和狩猎采集三个史前文化区。

中华文明史在后来的发展过程中，又经历了无数的历史嬗变与朝代更替。从原始社会氏族时期的三皇五帝时代，进入奴隶社会(夏、商、周)到封建社会(秦、汉、隋、唐、宋、元、明、清)至今，在与自然的长期斗争中，逐渐形成了当今世界上独具特色的中华民族及统一多民族国家。其活动的遗迹、遗物的历史性和神秘性，深深地吸引着考古界、科学界和旅游者的目光。

3.1.2.2 众多的民族和灿烂的文化

中华民族在上下五千年的历史长河中，从弱到强，经历了四次大的兼并和统一，终于形成了当今团结统一的多元一体化格局。中国统一多民族国家形成和发展的历史过程主要可分为四个时期(阶段)：第一阶段，自公元前 221 年(秦朝中央集权制国家的建立)到 196 年，从秦始皇“六王毕，四海一”统一中国到汉代，是我国统一多民族国家的形成时期；第二阶段，自 196—907 年，从分裂割据至隋唐大统一，出现了唐朝“贞观之治”与“开元盛世”，是我国统一多民族国家的进一步发展时期；第三阶段，自 907—1840 年，是我国统一多民族国家的大发展时期，其中的元、清两代，出现了我国历史上版图最大的元朝和“康乾盛世”的清朝；第四阶段，自 1840—1949 年新中国成立，中华民族取得了“反帝、反封建、反压迫、反分裂”的伟大胜利，是我国统一多民族国家的最后完成时期。

中华民族还在长期的发展过程中，创造了灿烂的文化艺术。从天文地理、天干地支、阴阳八卦和五行生肖，到玉石、陶瓷、丝绸、竹木、漆器和铜器；从中华汉字和儒道文化，到衣食住行和礼仪丧嫁；从东方医学、烹饪、武术和园林，到中华诗词、书画、曲艺和杂耍，无不给世界留下了珍贵的物质财富和精神文明，创造了灿烂的东方文化，也为中国人文旅游资源的形成奠定了物质基础，创造了精神条件。

3.2 中国自然旅游资源

自然旅游资源是天然赋存的旅游吸引物，它是构成自然地理环境的共生体及核心要素，也是激发旅游者的旅游动机和实施旅游行为最直接、最持久的基本客体。中国自然旅游资源广泛存在于全国复杂的自然地域，种类相当丰富，主要包括地质、地貌、气候、气象、水体与生物等旅游资源。

3.2.1 地质地貌旅游资源

地貌是地表各种形态的总称，是在内外力共同作用下形成的。千姿百态的地表形态，是构成自然景观的基础。各种地貌类型以其独特的形态和魅力构成丰富多彩的旅游资源。

3.2.1.1 地质类旅游资源

地质旅游资源是在地质历史时期中形成的具有观赏价值的地表形态和有重大科学价值的保留在岩层中的生命遗迹及地质构造遗迹。包括典型地质构造、地层剖面、古生物化石、矿物岩石和环境地质现象等地质旅游资源。

(1)典型地质构造旅游资源

承受地壳运动的岩层或岩体，在内营力的作用下发生变形变位的结果，称为地质构造或构造形迹。地质构造包括典型全球性构造、典型的区域性构造、典型的中小型构造。其中，中小型地质构造是我们最常见的地质旅游资源。

褶皱构造遗迹旅游资源是指岩层在受横向压力过程中所产生的连续弯曲构造。它主要有两种基本类型：背斜和向斜。背斜是岩层向上弯曲的构造；向斜是岩层向下弯曲的构造。在未经外力作用的情况下，一般是“背斜成山，向斜成谷”；断裂构造遗迹旅游资源是指地壳岩石受力后发生变形，连续性发生破坏，形成节理和断层两种断裂构造。

(2)典型标准地层剖面旅游资源

地层是指在地质应力作用下，所形成的各种成层岩石的总称。标准地层剖面就是指具有地质时代典型性的地层与含有重要价值化石的地层，是进行地层划分对比的“金钉子”。地层具有层序。地球的演化历史可划分为太古代、元古代、古生代、中生代、新生代五个大的演化阶段。一定的地史时期，就有一定的生物类别；时期不同，生物的种类也不一样，所以根据古生物在岩层中所形成的化石，来确定地质年代和划分地层，是非常可靠的。它既是旅游资源的重要部分，又具有科学考察、科普教育的价值。我国地层出露较全，许多在国际上很有代表性。

(3)古生物化石旅游资源

化石是指保存在地层中的地质时期的生物遗体、遗骸及生物活动的遗迹、遗物的总称。生物遗体包括动物的骨骼、贝壳、牙齿和植物的茎、叶、花、种子等。生物遗物包括古人类使用过的石器、骨器和动物粪便等。生物遗迹主要指虫迹、足迹、外壳形成的印模，人类祖先用火留下的灰烬等。目前已经描述的古生物化石的物种约有 13 万种，相当于现代生物总数的 3%。

(4) 矿物岩石旅游资源

矿物旅游资源是岩石的基本组成单位，它是由地壳中的化学元素经地质作用形成的，在一定条件下相对稳定，具有相对固定的化学成分和内部构造以及一定的结晶形态、物化性质，并呈各种物态出现的自然产物。现在已经发现的矿物约有 3 300 多种，它们是重要的工业材料，其中有些兼具有很高的审美观赏价值和文化收藏价值。岩石旅游资源是指各种不同的矿物集合在一起，组成的各种不同的岩石。中国自古就有“玩石”“藏玉”之风，有“黄金有价玉无价”之说。战国时代秦王曾宣称以 15 座城池换取由楚国流落到赵国的“和氏璧”等。

(5) 环境地质现象旅游资源

环境地质现象旅游资源主要是指地质灾变所形成的地质旅游资源。主要包括火山遗迹旅游资源和震迹旅游资源。由火山喷发留下的各种遗迹，如火口湖、堰塞湖、火山锥、温泉、熔岩洞穴等；震迹旅游资源除了自然震迹，如建筑物的坍塌、城镇村宅的陷落、河流的堰塞等，还有通过人类改造震迹而形成的震后建设新貌以及各种纪念性的地震标志，如地震纪念塔、碑、展览馆等。我国河北唐山市和四川汶川县均可以开发震迹旅游资源。

3.2.1.2 地貌类旅游资源

地貌旅游资源是具有观赏价值和一定吸引功能的地表形态的总称。地貌在很大程度上决定了旅游项目的兴建和选择。地貌不同，适于开展的旅游项目也有所不同。低山、丘陵、平原等地貌适宜开发观光游览型产品；高山地貌则适宜开发攀登探险、科学考察型旅游产品等。因此，在进行旅游规划时，首先应该考虑该区域的地貌特点，扬长避短，突出特色。

1. 我国地貌轮廓的基本特征

1) 地势西高东低，呈三级阶梯分布。我国地势西高东低，呈现出三级阶梯分布特征。青藏高原为第一级阶梯，平均海拔 4 500 米，被称为“世界屋脊”，由极高山、高山和大高原组成。青藏高原边缘以东以北，也就是昆仑山—祁连山—横断山脉一线到大兴安岭—太行山—巫山—雪峰山一线之间是第二级阶梯，平均海拔 1 000 ~ 2 000 米，主要是一些高原和盆地。第三级阶梯在我国东部，主要是丘陵和平原分布区，海拔多在 500 米以下。

2) 地貌类型复杂多样。我国幅员辽阔，地质条件复杂多样，不仅各类形态地貌类型齐全，有山地、高原、丘陵、盆地和平原，而且各类成因地貌类型，如岩溶地貌、丹霞地貌、风沙地貌、火山地貌、黄土地貌和各类海岸地貌也有典型分布，这为旅游业的发展提供了多种多样的地貌旅游资源。

3) 山区面积广大。通常所讲的山区包括山地、丘陵和高原。我国是个多山的国家，山区的面积占国土面积的 2/3 以上，而且高差显著。这虽然给交通运输带来不便，但却使得我国的山地旅游资源十分丰富，各种类型的山地地貌，景观千差万别。

2. 地貌旅游资源主要类型

(1)按地貌形态划分:地貌旅游资源可分为山地、丘陵、高原、盆地、平原等旅游资源

平原和盆地地势低平,辽阔坦荡,人类开发历史悠久,经济发达,交通便利,人文景观荟萃,因此具有较好的旅游价值,是我国主要的旅游目的地和客源地。高原地势高平坦人烟稀少,开发较晚,具有较大的开发潜力。山地不适宜于人类居住,也不适宜传统农业的发展,受人类活动影响较少,因此自然景观保存较为完整,具有雄奇险峻的特点,是最具有旅游价值的地貌形态。高山和极高山是登山探险和科学考察的胜地,而中低山因具有良好的生态环境、优美的自然景观以及悠久的宗教文化,是旅游观光的最佳去处。

(2)按地貌成因划分

1)花岗岩地貌:花岗岩是岩浆侵入地壳上部逐渐冷凝而成的,是地表最常见的酸性侵入岩,往往形成高大山体的核心。经风化后出露,成为山体突出的主峰。由于花岗岩垂直节理发育,往往形成高大雄伟、峭拔险峻的景观特征。

2)岩溶地貌:又称喀斯特地貌,是指以碳酸盐类岩石(主要是石灰岩)为主的可溶性岩石,在水的溶蚀和冲蚀作用下所形成的地貌形态。包括峰丛、峰林、孤峰、石林、石芽、天生桥、地下河、漏斗、溶洞等类型,溶洞中又有千奇百怪的石笋、石钟乳、石柱、石幔、石花、石灰华等堆积地貌景观。

3)火山岩地貌:指地下岩浆喷出地表并快速冷凝所形成的各种地貌形态的总称,主要有流纹岩、火山锥、火口湖、堰塞湖等景观。

4)丹霞地貌:即在巨厚的红色砂砾岩上发育而成的方山、奇峰、赤壁、岩洞和石柱等特殊的地貌形态,因最早发现于广东仁化丹霞山,故而得名。其主要特点是丹山碧水、精巧玲珑。丹霞地貌区奇峰林立、景色瑰丽,旅游资源丰富。

5)风沙地貌:即干旱地区由于风力的侵蚀、搬运和堆积作用所形成的地貌形态的总称,主要有风积地貌和风蚀地貌两种类型。

6)海岸地貌:海岸在地质构造运动、海浪与潮汐的冲刷和堆积作用、生物作用以及气候因素的共同作用下形成的各种地貌形态。

7)黄土地貌:我国黄土高原是世界上最大的黄土分布区,深厚的黄土层在流水的侵蚀、切割作用下形成了黄土塬、黄土梁、黄土岗、黄土柱、黄土坪等地貌形态,以及独特的窑洞民居形式。

3.2.2 水体旅游资源

水体是指河流、湖泊、池塘、水库、沼泽、海洋以及地下水等水的聚积体。水是自然界分布最广、最活跃的因素之一,也是最有生命力的造景因素之一。山得水而活,林得水而秀。因此,水具有审美功能、运动疗养功能和品茗酿造功能。我国水域宽广,水资源丰富,造就了丰富的水体旅游资源,主要有海洋、江河、湖泊、泉水、瀑布等存在形式。

3.2.2.1 海滨旅游资源

我国海域辽阔,有漫长的海岸线,为我国发展海洋旅游提供了良好的条件。我国有

许多海滨旅游景区，在119个国家级风景名胜区中，就有秦皇岛北戴河、大连海滨—旅顺口、金石滩、兴城海滨、胶东半岛海滨、三亚热带海滨等海滨风景名胜区。

1)秦皇岛北戴河风景名胜区：位于河北秦皇岛市，海滩漫长曲折，沙软潮平，林木苍翠。有鸽子窝、金山嘴、老虎石、观音寺、望海亭、莲花石等景点，是国内著名的海滨风景名胜区。

2)大连海滨—旅顺口风景名胜区：包括大连海滨与旅顺口两个景区，景区海岸线长达30余千米，水面浩瀚，碧海蓝天。旅顺口是中国的海上门户，地形雄险壮阔，有众多古迹，景区内有中国近代史上记载中日甲午战争和日俄战争以及日本侵华战争的各种工事、堡垒等战争遗迹多处。

3)胶东半岛海滨风景名胜区：位于山东烟台市，包括陆上烟台蓬莱和威海成山头两片景区及海上长山岛、黑山岛、庙岛、刘公岛等岛屿。区内海湾岬角曲折多姿，地形起伏，林木繁茂，海蚀地貌如天然群雕，人文景观十分丰富。蓬莱以"海市蜃楼"驰名中外，蓬莱水城是国内保护完好的古代海军基地。

4)三亚热带海滨风景名胜区：为中国最南端的多民族热带海滨城市，又是一个充满神奇色彩的国际性避寒胜地。独具特色的热带植物景观和曲折多变的海岸线构成了典型的热带海滨风光，集阳光、沙滩、海水、空气、绿植于一体，是度假、疗养和冬泳的理想佳境。

3.2.2.2 江河旅游资源

我国山高水长，河流众多，径流资源十分丰富。流域面积超过1万平方千米的河流有79条；超过1 000平方千米的河流有1 500条；超过100平方千米的河流有50 000余条。全国河流总长度超过42万千米，其中径流长度超过1 000千米的河流有20条，它们是：长江及其支流汉江、嘉陵江、沅江、乌江，黄河，黑龙江及其支流松花江、额尔古纳河、嫩江，珠江及其支流郁江，雅鲁藏布江，澜沧江，怒江，辽河，海河，淮河，额尔齐斯河，塔里木河。我国主要的江河旅游资源有：

1)长江是世界第三大河，我国第一大河，发源于青藏高原的唐古拉山脉各拉丹东雪山，全长6 300千米。长江素有"黄金水道"之称。上游地形复杂多样，多高山峡谷，水位落差大。中游落差减小，河道渐宽，水流平缓，有众多的大小湖泊与河网。下游江面宽阔，江中多沙，河道密布，沿岸有许多历史文化名城和现代化的大都市。

2)黄河是我国第二大河，正源卡日曲发源于青海省巴颜喀拉山北麓的各姿各雅山，全长5 464千米，被誉为中华民族的"母亲河"。黄河及其支流沿岸的咸阳、西安、洛阳、郑州、开封，是历史悠久的古都，兰州、银川、包头、呼和浩特、济南等城市，既有大量风光胜迹，又聚集现代都市风情。

3)漓江是中国锦绣河山的一颗明珠，是桂林山水风光的精华，"桂林山水甲天下，阳朔山水甲桂林"，从阳朔到桂林河段，宛如一条青罗带，婉蜒于奇峰之间。沿江风光旖旎，奇峰倒影，深潭、涌泉、瀑布，构成一幅绚丽多姿的画卷，被称为"百里漓江，百里画廊"，是我国十大风景名胜之一。

3.2.2.3 湖泊旅游资源

湖泊是陆地上的洼地积水形成的水体。地球上的湖泊总面积占全球大陆面积的1.8%左右。我国是一个多湖泊的国家,目前湖泊面积在1平方千米以上的有2 800余个,湖泊面积超过8万平方千米。主要分布在东部平原、青藏高原及蒙新地区。湖泊的类型很多,其成因可分为构造湖、火山湖、泻湖、堰塞湖、河迹湖、海迹湖、冰川湖、岩溶湖、风蚀湖等;按湖水与河流的关系,分为内陆湖和外流湖;按湖水的矿化度,分为淡水湖、咸水湖和盐湖。另外,我国还有大量的人工湖泊。我国主要的江河旅游资源有:

1)青海湖位于著名的青藏高原上,地处青海省东北部,是我国最大的内陆湖泊和咸水湖。这里气候凉爽,即使在烈日炎炎的盛夏,日平均温度也一般都在15 ℃左右,是理想的避暑胜地。湖泊四面环山,从山下到湖畔则是苍茫无际的千里草原。湖的西北是著名的鸟岛,每年4月至6月,有大量候鸟来此安家,是观鸟的最佳时机。

2)鄱阳湖位于江西省北部,是我国第一大淡水湖。湖泊的西北部有避暑胜地庐山,在鄱阳湖和长江的汇合处湖口,有风景名胜石钟山。鄱阳湖国家自然保护区是我国最大的鸟类自然保护区,被称为“白鹤世界”“珍禽王国”。

3)洞庭湖位于湖南省北部,是我国第二大淡水湖。范仲淹在《岳阳楼记》中赞美洞庭湖,“衔远山,吞长江,浩浩汤汤,横无涯际;朝辉夕阴,气象万千”。刘禹锡赞美君山“遥望洞庭山水色,白银盘里一青螺”。

4)太湖位于江浙两省之间,是我国第三大淡水湖。太湖水面烟波浩渺,水质清纯。湖中有大小岛屿48个,连同沿湖的山峰和半岛,号称“七十二峰”,构成了一幅山外有山,湖中有湖,山重水复,山环水抱的天然图画。

5)杭州西湖位于杭州市城西,是我国著名的,也是世界上著名的湖泊旅游风景区。湖中有小流洲、湖心亭和阮公墩三个小岛以及苏堤、白堤两条长堤。“水光潋滟晴方好,山色空濛雨亦奇。欲把西湖比西子,淡妆浓抹总相宜。”苏东坡的诗句生动地赞美了西湖美景。南宋以来,先后形成了西湖十景。西湖风景区是我国十大风景名胜之一。

3.2.2.4 瀑布与泉水旅游资源

(1)瀑布旅游资源

瀑布是从悬崖陡坡上倾泻而下的水流,或者是河流纵剖面有了明显的波折,致使河水下跌的景观。瀑布形态多种多样,有的如江海翻腾、气势磅礴;有的幽深清秀,景色妩媚动人;有的又如珠帘垂落,纷扬飘舞;又有的层层叠叠,时分时合。由于它是山和水完美结合的产物,并具有鲜明的形、声、色等美学特征,因此是一种极其吸引游人的水体景观。我国著名的三大瀑布是:

1)黄果树瀑布:位于贵州省镇宁苗族布依族自治县打帮河上游的白水河,为我国第一大瀑布。瀑布落差74米,宽81米,河水由断崖顶端凌空飞流而下,倾入崖下的犀牛潭中,势如翻江倒海。

2)壶口瀑布:位于山西省吉县与陕西省宜川县交界的黄河段,是我国第二大瀑布。黄河流至龙王庙以下,在平整的谷底冲蚀出一道深槽,河床由300米宽骤然收缩为50米左右，像一把巨大的壶口，咆哮的河水奔泻而下，形成雄伟壮观的瀑布奇观。

3）吊水楼瀑布：位于黑龙江省宁安县牡丹江上。由于历史上长白山火山喷发，熔岩流堵塞了河道，形成一个火山堰塞湖——镜泊湖。湖水从裂口溢出，泻入牡丹江，因而形成一个大瀑布。当夏季洪水到来时，湖水水量增大，水位抬高，瀑布宽达200多米，落差达到20多米。

（2）泉水旅游资源

泉是地下水的天然露头，是一种特殊形式的流水。泉具有旅游审美功能、医疗保健功能和品茗酿造功能。

1）温泉：泉水温度差别很大，从0 ℃以下到100 ℃以上都有。一般来说，将20 ℃以下的称为冷泉，20 ℃～37 ℃的称为温泉，超过37 ℃的称为热泉，43 ℃以上的则称为高热泉。其中，热泉和高热泉又常被称作"汤"。温泉的形成是由地下水循环的深度和所在地区的地壳活动决定的。地下水所处深度越深，温度便越高。所以，即使在极地和高山地区，地下水只要循环到一定深度，也可形成温泉，甚至高温沸泉。中国的温泉资源异常丰富，在全国共有2 600多处（约占世界的2/5）。

2）矿泉：矿泉是指含有一定量的矿物质并且具有医疗和饮用价值的矿化泉水（矿化度：1 g/L）。目前国际上通用以泉水中含有的6种主要离子（碳酸氢根、硫酸根、氯离子、钠离子、钙离子、镁离子）和3种气体（二氧化碳、氨、硫化氢）与某些活性元素（铁、砷、碘、嗅）的含量为标准。我国共有矿泉1 700多处。

3.2.3 气象气候旅游资源

在大气中时常发生一些引人注目的云、雨、风、露等物理现象，以及增温、冷却、蒸发、凝结等物理过程。这些物理现象和变化过程，称为气象。这些现象在一个地区短时间内的具体表现，称作天气。一个地区多年常见的和特有的天气状况的综合就是气候。大气圈中引起的冷、热、干、湿，风、云、雨、雪，霜、雾、雷、电等气象与气候过程的发生，形成地球各地景观及功能各异的气象、气候旅游资源。

3.2.3.1 气象旅游资源

气象万千，瞬息万变。千变万化的各类气象景观与岩石圈、水圈、生物圈等旅游景观组合，再加上人文旅游资源的点缀，就构成了一幅仙境幻影般的自然旅游资源画卷。

1）云雾所构成的气象奇观是温暖湿润地区或湿润季节出现的景观。包括薄云淡雾和流云、飞雾。如"双峰插云"（西湖十景之一）、"狮洞烟云"（蓬莱十景之一）、"平安云海"（太白山八景之一）、"罗峰晴云"（峨眉山十景之一）等。

2）烟雨即俗语所说的"毛毛雨"，是指从层积云和层云中降落下来的由大量小雨滴或极小雪花组成的降水，其降水量不超过0.25 mm/h。烟雨作为旅游资源开发，贵在与山水、植被、古建筑等其他旅游资源的组合。浙江嘉兴南湖，以轻烟漠漠、细雨霏霏、烟雨朦胧的湖光为特色。

3）冰雪是中纬度地区的冬季和高纬度地区常出现的一种特殊的天气降水现象。我国北方严寒的冬季，江、湖水面，雪花堆砌，终日结冰不化，构成银装素裹的洁白世界。各旅游名山在雪的装点下，白雪与苍松翠柏构成一幅壮丽、晶莹、洁白的图画，格外迷人。冰雪除作为观赏对象外，近年来兴起的滑雪运动为冰雪旅游提供了广阔的天地。

4）雾凇是一种白色的固体凝结物，呈针状或粒状的疏松微小的冰晶或冰粒。它是低温雾天里细小的雾滴（水滴）在树枝、电线等物体上形成的。多形成在地面物体迎风面上。根据雾凇的形状和结构，可分成晶状雾凇和粒状雾凇两类。著名的吉林“树挂”，属于晶状雾凇一类。

5）蜃景即海市蜃楼奇景。由于气温在垂直方向上的剧烈变化，使空气密度的垂直分布产生显著变化，即逆温层出现，而引起光线的折射和全反射现象，导致远处的地面景物出现在人们的眼前的一种奇异景观，一般在海湾、沙漠可以看到。山东蓬莱仙阁是有名的观赏海市蜃楼之地。

6）佛光又称为宝光，是太阳光通过空气中悬浮的无数水滴发生衍射特有的自然现象。我国庐山、峨眉山、泰山、黄山、华山都有佛光景的出现。其中峨眉山“金顶佛光”久负盛名，出现的次数也最多。佛光形成的条件要具备天气晴朗无风，云层顶平坦荡，太阳光斜射约45°且太阳—人—云处在同一斜面上。此时，人体会被七色光环绕而构成佛光奇观。

3.2.3.2 气候旅游资源

所谓气候旅游资源是指具有能够满足人们正常的生理需求和特殊心理需求的气候条件。气候旅游资源的分布既具有地带性、特定性特点，又具有普遍性特征。这是其不同于其他旅游资源的特殊性。它包括阳光型气候、避暑型气候（高山型、高原型、海滨型、高纬度型）和避寒型气候。

3.2.4 生物旅游资源

作为旅游资源的生物景观，尤其是植物，是自然环境特征的重要标志。我国的生物旅游资源具有种属丰富性、生性奇特性、审美观赏性、变化季相性等特性。它对丰富自然景观、衬托人文景观、保护生态环境、美化旅游景区、增添游客游兴、陶冶游客情操以及开展科普教育研究和生态旅游等方面都具有不可替代的作用。

3.2.4.1 植物旅游资源

植物通常分为草本和木本两类。木本植物可分为乔木和灌木两种。植物中最常见的要数种子植物了。种子植物分两类：一类是裸子植物，另一类是被子植物。我国有被子植物25 000种，仅次于马来西亚和巴西，占世界第三。裸子植物240余种，占世界总量的30%。还有数千种珍稀树木和花卉，西方人称中国是“园林之母”。通常把植物景观分为六类，即森林景观、草原景观、古树名木和奇花异卉、佳果名茶、观光农业景观、植物园等。

3.2.4.2 动物旅游资源

动物具有娱乐、观赏、狩猎、垂钓、科研、造园、维持生态平衡及一定的经济价值等多种功能。从旅游角度考虑,它的最大功能是使自然风光景象空间更加活跃、生动而富有情趣。我国幅员辽阔、环境多样,具有不少珍禽异兽,许多动物是属于世界性的珍稀动物。中国政府极为重视野生动物的保护,据1989年公布的《国家重点保护野生动物名录》中,一类保护动物96种,二类保护动物160种,三类保护动物1 591种。其中一类保护动物中的大熊猫、金丝猴、白鳍豚和白唇鹿被称为四大国宝动物。

3.2.5 自然保护区与自然风景区

3.2.5.1 自然保护区

最近400年来,地球上物种灭绝速度在加快。现在每年都有1万~2万种物种灭绝,物种灭绝速度是形成速度的100万倍。对世界上千万遗传物种的保护是关系人类生存的大问题,建立自然保护区的目的是为了保存地球上的物种及其生态环境。

1872年,美国建立了世界上第一个国家公园,也是世界上第一个自然保护区。此后,世界各国陆续建立许多自然保护区。中国自1956年建立第一个自然保护区——广东鼎湖山自然保护区以来,截至2009年底,中国已建立各种类型、不同级别的自然保护区2 541个,保护区总面积约147.73万平方千米。其中,国家级自然保护区319个,面积92万平方千米,分别占全国自然保护区总数和面积的12.55%和62.72%。有28处自然保护区加入联合国教科文组织“人与生物圈保护区网络”。我国已建立的自然保护区,对生物多样性保护起到了非常重要的作用。

根据自然保护区保护对象与保护目的的不同,我国自然保护区可以分为四种类型。①综合型:以保护完整的自然生态环境为主,如长白山、博格达峰、肇庆鼎湖山、锡林郭勒草原、梵净山、西双版纳自然保护区等。②生物型:重点保护珍稀动植物,如卧龙大熊猫自然保护区、盐城丹顶鹤自然保护区、庞泉沟褐马鸡保护区、广西山口红树林保护区、安徽宣城、南陵、泾县等地的扬子鳄保护区等。③自然风景型:保护优美或较原始的自然景观,如庐山、九寨沟、丰林、武陵源风景区、武夷山自然保护区等。④自然历史遗迹型:保护各类有价值的自然或历史遗迹地,如蓟县上元古界地质剖面、五大连池火山地貌、天津滨海贝壳堤海岸遗迹及各地化石群等。

3.2.5.2 风景名胜区

风景名胜区是指具有美学、历史、科学价值的山、河、湖、海、动植物等自然景观和园林、建筑、文物、古迹、革命纪念地等人文景观所构成的环境空间。即具有一定经济结构和形态的旅游对象的地域组合。

自1982年起,截至2017年底,中国先后审定、公布了9批国家级重点风景名胜区,共244处。中国风景名胜区按内容可归纳为八个类型。①自然山川风景:黄山、庐山、雁荡山、长江三峡、衡山、桂林、漓江等。②湖泊水域风景:杭州西湖、昆明滇池、天山天池、太湖、青海湖、镜泊湖等。③海滨风景:北戴河海滨、青岛海滨、三亚海滨、大连海滨、厦门鼓浪屿海滨等。④森林风景:武夷山、武陵源等。⑤石林溶洞瀑布风景:云南路南石林、贵州织金洞、黄果树瀑布、壶口瀑布等。⑥历史古迹名胜:明十三陵、承德避暑山庄、西夏王陵等。⑦宗教名胜:武当山、武台山、九华山、洛阳龙门石窟、峨眉山、江西三清山等。⑧革命历史纪念地:井冈山、韶山、遵义、延安等。

3.3 中国人文旅游资源

“人文”一词的含义是人类社会的各种文化现象,人文旅游资源是由人类创造的物质财富和精神财富的成果,是对旅游者具有吸引力的社会、文化因素及其他相关因素。全面地了解人文旅游资源,有利于更好地开发利用旅游资源的潜力,增强旅游资源的吸引力,进一步促进旅游业的发展。人文旅游资源的内容非常丰富,根据其不同的特点,大致可分为历史遗址类、古代建筑类、古典园林类、都市城镇类、宗教文化类和民俗风情类旅游资源六种类型。

3.3.1 历史遗迹旅游资源

3.3.1.1 历史遗址遗迹类旅游资源的概念

历史遗址遗迹是指人类在不同历史时期的生产和生活中所创造的,能够反映人类社会的物质文明与精神文明而又保存至今的遗物、遗址、遗迹、遗风。其既包括固定的遗址遗迹,又包括非固定的历史文物、古老习俗等。

3.3.1.2 历史遗址遗迹旅游资源的类型

历史遗址遗迹类旅游资源一般包括:古人类遗址遗迹、古经济文化活动遗址遗迹和近现代历史遗址遗迹。

(1)古人类遗址遗迹

我国古人类遗址分为旧石器时代和新石器时代。

旧石器时代人类文化遗址(200 多处)分为三个发展阶段:①早期的直立人(猿人)阶段,距今 300 万年。主要遗址有云南元谋人、陕西蓝田人、北京周口店的北京人等。②中期的早期智人(古人)阶段,距今 20 万 ~30 万年。主要遗址有:大荔人、许家窑人、丁村人。③晚期的晚期智人(新人)阶段,距今约 5 万年。这一时期最重要的遗址是北京山顶洞人。

新石器时代人类文化遗址(现已发掘 400 余处)分为母系氏族中后期和父系氏族两个阶段:①母系氏族公社是以母系血缘为纽带组成的生产、生活单位,当时人“只知其母,不知其父”。②父系氏族公社是以父系血缘为纽带组成的生产、生活单位。这一时期男性在生产经济生活中居于主体地位,从妻居改变为从夫居。

(2)古经济文化活动遗址遗迹

古代经济文化活动遗址遗迹主要包括:①古城遗址遗迹,如著名的有商都城殷墟遗址、西周都城丰镐遗址、秦阿房宫遗址、汉长安城遗址、洛阳汉魏故城遗址、唐大明宫遗址、山西平遥明城池遗址等;②古道遗址遗迹,如战国时代和北魏时期人们修建了武关道、子午道、金牛道等栈道;③古路遗址遗迹,如陶瓷之路、天马之路、丝绸之路等;④古战场遗址遗迹,如宜昌、江陵和武汉一带,历史上曾是赤壁和夷陵的古战场;⑤历史名人遗址遗迹,如秦始皇为出游所建的离宫、山东曲阜的孔府、湖北秭归的屈原故里、四川成都的杜甫草堂、山东淄博蒲松龄的聊斋等。

(3)近现代历史遗址遗迹

1840 年鸦片战争的爆发是中国近代史的开端。此后中国进入了半殖民地半封建社会,直到新民主主义革命的爆发和毛泽东领导中国人民进行抗日战争和解放战争的胜利,建立了崭新的社会主义国家。所以这是一段革命斗争史,遗址也主要是革命斗争场所、革命人士纪念地等。其中著名的遗址有:清末洋务运动时建立的开滦矿务局码头遗址、标志着禁烟运动伟大胜利的广东虎门遗址、南京的孙中山陵园、纪念京汉铁路工人大罢工的郑州二七纪念堂、革命圣地延安革命纪念馆及南京大屠杀纪念馆,等等。

3.3.2 古代建筑旅游资源

建筑是凝固的艺术,是人类文明的一个重要标志。一般认为,古代曾经有过大约七个主要的独立建筑体系,即古埃及、古代西亚、古代印度、古代美洲建筑、中国古建筑、欧洲建筑和伊斯兰建筑。其中,中国古建筑、欧洲建筑和伊斯兰建筑并称为"世界三大建筑体系"。

3.3.2.1 中国古代建筑的特点

我国古建筑经过长时期的努力,吸收了中国其他传统艺术形式的特点,有着深厚的文化传统和独特的艺术成就,主要特征有以下几个方面。

(1)选址讲究风水地理,天人合一

中国古代的建筑非常重视建筑与环境的和谐关系,无论是城建或是民居,都注重借天成地势景物进行建筑布局。例如,依山傍水,坐北朝南,通风透光等,都是为了趋利避害,最佳利用自然环境条件。

(2)选材以木材质为主,辅以砖瓦

我国古代建筑普遍采用木构建筑,用材受当时建材条件和建筑水平的影响,以木栏、木柱、木梁、木擦、木椽等构成房屋的主要框架。墙壁用砖或木骨泥土,房顶用瓦。立柱与横梁、顺擦承重,墙壁只起遮掩和隔间的作用,因此有"墙倒屋不塌"之说。

(3)结构选取框架结构方式,且榫卯组合,使用斗拱

我国的木构建筑普遍采用"榫卯结合"的框架结构,且普遍使用斗拱。这种框架结构具有很好的弹性,如"榫卯"组合具有"越压越紧,越拉越松"的特点,"斗拱"不仅具有承重、托挑和装饰作用,而且还具有一定的抗震效果。

(4)布局采用中轴线对称的庭院式组群排列,平面布局

我国古建筑的布局,普遍采用中轴线对称的平面布局,把重要的建筑物布置在中轴线上,次要的建筑物则被对称地列于中轴线的两侧,其中主体建筑按照“正殿高大,而重院深邃”的原则,设于南北中轴线的北部,这种布局的方法,突出了皇权至上的思想和严密的等级观念。强调中轴对称的建筑很多,中国的寺庙就是一个典型。

(5)色彩、雕饰绚丽而雅淡,装饰题材丰富

为了避免门、窗、柱受到日晒雨淋的侵蚀,我国古建筑在房屋上采用了油漆彩画的艺术手法。色彩的运用使我国的建筑更富有装饰性,自唐代起黄色为皇室特用的色彩,其下依次为赤(红)、绿、青、蓝、黑、灰。皇宫寺院用黄、红色调,绿、青、蓝等为王府官吏之色,民舍只能用黑、灰、白等色。

3.3.2.2 中国古代建筑的主要形式

中国的古建筑主要可以分为伟大的工程、辉煌的宫殿、古朴的坛庙、神秘的寺观、肃穆的陵寝、古典的园林(下节专有论述,在此不再详述)、多姿的民居、别致的衬托与小品等。

(1)伟大的工程

我国古代伟大的工程主要包括军事防御工程、水利灌溉工程和交通桥梁工程三大类。①军事防御工程:城防是商代前期,人们为了防御外来的侵犯,在集居地的外围筑建夯土墙,再围以护城河,城池开始出现。当时主要是因为城在古代有明显的防御功能。长城是中国古代的军事防御工程,东西跨越辽宁、甘肃、新疆等10个省、市、自治区,号称“万里长城”。②水利灌溉工程:京杭大运河是世界开凿最早、水道最长的人工运河,全长1 794千米。灵渠是秦始皇为统一岭南派史禄等人开凿。都江堰是中国古代战国末期蜀郡太守李冰父子主持兴建,至今已有2 000多年的农业灌溉历史。③交通桥梁工程:卢沟桥距今已有800多年的历史,是北京现存最古老的石质多拱桥。赵州桥是著名匠师李春建造,是当今世界上现存最古老的单跨石拱桥。

(2)辉煌的宫殿

宫,最初是对房屋、居室的通称;殿,指的是古代的高屋。宫殿建筑,是皇帝为了巩固自己的统治,突出皇权的威严,满足精神生活和物质生活的享受而建造的规模宏大、气势雄伟的建筑物。现存完好的宫殿建筑主要有北京故宫、沈阳故宫和西藏的布达拉宫。尤以北京故宫(旧称“紫禁城”)保存得最完好,规模最宏伟,最有代表性。

(3)古朴的坛庙

我国古代坛庙建筑庄严古朴,气势雄伟,是祭祀神灵的场所。坛是台形的建筑,根据祭祀对象分为天坛、地坛、日坛、月坛、社坛。祭祀的时间分别为:冬至祭天,夏至祭地,春分祭日,秋分祭月。坛在早期除用于祭祀外,也用于举行会盟、誓师、封禅、拜相、拜师等重大仪式。后来,逐渐成为封建社会最高统治者专用的祭祀建筑。庙是祭祀先祖、先贤的场所,庙分宗庙(先祖庙)、君师庙和神庙。在祭祀先贤的建筑中,除庙之外,还有祠。

(4)神秘的寺观

寺即“寺院”,寺院是佛教进行佛事活动的场所,寺院的建筑布局一般是将主要建筑

摆放在南北中轴线上，附属设施安放在东西两侧。由南往北，主要建筑依次是牌坊、山门殿、天王殿、大雄宝殿、法堂、藏经楼、方丈室等。

观即“道观”，道观是道教举行法事活动的场所，道教宫观的建筑形式和布局与佛教寺院的建筑大体相仿，一般仍采用殿式建筑和中轴线院落式布局，中轴线上依次为牌坊、山门、水池和桥、灵宫殿、玉皇殿、老律堂、丘祖殿、三官殿、四御殿和三清阁。

(5)肃穆的陵寝

埋葬先人遗骨的陵墓和祭奉先灵的殿堂合称陵寝。古人认为，人死是人体和灵魂的分离，即肉体可消失，灵魂会升天。据此，出现了“人死魂不散，祸福赐后人，事死如事生，厚葬以明孝”的伦理，因此我国历代都盛行厚葬之风。帝王陵寝建筑规模巨大，数量众多，历史悠久，而且布局严谨、建筑宏伟、工艺精湛，具有独特的风格，在世界文化史上占有重要的地位。著名的帝王陵寝有秦始皇陵、唐乾陵和昭陵、河南的宋陵、明孝陵和十三陵，清东陵和西陵。

(6)多姿的民居

传统民居是根据不同的自然环境、历史文化、经济状况以及生活习惯、民风民俗等，因地制宜，就地取材建造起来的。中国民居作为中国建筑的一部分独具特色，装饰也丰富多彩，具有较高的审美价值。中国古民居中，元代以前的很少保留至今，现存的绝大多数都是明、清两代的民居，如山西平遥民居、北京四合院、徽式民居和福建土楼等，都堪称中国古民居的杰作。

3.3.3 古都名城旅游资源

我国建城的历史久远，在五千年的历史中，我们的祖先留下了许多的古城镇。这些古城镇不仅见证着中国古代文明的发展与进步，现今也成为引人入胜的旅游热点。历史文化名城是历史上形成的具有重要传统文化价值的，在军事、政治、经济、科学和文化艺术等方面具有独特地位，有不同程度影响力的各类城市。历史文化名城不仅对研究悠久的历史与文化、考察古代的建筑艺术、研究城市规模体系、剖析古人的民俗风情等有重要的价值，而且对旅游业的意义也是非常显著的。

3.3.3.1 历史文化名城的类型

根据历史文化名城的形成发展和功能特点不同，我们将其分为以下五种类型：

(1)古都类历史文化名城

古都类历史文化名城是历史上帝王居住的城市，具有辉煌的历史，保存着较多的历史遗迹和文物，具有较高的旅游价值。如我国著名的八大古都：北京、西安、洛阳、开封、南京、安阳、杭州、郑州。

(2)风景名胜类历史文化名城

这类城市除了具有丰富的历史文化传统外，城市中或城郊有众多优美的景点，丰富的人文景观与秀丽的自然风景相互交融，形成美丽的城市风光。如桂林、苏州、大理、承德、昆明、青岛等。

(3)民族地方特色类历史文化名城

这类城市多分布在少数民族聚居的区域,具有明显的民族特色,它反映了我国悠久的传统和多民族的文化特征。如呼和浩特、喀什、日喀则、拉萨等。

(4)古代经济类历史文化名城

这类城市是我国古代科技、文化、经济的标志和结晶,在历史上经济发达、交通便利、市场繁荣。如泉州早在南宋时期就是我国的对外大港,宋元时期是全国著名的造船中心。此外,还有都江堰、自贡、漳州、福州、宁波、广州等。

(5)革命圣地类历史文化名城

这类城市是我国近代许多革命事件的发生地,有许多反映中国人民革命斗争历程的文物和建筑。如延安、南昌、遵义等。

3.3.3.2 中国的八大古都

1)北京:北京是我国最重要最大的古都之一,建城已有3000多年的历史,是辽、金、元、明、清五朝古都,作为历代都城前后历时600余年。现存名胜古迹极为丰富,主要有皇家建筑、宗教庙宇、革命遗址等。仅被列入世界遗产名录的文物古迹就有北京猿人遗址、长城、故宫、颐和园、天坛5处,还有天安门、明十三陵、雍和宫、北海、香山等景观。

2)西安:西安古称长安,已有3100多年的历史。自公元前1126年起,先后有西周、秦、西汉、前赵、前秦、后秦、西魏、北周、隋、唐在此建都,历时1000余年,被称为"十朝古都"。西安拥有丰富而独特的地上地下文物遗存,文化积淀深厚,人文景观众多,是华夏文化的重要发源地之一。

3)洛阳:洛阳历史悠久,从中国第一个王朝——夏朝起,先后有商、西周、东周、东汉、曹魏、西晋、北魏、隋、唐、后梁、后唐、后晋等13各王朝在此建都,历时1529年,是中国建都最早、历时最长、朝代最多的古都。现有历史古迹众多,有龙门石窟、白马寺、关林、古墓博物馆、周公庙、仰韶文化遗址等。

4)开封:开封古称汴梁,历史悠久,战国时期的魏、五代时期的后梁、后晋、后汉、后周以及北宋和金均在此建都,号称七朝古都。特别是北宋,这里历经九帝168年,繁荣兴旺达到鼎盛,风光旖旎,人物荟萃,城郭恢弘,经济发达,人口逾百万,富丽甲天下,不仅是全国政治、经济、文化的中心,也是当时世界上最繁华的大都市之一。张择端的《清明上河图》生动描绘了当时开封的繁荣景象。现存名胜古迹众多,以铁塔、龙亭、相国寺、禹王台、包公祠、朱仙镇、岳飞庙最为著名。

5)南京:南京古称金陵,素有"钟山龙蟠,石城虎踞"之称,已有2500多年历史。先后有东吴、东晋,南朝的宋、齐、梁、陈等王朝在这里建都,历史上称为"十朝都会"。南京既有自然山水之胜,又有历史文物之雅,是兼具古今文明的园林化城市。著名风景名胜有中山陵、明孝陵、灵谷寺、紫金山天文台、秦淮河、玄武湖、莫愁湖、雨花台烈士陵园等。

6)安阳:安阳是中华古老文化的发祥地之一,也是我国经考古发现可以确定年代的历史上最早的一座都城。早在公元前14世纪(3000多年以前),上古盘庚迁都于殷,到周武王伐纣灭商,历时273年,传8代12王。周灭商后,定都镐京,殷都渐荒,成为一片废墟,故称殷墟。这里出土大量甲骨文、青铜器、玉器、石器、陶器、骨器,发现古宫殿遗址

53 座，古城墙、大型陵墓 11 座。

7）杭州：杭州古称钱塘，曾是五代吴越国和南宋王朝两代建都地。虽然在七大古都中，杭州作为古都的时间最短，然而却以得天独厚的自然景色和无比深厚的民族历史文化内涵，闻名于世界。杭州旅游资源种类丰富，景点集中又富于变化，令人目不暇接，流连忘返。主要景点有西湖胜景、岳飞庙、灵隐寺、虎跑泉、保淑塔、六和塔等。

8）郑州：郑州古称商都，是华夏文明的重要发祥地、国家历史文化名城、八大古都之一。郑州历史上五次为都，为中华人文始祖轩辕黄帝的故里，拥有不可移动文物近万处。郑州是河南省省会、中国中部地区重要的中心城市、特大城市、国家重要的综合交通枢纽、商贸物流中心、中原城市群中心城市、国家园林城市等。郑州有中岳嵩山、少林寺、嵩阳书院、中岳庙、观星台、嵩岳寺塔、黄帝故里、河南博物院、商城遗址公园、二七纪念塔、黄河风景名胜区、世纪欢乐园、金鹭鸵鸟游乐园、绿博园、康百万庄园、杜甫故里、北宋皇陵等数十处景点。

3.3.4 古典园林旅游资源

园林是在一定空间，由山、水、动植物和建筑物等共同组成的一个有机综合自然整体。园林是一种空间艺术，是自然美与古典美的高度统一。

3.3.4.1 中国古典园林的分类

（1）按占有者身份可分为三大类别

1）皇家园林：其特点是规模宏大，景致内容丰富，建筑物体形高大，富丽堂皇，图案特征鲜明，色彩浓艳，具有复杂多样的象征寓意。典型的皇家园林有北京的颐和园、河北承德的避暑山庄等。

2）私家园林：其特点是一般规模较小，以淡雅精致、自由写意的风格见长，更以其浓厚的古典诗画底蕴和强烈的民间文化气息，将人文与建筑艺术相融合，成为可居、可游、可赏、宅院合一的珍贵艺术景观。现存的著名的私家园林有苏州的拙政园、留园、可园等。

3）寺观园林：其特点是依山而建，山明水秀，占地一般较大，环境清幽，名贵花木种类繁多，建筑物具有宗教色彩，呈现淡雅朴素的建筑风格。如承德殊象寺、扬州大明寺东院和北京白云观等。

（2）按方位与风格、造型艺术，我国古典园林可分为四大流派

1）北方园林：大多集中在北京、西安、洛阳、开封、济南等地区，其中尤以北京为代表，多为皇家园林，如颐和园、北海公园等。

2）江南园林：大多分布在长江下游三角洲地区，集中于南京、上海、无锡、苏州、杭州、扬州等地，其中尤以苏州为代表，如拙政园、网师园等多为私家园林。

3）岭南园林：发展历史较晚，主要集中在珠江流域的潮州、汕头、广州、东莞、顺德、番禺等地。

4）少数民族园林：少数民族园林是指我国一些少数民族的园林，如西藏的罗布琳卡

以及新疆、宁夏伊斯兰教的清真寺内部的园林等。这类园林具有浓厚的民族特色和宗教氛围。

3.3.4.2 中国古典园林的构景方法与组成要素

(1)中国古典园林的构景方法

造园构景中运用多种手段来表现自然,以求得渐入佳境、小中见大、步移景异的理想境界,取得自然、淡泊、恬静、含蓄的艺术效果。构景方法在实际运用的过程中往往不是孤立的,而是以一种"混合"的形式存在,通常有以下几种造景手段:

1)抑景,又称障景。中国古典园林最讲究含蓄,给人以曲折多变、繁复多姿的感觉,所以古典园林中的主要风景总是隐而不露,可谓"先藏后露""欲扬先抑"。我国园林采取抑景的办法,使园林显得有艺术魅力,还通过障景等手法,把园内划分为若干景区,使游者在游览线路上依次观赏到各种迥异的由山水、建筑和花木所组合的景观特色,起到曲折含蓄、步移景异、引人入胜、小中见大的艺术效果。

2)添景。当观景点与远方的对景之间为一大片水面或中间没有中景、近景为过渡时,为了增强景致的感染力,体现景色的层次美,就需要在观景点和对景之间添景,一般以高大、美观的乔木、花卉作为添景的取材。例如,当人们站在北京颐和园昆明湖南岸的垂柳下观赏万寿山远景时,万寿山因为有倒挂的柳丝作为装饰而显得非常生动。

3)夹景。将景物置于由建筑或植物形成的狭长空间的尽端所形成的景象为夹景。例如,园林道路两侧种植植物,形成绿色走廊,走廊尽头再设置景观,就形成了夹景的效果。夹景是为了突出优美的景致,将游览路线的两边或两岸,利用树丛、山石、建筑等作为配景的点缀,突出空间端部的景物,并且增添了深处寻幽的意境。

4)对景。对景一般指园林中观景点和景物之间具有透景线而形成人与景或景与景相对的关系。园林中厅、堂、楼、阁等重要建筑物的一方位确定后,在其视线所及且具备透景线的情况下,即可形成对景。中国古典园林的对景是随着曲折的平面,移步换景,依次展开。对景的作用主要用来加强园内景物之间的呼应与联系。

5)框景。利用门框、窗框、树干树枝所形成的框或者山洞的洞口框等,把远处的山水美景或人文景观包含其中,这便是框景。建筑的门窗最适合用来做框景之用,因为园林建筑的门窗造型各异,或方或圆或长或扁,为框景提供了极大的构图选择空间。框景使种种景物构成一幅幅天然图画,通过框景可以优化审美对象,把自然美升华到艺术美。

6)漏景。漏景由框景发展而来,即在园林的围墙上或走廊一侧或两侧的墙上,常常设漏窗把墙外的景物透漏进来。漏景可以使景物时隐时现,千变万化,引人入胜。漏窗图案是带有民族特色的几何图形,如民间喜闻乐见的葡萄、石榴、老梅、修竹等植物或者是鹿、鹤、兔等动物。另外,漏景还可以通过花墙、漏屏风、漏隔扇、树干、疏林等取景。

7)借景。借景一般是指发现并借用园林外的自然或人文景观,使园林内外的景观形成一个有机的整体,以达到造景和延伸视觉空间的目的。借景有五种方式:远借、邻借、仰借、俯借、应时而借。借景不受空间的限制,形式多种多样,可借的因素有山有水,有日、月、云雾、雪,还有飞禽、游鱼,甚至风声、雨声、涛声、钟声等。

(2)中国古典园林的组成要素

中国古园林所蕴含的精湛的造园技法为世人称赞,历代相传。中国古典园林的构成要素,可以概括为筑山、理池、植物、建筑和书画墨迹等五个方面。

1)筑山。地形是构成园林的骨架,主要包括平地、土丘、丘陵、山峦、山峰、凹地、谷地、坞、坪等类型。其中,筑山而形成的山景是园林风景形成的骨架和支托,为表现自然,叠山是造园的最主要的因素之一。园林中的山可以分为三大类,即土山、石山和土石山。

2)理池。为表现自然,理池也是造园最主要因素之一,理池形成的水景是园林景观的脉络。水体分为静水和动水两种类型,静水包括湖、池、塘、潭、沼等形态;动水常见的形态有河、溪、渠、涧、瀑布、喷泉、涌泉、壁泉等。水声、倒影也是园林水景的重要组成部分。

3)植物。园林植物是园林景观中最灵活、最生动、最丰富的题材。植物因素包括乔木、灌木、攀缘植物、花卉、草坪地被、水生植物等。自然式园林着意表现自然美,因此,花木的选择要讲究姿美、色美、味香。花木对园林山石景观起衬托作用,又往往和园主追求的精神境界有关,如竹子象征人品清逸和气节高尚,松柏象征坚强和长寿,莲花象征洁净无瑕,兰花象征幽居隐士等。

4)建筑。建筑在园林中起着十分重要的作用,可以满足人们生活享受和观赏风景的需要。中国古典园林的建筑一方面要可行、可观、可居、可游;另一方面起着点景、隔景的作用,使园林移步换景、渐入佳境,以小见大,又使园林显得自然、淡泊、恬静、含蓄。古典园林中的建筑形式多样,有厅、室、房、堂、楼、阁、榭、舫、廊、轩、亭、塔、桥、墙等多种类型。

3.3.5 宗教旅游资源

宗教产生于史前社会后期,是一种信仰和社会现象,它相信和崇拜超自然的神灵,是对客观世界虚幻的解读。当今世界上信仰宗教的人占总人口的一半以上,遍布世界各国及地区。仅在进入阶级社会后,就有过千百种宗教体系。但流传最广泛的是世界四大宗教:佛教、道教、伊斯兰教、基督教。

3.3.5.1 佛教

(1)佛教的起源与发展

佛教起源于公元前6世纪至公元前5世纪的古代印度,在世界各大宗教中,佛教创立的时间最早。佛教创始人为释迦部落的王子乔达摩·悉达多,他被佛教徒称为“释迦牟尼”,意为“释迦族的圣人”。他是古印度迦毗罗卫国(今尼泊尔境内)净饭王的太子。乔达摩·悉达多所处的时代大约相当于中国的春秋末年,即与中国孔子所处时代相当。他有感于人生的万般痛苦,29岁时离开王宫。经过6年的艰苦探索修行,35岁时,彻底“大觉悟”而成道。80岁时圆寂。

佛祖四大圣迹为:出生地蓝毗尼花园,成道地菩提迦耶,初转法轮地鹿野苑,涅槃地拘尸那迦。佛教的发展大体经历了四个时期:原始佛教时期;部派佛教时期;大、小乘佛教时期;密宗佛时期。

(2)佛教的传播

佛教从陆路上分别向南北两个方向传播,形成了三条传播路线。

1)北传佛教:从古印度向北,经过帕米尔高原传入我国,史称北传佛教。北传佛教以大乘佛教为主,故又称汉语系佛教。

2)南传佛教:从古印度向南,史称南传佛教。南传佛教主要以小乘佛教为主,又称巴利语系佛教或称为上座部佛教。

3)藏传佛教:主要由印度和中国内地传入西藏、青海、内蒙古、四川、甘肃,佛教中的密教与当地的古老宗教——苯教相结合,而形成了具有西藏地方特色的宗教——喇嘛教,又称藏传佛教和藏语系佛教。

(3)佛教的基本信仰

佛教相信"三法印""四圣谛""八正道""十二因缘"。

(4)佛教的经典和标志

佛教的经典是《大藏经》,由经、律、论三部经组成,总称"三藏经"或"大藏经"。佛教的标志"卍",表示吉祥万德。"卍"原由武则天定音为"万",意为太阳光芒四射或燃烧的火。

(5)佛教供奉的对象

佛教供奉的对象主要分为四级:佛、菩萨、罗汉及护法天神等。

佛即佛陀,意思是"觉""知觉"。它有自觉、觉他、觉行三层含义,是佛教徒信仰的最高尊神。佛无量无数,中国佛寺常供有释迦牟尼三身佛(法身佛、报身佛和应身佛)、横三世佛(又名三方佛,即娑婆世界释迦牟尼佛、东方净琉璃世界药师佛和西方极乐世界阿弥陀佛)、竖三世佛(又名三世佛,即现世佛释迦牟尼、过去佛燃灯和来世佛弥勒)、五方佛和活佛等。

菩萨是仅次于佛的神,即自觉、觉他者,是菩提萨睡的简称。我国常供奉的菩萨有:文殊菩萨、普贤菩萨、观世音菩萨、地藏菩萨。另有大势至菩萨等。

罗汉的全称是阿罗汉,也就是自觉者,有十六罗汉、十八罗汉和五百罗汉的说法。

护法天神是印度神话中惩恶扬善的天神,有四大天王、二十诸天、韦驮、二王尊和伽蓝神等。

3.3.5.2 **道教**

(1)道教的起源

道教是中国固有的本土宗教,起源于古代巫术和秦汉时的神仙方术,神仙方术之士利用了阴阳五行之说及墨子明鬼思想、老子《道德经》中的可用部分。创教人为张道陵,东汉末顺帝年间(126—144 年或 141 年)创立了"五斗米教"。道教尊老子为教祖,称"太上老君"。道教认为,道是宇宙万物的本原,道生气,气生万物,道是产生和支配天地万物的造物主,是至高无上、具有神秘力量的人格化的神,是最值得崇敬的。

(2)道教的两大教派

南北朝以后,道教在理论和组织形式上逐渐完整,唐宋时达到鼎盛。金元时,发展形成了以王重阳为首的"全真道"和以张与材为首的"正一道"。全真道,创于我国北方金初，教主王重阳，号称“丹鼎派”。主张道、佛、儒三教合一，追求出家修身养性为正道。正一道，创于我国南方元代，教主张与材，号称“符篆派”。主张画符念咒，驱鬼降妖，祈福，可不出家。

(3)道教的信仰与道规

道教的根本信仰是“道”。宣扬“道”是“万物之母”。追求长生不老，肉身成仙，主要道规是“三皈五戒”。三皈即皈道、皈经、皈师；五戒是一不杀生，二不偷抢，三不邪淫，四不妄语，五不酒肉。

(4)道教的经典和标记

道教的经典是《道德经》，其经籍总集为《道藏》。道教的标记是太极八卦图。

(5)道教供奉的对象

道教是一个多神的宗教，神仙众多，主要有三清、四御、四方之神、八仙等。

三清：三清殿内，供奉的是道教最高贵的神——三清，中间是元始天尊(天宝君)，左边是灵宝天尊(太上道君)，右边是道德天尊(太上老君)。其中，太上老君是被道教奉为道教鼻祖的老子的化身。

四御：是仅次于三清，主宰天地万物的四位天帝，一昊天金网至尊玉皇大帝，二中天紫微北极大帝，三勾陈上宫天皇大帝，四成天效法后土皇地祇。

四方之神：即青龙、朱雀、白虎、玄武四神。

八仙：持鱼鼓的张果老、持宝剑的吕洞宾、持笛子的韩湘子、持荷花的何仙姑、持葫芦的铁拐李、持扇子的钟离权、持玉板的曹国舅、持花篮的蓝采和。西安八仙宫的八仙殿就供奉着八仙神像。

3.3.5.3 伊斯兰教

(1)伊斯兰教的简要情况

伊斯兰教也称回教、清真教，公元7世纪初由阿拉伯人穆罕默德在阿拉伯半岛创立。信奉伊斯兰教的信徒统称穆斯林兄弟。伊斯兰教是仅次于基督教的世界性第二大宗教。宗教之都“麦加”和突尼斯中部大城凯鲁万、麦地那和耶路撒冷，并称为伊斯兰教世界的四大圣地。

伊斯兰教相信“安拉是唯一真神”，“穆罕默德是安拉的使者”。具体内容包括六大信仰(伊玛尼)、五功(仪巴特达)和善行(伊赫桑)。

伊斯兰教的经典为《古兰经》。伊斯兰教的标志是新月。伊斯兰教清真寺内不设偶像，信奉安拉为唯一的真主。伊斯兰教主要分为逊尼派和什叶派两大派别。

(2)伊斯兰教建筑和节日

清真寺是我国对伊斯兰教寺院的称号，是伊斯兰教徒聚会礼拜的场所，也称为礼拜寺。清真寺多为圆(葱头)穹窿顶；一般是由中间大两旁小的三个葱头穹窿顶组成，象征苍天笼罩大地万物，顶部收束呈尖锥状，上有月亮状装饰物，象征升举、洁净。清真寺建筑风格严谨、质朴，主要包括礼拜大殿、邦克楼、讲堂、浴室以及阿訇办公居住用房等。伊斯兰教的穆斯林节日在中国少数民族中形成民俗，主要节日有开斋节、古尔邦节等。

3.3.5.4 基督教

(1)基督教的起源与发展

基督教起源于公元1世纪中期古罗马帝国统治下的巴勒斯坦地区,相传为犹太的拿撒勒人耶稣所创立。基督教信奉上帝,称耶稣为基督,中世纪时在欧洲占统治地位。11世纪分裂为天主教(罗马公教)和东正教。16世纪宗教改革运动中,新教又从天主教中分裂出来,在中国新教又称为耶稣教或基督教。以后,基督教各派(罗马公教、东正教和新教)逐渐传遍世界各大洲,对欧美各国历史、文化有深远影响。

(2)基督教的经典与标志

基督教的经典为《圣经》。《圣经》包括《旧约全书》和《新约全书》两部分。基督教的标志是十字架,象征耶稣受难。

(3)基督教信奉的对象及圣礼

基督教信奉的对象为"上帝"。信徒要做七件圣事(礼):洗礼、坚振、告解、圣体、终傅、神品和婚配。

(4)基督教建筑与节日

教堂为基督教的主要建筑,是教徒们举行宗教活动的场所,在其发展过程中形成了独具风格的建筑类型,主要有罗马式、哥特式、文艺复兴式以及近现代的建筑风格。其中,尤以哥特式影响时间最长,其高大的空间,加上呈向上之势的塔顶、尖拱,体现出宗教超凡脱俗的精神,易使人产生腾空而起、飞向天国的神秘感。

基督教最重要的节日有圣诞节、复活节、圣灵降临节,合称基教会的三大节日。

3.3.6 民俗风情旅游资源

民俗风情是指由于自然环境和社会环境的不同,人民群众在社会生活中世代传承、相沿习成的一种社会文化现象。它包括居住民俗、服饰民俗、饮食民俗、物质生产民俗、岁时节日民俗、婚丧嫁娶民俗、宗教信仰民俗、禁忌民俗、道德礼仪、民间口头文学、民间语言、民间艺术、民间游戏娱乐、心理特征、审美情趣等内容。

3.3.6.1 民俗风情旅游资源的特征

(1)传承性与文化性

民俗风情是一个民族历史文化的积淀,任何民族的民俗风情,都是在长期的历史进程中逐步形成和发展起来的。民俗文化,是传承文化,是整个文化的重要组成部分,是一种民俗的社会现象。民俗文化的传承,其实质应是人之精神、人之品质的优良文化传承,而非经济利益的得失追求。例如,潍坊的风筝节就是对传统文化的传承,具有深厚的文化内涵。

(2)民族性与地域性

每个民族都有其特殊的历史传统和风俗习惯,正因为各民族的风俗习惯、文化内涵各不相同,才会让其他民族的旅游者产生新奇的感受,从而使民俗风情成为旅游资源。

对旅游者来说，除了绚丽多姿的自然风光外，少数民族丰富多彩的民俗风情也非常具有吸引力。

(3)差异性与独特性

不同的国家和民族由于历史条件、地理环境不同，所表现出来的观念、文化、民俗也是迥然各异的，这就是民俗风情的差异性。游客之所以喜欢民俗风情旅游，还在于它的独特性。民俗风情的展现形式有体态语言、审美趣味、衣着服饰、音乐舞蹈、饮食起居、崇拜信仰、婚俗节日等。独特的民俗风情正是吸引旅游者的魅力所在。民俗风情的差异性、独特性还表现在它能够满足人们寻根、追求古老习俗和意境的需要。

(4)真实性与神秘性

民俗风情具有一定的真实性，是在一定的社会历史条件下和长期的生产生活中形成的，展现的是本民族的文化传统、民俗习惯。因此，原汁原味的民俗风情要在当地和所属的民族中才能体会到。民俗风情的神秘性主要表现在原始崇拜、仪式、禁忌等方面。例如，云南少数民族对“太阳神”的崇拜，生活在泸沽湖畔的摩梭人的走婚习俗，以其浓厚的神秘色彩吸引了众多的游人。

(5)参与性和体验性

与其他旅游资源相比较，民俗风情旅游资源的参与性与体验性更强，要求旅游者积极地参与。例如，彝族的传统节日火把节，多在每年的农历六月举行，节期三天。火把节期间，还要举行传统的摔跤、斗牛、赛马等活动。民俗风情自身的复杂性形成了民俗风情旅游资源内容与特征的复杂性，使之成为发展旅游业得天独厚的旅游资源。

3.3.6.2 主要民俗风情旅游资源

民俗风情旅游资源主要包括饮食民俗、服装服饰民俗、民居民俗、婚恋嫁娶习俗、丧葬习俗以及节日习俗等。

(1)饮食民俗

中国的传统节日明显地带有特定饮食和特定饮食方式的特征，有饺子和馄饨、年糕和糕点、粽子和元宵、月饼和重阳糕、食花和雕花食品、腊八粥和各种粥食等。一般节日的饮食习俗有：春节期间家家都吃团圆饭，北方过春节家家吃饺子，南方人们习惯吃汤圆和年糕；正月十五上元节(元宵节)，还要吃汤圆(元宵)；农历五月五端午节吃粽子；八月十五中秋佳节，要吃月饼；腊月(农历十二月)初八，即“腊八节”，这一天吃腊八粥。

(2)服装服饰民俗

服装服饰民俗是指人们有关衣服鞋帽、佩戴装饰等的风俗习惯，也是一个民族文化的象征，具有显著的地域性、民族性、历史性特征。中国民族服饰种类繁多，色彩纷呈，是民族传统文化和审美意识的具体体现，具有鲜明的地域性、民族性、传统性及艺术性，是民族特征的综合体现。少数民族服饰如蒙古族的蒙古袍、藏族的褚巴(藏袍)、维吾尔族男子的袷袢、满族妇女的旗袍、苗族妇女的百褶裙、苗族男女的擦尔瓦等都具有独特的地方与民族特色。

(3)民居民俗

住所是人类抵御风寒和休息繁衍的场所，是人们赖以生存的重要条件之一。受地域、环境条件等影响，我国各地居住类型、房屋样式都有所不同，居住风俗也多种多样。中国各少数民族的住宅丰富多彩，独具民族和地方特色，其主要可以分为帐篷型、干栏型和上栋下宇型，如内蒙古与西北游牧民族的蒙古包；傣族的竹楼；陕西的窑洞等，都极具旅游开发价值。

(4)婚恋嫁娶民俗

婚姻为一定社会制度所承认的男女两性结合，并以此确定夫妻关系生儿育女构成社会家庭。婚姻是家庭的基础，从古到今，经历了几次大的变革，逐步从群婚—血缘婚—族外婚—对偶婚走向一夫一妻制婚姻家庭。也曾有过抢夺婚、交换婚、买卖婚、不落夫家、从妻居、夫兄弟婚、姑舅表婚、一夫多妻和一妻多夫等形式。

(5)丧葬民俗

丧葬是传统的民俗之一，有多种表现，不同的民族有不同的丧葬民俗。中国葬法有很多种，主要的葬法有土葬、火葬、水葬、天葬、悬棺葬、崖洞葬、树葬、野葬、食葬、瓮棺葬，等等。其中，汉族传统以土葬为主，程序主要有殓、殡、葬三个阶段。

(6)节日习俗

我国的节日习俗与旅游之间有着天然的联系，内容丰富，类型多样，具有较高的旅游开发价值。中国重大的传统节日有春节、元宵节、清明节、端午节、中秋节、重阳节等。春节是我国最隆重的传统节日。此外，各少数民族也都保留着自己的传统节日，主要有傣族的泼水节、蒙古族的那达慕大会、彝族的火把节、壮族的三月三歌节，等等。

本章小结

中国地域辽阔，山川壮丽，气候适宜，物产富饶，拥有十分丰富的自然旅游资源。中华民族历史悠久、文化灿烂，古代建筑、文化古迹比比皆是，形成了广泛多种的人文旅游资源，它们是我国发展旅游业雄厚的物质基础，有利于发展多层次、多类型的旅游活动。本章介绍了中国旅游资源形成的地理环境，中国旅游资源的类型、特点，中国主要自然旅游资源与人文旅游资源的类型、分布、成因与特征，尤其是中国著名自然景点景观和人文景点景观的分布与特征。以此来达到丰富学生的中国旅游文化知识、提高学生旅游审美水平的目的。

案例分析

我国自然保护区大多位于经济欠发达的贫困地区，经费投入不足一直是自然保护区发展面临的最大制约因素，严重限制了保护区的发展。为解决保护区管护资金缺乏的问题，我国大多数省级以上自然保护区均已开展不同程度的旅游活动。2008 年的调查显示，我国已有 75% 的自然保护区正式开展生态旅游，23% 的自然保护区正规划开展或已尝试开展小规模的生态旅游，由于交通、经费等制约因素而未能开展生态旅游的自然保护区仅占总数的 2%。少数保护区旅游接待已形成相当规模，游客年接待量超过百万人次。一些旅游资源丰富、生态旅游开发较早的自然保护区已取得较好的经济效益和社会效益,有的保护区甚至成为地方旅游业发展的“龙头”,自然保护区生态旅游已形成一定的规模。

讨论题:

1. 你对自然保护区开展旅游活动有什么认识?

2. 我国自然保护区旅游开展过程中发存在的主要问题是什么?

自我检测题

1. 地质地貌旅游资源有哪些主要类型?

2. 我国著名的海滨旅游风景区有哪些?

3. 简述中国人文旅游资源的主要类型。

4. 简述中国古代建筑的特征。

5. 简述民俗风情旅游资源的特征。

6. 设立自然保护区的意义是什么?我国被联合国列入人与生物圈保护网的自然保护区有哪些?

实训题

随着全球太空航天技术的发展,“太空旅游”成了人们关注的热点话题,不久的将来很可能成为一种新兴的旅游项目。依据相关资料组织一次班级讨论,分析一下“太空旅游”发展的广阔前景以及未来旅游过程中所面临的问题。

4

中国旅游交通地理

教学目标

了解旅游交通的重要性，认识交通与旅游业的密切关系；掌握各种旅游交通方式的特点及发展趋势；学会分析旅游者对不同旅游交通方式的选择和旅游线路的设计。

导入案例

如何合理选择运输方式

(1)青岛海鲜运往济南，(2)六盘水煤炭调运两广，(3)北京报刊邮件发运至乌鲁木齐，通常分别选择公路、水路、航空，为什么？

答：(1)采用公路，因为汽车速度快、方便灵活，能实现门到门运输，对运距在1000千米以内的鲜活货物的承运较为合理；(2)采用水运，因为水运承担运量大、运距长、运费低；(3)采用航空，因为报刊时效性强，飞机速度快。

4.1　旅游交通概述

旅游交通是指旅游者为实现旅游活动，从出发地到目的地，以及在目的地进行游览后再回到出发地，整个旅游活动过程中所利用的各种交通运输方式的总和。包括各种交通设施以及与之相应的一切旅途服务。

旅游交通与旅行社、旅游饭店并称为现代旅游业的三大支柱，是整个国民经济整体交通运输体系的一个组成部分。现代旅游的主要交通方式包括航空、铁路、公路和水路四种基本运输方式。除去这四种基本运输方式，在旅游目的地或规模大的旅游景区内，为适应特殊的自然条件或特殊的文化氛围，以及人们特殊的旅游需求，还提供了特种旅游交通服务。如：景区的观光车、游轮、山区大跨度的交通工具索道、干旱沙漠区的骆驼、冰雪旅游区的雪橇等一系列交通运输工具。

现代化的旅游交通是现代化旅游业发展的必要前提和强大动力，旅游交通提供给旅游者的也是旅游产品的一部分，旅游行为的基本构成就是旅游者的空间位移，旅游交通的服务则是旅游者空间位移的最基本条件，没有交通，即使两地间存在着极强的吸引力，也不可能产生旅游客流。因此，从一定意义上说，旅游交通不仅是旅游活动得以进行的基本条件，也是衡量旅游业发达程度的重要标志。

4.1.1 旅游交通的特点

旅游交通是直接为旅游者服务的专用交通，既是旅游产业的重要支柱，也是旅游产品的组成部分。由于旅游行为的特殊性，它既不同于普通交通也不同于一般商品，使得旅游交通具有以下特殊性：

(1)准时性要求高

现代旅游活动的基本特征是人员大众化，出行团队化，这就使得一次旅游活动既要有严密的连贯性，又要有严格的时间限定，任何一站的误点或滞留都会影响下一站的活动。轻则产生一系列的经济责任事件，如住房服务、就餐服务、下一站的交通服务和费用结算等；重则在国际旅游活动中诱发一定的涉外事件，如不能按时出境影响旅游者的时间安排。所以旅游交通服务除非发生不可抗力的因素（例如由于气候原因飞机不能正常起降，大雾天气火车晚点，交通线路的堵塞等），否则不允许出现延误或变更。具备了准时性，才能保证整个旅游计划顺利进行。从根本上讲，旅游交通服务计划安排与执行的准时性，不仅是旅游服务质量优劣的重要标志，也是衡量旅游业发达与否的重要标志。

(2)娱乐性

旅游是一种享受和娱乐活动，属于高层次消费。旅游者会在旅游活动中提出较日常生活更高的要求，而旅游交通是整个旅游活动中的重要一环，旅游消费行为要求旅游交通在功能上除了快捷、安全、准时以外，更要强调其具有较强的娱乐性。在交通工具的安排上也要注重旅游者对其娱乐、游览、享受功能的需要，特别是乘坐或驾驭特种交通工具已成为一项极具旅游吸引力的旅游活动。同时，在线路设计上往往比较注重将各旅游景区、沿途风光巧妙地串联起来，让游客在旅行的同时能够饱览旅途美景。因此，在一定程度上旅游交通因其较强的娱乐功能，已经成为旅游活动的一部分。

(3)无形性和不可贮存性

旅游交通属于旅游产品的一个重要组成部分，以向旅游者提供运力和服务方式来体现的一种劳务服务产品。它的无形性，只能让人们凭借中立舆论、自身体验、内心感受和实际需要来选购。由于它是一种劳务性商品，旅游交通的生产过程同时也是消费过程。旅游交通的不可贮存性，使其伴着旅游活动的开始而开始，也将伴随着旅游活动的结束而结束。旅游交通只有具有较高的服务质量、良好的企业形象、较强的经营管理能力，才能创造最佳的效益。

(4)不均衡性

旅游交通的不均衡性主要表现为季节的不均衡性、客流方向的不均衡性和旅游业的敏感性导致的不均衡性。首先，大多数地区的旅游业都有明显的淡旺季交替的规律性，在一年中不同季节的客流很不均衡；其次，由于旅游线路往往具有方向性，旅游者对进出口岸的选择原则性比较强，就极易形成不同方向上的客流不均衡；再次，旅游业的敏感性，会受突发事件的变动影响。因此，不同时期旅游交通的需求量会出现很大差异，产生不均衡性。旅游部门和交通部门应建立多层次的协调关系。

4.1.2 旅游与交通的关系

旅游活动发展的历史和实践证明了旅游与交通的密切关系。现代旅游活动之所以会发展到今天的大众化和规模化，充分说明了二者之间是相互促进、相互影响的。从世界旅游交通史的进程来看，从1841年世界旅游业开端至今的170多年间，前100多年主要是交通运输业促进旅游业向前发展，后70年的情况有了变化，由促进向制约转化。可以说现代交通发展的历史，也就是现代旅游发展的历史。

4.1.2.1 交通对旅游业的影响

(1)旅游交通是发展旅游业的先决条件

发达的交通是沟通客源地与接待地空间联系的基础，是旅游行为得以实现的基本条件，也是旅游地能否开发的先决条件。一次完整的旅游行为，其空间移动可分为三个阶段：从常住地到旅游目的地，在旅游目的地进行各景区游览，从旅游目的地返回常住地。概括这三个阶段，即为“进得去，散得开，回得来”。由此可见，可进入性是旅游交通的首要条件。食、住、行、游、购、娱是旅游活动的六大要素，行是旅游活动的开始，故旅游交通则是旅游者完成旅游活动的前提条件。只有发达的交通，才能使旅游者顺利、愉快地完成旅游活动，即“旅顺游畅”。

(2)旅游交通是旅游业经济收入的重要组成部分

在旅游活动中，食、住、行是旅游者最基本的旅游消费。随着旅游直通车的开通，交通费用属于基本旅游消费，这笔费用很难节省，而且交通费用在旅游总支出中占有相当的比重，尤其对于长途旅游者，所占比例更大。据调查，欧美旅游者来我国旅游，其国际交通费用开支约占其全程旅游开支的一半以上；另外以旅游交通为载体的旅游活动又可能给旅游产品带来更高的附加值，而吸引更多的游客，间接增加旅游收入，如骑骆驼、乘竹筏、坐轿子、坐缆车、玩滑道等活动都可能对旅游者产生特殊的吸引力。伴随着豪华交通设施的使用及综合性服务的提供，旅游交通费用是旅游业总收入的重要组成部分。旅游地距离越远，旅游活动的空间范围越大，旅游交通的这一优势表现得越明显。

(3)交通运输业的发展促进旅游业的发展

要致富先修路是我国在改革开放中所悟出的一条经济发展规律。在交通是否便利的国家和地区，旅游业的发展截然不同。交通便利，则对旅游业起着推动和促进的作用；反之，则对旅游业起着限制作用。产业革命以前，由于交通工具的落后，人们的出游非常困难，活动范围也受到极大限制。伴随着产业革命的发展，道路、交通工具和动力都有了很大的进步，极大地改善了人们的出游条件。从1825年英国出现了世界上第一条铁路，到1841年托马斯·库克组织了世界上第一个火车旅行团，标志着旅游业的诞生。第二次世界大战后,飞机制造业与民用汽车工业的飞速发展,世界旅游业进入普及化、大众化和国际化的现代旅游阶段,旅游成为人民生活的一个基本组成部分。近代商业性旅游的产生与现代旅游业的大发展,促进了世界交通业的两次大变革。

4.1.2.2 旅游对交通的反作用

无论经济发展水平如何,旅游业的发展都会对交通业的发展产生强大的关联带动作用,促进交通业的迅速发展。

(1)促进了交通基础设施的建设

交通基础设施的建设主要体现在发展中国家,良好的基础设施和旅游服务设施是旅游业发展强有力的依托和必不可少的条件。在经济发达的国家和地区,主要表现为港站、空运规模的扩大,现代化设施的配套与综合服务功能的完善,现代化高等级线路的铺设,通达有序的旅游交通网络的完善和健全。在发展中国家则主要表现为基本港站的增加和基本线路里程的延长、交通基本设施的增加和不断完善。索道交通设施的发展更是在旅游业的促进下发展起来的。

(2)促进交通工具不断发展

这种发展主要体现在发达国家,为适应旅游业发展需要,交通工具不断向大型化、高速度、豪华、舒适、安全、多功能的方向发展。如大型喷气式客机、高速列车、豪华双层客车、悬挂列车、豪华游轮、家庭旅游车及适于冰雪高原上行驶的雪车,专门为水下旅游研究、制造的旅游潜艇和海底观光船等。在发展中国家,交通工具的发展主要表现在使用方面的更新换代。如在我国,近年来随着旅游业的迅速发展,交通工具发展更新速度加快,由于交通需求增长较快,我国的制造业也得到不断发展,已能制造出包括大型客机在内的各种现代化的交通工具。

(3)为交通运输企业带来新的利润增长点

各种交通方式通过提供优质、高效的旅游服务,都可以培养忠诚的顾客群,进一步提高企业的品牌知名度,树立良好的社会形象。由于旅游资源具有稳定性和可创造性,旅游活动的多元化需求为交通运输业的多元化发展提供了条件,可以降低运输业的市场风险,增强其抗风险的能力,从而进一步夯实运输企业的基础,增强运输企业的经济实力,提高企业的整体竞争力。

(4)推动旅游交通服务业向多功能综合性方向发展

旅游业是一个综合性行业,它的发展要以建筑业、运输通信业、交通服务业等行业的发展为前提,而旅游业的发展又带动了它们的进一步发展。随着交通工具和设施的发展,也带动了旅途服务业向多功能综合性发展。交通运输企业不仅要满足旅游者的需要,还要满足旅游者娱乐、享受乃至炫耀身份、地位的需要。因而,一些新的旅游交通服务业随之兴起。如在现代化的旅游车中配备闭路电视、网络服务等设备;公路两侧的饮食、通信、维修、加油站网点,道路沿线的旅游景区标志的增加和完善;自动取款机 24 小时随时服务;广播电台的交通状况报告;完善规范的出租汽车体系和人性化的城市快速公交 BRT;火车动车组与高铁的多线路开通并不断提速;"网约车"的兴起和共享单车、共享汽车的大范围城市覆盖等业务都体现了多功能综合性的服务。

4.1.3 旅游交通类型

现代旅游交通已转向立体化、多元化,扩大了供旅客选择的余地。传统的旅游交通可划分为航空、铁路、公路、水路四种。此外,随着旅游业的飞速发展,适于在山地、水域或山水相间的复杂地形区内的客运索道和接驳电瓶车等交通方式也已经在各地景区广泛应用。不同的交通运输方式既相互竞争,又相互配合、相互补充,以安全、便捷、快速、高效、舒适、经济为竞争内容,为旅游活动的开展提供了便利条件。

4.1.3.1 航空旅游交通

从世界旅游业的发展角度来看,航空客运已经成为远距离旅游的主要交通方式。航空旅游交通的出现,不仅缩短了空间距离,更缩短了旅途耗费的时间,已成为大规模开展国际旅游业的前提,航空运输业的发达程度也是衡量各国旅游业发展水平的重要标志。20世纪60年代大型喷气式客机的使用,航空旅客运输使世界旅游的地理格局发生了革命性变化,旅游从局部活动变成了各大陆之间的活动。航空运输使那些在自然、社会和经济方面从未受到旅游影响的地区,也开始形成了旅游业。

航空交通的优势在于:快捷、舒适、灵活、安全,航线的开辟不受沿线地面各种障碍物的影响。旅程越远,这种优势表现得越突出。乘坐航空交通,人们可以舒适地享受旅途生活,毫无旅途劳顿的感觉。例如:北京到广州,地面路程2 295千米,乘坐特快列车需要将近18个小时,乘坐高铁也需要至少6个小时,而乘坐飞机则只需要2.5小时。当然,航空交通也有一定的局限性,主要表现在占地面积大、固定成本较高、运输耗能大、运量小、受气候条件影响较大、在时间准确性方面也稍差等。空中交通易受天气条件的制约,空中飞行,特别是在飞机起落阶段,需要能见度高的天气状况。因此,与其他交通方式相比,航空交通在准时方面稍差一些。由于机场一般建在距离城市较远或距离旅游景区较远的地点,因此航空运输只有与其他运输方式,特别是公路运输相互配合起来,才能为游客提供真正的优质服务。

尽管航空交通有诸多方面的不足,但其优势是任何其他交通方式不能替代的。因此,二战后航空旅游交通持续快速发展。

小知识 中国民用航空局2018年全国民航航空安全工作报告显示:2017年我国预计全年实现运输飞行1 059万小时、436万架次,同比分别增长11.6%和10.1%,年运输飞行总量首次突破千万小时。运输航空连续安全飞行88个月、5 670万小时,安全运送旅客29.3亿人次。

4.1.3.2 铁路旅游交通

铁路交通是人们进行旅游活动的主要交通方式,是发展大规模国内旅游的先决条件,对现代旅游业的发展具有重要作用。铁路运输的优势是运量大、成本低、连续性强、受气候季节变化小、环境污染小、安全性和准时性良好。火车运行期间,游客可以在车厢内自由走动,并可以尽情饱览沿线的自然风光,开阔视野,符合旅游活动对交通的基本要求。另外,动车组和高铁列车的高速、便捷,也让铁路交通成为更多人出行的首选。因此,铁路运输是国内中长途游客选择的主要交通方式。在发展中国家,有没有铁路交通,是能否较大规模开展国内旅游的关键因素。

铁路运输的局限性体现在工程造价高、占地多、工期长、消耗金属多、短途运输成本高等。例如,我国的青藏铁路从开工到全线通车就用了26年。在经济不发达的国家和地区,铁路运输虽然是长途旅游的运输骨干,但如果仅仅是为了发展旅游业而修建铁路,从经济原则讲,是不可行的。另外,火车运输服务受限于铁路网,铁路线通常只连结中心城市,从中心城市向外辐射,很难形成较密集的线路网络。

随着旅游需求变化的多样性,国内铁路部门为了使游客在旅行生活中舒适、省时,专门开辟了几十条旅游专列,供各铁路局选用。这些运行线覆盖了包括桂林、吐鲁番、张家界、黄山、武夷山、满洲里等全国著名风景区,采取增加服务项目、减少停站等措施提高可变成本,同时还提高票价开设旅游直达列车,以保证游客旅途的舒适和缩短到达目的地的时间。从而加大了铁路运输的吸引力。

思考:我国哪些铁路干线是"第二欧亚大陆桥"的组成部分?

答:陇海线、兰新线和北疆线。

4.1.3.3 公路旅游交通

在当今世界,公路旅游交通是最活跃、最具潜力和最普遍的运输方式,它不仅可以独立完成运送游客的任务,而且更是其他交通方式不可缺少的联运伙伴。因此,公路旅游交通是常规旅游交通方式中使用比例最高的交通方式。

公路旅游交通的突出优点:首先,灵活、方便,能深入旅游点内部,实现从旅游出发地到目的地"门到门"的运送服务,可以把旅游活动从点扩大到面且送达速度快。途中可随时停留、任意选择旅游点。其次,短途旅行速度快,公路旅游交通对自然条件适应性强,一般道路都能行驶汽车。再次,公路旅游交通建设投资少、工期短、见效快、可进入性强。特别是在经济欠发达地区,要发展旅游业,就必须先解决"进得去,散得开,出得来"的问题,一般公路旅游交通会被放在开发的首位。最后,一个旅游区除了航空、铁路等长距离运输可进入性好外,旅游区内部必须有良好的公路运输系统。

公路交通的不利方面是:载运量小、可变成本高、运费较高、受气候变化影响较大、安全性能较差、排出的尾气对大气有污染等。因此,公路多作为铁路、水路、航空运输的辅助线,主要承担短途游客的运送。

目前世界各地都广泛修建高速公路,高速公路已成为一个地区,乃至一个国家经济腾飞的重要前提。时效性、安全性、经济性、方便性和舒适性等是旅游客流从其他运输方式流向新建高速公路的重要指标。美国自20世纪50年代起,每年投入上百亿美元修建公路,至今已建成了全世界最发达的公路网,汽车成为美国占绝对优势的旅游交通工具。

截至2018年底,我国公路总里程达到485万千米,高速公路里程位居世界第一。全国在建和新建的世界级公路桥梁也加快步伐,如2018年10月24日建成通车的港珠澳大桥,全长55千米,是连接香港、珠海、澳门三大城市的超大型跨海通道,也是目前世界最长的跨海大桥。随着旅游业的快速发展,从旅游中心城市到著名风景区的高等级公路加紧建设,以缩短旅行时间,增加游览时间,即旅速游缓。

随着汽车工业的发展,轿车越来越多地进入家庭,利用私家车旅游及租车旅游的需求会越来越大。私家车中还出现了新型的房车。针对这一情况的发展,许多国家的旅游业都开办了相应的业务,以迎合这一市场的需要。这些业务包括:①组织由游客自己驾车旅行的包价旅游产品;②开展铁路、飞机、轮渡等联运业务,将游客连同其汽车一起运送到度假目的地;③开办租车业务,以满足不便自带和没有自用汽车的旅游者的需要;④沿高速公路发展适应这一市场需要的汽车旅馆、咖啡厅和餐馆等途中服务和休息设施。

4.1.3.4 水路旅游交通

水路旅游交通是利用海洋、河流、湖泊或人工水体为运输线路的一种运输方式,包括内河航运、沿海航运和远洋航运。它是指在固定的水域内或固定的航线上,使用船舶运载游客,或在船上沿途观光。它是各种交通运输方式中发展历史最悠久的一种。从交通运输角度比较,水路交通运输的优点是经济、舒适、安全。从旅游的角度比较,最适宜在旅途中观赏山水风光。江河两岸往往是旅游资源集中的地方,轮船航行的过程也就是旅游欣赏的过程,边欣赏边回味,船上旅游的安闲和舒适,是其他旅游交通条件难以比拟的。但由于水上航道的地理走向和水情难以全面控制,以及轮船速度的限制,水路旅游交通在运输速度、准时性、连续性和灵活性方面,难以和铁路、公路相比,速度慢,准时性差。

现代水路旅游交通朝三个方向发展:一是提高速度,克服自身的不利条件,以与其他交通方式竞争。例如,气垫船的使用,大大提高了水运速度。二是充分利用轮船体积大,具有扩大服务设施的可能性的特点,船上旅游设施向完备、豪华方向发展。三是开辟旅游专线。

4.1.3.5 特种旅游交通

现代特种旅游交通是世界各国旅游业用于开展专项旅游或旅游活动的交通工具。二战后,旅游者的旅游需求从单纯的旅行、观光游览向知识性、趣味性、娱乐性、参与性的方向转化。旅游业中的特种运输方式很多,但在旅游交通中所占比重较小。一般可将其归纳为两类:一类是传统型的特种旅游交通,如马、骆驼、轿子、竹筏、帆船、城市中的人力三轮车等,是当地居民因地制宜开发的民间交通手段。这种类型的特种旅游交通虽然载运量小,速度慢,但具有灵活方便,联系面广等特点,并富有地域特色和民族生活情趣,本身就是一大游览项目,在目的地的交通中占有一定的地位。在现代化运输方式无法达到的地方,传统型的交通方式仍是一支不可缺少的运输力量。另一类是现代型的特种旅游交通,如为了减少环境污染,许多景区都使用了电瓶车运送游客,在山上修建缆车、索道、滑道,水中使用的气垫船等。这些运输方式有利于节省时间和充分利用有限的旅游场所,既为老弱病残者游览提供了方便,也为旅游区增添了一道风景线。

随着旅游业的发展需要,我国几种运输方式发展潜力巨大,交通客运业前景广阔。

在各运输方式的竞相发展中，航空以源头运输和跨国市场为发展目标，内河航运以旅游出行为基本方向，铁路以提速为主要措施，特别是近年来高速铁路的发展在中长距离与高速公路展开激烈竞争，公路快速客运系统已初具规模，且有跨省联网超长发展的趋势。因此，在旅游交通网络的布局建设中，不仅要注意发挥各种运输形式的功能，更重要的还要加强它们之间的联系，实现联运，使之结合成统一的运输网络、运输整体，取得最大效益。

4.2 旅游交通网

4.2.1 旅游者对旅游交通方式的选择

旅游者外出旅游主要受"有钱、有闲、旅游动机的确立"三方面的因素。旅游业对旅游交通的基本要求是快速、高效、舒适、安全、便利、经济，旅游交通影响旅游者旅游行为的时间、距离、费用等。这些方面在现实中难以兼而并得，况且这些方面也都是针对不同的旅行方式相对而言的，所以不同的旅游者对旅游方式的选择在上述各方面强调的重点也有顺序或层次上的区别，归纳起来，较大的影响因素主要有以下五项：

(1)个人收入

有足够的钱是人们外出旅游的首要因素。收入水平是影响人们选择旅行方式的因素。家庭收入高，可自由支配的收入多时，旅游者一般注重旅途的享受，会选择乘坐舒适、快速的旅游交通工具，如航空或特种旅游交通工具。反之，人们在选择交通方式时考虑的往往是安全、经济。

(2)运输价格和费用

商务型旅游者由于旅费报销的缘故，外出旅行时一般对运输价格都不敏感。但其他各类旅游者对运输价格都很敏感。旅游者选择飞机、火车或汽车旅行，主要考虑的问题是价格和费用。价格和费用发生变化，会使旅游者对交通运输工具做出不同的选择。甚至相同的旅游交通工具，各家的服务与价格不同也会成为旅游者选择的因素。

(3)旅行目的

旅游者的旅行目的大致分为商务型、观光型和个人及家庭事务型三大类。商务型旅游者外出旅行的目的是办理公务，他们不能随意改变旅行目的地，不能随便选择时间，在一定程度上他们不注重考虑旅行费用问题，往往最关心的是安全、便利、快速和舒适，因而他们乐于选择的旅行方式是航空、铁路和小汽车，一般很少乘坐长途汽车和轮船；观光型旅游者和个人及家庭事务型旅游者，外出旅游的时间不受严格限制，但是他们要考虑旅游费用，对价格就比较敏感，所注重考虑的因素往往是安全、经济和高效。

(4)旅行距离

旅行距离通常涉及空间距离和时间距离两个方面。旅行费用部分不仅受空间距离的影响，也受时间距离的影响，两者有一定关系。空间距离越大，完成旅行所需要的时间也就越长，旅行的费用相对就越高。同时，人们外出旅游度假的时间也是有限的，为了更有效地利用有限的度假时间,人们必须努力缩短旅行的时间距离,减少旅途中的食宿停留时间,就能减少旅游花费。例如,乘豪华游船漫游,对绝大数中青年旅游者来说,难以考虑。对超过 1 000 千米的旅游活动,人们往往选择航空飞行。

(5)旅行偏好和经验

对于初次外出旅行的人来说,他们对某种旅行方式的偏好主要受其个性或心理类型的影响,也就是我们通常说的旅游动机的确立。帕洛格关于旅游者心理类型的理论曾将人的心理类型划出两个极端,即自我中心型和多中心型。自我中心型的人小心、谨慎,因而表现在对旅行的方式的选择上,他们往往会喜欢自己开车去某一旅游目的地,相信自己,而不愿甚至惧怕乘飞机前往。而多中心型心理类型的人则富有冒险精神,可能更喜欢乘飞机而不是自己开车去该目的地;旅游者的经验感受也对交通方式选择产生影响。例如,不少人都喜欢乘火车外出旅行,因为他们的旅行经验使他们深信乘火车旅行比其他方式安全。

4.2.2 中国旅游交通网

4.2.2.1 中国航空旅游交通网

20 世纪 80 年代以来,中国民航已进入了全新的发展阶段,尤其近 25 年来,取得了突飞猛进的进展,形成以华北、中南和华东地区主要城市为中心,联结国内主要大中城市和重点旅游区的空中运输网。

1999 年底,我国共有民用航空航线 1 115 条,其中国内航线 987 条,拥有民用航空飞行机场 142 个,共有民用飞机 795 架。而到 2015 年,全民航旅客周转量翻了 30 倍,总航线达到 3 142 条,其中国内航线 2 652 条,机场数量翻番,达到 200 个,民航运输飞机更是实现 10 倍增长,达到 4 168 架。全民航无论在绝对量还是航线版图都实现了全面提升。

20 世纪 90 年代以后,民航与旅游部门的协调会议制度得到了进一步的巩固,每年旅游旺季前后定期召开协调会议,对旅游热点城市之间和旅游旺季民航运力、航线、航班进行调整和安排。通过部门协调,有效缓解了我国旅游热点城市之间和旅游旺季因民航运力不足和旅游接待量高度集中所造成的矛盾。

4.2.2.2 中国铁路旅游交通网

1949 年,铁路通车里程仅 1 万千米。到 2020 年底,国家铁路营运里程将超过 14 万千米。同时,运输线路质量有了大幅度提高,主要表现在,铁路复线里程和电气化里程占全部营业里程的 72%。全国铁路机车拥有量达到 2.2 万台,其中内燃机车占 36.9%,电力机车占 63.4%,主要干线全部实现内燃、电力机车牵引。铁路客运量总计 35.8 亿多人次。

近年来,面对航空和公路运输的激烈竞争,我国铁路交通也进行了一系列改革。

(1)出现了"精品列车"和旅游专列

所谓旅游专列,是指以运送旅游团队为专门目的、非常规开行(包括时间和线路)的专线列车,它不包括常规运营的(即列车时刻表标明时间与车次的)的旅游列车。目前我国旅游专列具有以下特点：

1）始发站为客源丰富的大城市。近年来在北京、上海、广州、南京、成都等地开行了旅游专列，这些地方均为客源丰富的大城市。

2）目的地为中、长距离的旅游区。各趟旅游专列的目的地多为泰山、武夷山、桂林、黄山等国家级重点风景名胜旅游区，与始发地的距离一般在500千米以上。

3）出发时间集中于节假日。因专列的出行时间最低也要超过两天，所以多选择五一、国庆节和春节期间开行专列。

4）旅游形式多样化。在已开行的旅游专列中，既有以集体为单位的主题活动式，也有几个旅行社联合开发的散客市场联合经营式；既有去往单一目的地的形式，也有“一线多游”的形式；既有以国内旅游者为主体的，也有专为海外旅游者开行的。总之，组织形式多样化。

5）旅游者多为工薪阶层。旅游专列特别适合工薪阶层的消费水平，所以参与者多为工薪阶层。高收入者因专列路上时间过长而多参加双飞团出游，青年学生等低收入者的支付能力又达不到旅游专列的收费水平（因旅游专列多为卧铺车厢），故多半乘坐普通的硬座列车。

（2）列车提速

我国从1995年开始已实行几次列车大提速，从而结束了我国铁路几十年来在低速上徘徊的局面，被认为是“一次革命性的变革”。近年来，动车组、高速铁路的修建为我国铁路运输的多元化发展打下了坚实的基础。

（3）售票改革

自2011年高铁（G字头）、动车组（D字头）、城际列车（C字头）、直达特快列车（Z字头）相继开通互联网售票后，全国火车票已全速迈入“网购时代”，让人们的出行更加方便、快捷。

目前，铁路交通仍然是我国旅游者外出旅游的最重要的交通方式。

4.2.2.3 中国公路旅游交通网

新中国成立以来，我国的公路建设保持了较快的增长速度，使公路成为我国居民出行的最普及、最方便的交通运输方式。

自1988年我国大陆第一条高速公路上海至嘉定高速公路的建成通车，实现了我国大陆高速公路零的突破之后，我国的高速公路建设步入了加速发展的快车道。2008年，总规模3.5万千米的“五纵七横”国道主干线系统全面建成，标志着我国高速公路网骨架的基本形成。到2010年底，全国高速公路由“十五”期末的4.1万千米发展到7.4万千米，新增3.3万千米。整个“十一五”阶段，全社会高速公路建设累计投资达2万亿元，是我国公路交通发展速度最快、发展质量最好、服务水平提升最为显著的时期。2012年，我国高速公路总里程达9.62万千米。2013年底，我国高速公路总里程达104 468千米，仅次于美国位居世界第二位，近十年来年均增长率在10%以上。2019年，我国交通部门主动服务国家战略，加大固定资产投资力度，公路总里程500万千米，其中高速公路15万千米。为旅游公路客运的高效化、快速化奠定了基础。

4.2.2.4 中国水运旅游交通网

中国的现代交通运输业始于水路运输。但自 20 世纪 50 年代以来,我国的水路客运在全国的旅客周转总量和客运总量中的市场占有份额一直呈下降趋势。与之相对应的,水上交通方式的旅游功能不断加强。国内较早开发的著名水上游船旅游线路有:

(1)长江游船旅游

长江是我国著名的内河旅游航道。1978 年长江航线只有一艘建造于 1961 年的“昆仑”号豪华游船。1980 年,长江三峡对外开放,海外旅游者猛增。1981 年以后,“神女”号、“三峡”号、“西陵”号、“白帝”号、“宜昌”号等十余艘豪华游船投入三峡运营。

(2)漓江游船旅游

“桂林山水甲天下”,漓江属珠江水系的桂江上游河段,拥有丰富的自然山水景观,早在南宋时期,就已名扬天下。从桂林至阳朔的 83 千米漓江河段,也称漓江精华游,是岩溶地形发育典型、丰富和集中地带,集中了桂林山水的精华。景区内拥有游船,全部是普通空调船和豪华空调客船,为游客拥有更好的旅游体验提供了便利。

(3)京杭大运河游船旅游

中国古代伟大的水利工程京杭大运河是世界上开凿时间最早、规模最大、里程最长的人工运河。目前,京杭大运河旅游线,主要是指以杭州、苏州、无锡、常州、镇江、扬州等旅游热点城市为始终停靠地的里运河和江南运河河道。比如杭州的“运河—钱塘江梦幻夜游”“运河—塘栖古韵游”,苏州的古运河夜游,扬州的古运河遗韵游等,游船已成为沿途赏运河两岸风光最便利的交通工具。

此外,黄河、松花江、珠江等江河也都开展了游船旅游活动,例如黄河兰州航段和银川航段的羊皮筏漂流就颇具民族特色。

4.3 旅游线路

旅游线路是指在一定地域空间内,旅游经营者针对旅游客源市场的需求,凭借交通路线和不同的交通工具,遵循一定的原则,将若干旅游地的旅游景点、旅游设施和旅游服务等合理地贯穿起来,专门为旅游者更好地开展旅游活动而设计的游览路线。旅游线路是旅游供给和旅游需求联结的桥梁,是实现旅游者旅游欲望的重要手段。

旅游线路,在时间上是从旅游者接受旅游经营者所提供的服务开始,直至结束这种服务为止。在内容上包括旅游过程中旅游者利用和享用的一切因素,包括吃、住、行、游、购、娱等诸要素。从旅游服务贯穿于整个旅游过程这一点来看,旅游线路又是旅游产品销售的实际形式。

4.3.1 旅游线路的类型

根据旅游线路的概念,按照各种不同的分类标准,旅游线路有不同的类型。

4.3.1.1 按旅游者活动行为划分

(1)周游观光性旅游线路

游客的目的主要在于观赏,线路中包括多个旅游目的地,同一旅游者重复利用同一路线的可能性小,其成本相对较高,在设计周期性旅游线路时应从单纯的周游性向线性化转移。

(2)度假逗留性旅游线路

此种线路主要为度假旅游者设计。度假旅游者的目的在于休息或娱乐,不是很在乎景观的多样性变化,因此,度假逗留性线路所串联的旅游目的地相对较少,有时甚至可以是一两个旅游点,同一旅游者重复利用同一线路的可能性大。

4.3.1.2 按旅游线路的结构划分

(1)环状旅游线路

该线路一般适用于大、中尺度的旅游活动。例如,我国以北京(入境)为起点的东线和西线串联合并而成旅游环状线路:东线主要有北京—南京、苏州—上海、杭州—广州、香港(出境);西线主要有北京(入境)—西安—成都、昆明—桂林—广州、香港(出境)。这类旅游线路的特点:一是跨度大,主要由航空交通连接,铁路或公路交通主要用于连接站点相对密集的区段;二是所选各点均为知名度较高的精华旅游城市或风景旅游地;三是基本不走“回头路”,对境外游客的出入境地点一般安排在不同口岸。

(2)节点状旅游线路

该线路是一种小尺度的旅游线路。旅游者选择一个中心城市或自己的常居地为“节点”,然后以此为中心向四周旅游点作往返性的短途旅游。这类旅游线路在国内游客出游中较为常见。原因在于:节点多为旅游地或旅游点的依托城市,游客对中心城市有归属感,食、宿、行、购等条件较好;其二,节点的交通联系更为方便;其三,游览游程短,可以在短期内往返;其四,经济实用,多种因素促使游客宁愿走回头路,而不选择环线。

4.3.1.3 按旅游活动的内容划分

(1)综合性旅游线路

综合性旅游线路所串联的各点旅游资源性质各不相同,整条线路表现为综合性特色。中国民俗风情游依托风格独特的民俗节庆活动逐月展开,贯穿全年,并按照历史形成的地方传统习俗和民族风情,推出了北方风情卷、中原民俗画廊、大漠丝路情怀、江南水乡风物集锦、西南民族风情、一江两湖漫游和南国风景窗等七大旅游区。这七大旅游风情区域民俗风情异彩纷呈,基本涵盖了我国各个民族传统文化的特点,其产品具有大众化的鲜明特点。

(2)专题性旅游线路

专题性旅游线路是一种以某一主题内容为主,串联各点而成的旅游路线。全线各点的旅游景物或活动有比较专一的内容和属性,因而具有较强的文化性、知识性和趣味性,受到兴趣爱好不同游客的欢迎。例如中国近年陆续推出的运河旅游、丝绸之路旅游、长江三峡旅游、冰雪节旅游、烹饪旅游、武术旅游、红色文化之旅等各具特色的专题旅游，在不同地域、不同年龄段市场持续火热。

4.3.1.4 按照旅游组织的形式划分

(1)传统的包价旅游

旅游线路全程所需的所有行程及所需的服务都由旅行社负责安排。

(2)灵便式包价旅游

其中"灵便式"旅游线又可分为：拼合选择式旅游线路——整个旅程有几种分段组合线路，游客可以自己选择拼合，并可在旅游过程中改变原有选择；跳跃式旅游线——旅游部门只提供旅程中几小段路线或大段服务，其余皆由旅游者自己设计。

4.3.1.5 按旅游者旅游目的划分

这类旅游线路可以划分为观光旅游线、探险考察旅游线、文化旅游线、宗教旅游线、度假休闲旅游线、民族风情旅游线、节庆活动旅游线等。

(1)观光旅游线路

观光旅游线路是利用旅游目的地的自然旅游资源和人文旅游资源，组织旅游者参观游览及考察。观光旅游线路的内容包括文化观光、自然观光、民俗观光、生态观光、艺术观光、都市观光、农业观光、工业观光、科技观光、修学观光、军事观光，等等。观光旅游线路一般具有资源丰富、可进入性大、服务设施齐全、安全保障强等条件。

观光旅游线路开发难度小，操作程序简易，使旅游者能在较短的时间内领略旅游目的地的特色，缺点是旅游者参与的项目少，旅游者对旅游目的地感受不深。

(2)度假旅游线路

度假旅游线路是指组织旅游者前往度假地区短期居住，进行包括娱乐、休憩、健身、疗养等消遣性活动。度假旅游线路内容包括海滨度假、山地度假、湖滨度假、温泉度假、滑雪度假、海岛度假、森林度假、乡村度假等。

度假旅游线路要求度假地(区)具备四个条件：环境质量好、区位条件优越、高标准的住宿设施和健身娱乐设施、服务功能强。度假旅游线路所含的项目都是参与性很强的户外休闲、健身、娱乐运动等。度假旅游线路中的旅游者在旅游目的地的停留时间较长、消费水平较高且大多以散客的形式出行。度假旅游产品适应了散客旅游、自助旅游日益增多的潮流，是值得开发的旅游产品。

(3)专项旅游线路

专项旅游线路又称特种旅游线路，具有主题繁多、特色鲜明的特点。专项旅游线路包括：探险旅游、烹饪旅游、保健旅游、考古旅游、漂流旅游、登山旅游、自驾车旅游、品茶旅游、书画旅游、朝圣与祭祀旅游，等等。专项旅游线路适应了旅游者个性化、多样化的需求特点，广受旅游者的青睐，是今后旅行社产品的开发趋势。专项旅游线路的缺点是开发难度大，操作程序多，需要多个政府部门、社会组织的协作，成本一般较高。

此外，按照旅游目的划分为公务旅游、休闲旅游(含观光和度假)、探亲游和专项旅游(奖励、农业、工业、会议、会展、修学、文化、考察、生态、宗教、康复、新婚、购物、探险、体育、特殊兴趣等);按旅游活动的时间可分为一日游线、多日游线;按照产品的档次划分为豪华旅游、标准旅游和经济旅游;按旅游线路跨越的空间尺度可分为洲际游线、周边国家旅游线、国内旅游线、邻近省际旅游线及区内旅游线等。无论设计何种旅游线路,都是为了增强旅游活动组合的科学性,提高旅游组织的效能,方便游客,使其达到满意的旅游效果。

4.3.2 旅游线路设计的原则

4.3.2.1 以需求为中心的市场原则

旅游线路设计的关键是适应市场需求。具体而言,就是它必须最大限度地满足旅游者的需求。游客的需求主要包括:①去未曾到过的地方增长见闻并拥有多姿的旅程;②从日常紧张生活中短暂地解脱,提高情趣,舒畅身心;③尽量有效地利用时间而又不太劳累;④尽量有效地利用预算;⑤购买廉价而又新奇的东西。

旅游者对旅游线路选择的基本出发点是:时间最省、路径最短、价格最低、景点内容最丰富、最有价值。由于旅游者来自不同的国家和地区,具有不同的身份以及不同的旅游目的,因而,不同的游客群有不同的需求,总的来说分为观光度假型、娱乐消遣型、文化知识型、商务会议型、探亲访友型、主题旅游型、修学旅游型、医疗保健型等。旅游线路设计者应根据不同的游客需求设计出各具特色的线路,而不能千篇一律,缺少生机。

4.3.2.2 独一无二的特色性原则

特色是旅游产品生命力的所在。旅游线路的设计促使有关部门、单位以及个人依托当地相当丰厚的旅游资源和自身条件,发挥聪明才智,精心打造和组合与众不同、具有持久吸引力的旅游产品和旅游线路,从而推动旅游产品结构和旅游方式的完善。有的景区资源丰富,但缺乏特色产品,影响力小,在很大程度上是由于线路整合缺乏合理性、有效性。

在重点突出"人无我有,人有我特"主题的同时,还应围绕主题安排丰富多彩的旅游项目。世界上有些事物是独一无二的,如埃及的金字塔、中国的秦始皇兵马俑,这就是特色。由于人类求新求异的心理,单一的观光功能景区和游线难以吸引游客回头,即使是一些著名景区和游线,游客通常观点也是"不可不来,不可再来"。因此,在产品设计上应尽量突出自己的特色,唯此才能具有较大的旅游吸引力。

昆明—大理—丽江—西双版纳旅游线路展现了我国26个少数民族绚丽的自然风情,浓郁的民俗文化和宗教特色。如古老的东巴文化、大理白族欢迎客人寓意深长的"三道茶"、有"东方女儿国"之称的泸沽湖畔摩梭人以母系氏族的生活形态闻名于世界、美丽而淳朴的丽江古城以及纳西族妇女奇特的服饰"披星戴月"装,等等。这些都以其绚丽多姿的魅力深深吸引着广大的中外游客流连忘返。这些旅游线路和旅游项目在世界上都是独一无二的,具有不可替代性,体现了"人无我有,人有我特"的独特性。

4.3.2.3 旅游点结构合理原则

旅游景点之间的距离要适中,旅游线路中的景点数量要适宜;同一线路的旅游点的游览顺序要科学,尽量避免走重复路线,各旅游景点特色差异突出。

一条好的旅游线路就好比一首成功的交响乐，有时是激昂跌宕的旋律，有时是平缓的过渡，都应当有序幕—发展—高潮—尾声。在旅游线路的设计中，应充分考虑旅游者的心理与体力，将游客的心理、兴致与景观特色分布结合起来，注意高潮景点在线路上的分布与布局。旅游活动不能安排得太紧凑，应该有张有弛，而非走马观花，疲于奔命。旅游线路的结构顺序与节奏不同，产生的效果也不同。

4.3.2.4 旅游交通安排合理原则

交通选择以迅速、舒适、安全、方便为基本标准，与旅程的主题结合，减少候车时间。一次完整的旅游活动，其空间移动分三个阶段：从常住地到旅游地、在旅游地各景区旅行游览、从旅游地返回常住地。这三个阶段可以概括为：进得去、散得开、出得来。

没有通达的交通，就不能保证游客空间移动的顺利进行，会出现交通环节上的压客现象，即使是徒步旅游也离不开道路。因此在设计线路时，即便具有很大潜力，但对目前不具备交通要求或交通条件不佳的景区、景点也应慎重考虑。否则，因交通因素导致游客途中颠簸，游速缓慢，影响旅游者的兴致与心境，不能充分实现时间价值。

4.3.2.5 旅游产品推陈出新原则

旅游市场在日新月异发展，游客的需求与品位也在不断地变化、提高。为了满足游客追求新奇的心理，旅行社应及时把握旅游市场动态，注重新产品、新线路的开发与研究，并根据市场情况及时推出。一条好的新线路的推出，有时往往能为旅行社带来惊人的收入与效益。即使一些原有的旅游线路，也可能因为与当前时尚结合而一炮走红。

4.3.2.6 行程安排机动灵活原则

在设计旅游线路时，不宜将日程安排得过于紧张，应留有一定回旋余地；在具体实施过程中，也必须灵活掌握，以保证落实原计划旅游线路中的基本项目为原则，同时也预备局部变通和应付紧急情况。

4.3.3 我国主要旅游线路

4.3.3.1 旅游资源与线路概述

我国地大物博，历史悠久，民族众多，有许多丰富独特的旅游资源，旅游王牌景点以绝无仅有、奇特罕见、美好憩地、胜名非凡四类命名，例如五绝、五奇、五美、二十胜：

五绝：万里长城、紫禁皇城、秦俑兵马、丝路敦煌、布达拉宫。

五奇：黄山四景、武陵峰林、长白天池、九寨黄龙、长江三峡。

五美：三亚海滨、北海银滩、海上大连、绿色青岛、西子湖畔。

二十胜：珠江三角、上海黄浦、儒家曲阜、桂林山水、苏锡江南、滇池风情、承德庄庙、佛家五台、海河清风、龙门少林、黄果瀑布、湄洲妈祖、厦门鼓浪、瓷都景德、呼伦草原、天池戈壁、沙湖芦荡、天湖青海、黄河瀑布、冰雪哈尔滨。

除此之外，还开通了多条旅游专线，如：长城游、长江三峡游、黄河风情游、丝绸之路游、江南水乡游、西南少数民族风情游、中原民俗游、冰雪风光游、中华健身游、海韵湖光度假游、红色文化旅游等。

4.3.3.2 中国十大精品旅游线路

(1)丝绸之路精品旅游线路

线路描述：丝绸之路在中国境内所涵盖的地域，跨越了中国的陕西、甘肃、宁夏、青海、新疆等省、自治区。陕西是中华民族的发祥地之一，也是文物古迹荟萃之地。同时，陕甘茶马古道是古丝绸之路的主要路线之一，茶马古道穿过川、滇、甘、青和西藏之间的民族走廊地带，是多民族生养藩息的地方，更是多民族演绎历史悲喜剧的大舞台，存在着永远发掘不尽的文化宝藏，值得人们追思和体味。

线路串联城市及主推景点：西安(AAAAA 秦始皇陵兵马俑)—兰州—西宁—青海湖—茶卡盐湖—柴达木盆地—敦煌(AAAAA 鸣沙山、月牙泉)—嘉峪关(AAAAA 嘉峪关)—张掖市(AAAAA 七彩丹霞)

(2)京杭运河精品旅游线路

线路描述：线路从北京出发，途经天津、沧州、德州、济宁、枣庄、淮安、无锡、苏州、嘉兴、杭州、绍兴，最后到达宁波。跨北京、天津、河北、山东、江苏和浙江四省两市，线路中既有远近驰名的故宫博物院，也有极具艺术魅力的苏州园林，历史文化氛围浓厚。

线路串联城市及主推景点：北京(AAAAA 故宫)—天津(AAAAA 盘山)—沧州—德州—济宁(AAAAA 孔府孔庙孔林)—枣庄(AAAAA 台儿庄古城)—淮安(AAAAA 周恩来故居)—无锡(AAAAA 灵山大佛)—苏州(AAAAA 周庄)—嘉兴(AAAAA 乌镇)—杭州(AAAAA 西湖)—绍兴—宁波(AAAAA 奉化溪口)

(3)长江精品旅游线路

线路描述：长江发源于青海省唐古拉山，干流自西而东流经青海、西藏、四川、云南、重庆、湖北、湖南、江西、安徽、江苏、上海 11 个省、自治区、直辖市，最后以上海为入海口汇入东海。世界第三大河的长江，一路上气势磅礴，大小湖泊与干支流众多，可谓“远似银藤挂果瓜，近如烈马啸天发。雄浑壮阔七千里，通络润滋亿万家”。长江流域幅员广阔，历史悠久，景观纷呈，旅游资源富甲全国。荆州、岳阳、昆明、贵阳、成都、重庆、南京、扬州、镇江、苏州、宜昌、武汉、上海、杭州、安庆、南昌、长沙、无锡等历史文化名城，以及风景名胜峨眉山、九寨沟、三峡、张家界、武当山、九华山、黄山、庐山、太湖、巢湖、洞庭湖、鄱阳湖等都是全国著名的游览胜地。

线路串联城市及主推景点：南京(AAAAA 中山陵园)—合肥—武汉(AAAAA 黄鹤楼公园)—宜昌—重庆(AAAAA 长江三峡)—宜宾

(4)黄河精品旅游线路

线路描述：黄河，中国北部大河，全长约 5 464 千米，流域面积约 752 443 平方千米。世界第六长河，中国第二长河。黄河发源于青海省青藏高原的巴颜喀拉山脉北麓约古宗列盆地的玛曲，呈“几”字形。自西向东分别流经青海、四川、甘肃、宁夏、内蒙古、陕西、山西、河南及山东 9 个省(自治区)，最后流入渤海。沿途流经青海龙羊峡水库、甘肃刘家峡、宁夏沙坡头、山西壶口瀑布、内蒙古成吉思汗陵、河南三门峡水库、洛阳龙门石窟、山东济南趵突泉、曲阜孔府孔庙孔林、泰安泰山、黄河大观等著名风景区。

线路串联城市及主推景点:济南(AAAAA 趵突泉)—郑州(AAAAA 少林寺)—洛阳(AAAAA 龙门石窟)—延安(AAAAA 黄帝陵)—包头—银川—兰州

(5)珠江精品旅游线路

线路描述:本线路从昆明出发,跨越六省(区)和香港、澳门特别行政区,孕育岭南文化,一条河流承载的文明凝重而雄浑。途经曲靖、贵阳、安顺、桂林、广州,广州河段风光旖旎,两岸的名胜古迹和特色建筑物数不胜数,最后经过上游河段韶关市,抵达南昌,完成奇妙之旅。

线路串联城市及主推景点:昆明(AAAAA 石林风景区)—曲靖市(AAAAA 马雄山)—贵阳—安顺(AAAAA 黄果树瀑布)—桂林(喀斯特地貌)—广州(AAAAA 白云山景区)—韶关—南昌

(6)北方冰雪精品旅游线路

线路描述:北方冰雪精品旅游线路自大连起,抵达终点鄂尔多斯,大连、沈阳、长春、哈尔滨、呼和浩特、赤峰、满洲里、包头、鄂尔多斯,带领大家充分领略最美丽的冰雪风光,集冰雪艺术、冰雪文化、滑雪旅游、冰雪养生、冰雪娱乐、冰雪民俗、冰雪健身于一体,真正把冰雪线路做到极致,为游客提供最难忘、最深刻的冰雪盛宴。推动辽宁、吉林、黑龙江、内蒙古等冰雪旅游重点地区,向冰雪名城+冰雪名镇+冰雪景区三位一体方向发展。

线路串联城市及主推景点:大连(AAAAA 老虎滩海洋公园、老虎滩极地馆、金石滩景区)—沈阳—长春(AAAAA 伪满皇宫博物院、净月潭景区、长影世纪城景区)—哈尔滨(AAAAA 太阳岛)—呼和浩特(大召寺)—赤峰(乌兰布统景区)—满洲里(套娃广场)—包头(石门风景区、五当召)—鄂尔多斯(成吉思汗陵、鄂尔多斯草原)

(7)香格里拉精品旅游线路

线路描述:云南、西藏、四川同处大香格里拉旅游生态圈,圈内具有丰富独特的旅游资源和多样性的自然风光、多样性的人文风情、多样性的气候,在民俗风情、历史文化、地区特色等领域又体现出资源差异性和区域互补性,具备了打造大环线精品自驾旅游的得天独厚的基础和条件,是世界最具旅游开发价值的区域,尤其是一个开展自驾车旅游的胜地。

线路串联城市及主推景点:昆明(AAAAA 石林风景区)—丽江(AAAAA 玉龙雪山景区、丽江古城)—虎跳峡—香格里拉(AAAAA 普达措国家公园)—德钦(梅里雪山)—芒康—左贡(帕巴拉神湖)—波密(米堆冰川)—林芝(南迦巴瓦峰、桃花沟)—拉萨(AAAAA 布达拉宫)

(8)南海风情精品旅游线路

线路描述:这条线路从三亚出发,途经海口、西沙、东沙、南沙,最终抵达北部湾。在了解佛教文化、福寿文化、民间传说,观摩历代诗文摩崖石刻的同时,还可以在热带雨林中体验“森”呼吸,在槟榔谷体验少数民族文化;更重要的是可以在近距离接触西沙、南沙、东沙、北部湾景区美景的同时,更深入地感受南海风情。

线路串联城市及主推景点:三亚(AAAAA 南山文化旅游区、AAAAA 南山大小洞天旅游区、AAAAA 呀诺达雨林文化旅游区、AAAAA 分界洲岛旅游区、AAAAA 槟榔谷黎苗文化旅游区)—海口(骑楼老街)—西沙—东沙—南沙—北部湾

(9)海上丝路精品旅游线路

线路描述:“海上丝绸之路”是古代中国与外国交通贸易和文化交往的海上通道,是已知的最为古老的海上航线。此线路贯穿中国沿海主要城市及港澳台地区,可以让您领略现代海上丝绸之路看不尽的风光、赏不完的历史文化、体验不够的民俗,以及特有的海洋文化与地域风情。

线路串联城市及主推景点:上海(AAAAA 东方明珠)—宁波(AAAAA 奉化溪口)—福州—泉州—漳州—广州(AAAAA 长隆旅游度假区)—湛江—北海—海口—香港—澳门—台湾

(10)长征红色记忆精品旅游线路

线路描述:这条线路从河南省信阳罗山县何家冲出发,终点在革命老区陕西延安。途经井冈山、瑞金、遵义、娄山关、泸定、会宁。横跨河南、江西、陕西、贵州、甘肃;线路经过诸多革命老区,还有长征路上的著名事件发生地,无论是“飞夺泸定桥”的泸定,还是转折点“遵义会议”的遵义,都是值得去感受的红色经典。

线路串联城市及主推景点:龙岩(长汀—连城—上杭)—三明(宁化—建宁—泰宁)—何家冲—井冈山(AAAAA 井冈山)—瑞金—遵义—娄山关—泸定—会宁—延安

本章小结

旅游交通和旅行社、旅游饭店并称为旅游业的三大支柱。旅游交通由航空、铁路、公路、水路、特种交通等多种形式组成,是旅游业的经济命脉,也是衡量一个国家和地区旅游业发达程度的标志。作为客源地与目的地之间的纽带,是发展旅游业的先决条件。

案例分析

据悉,近年来,我国索道数量和乘坐人员逐年上升,索道事故呈逐年下降趋势,但仍然有着事故隐患、索道运营管理水平参差不齐等问题。2003 年 8 月 1 日中国索道协会成立,该协会的业务主管部门为国家安全生产监督管理局,业务指导部门为国家质检总局。可见,我国的索道业发展已有了组织上的约束和保障。

结合实际,面对我国山地多、河谷多的复杂地形和人口老龄化社会现状,谈谈你对旅游风景区修建索道的看法,并加以讨论。

自我检测题

1. 旅游与交通的关系是怎样的？
2. 试分析对比各种旅游交通运输方式的优点与局限性。
3. 旅游者对旅游交通方式的选择受哪些因素的影响？
4. 旅游交通的特点有哪些？
5. 索道建设的利弊有哪些方面？

实训题

结合所学知识，请你设计一条中国古都游线路。

5

中国旅游地理区划

教学目标

通过本章的学习，了解旅游地理区和旅游地理区划的概念，熟悉旅游地理区划的原则，了解中国旅游地理区划的不同方案，掌握本书中所采用的中国旅游地理区划方案。

导入案例

区域旅游一体化已成为国内外旅游业发展的趋势，树立“大旅游”的观念，实现资源互补、市场互享、营销互动、合作双赢的目标正成为各国学者的共识。山西省运城、陕西省渭南、河南省三门峡市共同成立了“晋陕豫黄河三角经济协作区”。黄河金三角地区历史悠久，人文荟萃，英才辈出，文化底蕴深厚，是中华民族最主要的发祥地之一。除大量自然景观外，史前文化、奴隶社会、封建文明形成的文化遗址星罗棋布，文物旅游景点众多。其中国家级文物保护单位89处。西岳华山、壶口瀑布、死海盐湖、解州关帝庙、芮城永乐宫、永济鹳雀楼、韩城司马迁祠墓、虢国墓地车马坑、函谷关古战场、仰韶文化遗址、襄汾“丁村人”遗址等闻名中外。尤以盛唐西都长安、中都蒲坂、东都洛阳为轴线形成的文化遗址为最。以黄河为母体的悠久历史、灿烂文化与壮丽山河交相辉映，形成了晋陕豫黄河金三角区域独特的“中华根·黄河魂”的文化旅游主体形象。

2016年，我国国内游达44.4亿人次，人均出游率达3次，旅游成为中国老百姓的必需品。全域旅游是应对全面小康社会大众旅游规模化需求的新理念、新模式和新战略。全域旅游是旅游新模式，也是区域发展新模式。2016年2月，河南省修武县被列入“国家首批全域旅游示范区创建单位名单”。面对修武绚丽多姿的山水风光、深厚悠久的历史文化、舒适宜人的生态环境和四通八达的区位条件，全县按照“全域统筹、景城联动、产业融合、优化提升”的总体思路，坚持龙头景区带动的全域旅游发展模式，坚持以人为本的全域旅游服务理念开展创建工作。发展全域旅游有助于调整结构转变方式，有助于缩小城乡差距，有助于打赢脱贫攻坚战，更好地贯彻中央关于绿色发展的理念，把修武的秀美山川保护好、经营好。

5.1 旅游地理区划概述

旅游地理和其他地理学科一样，具有明显的区域性特征，划分旅游地理区，就是对客观存在的旅游资源区进行逐级划分和归并，反映旅游资源的区域特征。从学科的发展、便于组织旅游活动以及保护旅游资源等方面，都必须进行旅游地理区划。目前世界上划分旅游地理区的方法不一，旅游地理区的大小也因地而异。

5.1.1 旅游地理区划的概念和特点

5.1.1.1 旅游地理区划的概念

旅游地理区，是指自然地理与人文地理环境特征基本相似，自然旅游风光与旅游特征基本相近的地理区域综合体，是含有若干共性特征的旅游景点与接待设施组成的地域综合体，它常以某些城市或著名风景名胜为旅游经济和文化中心而形成相对独立的旅游网络。旅游地理区的形成，是以自然地理与人文地理环境为基础，以自然旅游风光为依托，以旅游文化为精神，既貌似，又神合。

旅游地理区域综合体是客观存在的，但人们对其认识是渐进的，划分旅游地理区就是为全国和各地区合理开发利用旅游资源、因地制宜发展旅游业打下科学基础的。因各地旅游资源的地域特征不尽相同，发展旅游业必须要因地制宜，所以，划分旅游地理区的标准和指标各异，区划的方案也不一样。

5.1.1.2 旅游地理区的特点

一般而言，旅游地理区划具有下列特征：

(1)系统性

旅游地理区无论在职能上还是地域上都是完整的，它具有配套的社会功能，其中首要是恢复和增强人(旅游者)的健康、能力、体力与精力，满足其精神与物质需要。

(2)地域性

旅游地理区以一定的区域空间为载体，每一个旅游区内至少有一个完善的旅游中心城市或以骨干名胜为旅游经济和旅游文化轴心的旅游组织基地，并要有发达的旅游交通网络，是一个结构有序的开放系统。

(3)层次性

旅游地理区有不同的功能类型和不同等级层次之分，各个层次结构旅游区有机组合构成一个完整的旅游区系统。这一特征使旅游区划和旅游地理区的分级分等研究与管理成为可能。

(4)优化性

旅游地理区的优化是指组织建立旅游区以及旅游区的经营管理都要达到最佳程度，

从而可以最大限度地发挥旅游地理区的功能，顺利地达到理想的目的，取得最佳效果的过程。旅游地理区由于加入了人的干预，是具有预定目的的、可控的自然-人工复合系统，因此从整体上要达到最优设计、最优控制、最优管理和使用，实现综合最优化。

5.1.2 旅游地理区划的类型

依据不同的目的和指标，旅游地理区划可以有多种划分方法。目前在国内最普遍、应用最广的是不同等级的旅游地域综合体区划，包括世界旅游区划、中国旅游区划、旅游带区划和旅游省区划等。次之的是按照旅游地理环境某一或某些组成要素所进行的区划，例如，从资源丰度和旅游资源的供给状况，可进行旅游资源区域划分，即旅游资源区划；按照影响旅游活动时令的节律性，可进行旅游气候区划；按照旅游者产生的地域不同，可进行旅游者产出区划；按照旅游者所感受到的旅游区域大小，可以进行旅游感应区划；按照旅游者从客源地到目的地的旅行模式，可以进行功能区划；按照旅游内容的时序性，可以进行现状旅游区划和远景旅游区划；按照旅游主体、客体和媒体三者之间的关系，可进行综合区划；等等。

5.1.3 旅游地理区划的目的和意义

5.1.3.1 旅游地理区划的目的

旅游区划的直接目的就是要确定各个旅游区的范围和界线，其根本目的则是为了客观地了解各个旅游区的不同性质和特征，揭示旅游区的内在规律，充分认识旅游资源的区域特色与优势，配置相应的旅游产业，建设风格不同、各具特色的旅游区，为扬长避短在全国形成合理的旅游地域分工体系，为发展、利用和保护旅游资源，制订与实施中长期的旅游区域发展战略，推动区域经济的合理发展提供科学依据。总之，旅游地理区划应达到如下目的：

遵循一定的原则和方法，通过实地工作和综合分析，找出比较合理的旅游地理区界线；确定各旅游地理区的性质、特征和地位，指出其今后发展的方向；分析确定区内各级旅游经济中心。

5.1.3.2 旅游地理区划的意义

旅游区划工作关系到旅游业远景规划的制定和实施，是一项重要的前瞻性工作，对旅游业的近期和长远发展具有十分重要的意义。主要体现在四个方面：

(1)能为旅游规划提供科学依据

旅游地理区划有助于全面认识国家和地区的旅游资源特点，了解各地旅游资源条件和旅游业发展现状，使旅游规划更具全局性、可操作性和适应性。旅游业的发展离不开旅游开发、规划、管理和建设，而这一切必须在旅游地理区划基础上才能进行。

(2)有利于组织区域特色旅游

旅游地理区划将那些具有共同或相似特征的旅游资源划为一个区,有助于阐明各个旅游区的特点,挖掘潜力和确定各自的开发利用方向,有助于因地制宜地组织区域特色旅游,合理布局旅游业。

(3)有利于提高区域整体效益

划分旅游地理区域,能积极促进旅游区内的横向联系,合理利用旅游资源,充分发挥旅游服务设施的作用,开展多层次、多形式的旅游活动,形成完善的旅游系统,塑造出鲜明的区域旅游形象,有针对性地进行市场开拓,便于游客自主选择旅游目的地,区域整体效益也会因此提高。

(4)有利于旅游业的可持续发展

旅游地理区划能够为保护旅游资源提供科学的手段和切实的措施。资源的适度利用和合理保护,是区域经济和旅游业可持续发展的前提条件,旅游区划有助于地区管理部门制定措施,完善配置,加大对资源的保护力度,以确保旅游业的可持续发展。

5.2 旅游地理区划的原则

旅游地理区划的原则是进行区划的指导思想和依据。进行旅游地理区划时,一般应遵循以下基本原则:

(1)综合性与整体性原则

旅游业是一项涉及面极广的产业,整体效益是系统优化的主要目标。因此要求旅游地理区划应综合分析自然和人文各要素间的相互关系和组合结构,既考虑纵向的历史基础、发展现状和长远目标、方向,又综合考虑横向的旅游资源类型、组合及开发利用的自然、社会、经济等多方面的条件。

(2)相似性原则

旅游环境、旅游资源等方面在地域空间上虽然千差万别,但在某一范围内总可以区分出若干相似程度较大,而差别较小的区域,将其合为一个旅游区。相似性原则即包括旅游资源成因的共同性、形态的类似性和发展方向的一致性三种含义。具体而言,指旅游资源类型的相似者应划在同一旅游区内,或者说处于同一层次中的每一旅游区要保持各自主体旅游资源的一致性。

(3)主导性原则

旅游区的内部一般由多种类型的旅游资源组成,各种类型的旅游资源在旅游区内所起的作用是不同的,其中某种类型的旅游资源往往起主导作用,使旅游区或以秀丽风光为主,或以文化古迹取胜,主次分明,主题鲜明,重点突出,别具特色,有强烈个性,制约着旅游区的属性特征、功能和利用方式。因此在进行旅游区划时,可以以突出某种类型的旅游资源作为划分的主要依据。

(4)完整性原则

旅游资源的形成、开发和利用,因受自然条件和人文因素的影响,分布上具有明确的地域性,形成独具一格的客观存在的旅游区;同时,各个等级的旅游区都是相对独立的地域综合性，能独立承担一定的旅游职能。因此，旅游区划应保证每一等级的旅游区在地域上和职能上的完整性。鉴于旅游业是一项具有高度文化性质的经济事业，涉及许多部门，离不开行政管理部门的综合平衡。因此，在我国现行行政管理体制条件下，旅游区划还必须考虑保持行政区划的完整性。旅游区划与现有的行政区划尽可能地统一，这样既尊重了旅游资源的地域性特征，又便于行政区域协作和统筹管理。

(5)旅游中心地与交通便捷原则

每一个旅游区都应该至少包含一个旅游中心地作为旅游业发展的依托。旅游中心地不仅应该是旅游区内和区间的旅游荟萃之地，还应该是旅游中心城市，是整个旅游区的核心，是旅游者的进出之口、集散之地和驻留之所。因此，旅游设施必须完善，要有足够数量、等级各异的宾馆、饭店，便捷的邮电通信设施，较大规模的购物中心和旅游商店，健全完善的医疗机构，内容丰富的文化、体育、游乐场所。有通往各旅游点的便捷交通，以便旅游者从这些旅游中心地出发进行区内和区外旅游，使旅游者的旅游不适和费用等减少到最低程度。

(6)区域经济与社会原则

旅游区既是一个地域综合体，又是一个社会地理系统，所以应考虑其区域社会经济背景，如区域文化传统、经济发展水平等。

5.3 中国旅游地理区划方案

20 世纪 80 年代以来，我国一些学者根据教学或科研工作的需要，先后提出了不同的中国旅游地理区划方案，对中国旅游地理区划进行了有益的探索。

5.3.1 旅游地理区划各种方案简介

5.3.1.1 宋家泰分区方案

1985 年，宋家泰主编的《中国旅游地理》依据旅游资源的特点和经济运行的自然网络，为保持行政区划的完整性，采用单一区域方位因子命名方法，将中国分成东北、华北、华东、长江中上游、东南、西南、青藏、西北共八大旅游地理区。

5.3.1.2 刘振礼分区方案

1987 年，刘振礼等根据旅游条件和旅游业发展现状，采用旅游景观主导因子加区域名称复合命名法将中国划分成京畿要地——北京旅游区，白山黑水——黑吉辽旅游区，民族摇篮——黄河中下游旅游区，大浪淘沙——长江中下游旅游区，山水神秀——长江下游旅游区，南国侨乡——闽粤琼旅游区，石林洞乡——滇黔桂旅游区，塞外风光——内蒙古宁夏旅游区，丝绸之路——甘新旅游区，世界屋脊——青藏旅游区，台湾及香港、澳门旅游区，共 11 个旅游区。

5.3.1.3 郭来喜分区方案

1988 年,郭来喜根据旅游资源的相似性,行政区划体系的完整性和运输便捷性、管理方便性等原则,采用区域名称或主导因子综合命名方法,将中国分成京华古今风貌旅游带、白山黑水北国风光旅游带、丝路寻踪民族风情旅游带、华夏文明访古旅游带、西南奇山秀水民族风情旅游带、荆楚文化湖山景观旅游带、吴越文化江南水乡风光旅游带、岭南文化南亚热带风光旅游带、世界猎奇探险旅游带以及台湾和港澳中西文化海岛风貌旅游带,共 10 个旅游带,旅游带以下还分成 29 个旅游省、149 个基本旅游区,整个结构体系分成三大层次。

5.3.1.4 陈传康分区方案

1991 年,陈传康将传统文化与现代文化资源相结合,将观光游览与科学文化旅游相结合,以传统文化资源、现代文化资源、自然风光、开发重点和客源市场五大内容为标准,采用区域方位和区域名称单因子命名法,将中国划分为华北、长江中下游流域、华南、西南、东北、内蒙古西北、青藏高原共 7 个旅游文化区。

5.3.2 本书中旅游地理区划方案介绍

中国幅员辽阔,各地区的自然环境与人文环境复杂多样,旅游资源既具有多样性、复杂性,又具有明显的区域性特征。本书主要从教学的角度,根据旅游地理区划的基本原则,广泛吸收已有各区划方案的长处,突出资源条件的相对一致性和文化及人文风情近似一致性,采用地域名称与旅游景观主导因素复合命名法,将中国分成 9 个旅游区。

(1)京都古迹,滨海休闲——燕赵旅游区

包括河北、北京、天津一省二市。

(2)林海雪原,关东风韵——东北旅游区

包括黑龙江、吉林、辽宁三省。

(3)民族摇篮,名山水景——中原旅游区

包括陕西、山西、河南、山东四省。

(4)大浪淘沙,峡谷巨川——蜀楚旅游区

包括四川、湖北、湖南、重庆三省一市。

(5)山水神秀,名城佳园——吴越旅游区

包括安徽、江苏、江西、浙江、上海四省一市。

(6)南国风情,山海景观——岭南旅游区

包括福建、广东、海南、台湾、香港、澳门四省二特别行政区。

(7)石林侗乡,民族风情——西南旅游区

包括云南、贵州、广西二省一区。

(8)边塞风情,大漠草原——西北塞外旅游区

包括甘肃、新疆、内蒙古、宁夏一省三区。

(9)世界屋脊,雪域藏乡——青藏旅游区

包括青海省、西藏一省一区。

本章小结

旅游地理区划是中国旅游地理的重要内容,在区域旅游业快速发展的今天,旅游地理区划既具有理论意义,又具有现实意义。进行旅游地理区划时,应遵循一些基本原则:综合性与整体性原则、相似性原则、主导性原则、完整性原则、旅游中心地与交通便捷原则、区域经济与社会原则,以指导旅游地理区划工作的进行。根据这些原则,我们将中国划分为9个旅游区。

案例分析

本区河流密布,湖泊众多,土地肥沃,气候温暖湿润,传统农耕发达,是物华天宝之地。其开发历史悠久,自古以来社会经济即十分发达,在水陆交通要冲和人口稠密地区,相继出现了具有一定规模和特征的城市,历史文化名城约占全国总数的五分之一,它们既具山水之美,又兼有园林之胜,再辅以众多的文物古迹,遂成为著名的旅游城市。本区商品经济率先起步,市民阶层形成较早,实业传统、工商精神、务实个性和平民风格显著。本区溯江、环湖、濒海的"山水形胜",造就了其文化缔造者的文化习性与人文精神,注定了这一方文化与生俱来的开放、睿智和敢为人先。富庶的经济为精神文化的发展提供了很好的基础,本区古典园林由于造园艺术造诣极高,成为我国园林的楷模,对世界园林也有巨大影响。具有典型代表性的艺术形式,也都充分体现了其文化细腻、婉转、清丽、圆润的特点。

上述案例描述的是我国哪个旅游区?试分析其旅游资源的独特性和吸引力。

自我检测题

1. 旅游地理区划的原则是什么?
2. 比较各种旅游地理区划方案的特点。
3. 中国地理环境特点对中国旅游地理区划有何意义?
4. 旅游地理区与旅游地、游览区的概念有何区别?

实训题

对你家乡附近的旅游景区区划进行一次实地考察,总结一下为什么旅游地理区划要注意与行政区划相协调,同时在一些情况下又不可能保持两者绝对一致?

6

京都古迹，滨海休闲——燕赵旅游区

教学目标

通过本章的学习，要求学生能够了解本区旅游地理环境的概况；掌握本区旅游资源的基本特征；了解本区旅游业发展的现状及前景；熟悉北京、天津、河北各主要旅游区点的情况。

导入案例

2016年12月26日，国务院发布《"十三五"旅游业发展规划》(以下简称《规划》)，《规划》指出，"十三五"时期，按照分类指导、分区推进、重点突破的原则，全面推进跨区域资源要素整合，加快旅游产业集聚发展，培育新型旅游功能区，构建旅游业发展新格局。重点建设京津冀旅游城市群、长三角旅游城市群、珠三角旅游城市群、成渝旅游城市群和长江中游旅游城市群五大旅游城市群，做强跨区域旅游城市群。其中京津冀旅游城市群将全面贯彻落实京津冀协同发展战略，发挥京津旅游辐射作用，构建城市旅游分工协同体系，推进京津冀旅游一体化进程，打造世界一流旅游目的地。

(资料来源：《我国将建设五大旅游城市群》，人民网，2016-12-26)

京都古迹、滨海休闲旅游区位于我国东部居中，包括北京市、天津市和河北省。本区是我国首都所在地，全国的政治、经济、文化中心，地理位置优越，经济发达，交通便捷，旅游业发展基础良好。独特的自然地理环境造就了其以山海景观为主的自然旅游资源，悠久的历史和长期的政治中心地位使其人文旅游资源独占鳌头、地位突出。因此，本区是国内外游客旅游的热点地区，也是我国旅游业最为发达的地区之一。

6.1 旅游地理环境

6.1.1 自然地理环境

6.1.1.1 傍山面海，地貌类型多样

本区东临渤海，西依太行山，南接华北平原，北连内蒙古高原，处于内蒙古高原与华北平原，太行山、燕山与渤海的过渡地带，西北高，东南低，地貌类型多样，兼有海滨、平原、山地、丘陵和高原。

太行山位于本区西部，呈北东—南西走向，在河北省境内绵延400多千米，以深切的河谷、高耸的山地和山顶平台为特色。小五台山位于太行山北端，海拔2 882米，为河北省第一高峰。国家地质公园赞皇嶂石岩、涞水野三坡、涞源白石山和阜平天生桥等散布山中，由于长期的风化侵蚀和流水切割，奇峰林立，怪石峥嵘。太行山间多东西向横谷，成为东西向交通要道，自古有"太行八陉"之称。

冀北山地位于本区北部，一般海拔在1 000米左右，其北侧的坝上高原与内蒙古高原连成一片。坝上高原顶部平缓，开阔坦荡，尤其是到了暮秋之际，高原上绿草如茵，生机盎然，清代著名的皇家猎苑——木兰围场即位于其上的围场县境内。冀北山地的南缘为燕山山脉，主峰雾灵山海拔2 116米，由潮白河至山海关，向渤海海岸延伸而去，成为华北平原的北部屏障，举世闻名的万里长城蜿蜒其上。燕山山间多盆地和谷地，成为人口密集之所，分布有承德、滦平、兴隆、遵化等名城和举世闻名的承德避暑山庄及外八庙。此外，承德附近的燕山呈现出北方地质上相对罕见的丹霞地貌。

太行山以东，燕山以南为河北平原，是华北平原的组成部分，由古黄河、海河水系冲积而成，包括山麓平原、中部平原和滨海平原三部分。山麓平原地势较高，坡度较大，自然景观层次分明，地下水丰富，多泉水出露。中部平原地势低平，河网洼淀星罗棋布，分布有白洋淀湖泊群。渤海沿岸的滨海平原，海滩平缓，气候温和，在滦河口以北形成以南戴河、北戴河、昌黎黄金海岸为代表的众多海水浴场。

6.1.1.2 典型的暖温带大陆性季风气候

本区位于中纬度地带，地处东亚大陆的东岸，受东亚季风环流的控制，呈现出典型的暖温带大陆性季风气候的特征。表现为四季分明，冬冷夏热，春秋短而冬夏长，降水量偏少且集中于夏季。因此，旅游淡旺季明显。春季，受季风影响，干旱少雨，风沙天较多，不利于开展旅游活动。夏季，高温多雨，海滨和山地等避暑胜地成为旅游首选。秋季，秋高气爽，温度适中，为典型的康乐型气候，利于旅游活动的开展。特别是九十月份，常出现连续的晴朗天气，风和日丽，植被繁茂，林木斑斓，是旅游的黄金季节。冬季受蒙古高压控制，盛行西北风，带来干冷的气流，寒冷少雪，加之本区自然植被属暖温带落叶阔叶林，树木凋零，景色单调，为旅游淡季。

6.1.2 人文地理环境

6.1.2.1 京畿要地,社会经济发达

京畿是指以北京为中心的天津、河北一带。该地区历史久远,是古人类的发祥地之一,早在69万年前北京周口店附近就是北京猿人繁衍生息的地方。进入阶级社会后,该地区沿着诸侯领地中心、北方重要城市、全国政治中心的轨迹发展。春秋战国时期为燕国、赵国的统治中心;秦汉到五代成为北方重镇;辽代时北京为陪都,五京之一;金、元、明、清均以北京为都城。新中国成立后,北京成为中华人民共和国的首都,全国的政治、经济和文化中心。近年来,该地区的面貌发生着日新月异的变化,北京作为国际交往中心和大都市的地位不断提升,天津正在崛起为中国北方经济中心,河北发挥内环京津、外环渤海的区位优势,与京、津两市共同构成环渤海核心区域。环渤海区域成为继珠三角、长三角之后中国新的经济增长极。如今,京津冀地区社会经济发达,拥有全国最大的消费群体,经济总量占全国10%以上,交通通信便利,科技文化繁荣,基础设施完善,旅游基础雄厚,作为全国重要旅游目的地和客源地的优势日益突出。

6.1.2.2 燕赵故地,文化艺术繁荣

作为燕赵故地,本区的文化艺术体现了粗犷、豪放、慷慨、激越的雄风侠骨,主要有戏剧、武术、杂技、秧歌、皮影等。这里曾是金元杂剧盛行的地区,传统曲艺流派纷呈,名家辈出。京剧艺术驰名中外,天津相声、乐亭大鼓、评剧、河北梆子等具有广泛的群众基础。这里也是中华武术的摇篮和发祥地之一。河北沧州是著名的“武术之乡”,自古民风以醇厚勤劳、尚义任侠著称。春秋战国时期,就有“武建泱泱”之誉。历代武风沿袭不衰,到清末民初鼎盛,据志书记载,仅明、清两代沧州就出过武进士、武举人1 937名,丁发祥、窦尔敦即为清初武功盖世的武术名师。近代,霍元甲、王子平、王正谊(大刀王五)、李凤山(燕子李三)等名师豪杰为弘扬国威、光大中华武术做出突出贡献。如今,河北省多个县市开展武术交流活动,举办武术节,弘扬武术文化。此外,本区的民俗文化和民间艺术绚丽多彩,吴桥杂技、唐山皮影、井陉拉花、沧州落子、赵县扇舞、藁城民间故事、永年吹歌、昌黎地秧歌等都是群众喜闻乐见的文化艺术活动。

本区不仅人杰地灵,而且物华天宝,许多土特产品和工艺品享誉中华。河北的京东板栗、赵州雪梨、沧州金丝小枣、宣化龙眼葡萄、深州蜜桃、张家口口蘑、涉县三珍、祁州药材、承德蕨菜,北京的烤鸭、果脯、稻香村糕点、“六必居”酱菜、茯苓夹饼,天津的桂发祥麻花、耳朵眼炸糕等,营养价值高,销量好。天津的狗不理包子、北京的涮羊肉、秦皇岛的八仙宴、保定的马家老鸡、北戴河的铁板蟹、石家庄的空心宫面以及白洋淀的全鱼席等无不以其独特的风味令中外游客赞不绝口。北京的玉雕、牙雕、景泰蓝、料器,河北的磁州窑陶瓷、邢窑白瓷、曲阳石雕、秦皇岛贝雕画、山海关人造琥珀、武强年画、蔚县剪纸、衡水内画壶、涿州金丝挂毯、易县古砚、承德木皮雕,天津的地毯、杨柳青年画、泥人张彩塑、魏氏风筝、“砖刻刘”砖雕等手工艺品,历史悠久,做工精细,风格独特。

6.1.2.3 现代交通四通八达

由于地理位置优越,经济发达,本区的交通运输十分便利,以北京、天津为中心,海、陆、空全方位立体发展,其中北京是全国铁路、民航总枢纽,华北地区公路网的中心。铁路方面,本区有京九、京广、京沪、京哈、京昆等几十条铁路干线和高铁客运专线通往全国各大城市,并有北京至莫斯科、平壤、胡志明市以及连云港至新疆霍尔果斯的"欧亚大陆桥"等国际铁路线,铁路密度仅次于东北,居全国第二位。航空方面,有北京首都国际机场、大兴机场、石家庄正定国际机场、秦皇岛山海关机场、邯郸机场、唐山机场、天津滨海国际机场等多个航空港。其中首都机场是亚洲第一大国际机场,拥有三座航站楼,目前已开通250多条国际国内航线,通往世界主要国家及地区和国内大部分城市。公路方面,以北京、天津等主要城市为中心向外辐射的京津唐、京石、京承等高速公路网及国道、省道四通八达,可通达各旅游区及主要城镇。海运方面,有天津新港、唐山港、秦皇岛港、黄骅港等大型港口,是华北、东北地区的重要出海通道,已与世界400多个港口建立了贸易往来。近年来城市轻轨、环城路、城际列车和地铁线的不断完善使得区内交通更加便捷通畅。如北京开辟有通往八达岭长城、明十三陵、慕田峪长城、独乐寺等景区的旅游专线。

6.1.3 旅游资源特色

6.1.3.1 人文旅游资源丰富且价值高

作为历史上的燕赵故地,距今最近的金、元、明、清等朝代的都城所在地,本区保留至今的历代文物和古建筑多且价值大,地位突出,成为本区旅游业发展的绝对优势。

古人类文化遗址价值突出。本区是古人类的发祥地之一,位于河北省阳原县桑干河北岸的泥河湾遗址,被著名考古学家贾兰坡称作"最早人类的脚踏地",记录了距今100万年前早期人类活动的痕迹。周口店猿人遗址是世界上迄今为止人类化石材料最丰富、最生动、动物化石门类最齐全、研究最深入的古人类遗址,出土了大量的猿人化石(包括6件头盖骨、15件下颌骨、157枚牙齿及大量骨骼碎块)、石制品、哺乳动物化石及多处用火遗迹。

古代伟大工程闻名于世。本区最著名的古代伟大工程当属举世闻名的万里长城。万里长城横穿本区全境,长达2 000多千米,蜿蜒起伏于太行山和燕山的崇山峻岭之中,大小关隘200多处,巍峨险峻。主要游览点有扼关外关内咽喉的山海关长城、有"明长城精华"之称的金山岭长城、开放最早的八达岭长城以及黄崖关长城、慕田峪长城、角山长城、司马台长城等。此外京杭大运河通惠河段、我国四大古桥中的卢沟桥和赵州桥、明清皇家天文台北京古观象台等伟大工程,也是古代人民勤劳智慧的结晶。

皇家建筑叹为观止。八百多年的都城历史且相对集中于明、清两代,使得本区成为我国拥有帝王宫殿、园林、庙坛和陵墓数量最多,内容最丰富的地区。主要有:一是帝王宫殿。首推北京故宫,故宫是明、清两代24位皇帝的宫殿,世界上现存规模最大,保存最完整的古代宫殿建筑群,世界五大宫殿之一。二是皇家园林。本区皇家园林集全国造园艺术之长，规模宏大，为北方园林的典型代表。主要有颐和园、北海公园、圆明园、景山公园、香山公园、承德避暑山庄等。颐和园是我国现存规模最大、保存最完整的皇家园林。三是帝王陵寝。明、清两代的帝王陵寝大多位于本区，有明十三陵、清东陵、清西陵、明景泰陵四处。清东陵和清西陵是我国现存规模宏伟、建筑体系完整的皇家陵寝群。四是皇家庙坛。古代坛庙是我国极其珍贵的历史文化遗存，北京是我国唯一保留有祭坛的地方，如天坛、地坛、月坛、日坛、社稷坛、太庙、先农坛等。这些祭坛设计别致，寓意各异，如北京天坛是世界上现存最大的祭天建筑群，是明、清两代皇帝祭天祈谷的场所。

宗教建筑云集。本区宗教建筑类型多样，佛寺、道观、清真寺、教堂一应俱全，其中以佛寺最多，著名的有法源寺、广济寺、卧佛寺、独乐寺、大钟寺、雍和宫、碧云寺、外八庙、潭柘寺等。其中潭柘寺是北京最古老的寺院，有“先有潭柘寺，后有幽州城”之说；广济寺是我国佛教协会所在地。另外还有响堂山石窟、妙应寺白塔、真觉寺金刚宝座塔等佛教建筑。道观当中以白云观最为著名，白云观是北京最大的道教庙宇，为中国道教协会所在地，在全国享有盛誉。此外牛街清真寺、天津西开教堂、北京西什库教堂等宗教场所宗教氛围浓郁，同时也是本区著名的旅游景点。

革命遗址众多。本区是近代革命的发源地，有许多革命老区和丰富的革命历史文化遗产。主要有北京的中国人民抗日战争纪念馆、卢沟桥及宛平城、北大红楼、军事博物馆、顺义区焦庄户地道战遗址等；天津市的周恩来邓颖超纪念馆、平津战役纪念馆、盘山烈士陵园等；河北的西柏坡中共中央旧址、李大钊纪念馆、白洋淀雁翎队纪念馆、清苑县冉庄地道战遗址、八路军一二九师司令部旧址、晋察冀边区革命纪念馆等。其中北大红楼是五四运动的策源地，现为北京新文化运动纪念馆。

现代都市风貌特色鲜明。改革开放以来，该区城市建设卓有成效，现代都市风貌繁盛可喜。京津唐城市群已成为全国三大城市群之一，整体城市现代化水平较高。北京作为具有东方特色的国际都市，历史文化风貌与现代都市文明交相辉映；天津是全国主要的港口城市和沿海对外开放城市，中西合璧的都市风情浓郁。鸟巢、水立方、国家大剧院、首都图书馆、央视大楼、天塔、科技馆等各种现代化建筑，立交桥、高速公路、地铁、机场、环城高速等便捷的城市交通，北京王府井、西单、大栅栏、国贸大厦，天津的和平路、估衣街、滨江道，廊坊新世纪步行街，唐山新华道等便利的购物街区，共同构成了魅力都市游的内容。

6.1.3.2 自然旅游资源以山海风光为主

本区东部渤海沿岸，海岸线曲折，滩缓沙细，具有独特的北方海滨风光，是天然的海滨浴场，北戴河、南戴河、昌黎黄金海岸、乐亭海滨、天津海滨等都是我国著名的滨海旅游胜地。其中北戴河海滨，气候宜人，是我国最早开发的海滨度假胜地和避暑胜地。与北戴河一桥相连的南戴河，达到国际海滨标准，被旅游者誉为“天下第一浴”。昌黎黄金海岸位于北戴河海滨西南，5 000 多公顷的苍翠林带映衬着长达 40 多千米的沙丘，黄沙、绿林、碧海、蓝天交织成壮观的海洋沙漠风光。

本区的山岳景观主要集中在太行山脉和燕山山脉，主要有北京西山、万寿山、玉泉山、香山，天津盘山，河北苍岩山、野三坡、嶂石岩、雾灵山、小五台山、白石山、阜平天生桥等。山间林木茂盛，风景秀丽，多地质景观或古代军事工程或名胜古迹，成为名山胜景。嶂石岩山势奇特，鬼斧神工，丹壁连绵不断，宛如红色长城，有“百里赤壁，万丈红绫”之称。北京房山世界地质公园包括北京房山的石花洞、十渡和河北省的野三坡、白石山，拥有丰富的地质遗迹资源以及云居寺、摩崖石刻、昊天塔、白石山长城等多处文化景观资源。白石山海拔 2 096 米，满山遍布纯白的大理石，多悬崖峭壁，自然景观保存良好。阜平天生桥位于太行山东麓，长 27 米，高 13 米，宽 13 米，是我国首次发现的片麻岩天桥，距今近 30 亿年。

6.2 旅游业发展概况

由于地处京畿要地，本区旅游地理环境得天独厚，旅游开发历史早。交通、通信等基础设施完备，住宿设施门类齐全，特别是高档次饭店、国际旅行社数量在全国占有较高比重，景点知名度高，行业管理规范，旅游综合接待能力强，整体旅游市场广阔，是我国旅游业最发达的地区之一。但区内旅游业发展有一定的差异，表现为北京领先，河北居中，天津相对较弱。究其原因，北京是中国首都，又是明清故都和现代国际大都会，无论对于国际市场还是国内市场，北京都是最具吸引力的旅游地。而河北省是京津冀三地中人口最多、面积最大的一极，旅游资源地域分布不均，经济发展相对落后，基础设施较为薄弱，旅游淡旺季明显，特别是河北省的南部地区，旅游开发薄弱，仍属于旅游业潜力未充分挖掘的温冷区。而天津市虽然旅游资源种类俱全，但具有国际和国内知名的景区景点不多，且分布较为分散，各资源间缺乏有机联系，人文旅游资源相较于北京吸引力不够，自然旅游资源相较于河北略显逊色。

由于京津冀三省市地域相接、人缘相亲、文化相近，是我国最早提出区域旅游合作的地区。早在 1985 年就成立了包括北京平谷的金海湖，天津的盘山、黄崖关、蓟县和河北省的清东陵等地区在内的京东旅游区，致力于京东地区两市一省旅游资源的开发和景区的合作。2014 年随着京津冀协同发展上升到国家战略层面，京津冀三地在夯实旅游协同发展的基础上，着力推进“四个一体化”进程，构建京津冀旅游大格局，以推动三地旅游业的均衡发展及产业升级。在协调机制一体化方面，建立京津冀旅游协同发展工作协调机制和项目对接机制，成立领导小组及相应的办公室，定期召开京津冀旅游协同发展联席会；在市场营销一体化方面，联合编制“一本书、一张图、一张网”加快市场共建，增加旅游直通车线路、开通京津冀旅游专列、设置京津冀旅游交通标志牌，成立旅游营销联盟，共享市场；在管理服务一体化方面，建立健全旅游咨询服务合作机制、旅游执法合作机制、信息共享机制，成立旅行社联盟及景区联盟；在规划布局一体化方面，联合编制《京津冀旅游协同发展行动计划》，携手开展旅游示范区建设。今后，三地将依托京津冀协同发展大战略布局，突出全域旅游发展理念，结合各地旅游功能定位、旅游产业布局和经济发展水平，大力推进京东休闲旅游示范区、京北生态（冰雪）旅游圈、京西南生态旅游带、京南休闲购物旅游区、滨海休闲旅游带五大旅游示范区品牌建设。

6.3 主要旅游区介绍

6.3.1 北京市

6.3.1.1 概况

北京简称京，是中华人民共和国的首都，全国政治、经济、文化、交通和国际交往中心。东南部与天津市相连，其余为河北省所环绕。位于华北平原北端，北有军都山，西有西山，地势西北高而东南低，最高峰东灵山海拔 2 303 米。境内有密云、怀柔、十三陵三大水库及潮白河、北运河、永定河、拒马河、汤河五条河流。自然景观山水兼具，有被誉为“人间仙境”的石花洞岩溶景观、天高地阔的康西草原、有“北方小桂林”之称的十渡风景区、景色秀丽的十三陵水库等。北京有着 3000 余年的建城史和 850 余年的建都史，是国家历史文化名城之首和八大古都之一，现有文物古迹 7 309 项，全国重点文物保护单位 99 处，市级文物保护单位 326 处，国家地质公园 5 处、国家森林公园 15 处，世界遗产 7 处，是全球拥有世界遗产最多的城市，全球首个拥有世界地质公园的首都城市。对外开放的旅游景点达 200 多处，拥有一批如故宫、天坛、北海、颐和园、长城、明十三陵等国内外知名度极高的名胜古迹。北京科技文化发达，许多著名的学府如清华、北大等汇聚于此，有现代科技的结晶——中关村以及数量位列世界第二的博物馆。作为现代化大都市，北京对外对内交通便利，商业发达，是全国唯一入选世界 15 大购物之都的内地城市，拥有百余家大中型购物商场。王府井大街、前门大栅栏、西单商业街是北京的传统商业区；国贸商城、东方新天地、中关村广场购物中心是新崛起的商业巨擘。北京民俗文化繁荣，“国粹”京剧、胡同、四合院、琉璃厂、北京烤鸭、地坛庙会等都是老北京最具代表性的文化特征，什刹海的胡同游深受国内外游客喜爱。如今，北京正以古老又时尚的全新面貌，迎接每年数以亿计的旅游者。

6.3.1.2 主要旅游区点

(1)天安门中心区

该区位于北京城的正中心，是中华人民共和国的象征，游客到北京必游之处。以天安门广场为中心，天安门城楼、故宫、劳动人民文化宫、中山公园、人民大会堂、中国国家博物馆、正阳门等环列四周，南端的前门大栅栏商业区历史悠久，众多的老字号店铺是旅游购物的理想场所。天安门广场南北长 880 米，东西宽 500 米，占地面积 44 万平方米，可容纳 100 万人集会，是当今世界上最大的城市广场。宏伟壮丽的天安门城楼坐落在广场的北端，五星红旗在广场上空高高飘扬，人民英雄纪念碑屹立在广场的中央。毛主席纪念堂和正阳门城楼矗立在广场的南部。

(2)故宫

旧称紫禁城，是明清两代的皇宫，曾有 24 位皇帝在此居住。始建于明永乐四年

(1406年),永乐十年(1416年)建成,距今有600多年的历史。故宫是世界上现存规模最大,保存最完整的古代宫殿建筑群。占地面积72万平方米,建筑面积约15万平方米,四周有长方形围墙,四角各有九梁十八柱的角楼,城外有护城河,紫禁城内有宫室9 999.5间,被称为"殿宇之海",气魄宏伟,极为壮观。故宫总体布局中轴对称,主次有序,主要建筑自南向北排列于中轴线上,附属建筑分列于东西两侧。按布局和功能分为外朝、内廷两大部分,以乾清门广场为界,前(南)为外朝,后(北)为内廷。外朝是皇帝举行朝会大典和行使权力的地方,以太和殿、中和殿、保和殿三大殿为中心,东有文华殿、文渊阁、上驷院、南三所;西有武英殿、内务府等建筑。内廷是皇帝处理日常政务和帝后及其年幼子女居住的地方,以乾清宫、交泰殿、坤宁宫后三宫为中心,两翼为养心殿、东六宫、西六宫、斋宫、毓庆宫,后有御花园。紫禁城的布局设计充分体现了中国古代传统文化的特点,是集中国古代建筑艺术之大成的宫殿建筑典范。1925年设故宫博物院,1987年成为我国首批世界文化遗产。

(3)雍和宫

位于东城区安定门东大街和雍和宫大街交会处,是北京地区规模最大的喇嘛庙,有"藏传佛教艺术博物馆"之称。雍和宫明代是太监的官房,清康熙三十三年(1694年)建成雍亲王府。雍正三年(1725年)升为行宫,改名雍和宫。乾隆九年(1670年)改为喇嘛教黄教的上院,成为清政府管理全国喇嘛教事务的中心。寺院主要由三座精致的牌坊和五进宏伟的大殿组成,其中以平面呈十字形的法轮殿最为雄伟,殿内供铜质宗喀巴大师像,像后有五百罗汉山。万福阁为宫内最高大建筑,黄瓦歇山顶三层,内有高18米的弥勒佛站像,用整根白檀木雕成,世界罕见,与紫檀木雕刻的五百罗汉山、金丝楠木雕刻的佛龛被誉为雍和宫木雕三绝。

(4)天坛

位于北京城南、正阳门外东南侧,始建于明永乐十八年(1420年),总面积273公顷,经明嘉靖、清乾隆等朝增修改建,建筑宏伟壮丽,环境庄严肃穆,是明清两代帝王祭天祈谷之所。天坛四周环筑坛墙两道,北圆南方,寓意"天圆地方"。全坛分为内、外两部分,主要建筑祈年殿、皇乾殿、圜丘坛、皇穹宇等集中于内坛中轴线的南北两端,由一条宽阔的丹陛桥相连接。祈年殿是天坛的中心建筑,为一座镏金宝顶、蓝瓦红柱、彩绘金碧辉煌的三层重檐圆形大殿,是北京市旅游的标志。天坛集明、清建筑技艺之大成,回音壁、三音石、天心石、对话石等具有声学现象的建筑构造奇妙,是中国古建筑珍品,世界上最大的祭天建筑群。

(5)北海公园

位于故宫西北,与中海、南海合称三海。这里原是辽、金、元建离宫,明、清辟为帝王御苑,是中国现存最古老的皇家园林。全园总面积71公顷,以古代神话中的"蓬瀛仙境"布局营建,水面开阔,游廊曲折。琼华岛是全园的中心,岛上的藏式白塔为北海公园的象征。东北岸的画舫斋、濠濮涧、镜清斋是三座园中之园,岸边的五龙亭造型各异,精美的九龙壁为我国现存三大九龙壁之一。其南侧的团城小巧玲珑,自成体系,上有造型精巧的承光殿。

(6)恭王府

位于什刹海旁,是北京现存最完整的王府,为清道光帝第六子恭忠亲王府第,前身是乾隆大学士和珅的邸宅。恭王府建筑布局规整,工艺精良,充分体现了皇室辉煌富贵的风范和民间清致素雅的风韵。王府由府邸和花园两部分组成,前半部分的府邸富丽堂皇,雕饰精美,威严气派。后半部分的恭王府花园(萃锦园)怪石林立,古木参天,亭台楼榭,融北方宏伟建筑形式与南方精艺造园艺术于一身,是私家园林的佳作。代表性景点有大戏楼、西洋门、蝠厅、邀月台、福字碑、诗画舫等。

(7)颐和园

位于海淀区,是我国现存规模最大、保存最完整的皇家园林,为中国四大名园(另三座为承德避暑山庄,苏州的拙政园,苏州的留园)之一。颐和园是一座利用昆明湖、万寿山为基址,以杭州西湖风景为蓝本,汲取江南园林的设计手法和意境而建成的大型天然山水园。全园大体分为三个区域:以仁寿殿为中心的政治活动区,以乐寿堂、玉澜堂和宜芸馆为主体的生活居住区和以万寿山、昆明湖等组成的风景游览区。园内建筑以佛香阁为中心,有亭、台、楼、阁、廊、榭等不同形式的建筑 3 000 多间。园中的长廊、石舫、佛香阁、宝云阁、大戏楼、十七孔桥、玉带桥等堪称世界建筑文化中的珍品。整个园区规模宏大,集中国园林建筑艺术之大成,被誉为“皇家园林博物馆”。

(8)奥林匹克公园

位于朝阳区,是 2008 年北京举办奥运会的主场地,容纳了 44% 的奥运会比赛场馆和为奥运会服务的绝大多数设施,面积约 1 215 公顷,其中包括 760 公顷的森林绿地,占地 50 公顷的中华民族博物馆以及占地 405 公顷的展览馆、体育场馆及奥运村。主要景观有鸟巢(国家体育场)、水立方(国家游泳中心)、玲珑塔、下沉花园、奥林匹克森林公园、北顶娘娘庙等。鸟巢和水立方分列于中轴线两侧,一方一圆,遥相呼应,是北京奥运会标志性建筑物。奥林匹克森林公园位于园区北面,分为南北两区,十三个主要景观打造其具有中国山水意境的东方特色园林,是中国最大的城市园林。

(9)卢沟桥

位于丰台区永定河上,我国四大古桥之一,始建于金,为北京现存最古老的石造联拱桥,“卢沟晓月”为燕京八景之一。卢沟桥以精美的石刻艺术闻名于世,望柱上雕刻有金、元、明、清历代石狮近 500 头,形态各异,是石刻艺术的精品。桥东的宛平城为“七七事变”发生地,城北建有中国人民抗日战争纪念馆,城东辟为抗日战争烈士陵园,城楼上有“七七事变”纪念馆和中国古桥陈列馆。

(10)八达岭长城

位于延庆县军都山上,因南通京城,北达延庆,东去永宁、四海,西往宣化、大同,四通八达,故名八达岭。该段长城气势雄伟,如巨龙奔腾飞舞于群山峻岭之中,是明长城中现今保存最好的一段。城墙高 8.5 米,宽 5.7 米,用巨型花岗岩条石和大型城砖砌成,高大坚固,可容纳 5 马并行,10 人并进。墙外侧筑有高 1.7 米的垛口,上有瞭望孔,下有射口,内侧筑有宇墙。城墙每隔三五百米筑有堡垒式的方形城台一座,沿线险要地段和交通要道上筑有碉堡、烽火台。作为开放最早的长城,景区内旅游设施完备,建有中国长城博物馆。

(11)明十三陵

位于昌平区天寿山南麓,是明朝13位皇帝的陵墓群,陵区面积达40多平方千米。从明永乐七年(1409年)营建长陵开始,在长达230多年的时间里共有13位皇帝、23位皇后、1名皇贵妃以及数十名殉葬妃嫔葬于此,是我国历代帝王陵寝建筑中保存完整、埋葬皇帝最多的墓葬群。各陵墓整体布局有序又自成体系,建筑规制基本一致,均有陵门、碑亭、祾恩门、祾恩殿、明楼、宝城等组成。目前,已正式开放的有长陵、定陵地宫、昭陵和神路。长陵地面建筑宏伟,其祾恩殿由60根楠木构架而成,是我国古建筑中罕见的珍品。定陵地宫多用青石砌成,是我国第一座有计划发掘的帝王陵墓,出土了金丝翼善冠等大量精美殉葬品。

(12)十渡

位于房山区拒马河中上游,是华北地区唯一以岩溶峰林、峰丛、河谷地貌为特色的自然风景区。因历史上从一渡(张坊)进入十渡需经蜿蜒流淌的拒马河十个渡口而得名。景区内山奇水秀,谷壁峭立,峰林叠翠,景致幽胜,众誉"青山野渡、百里画廊"。又因自然环境优良,负氧离子含量极高,素有"自然空调、天然氧仓"之称,是夏日避暑胜地。

6.3.2 天津市

6.3.2.1 概况

天津简称津,别名津沽、津门等,取自明代天子津渡之意。明永乐二年(1404年)筑城设卫,称天津卫。1860年辟为通商口岸后,成为中国北方开放的前沿和近代中国洋务运动的基地。天津是中国近代史的缩影,有"近代百年看天津"之说。如今天津是中国四个直辖市之一,中国北方最大的沿海开放城市。旅游资源以人文景观为主,主要有:有着浓郁津味的中西合璧的百年商业历史老街和平路金街、美食荟萃的南市食品街、古文化街、五大道等;展现现代城市风貌的各类休闲场所,如天塔、水上公园、天津乐园、天津动物园、天津奥林匹克体育中心、天津博物馆等;记录着天津历史和城市变迁的周恩来邓颖超纪念馆、平津战役纪念馆、天后宫、文庙、广东会馆、大沽口炮台等;具有地域特色的遍布城乡的相声剧场茶馆、杨柳青年画、魏氏风筝等民众化娱乐活动;历史悠久的独乐寺、黄崖关长城等。天津名特产品以工艺品四艺(地毯、杨柳青年画、泥人张彩塑、魏氏风筝)和风味小吃三绝(狗不理包子、桂发祥麻花、耳朵眼炸糕)享有盛誉。自然旅游资源以山、海、港为主。主要有:有"京东第一山"美誉的盘山,被称为"森林野生动物园"的八仙山自然保护区,形成于18亿—8亿年前、世界罕见的中上元古界国家地质公园,素有"海滨温泉"之称的天津海滨旅游度假区,集休闲、娱乐、购物、美食于一体的海河外滩公园等。近些年,天津旅游致力于品牌建设,"近代中国看天津"文化旅游核心品牌效应日益凸显,精心打造了"近代中国看天津"文化游、都市博览游、海河风光游、滨海休闲游、山野名胜游五大旅游线路,基本形成了"一带(海河旅游观光带)、三区(市中心都市旅游区、东部滨海旅游区、北部山野旅游区)"的旅游发展空间格局。

6.3.2.2 主要旅游区点

(1)水上公园

位于天津中心城区西南部,是天津市最大的综合性公园。公园以水取胜,水面约占1/2,内有九岛三湖,岛间以拱桥、曲桥、桃柳堤相连接,颇具江南园林风味,“龙潭浮翠”为津门十景之一。水上公园紧邻天塔,是拍摄天塔水景的最佳位置。天塔,即天津广播电视塔,高415.2米,四面环水,耸立于碧波与云霄之间,其势如剑倚天,享有“天塔旋云”之誉。

(2)五大道

位于天津中心城区南部,是天津名居名宅最为集中的地区,著名的中国历史文化名街。五大道是指成都道以南,马场道以北,西康路以东,马场道与南京路交口以西的一片长方形区域,共有22条道路,总长度17千米,总面积1.28平方千米。这里汇聚着英、法、意、德、西班牙等国各式建筑230多幢,名人名宅50余座,总建筑面积超过99万平方米,建筑形式有文艺复兴式、希腊式、哥特式、浪漫主义、折中主义以及中西合璧式等,被誉为“万国建筑博览会”。其中马场道是五大道地区修筑最早、最宽、最长的马路,路口有精美西洋马车铜雕。马场道121号小洋楼,人称“达文士楼”,为英侨学者达文士旧居,西班牙花园别墅,是五大道上最早的建筑。曹禺的《日出》《雷雨》也是以五大道为背景撰写的经典剧作。游览五大道就如同穿行于中国近代史名人纪念馆之中。

(3)古文化街

位于南开区内,是全国首批5A级旅游景区中唯一开放商业街形式的旅游景区。古文化街以天后宫为中心,包括宫南、宫北大街,全长580米,街宽7米,全部建筑为仿清代民间建筑风格,街内有近百家店铺,主要经营古玩字画、古旧书籍、民俗用品、传统手工艺品等,著名的杨柳青年画、泥人张彩塑、魏记风筝、刘氏砖刻等都设有专营店。天后宫位于古文化街中心,于元代建成,坐西朝东,正殿内供奉天后娘娘,是世界三大妈祖庙之一。现辟为天津民俗博物馆。

(4)独乐寺

位于蓟县,始建于唐贞观十年(636年),辽统和二年(984年)重建,为我国现存三大辽代寺院之一。独乐寺山门是我国现存最早的庑殿顶山门,五脊四坡形屋顶。主体建筑观音阁通高23米,是我国最古老的木结构楼阁式建筑。阁内的十一面观音塑像造型生动,高16.08米,是我国现存最高大、最古老的彩色泥塑之一。两侧的胁侍菩萨为辽代彩塑珍品,四壁画有十六罗汉立像和三头六臂明王像,为明代画师之作。寺南有千年白塔,造型别致。

(5)盘山

位于蓟县西北12千米处,国家5A级景区。盘山为燕山余脉,花岗岩山体,平均海拔500余米,雄踞于北京之东,故有“京东第一山”之誉。盘山集幽林、古洞、奇峰、秀水于一身,景色以“五峰”“八石”“三盘”著称。历史上盘山曾建有72座寺庙和13座玲珑宝塔以及一座皇家园林——静寄山庄,唐代以“东五台山”著称于佛界。

(6)黄崖关长城

位于蓟县城北28千米处,为蓟北雄关。始建于北齐天宝七年(556年),明代包砖大修,增设敌台20座。该段长城东有悬崖为屏,西以峭壁为依,陡峭险峻,关城塞堡,敌台水关,应有尽有,形成了完整的军事防御体系。关城由正关、水关、东西稍城和墩台组成。水关是一座桥洞式建筑,上置雉堞,下修拱形水洞,是万里长城中唯一水关。关城内的八卦城建于明朝,设三关九门,按伏羲八卦图的卦形构建街道网络,被称为“八卦迷魂阵”。

(7)大沽口炮台

位于塘沽区海河与渤海的交汇处,是外接深海、内系海口的海门古塞。始建于明代后期,清咸丰八年(1858年)重修,原有大炮台5座,现存炮台遗址3座,以威、镇、海三字命名。中国军民曾在此多次抗击外国侵略者,是近代中华民族抵御帝国主义列强侵略战争的重要历史遗址。

6.3.3 河北省

6.3.3.1 概况

河北省简称冀,因位于黄河以北而得名。其东临渤海,西枕太行,北接内蒙古高原,南向华北平原,是全国唯一兼有海滨、平原、湖泊、丘陵、山地、高原的省份。多样的地貌造就了其多姿多彩、类型齐全的自然旅游资源,现有世界地质公园1处,国家级风景名胜区10处,国家级森林公园26处,国家级自然保护区13处。其中北戴河是我国著名的四大避暑胜地之一;赞皇嶂石岩有世界上最大的天然回音壁;白洋淀湖泽遍布,物产丰富,是华北地区最大的淡水湖泊;井陉县苍岩山的桥楼殿为全国三大悬空建筑之一;大滩草原是距北京最近的天然草原,号称“京北第一草原”;木兰围场是著名的清代皇家猎场。河北省环抱京津,是京城通往外地的门户,自古为畿辅重地,地理位置优越。古为冀州、幽州地,战国时地属燕国和赵国,故有“燕赵”之称,元、明、清三朝为京师的畿辅之地。悠久的历史使河北省成为我国文物大省,文物古迹众多,有长城(含山海关、紫荆关等)、承德避暑山庄及周围寺庙、明清皇家陵寝(清东陵、清西陵)、中国大运河(河北境内)等世界文化遗产4处;邯郸、承德、保定、正定、山海关等国家历史文化名城5座,国家重点文物保护单位88处,居全国第三位。璀璨的历史文化与秀美的湖光山色交相辉映,构成了独具特色的燕赵旅游百花园。近年来,河北省依托区位和资源优势,在构建京津冀旅游大格局中,全面叫响“京畿福地·乐享河北”旅游品牌,全面加快环京津休闲旅游产业带建设,旅游业正成为河北省战略性支柱产业和转型发展新的重要经济支撑。

6.3.3.2 主要旅游区点

(1)清西陵

位于保定市易县永宁山下,是中国现存最完整、距今最近、保存最原始、集清代皇家建筑之大成的帝王陵墓群。始建于1730年,历时185年修建的占地800多平方千米的14座陵寝中,葬有4位皇帝、9位皇后、57位妃嫔、2位王爷、2位公主、6位阿哥,共计80

人。陵区内古松参天，四季常青，千余间宫殿建筑和百余座古建筑、古雕刻，从不同侧面展示了18世纪至20世纪初期中国陵寝建筑艺术风格及皇家宗教信仰的重大发展。

（2）清东陵

位于遵化市西北昌瑞山南麓，占地78平方千米，是我国现存规模最大、体系最完整的清代皇家陵寝建筑群。始建于1661年，营建时间达272年。有帝陵5座，后陵5座，妃园寝5座，公主陵1座，共长眠着161位清朝帝、后、妃及皇子公主们。整个陵区以孝陵为中心，其他诸陵依山势在东西两侧略呈扇形排列开来，主次分明，尊卑有序。各陵园均由宫墙、隆恩殿、配殿、方城明楼及宝顶等建筑构成。长6 000米的孝陵主神路由陵区最南端的石牌坊向北一直到孝陵宝顶，构成了陵区的中轴线。清东陵规模宏大，建筑精美，被誉为“石雕艺术宝库”和“地下佛堂”的裕陵地宫，采用珍贵的黄花梨木建成并用黄金装饰的慈禧陵三大殿，以及“凤在上龙在下”的丹陛石等，都是中国古代陵寝建筑的典范之作。

（3）北戴河

位于秦皇岛市西南15千米处，背靠联峰山，面朝渤海，夏无酷暑，冬无严寒，气候宜人，是我国四大避暑胜地之一。清光绪二十四年（1898年），清政府将其辟为“各国人士避暑地”，成为我国开发最早的海滨度假区。海滨避暑区，西起戴河口，东至鹰角亭，长约10千米，海岸曲折坦缓，海水清澈，沙软潮平，是天然的海水浴场。附近有鹰角石、鸽子窝、老虎石、联峰山、金山嘴等风景名胜，是赏日出、看海潮、观候鸟的理想场所。

（4）山海关

位于秦皇岛市东北15千米处，是明代万里长城东部的一个重要关隘，有“天下第一关”之称。关城平面呈方形，防御体系完整，城墙土筑砖包，高14米，厚7米，东西南北各设城门一座，门上都筑有城楼，东西城门外建瓮城，城中心建钟鼓楼，城外有护城河。东门镇远楼最为壮观，上下两层，高达12米，歇山重檐顶，上悬“天下第一关”匾额，笔画遒劲雄厚，与城楼规制浑然一体。位于关城南4 000米的老龙头，是明代万里长城的东起点，有明代蓟镇总兵戚继光所建入海石城。附近还有孟姜女庙等胜迹。

（5）承德避暑山庄及外八庙

位于承德市北部，又名热河行宫，是清代皇帝夏天避暑和处理政务的场所。始建于1703年，历经清康熙、雍正、乾隆三代皇帝，耗时约90年建成。避暑山庄是中国现存占地最大的古代帝王宫苑。整个山庄分宫殿区、湖泊区、平原区、山峦区四大部分。山庄整体布局因山就势，分区明确，景色丰富，一百余处建筑和康乾七十二景错落有致散布其中，实现了宫与苑形式上的完美结合和理朝听政与游息娱乐功能上的高度统一，是帝王宫范体系中的典范之作。分布在避暑山庄东北面山麓的台地上的外八庙，面积达40多万平方米，原有寺庙12座，因其中的8座由清政府直接管理，故被称为“外八庙”。12座寺庙建筑风格各异，有藏式、汉式和汉藏结合式三种。其中普宁寺融汉藏建筑风格为一体，内供奉有世界上最大的木制佛像千手千眼观世音菩萨。普陀宗乘之庙是最大的一处，仿西藏布达拉宫形制而建，有大小建筑60多处，被称为“小布达拉宫”。

（6）赵州桥

位于石家庄市赵县洨河上，又名安济桥，与北京的卢沟桥、福建的洛阳桥和广东的广济桥并称为中国四大古桥。建于隋大业(605—618 年)年间,由李春设计建造,距今已有 1 400年的历史。桥全长 50.82 米,宽 9.6 米,跨度 37.37 米,是当今世界上跨度最大、建造最早的单孔敞肩型石拱桥。敞肩拱的设计不仅美观,节省石料,而且能减少水流阻力,加速排洪,在建桥史上是个创举。

(7)嶂石岩

位于石家庄市赞皇县境内,面积 120 平方千米,以丹崖、碧岭、奇峰、幽谷著称。景区内丹崖长墙,横贯天际;万丈红崚,绿栈镶嵌;Ω 形嶂谷,连环成套;回音弧壁,天工巧成;塔柱石峰,棱角鲜明;垂直岩缝,形如刀切,形成了“三栈牵九套,四屏藏八景”的景观格局。其独特的嶂石岩地貌与丹霞地貌、张家界地貌并称为中国三大砂岩地貌。景区中部的回音壁高 110 米,弧长 300 余米,弧度 255 度,是全世界最大的天然回音壁。

(8)苍岩山

位于石家庄市井陉县境内,为太行山支脉,以一奇、三绝、十六景、七十二景观著称,自古有“五岳奇秀揽一山,太行群峰唯苍岩”之誉。这里怪石嶙峋,危崖俏丽,檀林如海,古柏千姿百态,山中建筑依山就势,景色如画。千年古刹福庆寺相传为隋炀帝之女南阳公主出家为尼修行之所。其主体建筑桥楼殿凌建于百仞峭壁之上,桥上建楼,楼内建殿,结构巧妙,是我国三大悬空建筑之一。

本章小结

京都古迹、海滨休闲旅游区地处京畿要地,是全国的政治、经济、文化、交通和国际交流中心,经济发达,交通便利,旅游接待设施完备,是我国旅游活动兴起和发展最早的地区之一,也是我国长盛不衰的旅游区之一。其历史悠久,燕赵文化独特,历史文化风貌与现代都市风情并存,拥有众多世界绝无仅有的人文旅游资源及以山海为主的自然旅游资源,不仅是接纳国内游客最多的地区,也是国际访华游人的热点,全国重要的旅游创汇基地之一。作为我国最早进行区域旅游合作的地区,整体实力较强,但区内旅游业发展差异明显,今后应依托京津冀协同发展大战略布局,着力推进京津冀旅游“四个一体化”进程,推动京津冀协同发展旅游示范区建设,使其成为三地共建旅游大格局的新标杆。

案例分析

2017 年 10 月 28 日,来自环渤海地区的 9 个省区市和全国 10 个热点旅游城市的代表齐聚北京,参加第九届“9+10”区域旅游合作会议。在本次会议上,“9+10”区域旅游合作成员单位的代表就在新的时代赋予旅游业新定位、新要求、新任务的大背景下,如何充分发挥“9+10”区域旅游合作机制作用,如何进一步强化旅游部门在推进“五位一体”建设中的职能作用进行了深入广泛的探讨。会议研究通过了《第九届“9+10”区域旅游合作会议北京共识》。“9+10”区域旅游合作机制自 2008 年诞生起,在各成员单位的共同努力下,取得了“加强联合、资源共享、优势互补、互利共赢”的合作成果,共同参加全国多个旅游合作组织并开展了卓有成效的工作,相互支持参与双边和多边的旅游活动,为“9+10”区域旅游合作与发展奠定了基础。

请分析:环渤海区域旅游合作的优势和前景。

自我检测题

一、填空题

1. ____________、____________、福建的洛阳桥和广东的广济桥并称为中国四大古桥。

2. ____________是世界上现存规模最大,保存最完整的古代宫殿建筑群。

3. ________________与丹霞地貌、张家界地貌并称为中国三大砂岩地貌。

4. ______________、______________与苏州的拙政园、留园并称为中国四大名园。

5. __________是华北地区唯一以溶岩峰林、峰丛、河谷地貌为特色的自然风景区。

二、问答题

1. 简述京都古迹、海滨休闲旅游区旅游地理环境及旅游资源的特征。

2. 本区旅游业发展现状如何?并分析本区旅游业发展的前景和方向。

3. 北京、天津、河北各有哪些主要旅游区点?

三、导游证考试知识点

1. 判断题

(1)北京故宫是世界上现存规模最大、保存最为完整的木质结构古建筑之一。 (　　)

(2)北海白塔位于北京北海公园琼华岛上,建于清初顺治八年(1651年),是一座藏式喇嘛塔。 (　　)

(3)天坛始建于明永乐十八年(1420年),为明代帝王祭祀皇天、祈五谷丰登的场所。 (　　)

(4)承德避暑山庄是中国园林史上一个辉煌的里程碑,享有“中国地理形貌之缩影”和“中国古典园林之最高范例”的盛誉。 (　　)

(5)河北赵州桥又名安济桥,是世界现存最完整的石拱桥,开创了“敞肩拱”设计在桥梁建造中的运用。 (　　)

2. 单项选择题

(1)我国保存最完整的皇家行宫御苑,被誉为“皇家园林博物馆”是(　　)。

A. 承德避暑山庄　　B. 颐和园　　C. 圆明园　　D. 拙政园

(2)唐乾陵、明十三陵、秦始皇陵的陵墓样式分别是(　　)。

A. 方上、宝城宝顶、以山为陵　　B. 以山为陵、宝城宝顶、方上

C. 以山为陵、方上、宝城宝顶　　D. 宝城宝顶、以山为陵、方上

(3)有“天下第一关”“边郡之咽喉,京师之保障”之称是的(　　)。

A. 居庸关　　B. 山海关　　C. 嘉峪关　　D. 雁门关

(4)北京颐和园、苏州拙政园、承德避暑山庄分别属于(　　)园林。

A. 私家、皇家、皇家　　B. 皇家、私家、皇家

C. 私家、私家、皇家　　D. 皇家、皇家、私家

3. 多项选择题

(1)下列选项中,属于世界五大宫的有(　　)。

A. 中国北京故宫　　B. 法国凡尔赛宫　　C. 英国白金汉宫

D. 美国白宫　　E. 俄罗斯克里姆林宫

(2)下列选项中,有"中国古代四大名桥"之称的有(　　)。

A. 广东广济桥　　B. 北京卢沟桥　　C. 河北赵州桥

D. 福建洛阳桥　　E. 四川安澜索桥

(3)下列帝陵中,采取"宝城宝顶"建制的有(　　)。

A. 明十三陵　　B. 秦始皇陵　　C. 清西陵

D. 清东陵　　E. 唐乾陵

(4)我国四大避暑胜地包括(　　)。

A. 河北北戴河　　B. 河北承德　　C. 河南鸡公山

D. 江西庐山　　E. 浙江莫干山

实训题

1. 请为本区设计一条"世界遗产之旅"的专题旅游线路。

2. 请为本区设计一条"皇家建筑精华游"的专题旅游线路。

3. 你认为本区为何会成为我国长盛不衰的旅游热区?

7

林海雪原，关东风韵——东北旅游区

教学目标

认识本旅游区的旅游地理环境概况和旅游业发展状况；了解各旅游亚区一般旅游景点的概况学习目标；学习并掌握各旅游地及旅游线的重点旅游景区概况。通过学习本章内容，能针对各个省区的旅游资源设计精品旅游线路，为线路和旅游产品的更新做出努力。能够在新形势下对各区旅游发展做出简单的规划方案，对景区景点发展提出自己的见解。

导入案例

哈尔滨冰雪节是中国历史上的第一个以冰雪活动为内容的节日，每年1月5日在哈尔滨市举行，自1985年1月5日创办以来，至2018年已举办了34届。智慧、勤劳、勇敢的哈尔滨人化严寒为艺术、赋冰雪以生命，将千里冰封、万里雪飘的北国冬天，创造成融文化、体育、旅游、经贸、科技等多领域活动为一体的黄金季节，成为世界著名的冰雪盛会。经地方立法，1月5日已成为哈尔滨人的盛大节日。中国哈尔滨国际冰雪节与日本札幌雪节、加拿大魁北克冬季狂欢节和挪威滑雪节并称世界四大冰雪节。哈尔滨冰雪节一般恰好赶在元宵节前后进行。这时，立春已过，华南大地已春意盎然，而哈尔滨依然寒风凛冽，雪花飞舞，原野上一片银妆素裹。二者的反差鲜明，因此是举行冰灯游园活动和进行冰雕比赛的最好季节。冰雪节上美轮美奂的冰雕艺术品年年出新，令人流连忘返。

一年一度的哈尔滨冰灯游园会，已成为冰灯艺术的荟萃地，气魄宏伟、景象迷人。冰灯艺术年年翻新，是“永不重复的童话”。

本区包括辽宁、吉林、黑龙江三省，位于中国东北边陲，北自中俄界河黑龙江，南至辽东半岛，西起大兴安岭，东抵中朝边境长白山。总面积为78.73万平方千米。本区自然旅游资源丰富，特色鲜明，旅游业发展潜力很大。

7.1 旅游地理环境

7.1.1 自然地理环境

7.1.1.1 林海雪原广布，火山地貌集中

在这片神奇的土地上，有大面积的原始森林，如连绵起伏的大兴安岭、小兴安岭、张广才岭、完达山、老爷岭、长白山等森林资源，是我国最大的林区。冬季茫茫森林、千里冰封，万里雪飘的景色，构成了林海雪原的独特景观；夏季森林茂密，鸟语花香，避暑纳凉，生态旅游潜力巨大。同时，茂密的植被，是以野生动物生长繁殖，珍贵禽兽多，有计划地开展狩猎活动，可以充分利用和保护野生动物资源。本区已建立多处自然保护区，如长白山自然保护区（吉林）、丰林自然保护区（黑龙江伊春）、医巫闾山自然保护区（辽宁义县）、庄河仙人洞自然保护区（辽宁庄河）、七星砬子自然保护区（黑龙江桦南）、凤凰山自然保护区（辽宁凤城），等等。其中长白山自然保护区伊春丰林自然保护区（红松母林）已被联合国教科文组织列为世界生物保护圈网络成员。

本区是我国火山集中的区域，火山熔岩地貌类型丰富，数量多，分布广，共有230多座火山，组成约20个火山群，主要集中于吉林、黑龙江两省，形成独特的火山地貌奇观。与火山活动有成因联系的碳酸矿泉是世界三大冷泉之一。现已开发利用的主要有五大连池、镜泊湖、长白山天池等。其中五大连池被誉为“火山地貌博物馆”，1980年建设成为我国第一个火山自然保护区，并于2004年7月成为我国首批国家地质公园。

7.1.1.2 独特的寒冷季风气候

本区处在北温带及寒带区，冬季寒冷而漫长，且常伴有南部海洋气流影响，形成多雪的湿润气候，降雪量大，积雪期长，最吸引人的莫过于众多的冰雪娱乐场所，已成为本区最宝贵的气候旅游资源。游人可以自行选择适合自己的滑冰、滑雪、冬泳、冰帆等冰雪项目。目前，一些高等级的滑雪场享誉国内外，如黑龙江亚布力、桃山、玉泉、长白山冰雪基地等。哈尔滨每年1月5日举办的国际冰雪节，吸引着八方游客。本区夏季气候凉爽宜人，是极理想的避暑胜地。海滨度假、水上漂流、森林之旅等一系列消暑旅游项目，使得该区成为真正的“清凉世界”。

7.1.1.3 广阔的黑土地大平原、大湿地

世界地理版图上只有三处是黑土地，其中之一就是我国的东北平原。广袤的松嫩平原、三江平原是全国著名的平原地带。新中国成立以来，国家在此建了很多大型现代化农场，这些农场是很好的现代农业生态观光项目，是开发农业旅游的重要区域。

我国有三大湿地，即三江平原沼泽湿地，长江中下游湿地，珠江下游湿地。三江平原沼泽湿地面积居于全国首位，相对集中成片的有乌裕尔河沼泽湿地、三江平原沼泽湿地

和松阿察河沼泽湿地。其中最具生态观赏价值、最有名望的是乌裕尔河流域的扎龙自然保护区，总面积21万公顷，为全国最大的湿地，有各种鸟类296种，被誉为“鸟的天堂”“丹顶鹤的故乡”。

7.1.1.4 迤逦的海滨风光

辽宁南部濒临黄海、渤海，海岸线绵延2 100多千米，山、海、岛、礁、海滩浑然天成，形成多种特色的海滨景观。现已开发多处海滨风景名胜区，如大连、丹东、锦州、营口、盘锦、葫芦岛等，是夏季休闲、度假、赏景的理想避暑胜地。

7.1.2 人文地理环境

7.1.2.1 历史古迹遍布

本区不同历史时期的文物古迹众多，且富有民族风格和地方特色，其中规模较大的如吉林省集安市的高句丽（公元前37—公元668年）古建筑，古墓群和壁画，是国家重点文物保护单位，2004年7月正式定为世界文化遗产；黑龙江宁安市上京龙泉府遗址，也是国家级文物保护单位，为渤海国遗址；黑龙江阿城的上京会宁府遗址是金代前期的都城，历经四帝，38年。如今断墙残壁依稀可见；保存最为完好的是清朝入关前的沈阳故宫，是不可多得的我国古代皇家宫殿建筑群，于2004年7月被列入世界文化遗产。

7.1.2.2 欧式建筑星罗棋布

欧式建筑是本区独有的城市风貌。由于近代沙俄、日本帝国主义列强的入侵，给我国人民带来了灾难，同时也留下了其独特的建筑风格。伴随着中东铁路的修建，哈尔滨成为沙俄的统治基地，从城市规划到城市建设都采用俄罗斯的风格进行，同时又吸收当时先进的西方建筑艺术特色，因而形成哈尔滨的“东方小巴黎”“东方莫斯科”之称。现在哈尔滨市保存下来的早期建筑达500多处，一座座哥特式、巴洛克式、拜占庭式、折中主义、新艺术运动和后现代主义等各种风格的建筑，像一个个凝固的音符。有欧洲中世纪的浪漫，有中国古典的典雅，有现代的奔放，构成了哈尔滨特有的中西合璧的城市风貌。吉林长春市内的伪满洲国皇宫，是日本帝国主义侵略中国的物证，是中日合璧的建筑物。另外集中于大连市中山广场附近的日式底层庭院式住宅区，都是最生动的历史文化记录和历史发展的见证。

7.1.2.3 特有的游牧渔猎文化

本区除满、蒙、回、朝鲜族外，还生活着人口很少的鄂伦春、鄂温克、达斡尔、赫哲族等。鄂伦春、鄂温克民族长期生活在大兴安岭森林中，以游牧狩猎为生，赫哲族人主要聚居在黑龙江、松花江、乌苏里江，以渔猎为主。由于地理环境、社会环境、生产活动的不同，使得这些民族形成了其独具特色的信仰和风俗，为本区增添了独特的民族文化旅游资源。

7.2 旅游业概况

本区既有壮丽的山川又有悠久的历史和灿烂的文化,既有丰富多彩的民族风情又有丰富的物产。这为本区旅游业的发展打下了一个坚实的基础。特别是北国风光、冰雪世界、火山地貌、岩溶奇观以及丰富的森林资源,造就了本区独特的自然风光。本区的旅游业以辽宁省较为发达,主要是大连和沈阳,另一个较为发达的地区是哈尔滨。

本区由于气候的原因,旅游的淡旺季差别较大。因此开展冬季文体活动应尽量减少淡旺季的差别。近年来,本区的旅游业依托丰富的自然和人文旅游资源,已逐渐形成了以绿色生态、冰雪雾凇、民俗风情、会展节庆、历史遗迹、边境风光和观光农业为特色的一大批经典旅游产品,这为本区旅游业的可持续发展和腾飞插上了翅膀。

随着本区旅游业的整体发展水平和规模的提高,旅游设施的进一步完善,旅游资源的优化和旅游新产品的进一步成熟,配合多方位的旅游宣传工作,本区将会成为我国旅游新的热点地区。

7.3 主要旅游区介绍

7.3.1 黑龙江省

黑龙江,简称黑,位于我国版图的最北端,是纬度最高、气温最低的边疆省份。这里以前被称作“北大荒”,而如今,已有了很大的变化。有关黑龙江,还有一个古老的传说,很久以前,江里盘踞着一条白龙,经常兴风作浪,使江水泛滥,田野荒芜,以致东北人烟稀少。当时有户人家生下了一个带黑龙尾的孩子,认定他是怪物,就赶走了孩子。在江边,孩子遇上了一个孤独的老人,便与他同住。渐渐的,孩子长大了,知道江边有白龙作怪的事,便主动要求去降伏白龙,经过几个昼夜的苦战,终于战胜了白龙,人们为了感谢黑龙尾的孩子,便将这条江叫作黑龙江。

全省属温带大陆性气候,冬季冰雪资源丰富,是中国冰雪运动的故乡,亚布力是中国开展竞技滑雪和旅游滑雪的最佳场所。境内群山连绵,林海绿涛,充满大自然的奇光异彩。有沃野千里的松嫩平原;有气势磅礴的黑龙江、乌苏里江、松花江、嫩江水域;有风景秀丽的镜泊湖、五大连池;还有绿草如茵的天然牧场,这些无不勾勒出一幅幅绚丽的画卷。黑龙江作为国际界河闻名于世,是中国第三大河。黑龙江流域自古就是中国满族祖先劳动生息繁衍的地方。全省有满、赫哲、鄂伦春、鄂温克等少数民族46个,形成了各具特色的民俗风情。本区以大冰雪、大森林、大湿地、大草原、大界江湖泊、大农业、漂流、狩猎和特殊地貌等生态旅游产品为主打,北方都市风光、少数民族风情、边界风光等特色旅游产品为辅。原始、粗犷、神奇,正是大自然的鬼斧神工造就了壮美的黑龙江风情。

7.3.1.1 主要旅游景区、景点

黑龙江的冬季冰雪资源丰富,既可以欣赏旅游名城,又可以体验大自然的鬼斧神工。在这里,能深深体会到冰雪、森林、海洋之美。

(1)哈尔滨

"哈尔滨"乃是满语"晒网场"的意思,是一座风情独特的北方旅游名城。哈尔滨北衔小兴安岭,中跨松花江两岸,素有"天鹅项下的珍珠"之美誉。

哈尔滨是一个有特殊风格的城市,旅游资源丰富,产品特色突出。冰雪文化、异域文化、森林文化、金源文化、民俗文化是哈尔滨借资源特色打出的五张文化旅游牌。哈尔滨的旅游资源冬夏各具特色,许多是垄断性的资源。国际公认的三大旅游资源:冰雪、森林与海洋。哈尔滨占有两项,是国内其他旅游城市无法比拟的。哈尔滨先后被国务院批准为历史文化名城,被评为全国卫生城市和首批中国优秀旅游城市,并正向着东北亚重要经贸城、音乐名城和国际旅游名城的目标迈进。哈尔滨有中国的第一个滑雪场、第一座电影院、第一列旅游列车,有以中央大街步行街、圣·索菲亚教堂、果戈里大街为显著标志的异国风情和以太阳岛、防洪纪念塔为代表的美丽的城市风光。

(2)圣·索菲亚教堂

圣·索菲亚教堂是一座典型的巴洛克建筑,始建于清光绪三十三年(1907 年),1923 年再次重建,于 1932 年建成。这座砖石结构的大教堂最初为哈尔滨东正教神学院。它的设计者是俄国建筑师科亚西克夫。教堂平面为不等臂的"十"字形。能容纳 2 000 人的大殿由巨大的穹顶所覆盖,在中央构成特殊的球形,形成大而丰富的室内空间,圆顶伸出屋面呈八面体的大柱墩,每面各开一高侧窗,形成"洋葱头"式穹顶和"帐篷顶"。教堂装饰十分精美,罗马风格的连续拱券,方圆形壁柱,火焰形尖券等既有雄浑壮阔的外貌,又有华丽多彩的细部。碧蓝的晴空下,白云映衬着古红色的砖墙,墨绿色的穹顶,呈现出庄严肃穆的姿容。教堂已被列为哈尔滨市一类保护建筑,构成了哈尔滨独具异国情调的人文景观和城市风情。

(3)太阳岛

太阳岛是松花江的一个沙洲,坐落在松花江北岸,是哈尔滨市主要的风景区和旅游胜地。全岛面积 12.6 平方千米。岛上满植花草树木,亭亭如盖,景色优美,空气清新,一幢幢别致幽雅的亭台楼阁,掩映于绿树丛中,显得格外美丽迷人。太阳岛的标识,是江边一块刻上"太阳岛"三字的石碑,石碑右侧有一个江滨浴场,场内江水清洁,风平浪静,是理想的游泳场所。

(4)五营区国家级森林公园

五营区国家级森林公园位于五营区丽林经营所北 8 千米处,占地面积 141 平方千米。这一带的林区经过几千年的自然演替,形成了以红松为主的针阔叶混交林的顶极群落,是国家最大红松天然林自然保护区,是驰名国内外的森林生态游览胜地,2002 年被国家旅游局批准为国家 4A 级旅游景区。公园内的主要景点有松乡桥、观涛塔、虎啸山、天赐湖、杜鹃园、绿野仙居、森林小火车、森林浴场、苗圃生态园等。

(5)雪乡

雪乡位于牡丹江市大海林林业局境内、张广才岭中段,有两座1 700多米的高峰,两山山顶终年积雪不化,年积雪期长达7个月,积雪最厚处近两米。由于这里地形独特,窝风朝阳,每年冬季,皑皑的白雪在负力的作用下,随物具形,千姿百态,雪乡双峰成了一个冰雕玉琢的童话世界。

(6)扎龙自然保护区

扎龙自然保护区位于乌裕尔河下游,西北距齐齐哈尔30千米。这里,主要保护对象是丹顶鹤及其他野生珍禽,被誉为鸟和水禽的"天然乐园"。扎龙自然保护区占地4万平方千米,河道纵横,湖泊沼泽星罗棋布,湿地生态保持良好。每年四五月或八九月,约有二三百种野生珍禽云集于此,遮天蔽地,蔚为壮观,是游览此区的最佳季节。扎龙自然保护区以鹤著称于世,全世界共有15种鹤,此区即占有6种,它们是丹顶鹤、白头鹤、白枕鹤、蓑羽鹤、白鹤和灰鹤。丹顶鹤又称仙鹤,是十分珍贵的名禽,此区现有500多只,约占全世界丹顶鹤总数的四分之一,所以,称此区是丹顶鹤的故乡也不为过。

此区的野生珍禽,除鹤以外,还有大天鹅、小天鹅、大白鹭、草鹭、白鹳等,真可谓野生珍禽的王国。

(7)小兴安岭第一漂

位于金山屯区境内的大丰河,全长80千米,平均宽度30米,水深1~1.5米,河水纯净,清澈见底,河床由细沙和鹅卵石组成,赤脚站在滩上如同按摩一般。这里是伊春最早开发漂流旅游项目的地区,在省内外知名度很高,有"小兴安岭第一漂"之称,每年夏季慕名而来的漂流旅游爱好者络绎不绝。

(8)亚布力滑雪旅游度假区

亚布力滑雪旅游度假区位于黑龙江省尚志市境内,哈尔滨以东195千米处,属长白山脉的张广才岭地区。该区地势由东向西北倾斜,多丘陵,气温属温带大陆性气候,四季分明,温差大。亚布力即俄语"果木园"之意,清朝时期曾是满清贵族的狩猎场所。

亚布力雪山山高林密,雪质优良,硬度适中,拥有全国最长、坡度最险、体验最刺激雪道。滑雪场具有良好的自然条件,群山环抱,林密雪原,景色壮观。这里的极端最低气温是-44 ℃,平均气温-10 ℃,积雪期为170天,滑雪期近150天,每年的11月中旬至次年3月下旬是这里的最佳滑雪期。历经20年的发展,亚布力滑雪旅游景区拥有滑雪道46条,总长度88.8千米;索道25条,总长度18.9千米,最长单条雪道长5千米,最长高山滑道2 680米,高山竞技雪道最大落差900米,休闲旅游雪道最大落差600米。2014年新建、扩建中级雪道10条,总长度8 800米;新建索道2条、总长度为2 859米,完成"三山联网、雪道相通、缆车相连、滑雪计价一卡通",实现一卡在手、滑遍三山所有雪道梦想。

亚布力滑雪场的设施非常完善,从1983年到2015年,这里曾成功举办过8届国际国内赛事,有初、中、高级滑雪道,它的高山滑雪道是亚洲最长的。滑雪场内还有长达5千米的环形越野雪道及雪地摩托、雪橇专用道,设有4条吊椅索道、7条拖牵索道及2条提把式索道。雪场还拥有多台造雪机、压雪机、雪上摩托车等现代滑雪场机械设备;雪道设有多条吊椅式和牵引索道,滑雪者可以从任何一处乘索道,不需要脱掉雪板,滑遍场内全部雪道。

(9)五大连池

五大连池世界地质公园位于中国黑龙江省的中北部，地处小兴安岭山地向松嫩平原的转换地带，总面积1 060平方千米。在亿万年华西期白垩纪远古地貌上，曾在200多万年到280年前相继喷发形成了井字形排列的14座层状火山和28座盾形火山高低错落、姿态迥异。五个汐水相连串珠状湖泊与星罗棋布的泉、溪、池、河，是新期火山岩浆填塞了浩瀚的远古凹陷盆地湖乌德林池而形成，五大连池也因此而得名。这里的世界三大冷泉之一的天然矿泉享有神泉圣水的美誉，这里的异山秀水被誉为世界火山奇观。

"旷古绝作铸火山，罕世上善造神泉。熔岩腾飞化石海，万古酿就圣水传。"神奇的五大连池处于地球经向老构造和纬向新构造的交会处，地球两极挤压的特殊运动，在地质断裂带和地壳薄弱处给人类留下了保存最完整、分布最集中、品类最齐全、状貌最典型雄居于世、奇异珍贵的地质遗迹。这里有雄峻陡峭的山巅火口、波澜壮阔的翻花石海、造型奇绝的喷气锥碟、霜花似玉的熔岩冰洞、碧水一泓的天池胜景、云雾蒸腾的石龙温泊、鬼斧神工的龙门石寨、景色如画的堰塞湖泊，还有千姿百态的火山微地貌、远古大湿地和古火山原始森林。这里山奇、石怪、泉神、洞异、湖秀、林幽，被科学家称之为"打开的火山教科书""天然地质博物馆"，构成了多层次、多类型独具风韵的世界地质名胜。

得天独厚的地质资源又造就了举世罕见的六大自然理疗环境：高负氧离子含量的纯净空气；医疗保健作用的磁化矿化离子水；集康体、美容于一身的矿泉、矿泥洗疗区；太阳热能熔岩台地理疗场；规模宏大的火山全磁环境和矿泉系列健康食品，是人类最理想的休闲养生天堂

五大连池的人类历史源远流长，早在4000年前就有人类在这里活动，商周时期这里属肃慎族居地；秦汉时属乌桓地或汉岁地；三国时属北夫余地；隋唐时属黑水靺鞨部居住地……清代为布特哈总管衙门辖区的达斡尔人，被编入布特哈八旗。它的古老先民达斡尔、满、蒙、鄂伦春、鄂温克等各族人民创造了丰富的民俗文化，这里不仅有萨满、佛教、道教文化，而且还有浓郁关东风情的流民文化、屯垦、知青文化，神鹿的传说、黑龙白龙的故事随着五大连池的美誉流传大江南北，这里是北方龙文化的起源，是火山文化、矿泉文化的摇篮。游地质公园，饮天下名泉，观绝世奇景，听古老传说，走遍千山万水，这里独具奇观。

五大连池有黑龙山、白龙湖、龙门石寨、药泉山，水晶宫白龙洞、药泉、温泊、卧虎山，还有天池、灰鹤湿地、药泉古镇、龙门山多个不同类型的游览区，涉及三百多个景点景观。五大连池是集生态观光、休闲度假、康体养生、科考探险为一体的多功能、综合型国际旅游胜地。从开发建设至今已荣获世界地质公园、世界生物圈保护区两项世界级桂冠和国家重点风景名胜区、国家自然保护区、国家森林公园、国家自然遗产、中国旅游胜地四十佳、中国矿泉水之乡、最具潜力的中国十大风景名胜区等十二项国家级荣誉。这个神奇的世界地质公园，四季旅游产品和旅游资源丰富，不仅在地球发展史和生态科学及资源保护方面对人类有着重大意义，而且在地质美学和环境医学方面更具有独特的观赏和适用价值。

(10)镜泊湖

历史上称阿卜湖，又称阿卜隆湖，后改称呼尔金海，唐玄宗开元元年(713)称忽汗海，

明志始呼镜泊湖,清朝称为毕尔腾湖。今仍通称镜泊湖,意为清平如镜。

镜泊湖位于黑龙江省东南部张广才岭与老爷岭之间,即宁安市西南 50 千米处,距牡丹江市区 110 千米,它是大约一万年前,约在第四纪的中晚期火山爆发,玄武岩浆堵塞牡丹江道而形成的火山熔岩堰塞湖泊。湖深平均为 40 米,由南向北逐渐加深,最深处达 62 米,湖身纵长 50 千米,最宽处 9 千米,最窄处枯水期也有 300 米,全湖分为北湖、中湖、南湖和上湖四个湖区,总面积 90.3 平方千米。由西南至东北走向,蜿蜒曲折,呈"S"形,湖岸多港湾,湖中大小岛屿星罗棋布,而最著名的湖中八大景犹如八颗光彩照人的明珠镶嵌在这条飘在万绿丛中的缎带上。最著名的八大景是吊水楼瀑布、大孤山、小孤山、白石砬子、城墙砬子、珍珠门、道士山和老鸹砬子。镜泊湖原始天然,风韵奇秀。山重水复,曲径通幽。动人的传说,更为这北方的名湖增添了神奇的色彩。

7.3.2 吉林省

"吉林"是满语"沿江"的意思。省会长春市。位于中国东北地区的中部。南与辽宁省为邻,北与黑龙江省相接,西连内蒙古自治区,东与俄罗斯的沿海边区接壤,东南则隔图们江、鸭绿江与朝鲜民主主义人民共和国相望。全省土地面积 18.74 万平方千米。地势东南高、西北低。气候寒冷,冰雪资源丰富,松花江的雾凇,即冰雪树挂,是中国四大自然奇观之一。境内的一山(长白山)、三江(松花江、鸭绿江、图们江)勾画了景色瑰丽的图画,哺育了这块土地上的民族,创造了灿烂的民族文化。延边的朝鲜族民俗文化独具特色,歌舞自然天成,富有魅力。本区以长白山、松花湖、净月潭等风景区为主景;伪满皇宫、电影城、高句丽、边境风光、朝鲜族民俗风情为特色。

7.3.2.1 主要旅游景区、景点

欣赏长白山的优美环境,观人间绝境吉林雾凇,令人叹为观止,莫过于吉林长白山游:长白山—吉林雾凇线。

(1)长白山

位于吉林省东南边陲,在我国一侧的主峰是白云峰,海拔 2 691 米,是中国东北最高峰。长白山天池及其周围地区,是松花江、鸭绿江、图们江三江之源。天池水面海拔 2 189.7米,最深处达 373 米。长白山风光奇绝,它那完整的垂直景观和原始生态系统是典型的大自然综合体。长白山自然保护区,面积 2 150 平方千米,建于 1960 年,1980 年加入联合国教科文组织的世界生物圈保护网,保护区内自然条件多样,有森林、苔原、湖泊、温泉、瀑布,是中国温带森林生态系统最大的综合性自然保护区。

长白山天池火山是目前我国境内保存最为完整的新生代多成因复合火山,火山活动经历了造盾(2.77—1.203Ma 早更新世)、造锥(1.12—0.04Ma 中—晚更新世)和全新世喷发三个发展阶段。三个阶段岩浆成分从玄武质—粗面质—碱流质代表其演化过程。历史上长白山地区有过多次喷发的史料记载,1668 年和 1702 年两次天池火山喷发是可信的。通过火山地质学和精细的 14C 年代学研究,全新世以来天池火山至少有两次(公元 1199 年和约 5000 年前)大规模喷发。公元 1199—1201 年天池火山大喷发是全球近

2000年来最大的一次喷发事件，当时喷出的火山灰降落到远至日本海及日本北部。

1997年国家"九五"重点项目"中国若干近代若干活动火山的监测与研究"启动。中国地震局在长白山天池火山区开始了监测和研究工作。经过几年的研究，专家们认为，长白山是一个休眠的活火山，虽然休眠了300年，但世界上休眠数百年再次喷发的火山并不少见。地球物理探测表明，长白山天池下方有地壳岩浆存在的迹象，长白山天池具有再次喷发的危险，其喷发形式为爆炸式，由于天池20亿吨水的存在，使喷发具更大的破坏性。"九五"期间，中国地震局、吉林省地震局在长白山天池建立了火山监测站，包括数字地震监测台网、定点形变观测系统、GPS流动观测网、地球化学观测网。"九五"项目的实施结束了对天池火山不设防的局面。从目前的观测结果看，尚没有发现火山复苏的征兆，人们可放心地尽享大自然赐予长白山天池的丰富资源和优美环境。

（2）吉林雾凇

被誉为中国四大自然奇特景观（其他为桂林山水、长江三峡、云南石林）之一的吉林雾凇，被国内外游人誉为"人间绝景"。吉林雾凇俗称"树挂"。隆冬时节，当北方无数条江河匍伏在冰层下喘息时，唯独环绕吉林市区这段松花江水（约50千米）缓缓流淌。夜里，江水湿润，蒸腾的雾气遇寒冷的空气凝结于树上，渐渐形成了神奇、纯洁、瑰丽的冰花——雾凇。清早，当晨光揭开雾霭的纱缦时，十里长堤，松柳银装，玉树临风，雪光岚气，云蒸霞蔚。游人漫步江边，犹如仙境之中。

（3）松花湖

松花湖位于吉林市东南24千米处，横卧在松花江上，置身于群山环抱之中，为吉林省最大的湖泊。松花湖是1937年拦截松花江水，建设丰满水电站形成的大型人工湖泊。松花湖全长约200千米，面积550平方千米，平均水深20米，最深处为80米，最大蓄水量108亿立方米。

松花湖湖区狭长，湖汊众多，从空中俯瞰，如一串闪光的珍珠，又状如一条飞舞的蛟龙。它为崇山峻岭所环绕，湖区周围海拔1 000米以上的高山有几十座。湖宽处烟波浩渺，一碧万顷；湖窄处巨岩夹峙，山影如墨，如山水长卷般怡静舒展。

松花湖风景区面积有1 000余平方千米，是个集游览、观光、疗养、度假以及游泳、划船、狩猎、冰上运动等多功能的风景旅游胜地。这里奇峰林立，峭崖嵯峨，湖水迤俪，林木苍翠，风光秀美，景色迷人。古人誉之"有黄山之奇，漓江之秀"，今人亦有"水明三峡少，林秀西子无"的赞语。人们誉之为"北国山水胜境"。

7.3.2.2 旅游节庆和土特产

吉林省主要节庆活动有：长春电影节（每两年举行一次，8月中下旬）、长白山冰雪旅游节（每年1月）、吉林市国际雾凇冰雪节（每年1月）、通化人参节（不定）、长春汽车博览会（不定，一般在七八月份）、查干湖蒙古族民俗旅游节（每年6月）等。

土特产有：野山参、鹿茸、黑木耳、蛤蟆油、蕨菜、灵芝等山珍。

7.3.3 辽宁省

辽宁省（简称辽），省会沈阳市。位于我国东北地区的南部，东南与朝鲜为邻，依山傍河,邻原濒海,丘陵逶迤,平原坦荡,大陆架开阔,岛屿星罗,气候温润,资源丰富,自然环境十分优越。东北与吉林省、西南与河北省、西北与内蒙古自治区交界。全省面积14.57万平方千米。拥有30多个民族,满族人口较多,形成了各具特色的民俗文化。辽宁是满族的发祥地,也是清王朝开国发迹的地方。本区精品旅游为:古都古迹(沈阳故宫、清北陵等),山水风光(千山、凤凰山、本溪水洞),海滨度假(大连、兴城、葫芦岛等)。

7.3.3.1 主要旅游景区、景点

辽宁有全国著名的历史文化名城和首批中国优秀旅游城市,昭陵—千山风景名胜区—千山温泉—大连老虎滩—大连星海广场—极地馆旅游线路既能看到古建筑,也能看到大连的风采,还能享受千山温泉,是休闲旅游的最佳选择。金石高尔夫基地—玉佛苑—沈阳夏宫—沈阳怪坡—老铁山—蛇岛线则以玉佛苑独具魅力的人文景观及艺术感染力,吸引了大批海内外游人前来参观瞻仰。不仅能看到堪称"华夏一绝"的沈阳怪坡,体验一下高尔夫球的刺激,如果不怕蛇的话,还可以在大连参观蛇岛。

(1)昭陵

位于沈阳市区北郊,又称北陵,是清王朝入关前在当时的发祥地燕京(今辽宁)留下的三个陵寝之一,是清太宗皇太极与皇后博尔济吉特氏的陵墓,占地达450万平方米,是中国保存最完好的古陵墓之一。北陵分三部分:从下马碑到大红门,从大红门到方城,以及从方城到宝城。方城是陵园的主体建筑,将满、汉、蒙三个民族的建筑艺术巧妙结合,反映了我国古代各民族在文化艺术上水乳交融,共为一体。陵园是皇权的象征,为了不破坏"风水",修建时砖瓦木石都要从外地运来。据考,砖瓦来自海城,石料来自河北,而那个重达5万公斤的"神功圣德碑"是从千里迢迢的顺天府,沿路浇水铺冰路运来的。北陵建筑物多,雕刻美,气势宏伟,吸引着越来越多的游人。

(2)千山风景名胜区

千山,古称积翠山,又名千华山、千顶山、千朵莲花山。素有"东北明珠"之誉。20世纪60年代,千山被确定为全国十大名山之一,20世纪80年代,被列为国家首批重点风景名胜区。

千山位于鞍山东南17千米处,总面积为125平方千米,其中规划面积为72平方千米,保护地带面积为53平方千米,最高峰仙人台海拔708.3米。奇峰、怪石、苍松、梨花是千山的四大自然景观。

千山开发较早,自隋唐开始,山上就有建筑物,主要是寺庙。到辽、金时,寺庙建筑已具规模。明、清又相继兴建了不少寺庙,其中著名的有祖越寺、龙泉寺、大安寺、中会寺、香岩寺,称为五大禅林。千山寺庙建筑的特点是凭山建庙,山庙一体,山中有寺,寺外环山。五大禅林中最大的是龙泉寺,坐落在北沟中部丛林中,现存主要建筑有大雄宝殿、天王殿、韦驮殿、毗卢殿、龙王庙和藏经阁等17幢庙舍。寺四周松林掩映,景色清幽。除五大禅林外,全山现存寺庙尚有10多座,无量观规模最大。清康熙六年(1667年)建。观内有19幢建筑,周围有"聚仙台""葛公塔""八步紧""夹扁石""一步登天""天上天""罗汉洞""一线天"等景点。其中"夹扁石""一步登天"尤为引人入胜。

千山风景名胜区高度集中了自然景观、人文景观、宗教文化、地热资源和植被资源,

其规模、质量和文化含量在全国也是不多见的。

(3)千山温泉

位于鞍山市东南部，地处全国著名的旅游风景区——千山脚下，距鞍山市区 12 千米，鞍千公路纵贯全区。千山温泉出露于山间盆地，海拔高 85 米，水温 68 ℃，水化学类型主要为硫酸钠、硫酸碳酸钠类型，是医疗、健身的理想水质。千山温泉的形成与寒岭断裂有密切关系，应属深大断裂型。

(4)大连老虎滩

大连虎滩乐园坐落在国家级著名风景名胜区大连南部海滨风景区中部，包括北大桥、秀月山拉山、菱角湾、虎滩湾、占地 118 万平方米，有着 4 600 余米的曲折海岸线。它是在原老虎滩公园的基础上改建而成，是集游览、观赏、娱乐、科普、休闲和购物于一体的多功能综合型乐园、是大连重要的对外旅游窗口。虎雕广场是虎滩乐园内一处著名景点，广场总面积 15 700 余平方米，是在全国最大的花岗岩石雕——群虎雕塑的基础上修建而成，由 6 只下山猛虎组成。鸟语林座落在虎滩湾的西南侧，菱角湾北部的山谷里，占地4.5 万平方米，鸟语林的鸟笼占地 1.8 万平方米，是国内最大的半自然状态的人工鸟笼之一，园内有鸟禽 80 余种 2 000 余只。“虎滩三绝”之一，孔雀东南飞表演，属全国首例节目。水下世界位于虎滩乐园正门右侧 200 米处，占地 3 000 平方米，全长 220 米，是我国第二代水族馆的佼佼者，共展出近百种鱼。这里的美人鱼表演是“虎滩三绝”的第二绝。海洋动物馆位于虎滩乐园的东山脚下，占地 3 500 平方米，可容纳 1 500 人观看。其中的海狮表演是“虎滩三绝”的第三绝。跨海空中索道是引进奥地利索道先进技术，于 1989 年开始营运的我国第一条大型跨海游览索道。全长 600 米，距海平面 45 米。

(5)大连星海广场

这座广场位于美丽的星海湾，并由海湾而得名，总面积 4.5 万平方米，大连自 1899 年建市以来，修建的最大的广场。工程于 1997 年竣工。它的设计充分融合了中国民族传统文化，站在星海广场的中央，背倚现代都市的繁华，面向一望无际的大海，顿有一种超然于世、心胸开阔之感。而沿着广场大道走到海边，拥抱大海那种感觉只有亲临其境才可体会到。

(6)极地馆

极地馆坐落于大连风景秀丽的老虎滩景区内，建筑面积 35 190.24 平方米，占地面积 14 000 平方米，年游客量达 150 万人次。主体三层，局部四层。该馆建成后主要分六大部分，展示南极、北极的海洋动物，让游人极地体验。

(7)金石高尔夫基地

金石高尔夫俱乐部由美国著名高尔夫球场设计师皮特·汤姆逊担纲设计，已建成的 18 个球洞充分利用了金石滩的地形地貌，果岭均设在海头之上，惊险无比，其中的 7 条球道被列入世界球道 100 佳。在最富挑战性的“天下第一道”，也称“魔鬼”球道的第 7 号球道，从伸入海面的一处山岩岬角上挥杆，银球飞过 100 多米距离的海面，落到对面高度较低的另一块小岭上，大部分的球在这里投进了大海的怀抱，但每年也总有那么一批幸运者或者是顶尖高手，能够一杆进洞，刺激吗？不妨前来一试。

球场 1993 年开工建设，1995 年投入运营，当年加入美国高尔夫协会及国际旅游协会,1999 年美国和香港《高尔夫》文摘联合开出的全球高尔夫球场排行榜中,金石高尔夫名列第六。从此被国际奥委会指定为高尔夫赛亚洲区主赛场之一,先后举办过"世界名人赛""全国高尔夫锦标赛"及"金石杯""富豪杯""明珠杯"等大型高尔夫赛事。二期工程的 18 个球道 2002 年 3 月起试营业,其中的 9 个夜光球道将使高球玩家们体验到夜间挥杆的乐趣。

(8)玉佛苑

玉佛苑位于鞍山东山风景区内,由玉佛阁、玉带桥、山门、荷花池、花果岛组成。占地 4 万平方米,三面环山,一面临水,俯瞰市区,背倚千山,与天然弥勒大佛遥相呼应,是当代中国旅游史上的一大奇观。

玉佛阁高 33 米,有佛教三十三重天之意,是我国最高的古典式建筑之一。阁宽 66 米,进深 58 米,运用双层重檐歇山式结构,檐上有檐,盖红色琉璃瓦,显得层次分明,金碧辉煌,雄浑壮观。座落于玉佛阁内的玉佛是由 1960 年发现于玉乡岫岩的"玉石王"琢成,体积 100.68 立方米,重 260.76 吨,集七色为一体,色彩斑斓,光泽瑰丽,并以其博大雄伟,荣获上海大世界基尼斯之最。玉在中国之珍贵犹如金之于西方,是神奇和极具象征的自然之宝,将沉睡 32 年的玉石请出深山,并由 120 名玉雕师历时 17 个月精雕细琢成举世仰目的玉佛。其本身就是一项壮举,而以自然之体——玉,雕琢过程中所出现的诸多奇迹,更显现了"佛面天成"的佛缘和"宏大悟真"的佛法。龙凤飞舞于佛前,普陀隐现于观音身后,所有奇迹与现实的碰撞,都出自于玉文化和佛文化的渊源交融,让人叹为观止,流连忘返。

(9)沈阳夏宫

沈阳夏宫(水上世界)坐落在沈阳南部、浑河北岸,五里河体育中心对面,总体建筑面积约为 23 800 平方米。其建筑顶部由两个直径为 90 米和 75 米的巨形球缺拱壳相对接而成,构思独特,气度非凡。

夏宫乐园是集戏水、冰场、电子游艺、保龄球、休闲中心、蹦极、美食、购物中心等众多项目为一体的大型现代化康乐园,面积 7 800 平方米,可同时容纳 2 000 人,一年四季温暖如夏,有滑道池、跳水池、冲浪池等八个区域,对应有惊涛骇浪、九天飞瀑、激流勇进、高台飞燕、深海潜游、茅屋酒吧、儿童翻斗乐、快餐廊等十大景观;同时,夏宫拥有东北最大的四季真冰冰场,占地 400 平方米,可同时容纳 200 余人,进口制冷系统,保持 22 ℃左右室温。

(10)沈阳怪坡

沈阳怪坡位于沈阳市北部新城子区清水台镇,西邻哈大公路和沈铁(京哈)高速公路。在高速公路东侧约 1 千米处山腰的一段土石公路上。坡长百余米,宽 25 米,熄火的汽车能向坡上滑行;下坡时自行车需使劲蹬踏才能行动。故称为"怪坡"。

在怪坡附近,还有一座"响山"。每当游人至此,用石块敲打(或脚踏)它的特定部位,都会发出一种特殊的声响,故名"响山"。

(11)老铁山

位于旅顺口区最南端,主峰大崖海拔 466 米,是旅顺口区的最高峰。这里山势险峻,环境幽雅,树木茂密,是候鸟南北迁移的重要停歇地。据统计,每年路径此地的候鸟有

200多种、数十万只之多，其中包括国家一二类保护鸟几十种，有“鸟站”之称，现为国家级自然保护区。

老铁山前的岬角石岩是观看黄海、渤海自然分界的好地方，与山东省蓬莱登洲头隔海相望，两海相汇，波激浪涌，形成了一道自然界流，十分壮观。

景区内的郭家村是新石器时代的村落遗址，距今已有4000多年历史；汉代的牧羊城为当时辽东半岛上一座重要的海上防守城。

(12)蛇岛

蛇岛是邻陆孤岛，最高山顶标高216.9米，是西高东低单一构造的单面山，地貌类型有海蚀地貌、海积地貌和重力堆积地貌，土壤为棕壤。植被是次生阔叶落叶林，以乔木和灌木为主，林间生有以禾本类为主的中生草本植物，鹰等猛禽和褐家鼠是蛇岛蝮蛇的天敌。中纬度寒温带季风性气候类型，受季风和海洋影响明显，四季分明，变化平缓，夏无酷暑，冬无奇寒。淡水资源缺乏，需人工拦蓄雨水。

7.3.3.2 旅游节庆和土特产

近年来，辽宁省举办的大型节庆活动有：辽宁金秋国际旅游节（每年9月，除沈阳外，还在大连、盘锦、丹东、抚顺设分会场）、沈阳冰雪旅游节（每年12月—次年2月）、沈阳清文化国际旅游节（每年9月）、大连国际服装节（每年9月中旬）、大连赏槐节（每年5月下旬）、鞍山千山国际旅游节（每年4月）、抚顺满族风情节（时间不定）、本溪枫叶节（每年9月）等。

辽宁特产丰富，著名的有大连苹果、辽西秋白梨、榛子、山楂、辽阳香水梨、北镇鸭梨、大连黄桃、孤山香梅、香蕉李、软枣、猕猴桃、板栗、对虾、海参、海带、文蛤、鲍鱼、扇贝、贻贝、大连湾魁蚶、香螺、梭子蟹、紫海胆、蛤蜊岛沙蚬、裙带菜、大骨鸡、昌图豁鹅、水貂、紫貂、柞蚕、柞蚕丝绸、关外米仁、酸枣仁、什锦小菜、塔城精制陈醋、烟草、天女木兰、丹东杜鹃、五味子、人参、鹿茸、细辛、抚顺琥珀工艺品、抚顺煤精雕刻、岫岩玉、沈阳羽毛画、锦州玛瑙雕刻、大连贝雕画、辽砚、绢花等。

本章小结

本区包括东北三省全境。白山黑水的自然地貌奇景，独特的气候环境，东西文化交融的城市建筑，少数民族的风情文化，与韩、日、俄的接壤等，使得该区旅游发展空间很大。精品旅游线路的开展会吸引越来越多的游客。经过20多年艰苦奋斗，黑、吉、辽三省旅游业实现了由接待型向产业型的转变。本区旅游业已进入持续高速发展的历史时期，并且又面临着新的发展机遇。一是本区具备发展生态旅游优势，冰雪、森林、湿地、大山、草原、江河、湖泊等旅游资源丰富；二是我国加入WTO以来，国际经贸合作和文化交流的进一步开展，本区独特的区位优势为旅游业带来更多的发展机会。以观光为主体的旅游产品走向成熟，度假休闲产品形成规模，多种专项旅游产品形成体系。

案例分析

东北地区发展旅游，是各地单打独斗，还是互相取长补短走联合发展的道路？2006年9月5日，来自国家旅游局和辽、吉、黑三省的旅游管理部门及旅游企业负责人在哈尔滨市研讨东北旅游业发展时得出共识，选择区域联合，共同打造东北“大旅游”品牌，是促进东北地区旅游发展的最佳选择。共同问题——旅游开发如何融入生态建设？

结合实际说明，为什么东北能打造“大旅游”品牌。

自我检测题

1. 本区旅游特色有哪些？对旅游业有何影响？

2. 结合本区旅游业现状，你认为还有那些不足？如何改善？

3. 本区旅游季节性很强，你认为该如何利用区域优势，进行区域整合？

4. 导游证考试知识点

(1)判断题

1)黑龙江全省土地总面积47.3万平方千米(含加格达奇和松岭区)，居全国第8位。 (　　)

2)黑龙江是亚洲与太平洋地区陆路通往俄罗斯和欧洲大陆的重要通道。 (　　)

3)黑龙江省属于寒温带与温带大陆性季风气候。 (　　)

4)吉林省地貌形态差异明显。地势由东南向西北倾斜，呈现明显的东南高、西北低的特征。 (　　)

5)吉林省位于中纬度欧亚大陆的东侧，属于温带大陆性季风气候，四季分明，雨热同季。 (　　)

6)吉林省的铁路网大体可分为西北—东南和西南—东北两个走向。 (　　)

7)明康熙时在松花江沿岸建吉林乌拉城(今吉林市)。满语“吉林”意思“沿”，“乌拉”是“大川”的意思。吉林乌拉，意味“松花江沿岸”。 (　　)

8)辽宁是东北地区既沿海又沿边的省份之一。 (　　)

9)辽宁简称“辽”，取辽河流域永远安宁之意而得其名。 (　　)

10)辽宁受季风气候影响，各地差异较大，自西南向东北，自平原向山区递减。 (　　)

11)辽宁陆路交通比较发达，省内高速公路形成了以大连为中心枢纽向四周辐射状。 (　　)

(2)选择题

1)黑龙江全省林地面积占整个土地面积的近(　　)

A. 二分之一　　B. 三分之一　　C. 四分之一　　D. 五分之一

2)黑龙江旅游资源较为丰富，拥有中国历史文化名城两座：哈尔滨和(　　)

A. 齐齐哈尔　　B. 伊春　　C. 佳木斯　　D. 牡丹江

3)吉林省共有(　　)民族

A. 44 个　　B. 45 个　　C. 46 个　　D. 47 个

4)吉林(　　)名列中国四大奇观之一。

A. 松花江　　B. 仙景台　　C. 海市蜃楼　　D. 雾凇

5)(　　)被誉为“中国最大最美的边境城市”。

A. 沈阳　　B. 大连　　C. 鞍山　　D. 丹东

6)(　　)风景区青山环抱、层峦叠嶂,被誉为“神仙住过的地方”。

A. 丹东　　B. 本溪水洞　　C. 青山沟　　D. 红海滩

7)沈阳故宫按照建筑布局和建造时间分布为东、中、西三路,三路上的重要建筑依次是(　　)

A. 崇政殿、文溯殿、大政殿　　B. 大政殿、文溯殿、崇政殿

C. 大政殿、崇政殿、文溯殿　　D. 崇政殿、大政殿、文溯殿

实训题

设计一条本地旅游区的精品线路。

8

民族摇篮，名山水景——中原旅游区

教学目标

熟悉本区的旅游地理环境，掌握本区的重要旅游景区和景点，明确本区应该侧重发展的对象以及以后的发展趋势。

导入案例

建设国家中心城市　开启郑州发展新篇章

2007年，建设部上报国务院的《全国城镇体系规划(2006—2020年)》中首次提出“国家中心城市”的概念。在其名词解释中指出：国家中心城市是中国金融、贸易、管理、文化中心和交通枢纽，同时也是发展外向型经济和推动国际文化交流的对外门户，表现为全国层次的中心性和一定范围的国际性两大基本特征。

2017年1月22日，国家发展改革委出台《关于支持郑州建设国家中心城市的指导意见》，郑州以建设国家中心城市作为战略目标，在2017年全市经济工作会议上提出“一枢纽一门户一基地四中心”的职能定位，统筹国家中心城市建设工作，其中，一枢纽：依托区位交通优势，建设现代化国际性综合交通枢纽；一门户：依托经济地理中心优势，建设中部地区国际交往门户；一基地：依托制造业基础和市场优势，建设具有国际竞争力的先进制造业基地；四中心：依托航空港经济综合实验区政策支持及物流发展基础，建设国际物流中心；依托中原城市群腹地优势，建设中原城市群经济中心；依托全面创新改革试验，建设中原创新中心；依托中原文化积淀，建设华夏文明传承与创新中心。

面对新的国家要求，需要进一步认识郑州在国家战略格局中的重要地位，科学审视内外环境的变化对城市发展带来的影响与机遇。以统筹城乡改革和国家中心城市建设为主线，在城乡规划、产业布局、基础设施建设、公共服务一体化等方面取得突破，在加强城乡规划建设的创新与实践方面提出适合郑州市的发展模式。

(资料来源：郑州市城乡规划局官网，2018-02-02)

中原旅游区包括河南、山西、山东、陕西四省，位于我国北部中枢地区，总面积约68.58万平方千米，人口约2.7亿，民族以汉族为主。

该区是中华民族的主要发祥地，长期以来一直是我国的政治、经济、文化、交通中心。该区东临黄海、渤海，西接黄土高原，地处我国地势的第二、三级阶梯，旅游资源种类众多，人文资源尤其丰富，旅游资源优势非常突出。得天独厚的旅游资源条件，优越的地理位置，四通八达的交通，使本区成为我国重要的旅游区。

8.1 旅游地理环境

8.1.1 自然地理环境

8.1.1.1 地貌类型复杂多样，名山众多

中原旅游区跨我国地势的第二、三阶梯，东临黄海、渤海，西接黄土高原，拥有高原、山地、丘陵、盆地、平原等各种地形，地貌类型齐全，自然景观多样，具体包括秦晋黄土高原、华北平原、太行山地和山东丘陵等地理单元。

黄土高原东到河北、山西交界的太行山，西到甘肃的乌鞘岭，南到秦岭，北至长城一线，面积达40余万平方千米，黄土厚度一般为50~60米，在陕甘等地可达100~200米。黄上高原的形成是其自身的构造及地形特征以及与外部的能量和物质交换相互作用的结果。黄土高原的黄土疏松多空，粉沙质，层理不明显，呈垂直节理发育，透水性强，经雨水的长期冲刷和流水切割，形成特有的黄土地貌景观，大到梁、峁、坪，小如柱、桥、穴、沟，景色各异，极富原始美感，是一种独特的地貌旅游资源。黄土窑洞是黄土高原地区人民顺山依坡掘地凿洞而成，窑洞冬暖夏凉，是黄土高原最具自然地理特色的人文景观。

孟津以东，由于构造陷落，地势急降，黄河携带的大量泥沙沉积形成了沃野千里的黄淮冲击平原。该地区地表坦荡，地下水丰富，物产丰饶，是我国重要的农耕区。由于平原地区自然条件好，人类活动影响较深，形成了众多的人文景观景点。

本地区山地、丘陵广布，黄土高原东侧有太行山、吕梁山，南侧有秦岭山脉。秦岭主峰太白山海拔3 767米，有典型的第四纪冰川地貌，动植物资源丰富，已建为自然保护区。由于自然与历史的原因，本区名山众多，如著名的“五岳”，本区就占其四。除南岳衡山位于湖南外，东岳泰山、西岳华山、北岳恒山、中岳嵩山均位于本区。此外，著名的山岳景观还有佛教名山五台山、道教名山崂山、云中公园鸡公山及世界地质公园云台山等，众多的山岳景观每年吸引了无数游人前来参观游览。

8.1.1.2 温带季风气候典型，旅游淡旺季分明

本区处于欧亚大陆东部中纬度地带，除南部的南阳、汉中盆地以外，大部分地区都表现出典型的温带大陆性季风气候特征。本区大部分地区最冷的月份是1月份，平均气温为0 ℃~8 ℃，最热的月份是7月份，平均气温为22 ℃~28 ℃，降水集中在夏季，占全年

降水量的70%，降水自东向西递减。本区四季分明，春季短促、干旱多风，为旅游淡季；夏季沿海地区温度宜人，为海滨旅游旺季；秋季秋高气爽、风和日丽，为全区旅游的黄金季节；冬季寒冷漫长，树叶凋零，但飘雪时节，雪花纷飞，雪景迷人，为旅游的次旺季。

8.1.1.3 内河外海，库湖散布

本区河流众多，以黄河水系为主，另有海河、淮河和长江三大水系萦绕。黄河贯穿本区四省，流经黄土高原，河流切割山地形成了急流、峡谷、瀑布。在山西和陕西交界处的大峡谷形成著名的壶口瀑布和龙门急流奇观。壶口瀑布水势汹涌，涛声震天，景色壮丽，是中国仅次于贵州省黄果树瀑布的第二大瀑布，也是黄河最壮观的一段。黄河自潼关折向东流入豫，穿过三门峡，这里石壁陡峭，地势险要，是黄河漂流的最佳地段。黄河出峡后流入黄淮平原，由于流速骤减，泥沙沉积，形成"悬河"景观。

中原地区由于降水季节分配不均，水库众多。这些水库截断河流，呈现出高山平湖景色，大多成为风景名胜区。鲁西带状湖群风光撩人，济南更有"泉城"之美誉。而青岛、威海、烟台、蓬莱等沿海地区也多良港和海滨浴场，且都是避暑胜地。

8.1.2 人文地理环境

8.1.2.1 多彩的文化艺术、独特的地方民俗

中原旅游区文化艺术多姿多彩，地方特色鲜明。山东省文化艺术丰富多姿，有30多种地方戏，约占全国的1/3，其中影响力比较大的有吕剧、山东梆子和山东快书。山西被誉为中国戏曲的摇篮，我国戏曲黄金时代的元代杂剧最早兴盛于此，而后转入大都（北京）。晋剧、蒲剧、皮影、木偶等是山西代表性戏曲艺术。山西锣鼓被称为"中国第一鼓"，具有粗犷、剽悍、雄奇、自然等特点。陕西省文化艺术发达，地方戏尤以秦腔最具代表性。秦腔又被称为"乱弹"，是现存最古老、最大的剧种，被誉为百戏之源。陕北的民歌非常出名，有四季歌、五更、揽工调、酒歌、劳动号子、榆林小曲等形式，以小调和信天游为主。河南省以豫剧为主要戏曲，豫剧唱腔吐字清晰、行腔酣畅、节奏鲜明，唱词口语化，表现出了河南浓郁的文化艺术特色。

本区历史悠久，在历史的进程中逐步形成了斑斓多姿、特色鲜明的民俗文化。集中体现在饮食、服饰、日常起居、生产活动、礼仪、信仰、节令、集会等各个方面，易于形成民俗风情游。如山东曲阜孔子文化节、山西面食文化节、关公文化节等旅游节日都是地方民俗的极好表现形式。

8.1.2.2 丰富的旅游商品资源

中原旅游区历史悠久，幅员辽阔，物产富饶，旅游商品资源丰富多彩。著名工艺品有河南洛阳唐三彩、开封汴绣、汝瓷、钧瓷，山东青岛贝雕、潍坊风筝、淄博陶器、鲁砚，陕西的蓝田玉雕、秦兵马俑复制品、唐朝壁画摹本等；著名的土特产品有河南信阳毛尖、新郑大枣、黄河鲤鱼等，山西省的各类特色面食驰誉中外，另外山西省的杏花村汾酒、竹叶青

和清徐老陈醋也全国闻名，山东省的名特产以温带水果著称，有烟台苹果、莱阳梨和肥城桃等，而近海盛产各类海产品。本区种类繁多的工艺品和土特产都已成为游客乐于购买的旅游商品。

8.1.2.3　便捷的旅游交通

中原地区自古即为天下交通汇集之地，交通十分便捷，国内主要铁路、公路均在郑州交会后向西安、济南、太原等大中城市延伸，各机场都开通有飞向全国各地的航线。有京广、陇海、京九、焦枝、新菏、新太等铁路，欧亚大陆桥连霍高速、大广高速等高速公路及多条国道。特别是近年来，高速公路发展尤为迅速，山东高速公路建设走在全国前列，河南后来居上，已经拥有全国里程最长的高速公路网络，随着秦岭隧道的打通，陕西公路建设也进入了新的发展阶段，山西也借着资源开发良机，加大高速公路建设力度。各省在建设高速公路时，都注意与旅游开发结合，将高速公路直接建到旅游区，极大地方便了游客。比如河南的郑少高速、郑尧高速，山东的济青高速等。2009 年开通的郑州—西安的高铁，将两地路程缩短到两小时以内，对两省旅游业的交融起到了极大的促进作用。随着其他高铁的建成通车，必将进一步增强本区旅游业的开发融合。

8.1.3　旅游资源特色

该区是中华民族的摇篮，历史文化积淀厚重，人文旅游资源异常丰富。且山水景观与文物古迹相融合，构成了该区旅游资源的独特优势。

8.1.3.1　民族的摇篮，文物古迹荟萃，人文旅游资源博大精深

中原旅游区位于黄河中下游，气候温暖、土地肥沃、灌溉便利、自然条件优越，适宜人类的生存和繁衍，是我国古文化发源地，被称为中华民族的摇篮。

中华民族的祖先在这一地区创造和发展了华夏文化。旧、新石器时代及夏、商、周、汉、唐、宋等文化遗迹和遗址甚多，如已发现的蓝田人、丁村人等古人类化石和遗址，及半坡文化、仰韶文化、大汶口文化、龙山文化、殷墟等文化遗址。它们为科学研究提供了宝贵的历史资料，同时也是开展寻根求源历史文化旅游的集中场所。

本区自古就是华夏民族的政治、经济和文化中心，中国最早的奴隶社会就是从这里发展起来的，秦汉唐宋等封建王朝也多在此建都。悠久的历史，灿烂的文化给本区留下了无数的文物古迹和历史名胜，人文旅游资源极其丰富，是该区最突出的旅游特征。如我国最古老的天文观测台和观星台，闻名世界的孔府、孔庙、孔林，都位于本区。名寺、名塔、石窟、帝王陵墓比比皆是。而中国八大古都本区占有其五，即洛阳、开封、郑州、安阳和西安。这些古都不同程度地保存着较多的历史风貌和文物古迹，是中华民族发源地的历史缩影，影响范围甚广，成为本区发展旅游业的突出优势。在国家评定的国家级历史文化名城(共 134 座)中，中原旅游区占了近四分之一。

8.1.3.2　名山荟萃，海滨优美，自然旅游资源丰富

该区名山众多、黄河横贯、库湖散布、可进入性强，大多为我国的旅游热点，例如，五

岳中的泰山、华山、嵩山、恒山都在本区,五台山位居我国四大佛教名山之首,在愚公移山故事的发生地——王屋山,更有瀑布壮观、盆景峡谷独特的云台山。黄河是中华民族文明的摇篮,蕴藏着极为丰富的自然资源,形成了壶口瀑布、黄河小浪底等壮丽景观。而山东沿海港口不仅是避暑胜地、优良浴场,还有蓬莱海市蜃楼,青岛"石老人"海蚀柱等奇观。

8.2 旅游业概况

本区旅游业发展在全国属中等水平,总体上国内旅游市场发展良好,国际旅游市场发展欠缺,区域内差异比较明显。近年来,中原旅游区旅游业发展迅速。悠久的历史,雄厚的人文旅游资源,优越的地理位置,为本区旅游业的快速发展提供了必备的条件。各省以历史文化、人文景观为主,狠抓文化内涵的挖掘和展示,加快了一大批文化旅游区的建设。依托秦岭、黄土高原和黄河等,合理开发自然旅游资源,建设了一大批自然风景名胜区。各省旅游产业规模不断扩大,质量效益不断提升,已成为当地社会经济发展的重要动力。

8.3 主要旅游区介绍

8.3.1 河南省

8.3.1.1 区域旅游概况

河南,简称"豫",省会是郑州市。位于我国中部偏东、黄河中下游,因大部分地区在黄河以南,故名河南,又有中原、中州之称。全省总面积16.7万平方千米,截至2018年底,全省总人口达到9 559.13万人。

河南是中华文明和中华民族最重要的发源地之一,从公元前21世纪中国第一个王朝——夏朝在河南建都起,先后有夏、商、西周、东周、西汉(初期)、东汉、曹魏、西晋、北魏、隋、唐、武周、后梁、后唐、后晋、后汉、后周、北宋和金等20多个朝代在河南定都,在这4000年间,留下了难以尽数的名胜古迹。堪称"国宝"的国家级文物保护单位就有96处,地下文物位居全国第一,馆藏文物130万件,约占全国的1/8。有专家言:"一部中原河南史,半部华夏中国史。"中国八大古都中,河南有四个(郑州、安阳、洛阳、开封),另外还有国家级历史文化名城南阳、商丘、浚县等。

河南是中华民族之根,是中国姓氏的重要发源地。轩辕黄帝的故里在河南,遍布海内外的客家人,其中包括当今有"陈林半天下,黄郑排满街"之称的海外四大姓氏均起源于河南。

黄河文化的主脉在河南,博大精深的《易经》、充满哲理的《道德经》均源于河南,佛教、道教、儒教早期均发展于河南,对中国历史文化产生深远影响的许多古代圣贤出自河南,对于众多的海外华人来说,河南更是他们魂牵梦萦的寻根谒祖之地。河南还堪称是中国功夫的故乡,嵩山少林寺是少林武术的发源地,温县陈家沟是中华太极拳之根——陈氏太极拳的故乡。因此,河南,在寻根谒祖,开展特色旅游方面具有独特优势。

河南位于南北方的自然过渡带,地跨海、黄、淮、江四大水系,自然景观兼具"北雄南秀"之特色。黄河流经河南700多千米,在这段流域内,于2001年竣工的黄河小浪底水利枢纽工程,在中原地区造就了一处宽3千米,长132千米,水域面积近300平方千米的高峡平湖壮丽奇观。近年来开辟的"大黄河游"和"黄河漂流",被游客誉为"充满野趣和史诗般的辉煌"。

8.3.1.2 主要区内旅游景点

(1)轩辕黄帝故里

位于新郑市区轩辕路,黄帝故里祠始建于汉代,后经多次毁建,明清时重新修葺。景区占地面积6.7万平方米,突出了中华民族寻根拜祖主题。黄帝故里景区共分五个区域:广场区、故里祠区、鼎坛区、艺术苑区、轩辕丘区。

河南新郑古为有熊氏之国,轩辕黄帝降于轩辕之丘,定都于有熊。黄帝一统天下,奠定中华,肇造文明,惜物爱民,被后人尊为中华人文始祖。庄子曰:"世之所高,莫若黄帝。"如今的黄帝故里是国家4A级旅游景区,全国重点文物保护单位,历届客属恳亲大会拜祖仪式和历年黄帝故里拜祖大典的现场,更是海内外炎黄子孙寻根拜祖的圣地。2008年,新郑黄帝故里拜祖大典被列为第一批国家级非物质文化保护遗产。

(2)郑州黄河游览区

位于郑州市西北30千米处。它北临黄河,南依岳山,是观赏黄河美景的绝佳地点。游览区东西长4.5千米,南北宽6千米,面积约27平方千米,地面海拔平均为100.72米。五龙峰等山峰海拔高度均在190米左右,为郑州市的天然屏障。

景区内有五龙峰、岳山寺、骆驼岭、汉霸二王城、星海湖景区等五大景区,共有浮天阁、极目阁、畅怀亭、依山亭、河清轩、黄河民俗风情苑、黄河碑林等近40个景点,被誉为"万里黄河上一颗璀璨的明珠"。雄浑壮美的大河风光,源远流长的文化景观,以及地上"悬河"的起点、黄土高原的终点、黄河中下游的分界线等一系列独特的地理特征、使黄河游览区成为融观光游览、科学研究、弘扬华夏文化、科普教育为一体的大河型省级风景名胜区,成为国家旅游专线——黄河之旅的龙头。

(3)二七纪念塔

位于郑州市二七广场中心,建于1971年,钢筋混凝土结构,是一座建筑独特的仿古联体双塔,塔式新颖、独特,雄伟壮观,它是为纪念京汉铁路工人大罢工而修建的纪念性建筑物。2006年被列为全国重点文物保护单位,是我国最年轻的全国重点文物保护单位。塔身全高63米,共14层(包括底座三层),塔底层有地道穿广场与道口相通,塔顶建有钟楼,钟楼上高矗一枚红五星。塔内陈列有"二七"大罢工历史文物、图片、文字资料。"二七纪念塔"现为郑州市的重要标志之一,也是国内外游客必游之地。

(4)少林寺

位于河南省登封市西北13千米的中岳嵩山西麓,嵩山东为太室山,西为少室山,各拥三十六峰,峰峰有名,少林寺就是因坐落在竹林茂密,环境清幽的少室山五乳峰下,故名“少林”,意为“深藏于少室山下密林中的寺院”。少林寺有“禅宗祖庭,天下第一名刹”之誉,是中国汉传佛教禅宗祖庭,始建于北魏年间,以少林武术的发源地而著称。

少林寺景区包括少林寺常住院、塔林、初祖庵、二祖庵、达摩洞、十方禅院、武术馆等主要旅游景点。其中少林寺常住院是少林寺的核心,是进行佛事活动的地方,总面积3万多平方米,为七进建筑。塔林位于少林寺西侧,有唐、宋、金、元、明、清及现代砖石墓塔220余座,是我国现存最大的塔林。另外,寺内保存唐以来碑碣石刻甚多,重要的如唐太宗赐少林教碑、武则天诗书碑、戒坛铭、少林寺碑、灵运禅师塔碑铭、裕公和尚碑、息庵禅师道行碑和近年建立的“日本大和尚宗道臣纪念碑”等。1983年,国务院确定少林寺为全国重点佛教寺院。

(5)龙门石窟

位于洛阳市南郊12千米处的伊河两岸,同甘肃的敦煌石窟、山西大同的云冈石窟并称中国古代佛教石窟艺术的三大宝库。

龙门石窟始凿于北魏孝文帝迁都洛阳(493年)前后,经过北魏至北宋400余年的开凿,至今存有窟龛2 300多个,碑刻题记3 600余品,其中久负盛名的龙门二十品和褚遂良的《伊阙佛龛之碑》,为魏碑和唐楷的精品。佛塔80座,佛龛750个,造像10万余尊。最大的佛像卢舍那大佛,通高17.14米,头高4米,耳长1.9米。石窟内的造像内容丰富,造型精美,为研究我国古代历史、佛教、绘画、雕刻、服饰、乐舞、书法和建筑提供了大量的珍贵资料。

在龙门的所有洞窟中,北魏洞窟约占30%,唐代占60%,其他朝代仅占10%左右。其中最具有代表性的有建于北魏时期的古阳洞、宾阳洞、莲花洞、药方洞以及建于唐代的潜溪寺、看经寺、万佛洞、奉先寺、大万伍佛洞等。北魏开凿的石窟全部集中在西山(龙门山),唐代开凿的石窟则分散在西山和东山(香山)。

2000年,联合国教科文组织将龙门石窟列入《世界文化遗产名录》。

(6)白马寺

位于河南省洛阳老城以东12千米处,是佛教传入中国后由官方营造的第一座寺院,被称为“中国第一古刹”,又有中国佛教的“祖庭”和“释源”之称。该寺建于东汉永平十一年(68年),已有1 900多年的历史。因当年天竺高僧摄摩腾与竺法兰以白马驮佛经、佛像来洛阳传教,为铭记白马驮经之功,故名白马寺。

白马寺坐北朝南,为一长形院落,总面积约13万平方米。寺院内现存有天王殿、大佛殿、大雄宝殿、接引殿、毗卢阁五层殿堂及中国第一释迦舍利塔。主体建筑均位于南北向的中轴线上,整个寺庙布局规整,风格古朴。寺院外东南有一座高24米的13层密檐式砖塔,玲珑挺拔,古雅秀丽,曰“齐云塔”。此塔初建为木塔,宋代造毁。现存齐云塔为金代重修,故又称“金方塔”,为四方形密檐式砖塔,距今已有800年历史。“马寺钟声”为“洛阳八大景”之一。1961年,白马寺被列入第一批全国重点文物保护单位。

(7)关林

位于河南省洛阳市老城南 7 千米的关林镇，相传为埋葬三国时蜀将关羽首级的地方，前为祠庙，后为墓冢，明万历年间始建庙、植松，清乾隆时又加以扩建，形成现今的规模。关林是全国唯一的“冢、庙、林”三祀合一的古代建筑群，古柏成林，隆冢巨碑，气派巍巍。主要建筑均在中轴线上，依次为舞楼、大门、仪门、甬道、拜殿、大殿、二殿、三殿、石坊、八角亭，最后为关冢。2006 年，关林作为明清时期建筑，被国务院批准列入第六批全国重点文物保护单位名单。

(8)清明上河园

位于开封城西北部，与龙亭公园相邻，是以北宋画家张择端绘制的巨幅画卷《清明上河图》为蓝本而建的一座大型文化主题公园。该园占地 500 余亩，其中水面 180 亩，大小古船 50 多艘，房屋 400 余间，景观建筑面积 30 000 多平方米，形成了中原地区最大的仿宋古建筑群，是黄河旅游专线重点配套工程。主要建筑有城门楼、虹桥、街景、店铺、河道、码头、船坊等。园区按《清明上河图》的原始布局，集中再现了原图的购物景观和民俗风情，是 5A 级国家风景旅游区。

(9)开封铁塔

铁塔又名“开宝寺塔”，位于开封市城区的东北隅，因塔身全部以褐色琉璃瓦镶嵌，远看酷似铁色，故称为“铁塔”。铁塔始建于北宋皇祐元年(1049 年)，距今已有 900 多年历史，是 1961 年我国首批公布的重点保护文物之一，素有“天下第一塔”的美誉。塔高 55.88米(居我国现存琉璃塔之首)，八角十三层，底层每面阔为 4.16 米，向上逐层递减。铁塔层层建有明窗，一层向北，二层向南，三层向西，四层向东，以此类推，直至最高层。铁塔外面的铁色琉璃砖，砖面花纹图案达 50 余种，其中有波涛祥云、飞天、仙姑、云龙、坐佛、菩萨、伎乐、僧人、麒麟、狮子、花卉等，每块琉璃砖都是艺术品。建成 900 多年来，虽经地震、河患、狂风暴雨和人为的破坏，仍巍然屹立。站在塔下仰望塔顶，可见塔顶青天，腰缠白云，景致壮观；登临塔顶可领略汴梁八景之一——“铁塔行云”。

(10)开封包公祠

位于开封城西南碧水环抱的包公湖畔，是为纪念中国历史上著名清官包拯而建的祠堂。包拯一生忧国忧民，刚正不阿，抑强扶弱，铁面无私，千百年来深受人们的尊敬与爱戴。自金元以来，开封就建有包公祠，以纪念这位先贤。开封包公祠占地 1 公顷多，是一组典型的仿宋风格的古典建筑群。它气势宏伟、风格凝重典雅，是国家旅游局开发建设的中原旅游区的重要景点之一。祠内分主展区，园容风景区，功能服务区。主展区内有大门、二门、照壁、碑亭、二殿、大殿、东西配殿。以文物、史料典籍、铜像、蜡像、模型、拓片、碑刻、画像全面详细地介绍了包公的生平历史，展示了包公的清正廉明。其大殿内高 3 米多、重达 2.5 吨的包公铜像引人注目，包公蟒袍冠带，正襟端坐，一手扶持，一手握拳，仿佛要拍案而起，一身凛然不可侵犯的浩然正气，是集历史、思想、艺术于一体的包公写照。

(11)殷墟

殷墟是我国商代晚期的都城遗址，位于河南省安阳市洹水两岸，是中国第一个有文献记载并为甲骨文和考古发掘所证实的商代都城遗址，距今已有 3 300 多年历史。因其出土大量的甲骨文和青铜器而驰名中外。

殷墟占地面积约24平方千米,大致分为宫殿区、王陵区、一般墓葬区、手工业作坊区、平民居住区和奴隶居住区。到目前为止,在殷墟先后发现了110多座商代宫殿宗庙建筑基址、12座王陵大墓、洹北商城遗址、2 500多座祭祀坑和众多的族邑聚落遗址、家族墓地群、手工业作坊遗址、甲骨窖穴等,出土了数量惊人的甲骨文、青铜器、玉器、陶器、骨器等精美文物,全面、系统地展现出3 300年前中国商代都城的风貌,为这一重要的历史阶段提供了坚实证据。

甲骨文,又称卜骨,是商人用来占卜之用的,是我国已发现的最早的文献记录。甲骨文的内容十分广泛,主要记载商王室的活动和当时的经济社会生活情况,如祭祀、年成、战争、猎游、王事以及年月、风雨、阴晴、疾病、王室生育等。因此,甲骨文的发现,为研究商朝的历史提供了极其宝贵的资料。据统计,殷墟已出土的带字甲骨共约16万片,先后流散到12个国家和地区。

我国青铜文化的鼎盛时期即在商代。被誉为世界青铜器之冠的"后母戊大方鼎",鼎高1.33米,长1.1米,宽0.78米,重875公斤,不仅是当今世界上最大最重最古老的青铜器,也是全世界的艺术珍品。2006年,安阳殷墟被列入《世界文化遗产名录》。

(12)云台山

位于河南省焦作市的修武县境内,属太行山系,是豫北的名山。因山势险峻,主峰孤密秀矗,形似一口巨锅,兀覆在群峰之上,山间常年云雾缭绕,故得名云台山。云台山以山称奇,以水叫绝。主峰茱萸峰海拔1 304米,踏千阶云梯登至峰顶,北望太行深处,巍巍群山层峦叠嶂,南望怀川平原,沃野千里,黄河如带,使人领略到了"会当凌绝顶,一览众山小"的意境。云台山的水素以"三步一泉,五步一瀑,十步一潭"而著称。落差314米的云台天瀑,更是蔚为壮观。天门瀑、白龙潭、黄龙瀑、丫字瀑皆飞流直下,形成了云台山独有的瀑布景观。

云台山景区面积190平方千米,含泉瀑峡、潭瀑峡、红石峡、子房湖、万善寺、百家岩、仙苑、圣顶、叠彩洞、青龙峡十大景点,是河南省唯一集国家重点风景名胜区、国家5A级景区、国家文明风景旅游区、国家森林公园、国家水利风景名胜区、国家猕猴自然保护区七个国家级于一体的风景名胜区。2004年,云台山被联合国教科文组织命名为全球首批世界地质公园。

8.3.2 山西省

8.3.2.1 区域旅游概况

山西省因居太行山之西而得名,春秋时期,大部分地区为晋国所有,所以简称"晋",自古被称为"表里山河"。地处黄河中游,黄土高原中部,东西两侧有太行山、吕梁山,南北两端是中条山、恒山,黄河流经西南省境。全省总面积15.65万平方千米,省会太原。截至2018年底,全省总人口达到3 702.35万人。

山西是中华民族发祥地之一,被誉为华夏文明摇篮。大量的考古材料和文献记载表明,早在180万年前,中华民族的祖先就已经开始在这块土地上繁衍生息,并创造了灿烂的古代文明。"女娲补天"的传说就发生在山西;中华民族的始祖之一炎帝就曾把山西作为其部族的活动范围;我国上古时代的三个帝王尧、舜、禹均在山西南部建都;中国历史上第一个奴隶制国家政权夏朝也建立在山西;春秋时期,五霸之一是山西的晋国;北魏时,大同(当时称平城)曾作为北魏的都城名重一时;到隋时,太原是黄河流域仅次于长安和洛阳的第三大城市,隋朝末年,李渊父子起兵晋阳(今太原市),继而夺取长安,建立唐朝,后把太原定为大唐帝国的北都;元末明初,中原连年战乱,灾荒频繁,而山西尤其是晋南一带,经济繁荣,人口稠密,成为明初向外移民的主要地区,洪洞县大槐树则是当时一个主要移民站,全国不少地方流传的"问我祖先在何处,山西洪洞大槐树",即由此而来;明清时期,山西贸易经济非常发达,晋商和山西票号迅速崛起,著称中外。在中国封建社会期间,山西的地位举足轻重,而且由于其特殊的地理位置,越是乱世越是显得重要,谁拥有了山西,谁就可以称雄天下。清人顾祖禹在《读史方舆纪要》中指出:天下形势,必有取于山西。

悠久的历史,灿烂的文化,给山西留下了众多的文化遗产,加上复杂的地形地貌、河流山川形成的自然景观,旅游资源十分丰富。全省现有全国重点文物保护单位271处,居全国第一。现存古建筑18 118处,排在全国首位,其中被列为国家重点保护的有50处,省级400多处。此外省内还有大量的古寺庙、壁画、石窟等。现存高品质的汉唐至明清寺观和墓葬壁画24 000平方米,北魏至明清石窟寺300多处。位于山西的中国四大佛教名山之一的五台山,寺庙群集千年之萃。其中,以我国现存最古的木构建筑南禅寺,集北魏至清代多种建筑为一体的佛光寺及显通寺,塔院舍利塔最为有名;建于北魏年间的恒山悬空寺,以惊险奇特著称;太原的晋祠是形式多样的古建筑荟萃的游览胜地;平遥古城是全国现存三座古城之一,被列为世界文化遗产名录;芮城永乐宫是典型的元代道观建筑群;云岗石窟是全国三大佛教石窟之一;高67.31米的应县木塔是我国最高的古木构建筑;因拍摄《大红灯笼高高挂》而闻名的祁县乔家大院,加上祁县渠家大院、灵石王家大院、太谷三多堂,共同组成山西晋中的大院民俗文化。

山西名山大川遍布,自然风光资源丰富优美。北岳恒山是五岳之一,国家级风景名胜区;绵山气候宜人,自古就是避暑胜地;武当山、灵空山、管涔山等也各有特点;黄河壶口瀑布是仅次于黄果树瀑布的全国第二大瀑布,国家级风景名胜区;截至2017年,山西省有7个国家级自然保护区,省级自然保护区38个,古树名木、珍禽异兽深藏其中,褐马鸡、猕猴、娃娃鱼都是罕见的珍奇动物。

8.3.2.2 主要区内旅游景点

(1)云冈石窟

位于山西大同市西北的武州山北崖上,与敦煌莫高窟、洛阳龙门石窟并称为中国三大石窟艺术宝库,距今已有1 500多年的历史。现存主要洞窟45个,大小窟龛252个,造像5.1万余尊,代表了公元5—6世纪时中国杰出的佛教石窟艺术。其中的昙曜五窟,布局设计严谨统一,是中国佛教艺术第一个巅峰时期的经典杰作。

现存的云冈石窟群,分为东、中、西三部分。东部的石窟多以造塔为主,故又称塔洞;中部石窟每个都分前后两室,主佛居中,洞壁及洞顶布满浮雕;西部石窟以中小窟和补刻的小龛为最多,修建的时代略晚,大多是北魏迁都洛阳后的作品。佛像的形状一般是厚唇、高鼻、长目、宽肩,有雄健的气概,体貌表现了少数民族的特征。整座石窟气魄宏大,外观庄严,雕工细腻,主题突出。石窟雕塑的各种宗教人物形象神态各异。在雕造技法上,继承和发展了我国秦汉时期艺术的优良传统,又吸收了犍陀罗艺术的有益成分,创建出云冈独特的艺术风格,对研究雕刻、建筑、音乐及宗教都是极为珍贵的宝贵资料。2001 年云冈石窟被列入《世界遗产名录》。

(2)恒山

位于山西省浑源县城南,人称北岳,与东岳泰山、西岳华山、南岳衡山、中岳嵩山并称为五岳。恒山号称 108 峰,东西绵延 150 千米,横跨晋、冀两省。主峰天峰岭,海拔 2016.8 米,山高为五岳之冠。

相传远在 4000 年以前,舜帝北巡到浑源,见此山气势雄伟,若北天之门,遂封为“北岳”;秦始皇时,朝封天下 12 名山,恒山被推崇为天下第二山。历史上,秦皇、汉武、唐宗、宋祖,都曾到恒山巡视、祭奠。以后的历代帝王,也差不多都差使臣到恒山祭奠。历代名人、学士,诸如李白、贾岛、元好问、徐霞客等人也都游览过恒山胜地,并留下吟咏恒山的诗章。

独特的地势和悠久的历史,给恒山留下了众多文化遗迹。西汉初年,恒山就建有寺庙。现在飞石窟内的主庙,是始建于北魏,又经过唐、金、元代重修的古建筑。明、清时恒山已经寺庙群居,规模很大,人们称之为“三寺四祠九亭阁,七宫八洞十二庙”。除恒山十八景外,恒山的悬空寺更是一绝。悬空寺靠西面东,俨若精巧、别致、玲珑剔透的玉雕悬于一幅巨大的屏风上。其建筑特色可以概括为“奇、悬、巧”三个字。古有名谣:悬空寺、半天高、三根马尾空中吊。

(3)应县木塔

应县佛宫寺释迦塔位于山西省朔州市应县城内西北佛宫寺内,俗称应县木塔。建于辽清宁二年(1056),金明昌六年(1195)增修完毕,是世界上现存唯一最古老最高大的纯木结构建筑。

木塔位于寺南北中轴线上的山门与大殿之间,属于“前塔后殿”的布局。塔建造在 4 米高的台基上,高 67.31 米,底层直径 30.27 米,总重量约为 7 400 吨。整个建筑由塔基、塔身、塔刹三部分组成。塔基分作上下两层,下层为方形,上层为八角形。塔平面亦为八角形,高九层,五个明层,四个暗层,外观为五层六檐。塔刹由基座、仰莲、相轮、圆光、仰月、宝盖、宝珠组成,制作精巧,与塔身十分协调。结构上采用双层环形套筒空间框架。全塔没用一个铁钉子,全靠构件互相卯榫咬合。全塔共使用 54 种不同形式的斗拱,种类之多,国内罕见,被世人称为“斗拱博物馆”。塔内各明层都有塑像,共计 26 尊。其中一层回廊内佛坛上一座高约 11 米的释迦牟尼金身塑像,是我国目前发现的最高大的室内泥塑。一层门侧、门额及内壁等处绘有壁画,反映了辽代雕塑、绘画艺术的水平。

(4)华严寺

位于历史文化名城山西省大同市西南角,占地面积共 16 000 平方米,因属于佛教华严宗而得名。始建于辽,是辽金时期我国华严宗重要寺庙之一。

华严寺殿宇嵯峨,气势雄伟壮观。分上下两寺,各开山门,自成格局。清初寺院复遭摧折,几经修缮,成今日之规模。现上下二寺虽连成一体,仍各以一主殿为中心。上寺以金建大雄宝殿为主,分为两院,有山门、过殿、观音阁、地藏阁及两厢廊庑,高低错落,井然有序。下寺布局较为自由,建筑风格也较活泼,以辽代所建薄伽教藏为中心,保存有较多的历史文物。华严寺因佛教中的华严宗在辽代盛极一时而创建,明朝代宗景泰年间,经过两次大规模的扩建整修,它不仅是佛教信徒的朝拜圣地,也是了解、研究中国悠久历史文化思想的重要场所。

(5)五台山

位于山西省五台县东北部,与四川峨嵋山、安徽九华山、浙江普陀山共称"中国佛教四大名山"。平均海拔 1 100 米以上,最高点北台叶斗峰海拔 3 061 米,被称为"华北屋脊"。五台山方圆约 320 千米,因五峰如五根擎天巨柱拔地而起、巍然矗立,峰顶平坦如台,故名五台。又因山上气候多寒,盛夏仍不见炎暑,故又别称清凉山,是一个融自然风光、古建艺术、历史文物、佛教文化、民俗风情、避暑休养为一体的旅游区。

五台山建寺历史悠久,规模宏大,位居佛教四大名山之首,故有金五台之称,一直是中国的佛教中心。世人赞之:"五台归来不看庙。"在日本、印度、斯里兰卡、缅甸、尼泊尔等国也享有盛名。五台山是文殊菩萨的道场,在黛螺顶上的寺院内有 5 座台顶的文殊菩萨法像,到这里可以一次性朝拜 5 尊文殊菩萨。五台山在鼎盛时期寺院达 300 余座,目前仅剩下台内寺庙 39 座,其中最著名的五大禅寺是显通寺、塔院寺、文殊寺、殊像寺、罗睺寺。2009 年被联合国教科文组织以文化景观列入《世界遗产名录》。

(6)晋祠

位于太原市西南 25 千米悬翁山下,晋水发源处。是为纪念晋国开国诸侯唐叔虞而建。姬虞封于唐,称唐叔虞。虞子燮继父位,因临晋水,改国号为晋。因此,后人习称晋祠。北魏以后,北齐、隋、唐、宋、元、明、清各代都曾对晋祠重修扩建。

晋祠内有几十座古建筑,环境幽雅舒适,风景优美秀丽,素以雄伟的建筑群、高超的塑像艺术闻名于世。晋祠最著名的建筑为圣母殿,存有宋代精美彩塑侍女像 43 尊。鱼沼飞梁,建于宋代,呈十字桥形,如大鹏展翅,位于圣母殿前,形状典雅大方,造型独特,是国内现存古桥梁中仅有的一例。唐碑亭是书法艺术的珍品。周柏、难老泉、侍女像更被誉为"晋祠三绝"。

(7)平遥古城

位于山西省中部,距太原 100 千米。始建于西周宣王时期(公元前 827—公元前 782),明洪武三年(1370)扩建,距今已有 2800 多年的历史。与同为第二批国家历史文化名城的四川阆中、云南丽江、安徽歙县并称为"保存最为完好的四大古城"。迄今为止,它还较为完好地保留着明、清时期县城的基本风貌,堪称中国汉民族地区现存最为完整的古城。

平遥旧称"古陶",明朝初年,为防御外族南扰,始建城墙,明洪武三年(1370 年)在旧墙垣基础上重筑扩修,并全面包砖。现存有 6 座城门瓮城、4 座角楼和 72 座敌楼。其中南门城墙段于 2004 年倒塌,除此以外的其余大部分都至今安好,是中国现存规模较大、历史较早、保存较完整的古城墙之一，亦是世界遗产平遥古城的核心组成部分。

平遥古城建筑布局遵从八卦的方位，体现了明清时的城市规划理念和形制分布。城内外有各类遗址、古建筑300多处，有保存完整的明清民宅近4 000座，街道商铺都体现历史原貌，被称作研究中国古代城市的活样本。1997年被联合国教科文组织列入《世界遗产名录》。

(8)乔家大院

位于山西省祁县乔家堡村，北距太原54千米，南距东观镇2千米。是清代全国著名的商业金融资本家乔致庸的宅第。始建于清代乾隆年间，于民国初年建成，是一座宏伟的建筑群，集中体现了我国清代北方民居的独特风格。

乔家大院占地8 724平方米，分6个大院，20个小院，313间房屋。大院形如城堡，三面临街，四周全是封闭式砖墙，高10米左右，上边有掩身女儿墙和瞭望探口，既安全牢固，又显得威严气派。综观全院布局严谨，设计精巧，俯视成"喜喜"字形，建筑考究，砖瓦磨合，精工细做，斗拱飞檐，彩饰金装，砖石木雕，工艺精湛，充分体现了我国清代民居建筑的独特风格。被专家学者誉之为"北方民居建筑史上一颗璀璨的明珠"，因此素有"皇家有故宫，民宅看乔家"之说。

(9)黄河壶口瀑布

西濒陕西省宜川县，东临山西省吉县，距山西吉县城西南约25千米，是黄河中游流经晋陕大峡谷时形成的一个天然瀑布。它声如雷鸣，气势壮观，以排山倒海的独特雄姿著称于世，是世界上最大的黄色瀑布。

黄河壶口瀑布是黄河河道上第一大瀑布，涛声震天，景色壮丽，是黄河最壮观的一段，也是国内外罕见的瀑布奇观。瀑布上游黄河水面宽300米，在不到500米长距离内，被压缩到20～30米的宽度。1 000立方米/秒的河水，从20多米高的陡崖上倾注而泻，造成"千里黄河一壶收"的气概。中国古籍《书·禹贡》曰"盖河漩涡，如一壶然"。两大著名奇景"旱地行船"和"水里冒烟"，更是罕见。

(10)芮城永乐宫

位于山西省芮城县城北3千米的龙泉村东侧，建在原西周的古魏国都城遗址上。永乐宫原来是一处道观，是为奉祀中国古代道教"八洞神仙"之一的吕洞宾而建，原名"大纯阳万寿宫"，因原建在芮城县永乐镇，故被称为永乐宫。

永乐宫始建于元代，是典型的元代建筑风格，粗大的斗拱层层叠叠交错，四周雕饰不多，比起明、清两代的建筑，显得较为简洁、明朗。几个殿以南北为中轴线，依次排列着龙虎殿、三清殿、纯阳殿、重阳殿等四座高大的元代殿宇。这些元代建筑，是中国古建筑中的优秀遗产。在建筑总体布局上风格独特，东西两面不设配殿等附属建筑物，在建筑结构上，吸收了宋代"营造法式"和辽、金时期的"减柱法"，形成了自己特有的风格。特别是宫殿内部的墙壁上，布满了精心绘制的总面积达960平方米的壁画，其艺术价值之高，数量之多，实属世上罕见。

8.3.3 陕西省

8.3.3.1 区域旅游概况

陕西，简称陕或秦，因在陕州（现为河南省陕县）以西，故称陕西。地处我国中部偏北中国内陆中心位置，中华人民共和国大地原点就在陕西省泾阳县境内。全省南北长1 000千米，东西宽360千米，从北至南分为陕北高原、关中平原、秦巴山地三大自然区，土地面积20.56万平方千米，截至2018年底，全省总人口达到3 864万人。

陕西是中国古人类和中华民族文化重要的发祥地之一。在上古时代，陕西是华夏“九州”中的“雍州”和“梁州”；早在110万年前，“蓝田猿人”就在灞河两岸生息繁衍；1963年发现的“蓝田猿人”，是全国发现的时间最早、最为完整的猿人头盖骨化石。以西安为中心的陕西曾经是中国历史上的政治、经济、文化中心。周、秦、西汉、西晋、前赵、前秦、后秦、西魏、北周、隋、唐等14个王朝在此建都，历时1100余年。在近代中国革命史上陕西同样具有重要的位置。1935年，红军长征到达延安，中共中央和毛泽东主席在这里领导中国革命14个春秋，取得了抗日战争和解放战争的伟大胜利。

优越的地理环境和悠久的历史文化，给陕西留下了极为丰富的历史文物和革命文物。全省拥有各类文物景点3.5万余处，被列为全国重点文物保护单位的有372处；博物馆151座、馆藏各类文物90万件（组），国家一级文物3 526件，其中123件国宝级文物。文物点密度之大、数量之多、等级之高，均居全国首位。在陕西，随处可看到古代城阙遗址、宫殿遗址、古寺庙、古陵墓、古建筑等。比较著名的文物名胜有：秦始皇兵马俑，中国历史上第一个女皇帝武则天及其丈夫唐高宗李治的合葬墓乾陵，佛教名刹法门寺，中国现存规模最大、保存最完整的古代城垣西安城墙，中国最大的石质书库西安碑林，革命圣地延安及其中国现代革命文物群等。

陕西境内还分布着许多千姿百态、风光奇异的自然景观。现有国家级风景名胜区4处，省级风景名胜26处，国家级森林公园5处，省级森林公园19处。丰富的文物古迹，景色秀丽的名山大川，为陕西旅游事业的发展提供了独特丰富的旅游资源。

8.3.3.2 主要区内旅游景点

（1）大雁塔

位于陕西省西安市南郊大慈恩寺内，建于唐代永徽三年（公元652年），是玄奘为藏经典而修建，是其译经活动的主要场所。大雁塔是楼阁式砖塔，高64.5米，底层边长25米，塔身呈方形角锥体，坐落在底面积42.5×48.5米，高4.2米的方形砖台上，青砖砌成的塔身磨砖对缝，结构严整，外部由仿木结构形成开间，大小由下而上按比例递减，塔内有螺旋木梯可盘登而上。每层的四面各有一个拱券门洞，可以凭栏远眺。整个建筑气魄宏大，格调庄严古朴，造型简洁稳重，比例协调适度，是我国佛教建筑艺术中不可多得的杰作。被视为古都西安的象征。

(2)秦始皇陵及兵马俑

位于陕西省临潼县城东5千米处的骊山北麓,是中国历史上第一个皇帝嬴政的陵墓。其巨大的规模、丰富的陪葬物居历代帝王陵之首,是最大的皇帝陵。据史载,秦始皇为造此陵征集了70万工匠,建造时间长达38年。秦始皇陵筑有内外两重夯土城垣,象征着都城的皇城和宫城。陵冢位于内城南部,呈覆斗形,现高51米,底边周长1 700余米。据史料记载,秦陵中还建有各式宫殿,陈列着许多奇异珍宝。秦陵四周分布着大量形制不同、内涵各异的陪葬坑和墓葬,现已探明的有400多个。

兵马俑坑是秦始皇陵的陪葬坑,位于秦陵陵园东侧1 500米处。目前已发现三座,坐西向东呈品字形排列,面积达2万多平方米,已出土陶俑8 000件、战车百乘以及数万件实物兵器等文物;其中一号坑为"右军",埋葬着和真人真马同大的陶俑、陶马约6 000件;二号坑为"左军",有陶俑、陶马1 300余件,战车89辆,是一个由步兵、骑兵、战车等三个兵种混合编组的曲阵,也是秦俑坑的精华所在;三号坑有武士俑68个,战车1辆,陶马4匹,是统率地下大军的指挥部。1980年又在陵园西侧出土青铜铸大型车马——高车和安车,是迄今中国发现的体形最大、装饰最华丽,结构和系驾最逼真、最完整的古代铜车马,被誉为"青铜之冠"。兵马俑的发现被誉为"世界第八大奇迹""20世纪考古史上的伟大发现之一"。

(3)骊山及华清池

骊山位于西安临潼区城南,属秦岭山脉的一个支脉,东西绵延20余千米,最高海拔1 256米,远望山势如同一匹骏马,故名骊山。每当夕阳西下,骊山辉映在金色的晚霞之中,景色格外绮丽,"骊山晚照"为关中八景之一。山下有温泉,即华清池。

华清池南依骊山,北临渭水,西距古都西安30千米,地理位置优越,山水风光旖旎,以3000年的皇家园林史和6000年的温泉利用史而享誉海内外。尤以周幽王烽火戏诸侯、唐玄宗与杨贵妃的传奇爱情故事和震惊中外的"西安事变"而蜚声天下。华清池现分为九龙湖风景区、唐御汤遗址区、西安事变旧址区(环园)、唐梨园文化区、温泉沐浴区、配套服务区等六部分,昔日的皇宫禁苑,天子御汤已成为融风景园林、文物遗址、温泉沐浴于一体,食、住、购、娱、浴配套服务齐备的著名风景旅游胜地。

(4)半坡遗址博物馆

位于西安市东郊浐河东岸半坡村北,是黄河流域一座比较完整,比较典型的母系氏族公社和村落遗址,距今6000年左右。遗址现存面积约5万平方米。

半坡遗址是一处规模宏大,文化内涵丰富的新石器时代仰韶文化遗址,1958年,在考古发掘的基础上,建成了我国第一座史前遗址博物馆——西安半坡博物馆。馆区占地面积75 000多平方米,展览分为遗址、出土文物陈列和辅助陈列三个部分。展示的遗址部分位于3 000平方米的保护大厅内。遗址大厅就地保护了近2 500平方米的原始村落遗迹,包括居住区、制陶区和墓葬区。里面的房屋遗迹、地窖、灶坑、男女分葬的集体墓地、各种生产及生活用品等遗迹遗物,向我们生动地展现了6000多年前处于母系氏族社会繁荣时期的先民生产与生活情况。半坡遗址对研究中国原始社会历史有着重要的科学价值。

(5)华山

古称“西岳”，是我国著名的五岳之一，位于陕西省华阴市境内，距西安约120千米。古时候“华”与“花”通用，正如《水经注》所说：“远而望之若花状”，故名。它南接秦岭，北瞰黄渭，扼守着大西北进出中原的门户，素有“奇险天下第一山”之称。华山有东、西、南、北、中五峰，“势飞白云外，影倒黄河里”，虎踞龙盘，气象森森，因山上气候多变，形成“云华山”“雨华山”“雾华山”“雪华山”，给人以仙境美感。华山的著名景区多达210余处，有凌空架设的长空栈道，三面临空的鹞子翻身，以及在峭壁绝崖上凿出的千尺幢、百尺峡、老君犁沟等。其中华岳仙掌被列为关中八景之首。

华山还是中华民族文化的发祥地之一。据著名学者章太炎考证，“中华”“华夏”皆因华山而得名；《史记》中也有黄帝、尧、舜华山巡游的事迹；秦始皇、汉武帝、武则天、唐玄宗等数十位帝王也曾到华山进行过大规模祭祀活动。华山还是道教胜地，为“第四洞天”，山上现存72个半悬空洞，道观20余座，其中玉泉院、东道院、镇岳宫被列为全国重点道教宫观。

(6)黄帝陵

位于陕西省黄陵县城北1千米处桥山之巅，是中华民族始祖轩辕黄帝的陵寝。黄帝姓公孙，名轩辕，号有熊。他率先民制衣冠，造舟车，营蚕桑，创文字，建医学，定音律，演算数，平定战乱，统一华夏，奠定了中华民族的最初文明，被尊称为“人文初祖”。

据《史记》记载：“黄帝崩，葬桥山”。黄帝陵所在的桥山，总面积为8 500余亩，下有沮水环绕，南与印台山相望，山上有古柏8万余株，千年以上古柏3余万株，是我国最大的古柏群。黄帝陵园面积10余亩，陵前设有祭亭，内立郭沫若亲书“黄帝陵”碑。陵冢高3.6米，陵园周长48米。园内古柏参天，庄严肃穆。每年清明节、重阳节，海内外华夏子孙聚集桥山，举行隆重的祭祀大典。1961年，黄帝陵被国务院列为第一批全国重点文物保护单位，古墓葬第一号，号称“天下第一陵”。

(7)宝塔山

位于陕西省延安市东侧延河岸边嘉岭山的土山上。建于唐代，高44米，共九层，登上塔顶，全城风貌可尽收眼底。宝塔山下有历代遗留下来的摩岩刻字多处，范仲淹题刻的“嘉岭山”隶书最著名，还有“胸中自有数万甲兵”等题刻。宝塔山是融自然景观与人文景观为一体、历史文物与革命旧址合二而一的著名风景名胜区。它是历史名城延安的标志，是革命圣地的象征。

(8)乾陵

位于西安以西80千米的乾县，是唐高宗李治和皇后武则天的陵墓，也是中国历史上唯一一座两个皇帝的合葬墓。建于684年，历时23年才修建完成，是当前“唐十八陵”中保存最完整的一座皇家陵园。

乾陵以山为陵，依梁山而建，坐北朝南，由内外两城组成。外城遗迹已消失，内城遗迹至今完善，总面积240万平方米。城墙四面，南有朱雀门，北有玄武门，东有青龙门，西有白虎门。从乾陵头道门踏上石阶路，计537级台阶。走完台阶即是一条平宽的道路直到“唐高宗陵墓”碑，这条道路便是“司马道”。两旁现有华表1对，翼马、鸵鸟各1对，石马5对，翁仲10对，石碑2道。东为无字碑，西为述圣记碑。有王宾像61尊，石狮1对。

周围还有17座陪葬墓,永泰公主、章怀太子、懿德太子墓先已发掘复原,并在永泰公主墓园内建有乾陵博物馆。

(9)草堂寺

位于西安户县东南20千米的圭峰山北麓,是高僧鸠摩罗什(中国佛教四大翻译家之一)当年翻译佛经的地方,因该译经场地乃简陋茅屋,故名草堂寺。该寺东临沣水,南对终南山圭峰、观音、紫阁、大顶诸峰,景色秀丽。寺内鸠摩罗什舍利塔底座高为233米,八面十二层,用西域八种颜色不同的玉石雕刻镶拼而成,称“八宝玉塔”。寺内有一古井,常有烟雾溢升,成为长安八景之一——“草堂烟雾”。草堂寺被视为中国佛教三论宗和华严宗的祖庭。

8.3.4 山东省

8.3.4.1 区域旅游概况

山东简称鲁或齐鲁,在太行山之东而得名。位于中国东部沿海、黄河下游、京杭大运河的中北段,省会济南市。总面积15.67万平方千米,截至2018年底,总人口约1亿人。

山东是中华文化的重要发祥地之一。在山东发现的中国最古老的文字“大汶口陶文”和邹平县丁公村“龙山陶书”,把有文字记载的历史上溯至4 000多年前。先后发掘出了中国最早的城邦“城子崖龙山古城”,现存最古老的长城“齐长城”,中国最早的甲骨文“桓台县唐山遗址甲骨文”。据专家考证,山东省还是汉唐丝绸贸易的主要供货地,是丝绸之路的发源地之一。中国春秋战国时期的鲁国和齐国都在今天的山东境内,山东因而简称“鲁”或“齐鲁”。独具特色的齐鲁文化,则是中国传统文化的重要组成部分。齐鲁文化是先秦时期在今山东省境内形成和发展的一种地域文化,包括道家文化、兵家文化、法家文化、墨家文化以及阴阳、纵横、方术等文化。其中,最核心的是儒家文化。

山东省是全国旅游资源丰富的地区之一。境内有自然景观和人文景观旅游点493处,古建筑、古遗址约1.3万处,其中国家重点文物保护单位27处,省级重点文物保护单位379处。世人誉为“五岳之尊”的泰山,以其雄浑博大的气势和丰富灿烂的文化,被联合国教科文组织列入世界自然文化遗产清单。在孔子故乡曲阜市,由古代供奉祭祀孔子的孔庙、孔子嫡系后裔居住生活的孔府和世界规模最大、保存年代最久的人造园林——孔子家族墓地孔林组成的“三孔”,也被联合国教科文组织列为世界文化遗产。

目前,山东省基本形成了6大旅游区:济南、泰安、曲阜延伸到邹城的“山水圣人”旅游区;以青岛、烟台、威海为一体的海滨旅游区;以潍坊市区为中心,以风筝、杨家埠木版年画、民俗风情为主体的民俗旅游区;以淄博齐国故城、殉马坑、蒲松龄故居为主体的齐文化旅游区;以黄河入海奇观和原始风貌为特征的东营黄河口旅游区;以水浒故事为主线,梁山、阳谷为重点的“水浒”旅游线。

8.3.4.2 **主要区内旅游景点**

(1)趵突泉

又名槛泉,为泺水之源,至今已有2700年的历史。1956年,趵突泉被整修辟为公园,历经几次扩建,面积从不足3.4万平方米,扩至10.5万平方米,以泉水、人文景观为主的文化名园。

济南素有泉城之称,有"家家泉水,户户垂柳"的赞语。趵突泉是济南72名泉的第一泉。趵突是跳跃的意思。北魏地理学家郦道元在《水经注》中写道:"泉源上奋,水涌若轮"。泉水一年四季恒定在18 ℃左右。严冬,水面上水气袅袅,像一层薄薄的烟雾,一边是泉池幽深波光粼粼,一边是楼阁彩绘,雕梁画栋,构成了一幅奇妙的人间仙境。趵突泉与千佛山、大明湖并称为济南三大名胜,号称"天下第一泉"。

(2)大明湖

位于济南市区中心、旧城区北部。济南号称"泉城",有泉水百余处,其中名泉七十二处。大明湖即由众泉汇流而成的天然湖泊。泉水由南岸流入,水满时从宋代修建于北岸的北水门流出,湖底由不透水的火成岩构成,因而湖水"恒雨不涨,久旱不涸",常年保持较固定的水位。

大明湖水色澄碧,堤柳夹岸,莲荷叠翠,厅榭点缀其间,南面千佛山倒映湖中,形成一幅天然画卷,沿湖的亭台楼阁,水榭长廊参差有致,湖的南面有清宣统年间仿江南园林建造的遐园。园内曲桥流水,幽径回廊,假山亭台,十分雅致,湖边假山上建有浩然亭,登临其上,大明湖的景色一览无余。湖对面北岸高台上有元代建的北极阁,依阁南望,远山近水,楼台烟树,皆成图画。"四面荷花三面柳,一城山色半城湖"是大明湖风景的最好写照。

(3)曲阜三孔

孔府、孔庙、孔林,统称"三孔",是中国历代纪念孔子,推崇儒学的表征,以丰厚的文化积淀、悠久历史、宏大规模、丰富文物珍藏,以及科学艺术价值而著称。因其在中国历史和世界东方文化中的显著地位,被世人尊崇为世界三大圣城之一。

孔府有"天下第一家"之称,是孔子嫡系长期居住的府第,是我国仅次于明、清皇帝宫室的最大府第。现在,孔府占地240多亩,有厅、堂、楼、轩等各式建筑463间,分为中、东、西三路。东路为家庙,西路为学院,中路为主体建筑。中路以内宅为界,前为官衙,设三堂六厅(大堂、二堂、三堂,管勾厅、百户厅、知印厅、掌书厅、典籍厅、司乐厅);后为内宅,设前上房、前堂楼、后堂楼、后五间。最后为花园,是历代衍圣公及其家属游赏之所。

孔庙是我国历代封建王朝祭祀春秋时期思想家、政治家、教育家孔子的庙宇。孔子死后第二年(公元前478),鲁哀公将其故宅改建为庙。此后历代帝王不断加封孔子,扩建庙宇,到清代,雍正下令大修,扩建成现代规模。庙内共有九进院落,以南北为中轴,分左、中、右三路,纵长630米,横宽140米,有殿、堂、坛、阁460多间,门坊54座,"御碑亭"13座,拥有各种建筑100余座,460余间,占地面积约9.5万平方米的庞大建筑群。孔庙是我国现存规模仅次于故宫的古建筑群,是我国三大古建筑群之一,更是我国古代大型祠庙建筑的典范。

孔林是孔子及其家族的墓地,位于曲阜城北,占地3 000余亩。孔子卒于鲁哀公十六年(公元前479)四月乙丑,葬鲁城北泗上。其后代从冢而葬,形成今天的孔林。从子贡为孔子庐墓植树起,孔林内古树已达万余株。自汉代以后,历代统治者对孔林重修、增修过13次,以至形成现在规模,总面积约2平方千米,周围林墙5.6千米,墙高3米多,厚1米。它是我国规模最大、持续年代最长、保存最完整的一处氏族墓葬群和人工园林。

(4)泰山

位于山东省中部,泰安市北,为我国五岳之东岳。古以东方为万物交替、初春发生之地,故泰山有"五岳之长""五岳独尊"之誉。它东临大海,西靠黄河,凌驾于齐鲁大地,几千年来一直是东方政治、经济、文化的重点区域。

泰山文化内涵深厚。早在夏、商时代,就有72个君王来泰山会诸侯、定大位,刻石记号。秦始皇统一中国封禅泰山后,汉代武帝、光武帝,唐代高宗、玄宗,宋代真宗,清代康熙、乾隆等也都相继仿效来泰山举行封禅大典,所到之处,建庙塑像,刻石题字,为泰山留下了大量的文物古迹。历代著名的文人学士,也都慕名相继来此,赞颂泰山的诗词、歌赋多达一千余首。泰山同时又是佛、道两教之地,庙宇、名胜遍布全山。

泰山的著名风景名胜有天柱峰、日观峰、百丈崖、仙人桥、五大夫松、望人松、龙潭飞瀑、云桥飞瀑、三潭飞瀑等。山顶更有四大奇观:旭日东升、晚霞夕照、泰山佛光、云海玉盘。1987年被联合国教科文组织首批列入世界自然与文化双遗产。

(5)岱庙

位于山东省泰安市区北,泰山的南麓。它是历代帝王举行封禅大典和祭祀泰山神的地方,为道教神府。岱庙创建历史悠久,有"秦即作畤""汉亦起宫"之载。唐开元十三年(725)进行增修,宋大中祥符二年(1009年)再次进行大规模的扩建,据《重修泰岳庙记碑》所载,时有"殿、寝、堂、阖、门、亭、库、馆、楼、观、廊、庑八百一十有三楹"。金代部分建筑被毁,元时又有增修,明嘉靖二十六年(1547年)庙内大部分建筑遭到焚毁,清代再次修缮。它是泰山最大、最完整的古建筑群,与北京故宫、山东曲阜三孔、承德避暑山庄和外八庙,并称中国四大古建筑群。

(6)蓬莱阁

位于蓬莱市区西北的丹崖山上。"海上有仙山,山在虚无飘渺间",蓬莱阁素有仙境之说,在中国古代,蓬莱阁与方丈、瀛洲并称为三大仙山。

蓬莱阁古建筑群始建于北宋嘉祐六年(1061年),经过了宋、明、清三代不断的扩建和改建。整个建筑群建筑面积为1.89万平方米,占地面积为3.28万平方米,分为六个建筑单体,共有100多间,整个古建筑群楼台殿阁分布得宜,寺庙园林交相辉映,因地制宜,协调壮观,山丹海碧,清风宜人。每个建筑单体由多种风格的楼亭殿阁所簇拥,犹如众星拱月。阁内布局奇巧,浑然成体;层层迭迭,错落有致。各亭殿内楹联碑文琳琅满目。蓬莱阁主阁是一座双层木结构建筑,丹窗朱户,飞檐列瓦,雕梁画栋,古朴壮观。民间广为流传的"八仙过海"的神话传说,便源于此。1982年国务院公布水城及蓬莱阁为国家重点文物保护单位。

(7)崂山

位于青岛市区东部,东南濒临黄海,是山东半岛的主要山脉,最高峰崂顶海拔1 133

米,是我国海岸线第一高峰,有着海上"第一名山"之称。它耸立在黄海之滨,高大雄伟。在全国的名山中,唯有崂山是在海边拔地崛起的。绕崂山的海岸线长达 87 千米,沿海大小岛屿 18 个,构成了崂山的海上奇观。崂山是我国著名的道教名山,过去最盛时,有"九宫八观七十二庵",全山有上千名道士。著名的道教人物丘长春、张三丰等都曾在此修道。传说秦始皇、汉武帝也曾来此求仙,这些活动,给崂山涂上了一层神秘的色彩。

(8)刘公岛

位于距威海市区以东 2.1 海里的威海湾口,面积仅有 3.1 平方千米,因曾是北洋水师的诞生地、中日甲午战争的古战场而享有盛名,素有"不沉的战舰"之称。岛上建有中日甲午战争博物馆、甲午海战馆,还保留着当年的水师学堂和多处炮台及其他遗迹。刘公岛的主峰旗顶山,海拔 153 米,海岛四周岩石裸露,岛上峰峦叠翠,景色优美,空气清新,素有"海上桃源"之称。"千里绝尘埃,此间即洞天"是刘公岛最好的写照。

本章小结

黄河中下游地区是华夏祖先最早生存繁衍的地区,是中华民族的摇篮,区内遍布华夏古文明遗迹,人文旅游资源极其丰富,成为本区最突出的旅游资源特征。该区东临黄海、渤海、西接黄土高原,风景名山和海滨度假胜地数量众多,是全国旅游活动最早兴起和发展的地区之一。本区旅游资源优势非常突出,旅游业发展潜力巨大。

案例分析

2010 年 6 月 20 日,是黄河小浪底水库第十次调水调沙的第二天,将达到单日调水调沙最大流量每秒 5 000 立方米,这也是当年小浪底观瀑节的最佳观赏时间。据了解,黄河小浪底观瀑节为期一个月。一年一度的黄河调水调沙小浪底观瀑节,是洛阳市四大旅游节庆活动之一。2010 年黄河小浪底观瀑节的活动主题是"观瀑黄河小浪底、游历中华母亲河",该活动将一直持续到 7 月 15 日结束。

请分析:

1. 黄河小浪底工程的兴建对黄河的生态环境有何影响。
2. 黄河小浪底景区内最具特色的景点有哪些。

自我检测题

1. 豫陕晋鲁旅游区的区域旅游特色是什么?
2. 黄河中下游旅游区的旅游自然地理环境和人文地理环境各有什么特点?
3. 试列表比较嵩山、华山、恒山、泰山旅游区的特色。
4. 山东泰山为什么被称为"五岳之首"?

5. 论述中原大地如何在旅游业中发挥其优势。

6. 导游证考试知识点

(1)判断题

1)河南地跨长江、淮河、黄河、海河四大流域。 ( )

2)东汉南阳张衡的《归田赋》是汉大赋中的极品。 ( )

3)河南有世界文化遗产3个:龙门石窟、安阳阴虚和少林寺。 ( )

4)河南地下文物和地上文物居全国第一。 ( )

5)因山西地貌主体为黄土高原,所以大陆性气候显著,气温低,降水少,植被稀,较干旱,属于典型的温带大陆性季风气候,自然景色也显得浑厚苍凉。 ( )

6)国家第一个风电示范基地是位于内蒙古的坝上地区百万千瓦级风电基地。 ( )

(2)单项选择题

1. 中国八大古都中,河南省占有( )个

A. 6　　B. 5　　C. 4　　D. 3

2. ( )地处中原腹地是中华民族历史文化的重要发源地

A. 山东省　　B. 河南省　　C. 陕西省　　D. 山西省

3. 下列道教宫观中,享有"道观之祖"美誉的是( )

A. 北京白云观　　B. 陕西户县重阳宫

C. 陕西周至草楼观　　D. 四川青城山常道观

4. 有"陕西故宫"之称的庙宇是( )

A. 南岳庙　　B. 西岳庙　　C. 中岳庙　　D. 岱庙

5. 我国古代"以中为尊"的意识与古人对( )的崇拜有关

A. 北极星　　B. 泰山　　C. 皇帝　　D. 祖先

(3)多项选择题

1. 属于山西的世界遗产有( )

A. 平遥古城　　B. 云冈石窟　　C. 金山岭长城　　D. 五台山

2. 山西发掘出的属于旧、新石器时代的遗址有( )

A. 侯马晋国古都遗址　　B. 芮城西侯度遗址　　C. 合河遗址

D. 襄汾丁村遗址　　E. 沁水下川遗址

3. 下列名塔中属于楼阁式塔的有( )。

A. 大理崇圣寺三塔　　B. 应县木塔　　C. 登封嵩岳寺塔

D. 西安大雁塔　　E. 泉州开元寺双塔

4. 下列被列入世界文化与自然双遗产名单的景区有( )。

A. 黄山　　B. 庐山　　C. 泰山

D. 峨眉山及乐山大佛　　E. 武夷山

实训题

1. 找出本区有哪些古都,并做简要的分析比较。
2. 根据旅游资源的特点和分布情况,设计一条精辟的黄河游览路线。
3. 组织课堂讨论,分析中原旅游区的优势和劣势。

9

大浪淘沙，峡谷巨川——蜀楚旅游区

教学目标

通过本章的学习，掌握蜀楚旅游区旅游资源的基本特征和各重要旅游点的概况，熟悉蜀楚旅游区的旅游地理环境，了解各游览区一般旅游点概况。

导入案例

1994年12月14日，三峡工程正式开工。被誉为“共和国的动力心脏”的三峡工程2009年基本完工，2010年10月26日，三峡水库水位涨至175米，达到工程设计的最高蓄水位。三峡工程水库淹没涉及湖北省和重庆市共20个市县，12座城镇，114个集镇。湖北秭归、巴东和兴山县城，重庆万州的天成以及巫山、奉节、云阳、开县和丰都9个县城全淹全迁。

思考：长江三峡库区大坝的建成对长江三峡的旅游发展有哪些影响？

本区包括重庆、四川、湖北、湖南一市三省，处于中国大陆腹地，属于我国三大经济带的中部地区。全区经济比较发达，拥有多处世界遗产项目和风景名胜。随着交通运输条件的进一步改善，本区正在逐渐成为我国一大旅游热点地区。

9.1 旅游地理环境

9.1.1 自然地理环境

9.1.1.1 地表结构复杂，峡谷地貌突出

从地形看，蜀楚旅游区跨越我国地势的三级阶梯，地表结构较为复杂，自西向东大致可划分为川西高原、四川盆地、川鄂山地、湖南山地丘陵、两湖平原五大地貌单元。

川西高原位于岷山—邛崃山—大凉山一线以西，北部是青藏高原的组成部分，南部属广义的横断山脉。川西高原地势北高南低，山脉、河流呈南北走向，交替排列，自西向北依次分布有：金沙江、沙鲁里山、雅砻江、大雪山、大渡河、邛崃山、岷江、岷山等。川西高原南部的主要特点是河谷深切，湍急的河流沿两山峡谷向南奔入金沙江，形成举世闻名的高山峡谷区。山岭与河谷高差悬殊，差值超过千米，形成"一山有四季，十里不同天"的山地气候和"见面能说话，握手需半年"的峡谷景观。

四川盆地是我国四大盆地之一，是经济开发最早、物产最为富饶的一个盆地，面积为26万平方千米。四川盆地在整体地貌上呈现为菱形，盆地地势西北高，东部低，周缘围绕着1 000～3 000米的山地和高原：西边是川西高原，北面是大巴山脉，东边是巫山山脉，南面是云贵高原。长江（川江）从盆地南部穿过。盆地内部地形可分为盆西平原、盆中方山丘陵和盆东平行岭谷三个部分。

川鄂山地是著名的长江三峡所在地。长江自西向东，在四川奉节白帝城到湖北宜昌南津关之间193千米长的河段上切割出幽深险峻、峭壁临江的三个大峡谷：瞿塘峡、巫峡、西陵峡，峡谷高差数百米乃至千米。

湖南山地丘陵包括湘中丘陵、湖南山地以及湘东、湘西山地。湘中丘陵是一狭长山岭、盆地交错区，各盆地内广泛分布着第三纪红色岩层，在流水切割下，形成独特的丹霞地形。湖南山地包括南岭山地的主体部分，南岭是长江与珠江水系的分水岭。湘东山地主要包括幕阜山、连云山、罗霄山等，海拔多过千米，是湘赣两水系分水岭。湘西山地主要有雪峰山和武陵山。

两湖平原以长江干流分界，长江以北为江汉平原，属湖北省；长江以南为洞庭湖平原，属湖南省。

9.1.1.2 四季分明的亚热带季风气候

蜀楚旅游区除川西高原外，大部分地区属温暖湿润的亚热带季风气候，四季分明，冬季温暖，夏季炎热。本区夏季普遍高温，7月平均温度为28 ℃，炎热而潮湿，重庆、武汉为全国著名的炎热中心，与南京合称我国"三大火炉"。

本区是全国降水较丰沛的地区，年平均降水量大部分地区在800～1 600毫米。降水季节以夏季最多，冬雨占10%，湖南春雨及四川盆地秋雨均有显著特色。

本区植被以亚热带常绿阔叶林为主，间有南方热带型植被和北方温带型植被。植被种类繁多，植被覆盖率高，冬季时节，仍然是一片山清水秀的明媚景色。

9.1.2 人文地理环境

9.1.2.1 巴蜀与楚文化特色鲜明

巴蜀文化是华夏文化的一个分支。3000多年前重庆即为巴国首府，2400多年前，成都为蜀国王都，四川历来以"蜀"相称，因而成长发育于四川盆地的区域文化被称为巴蜀文化。位于湘鄂西和川东北的土家族人是古代巴人的后裔，较多地保留了巴蜀文化特色，主要表现在：崇尚白虎、民间体育乡土气息浓厚、无事不歌舞的巴人遗风、独特的婚俗——哭嫁，等等。

楚文化是先秦时代形成的区域文化，主要在两湖一带。它源自中原，随着祝融部族由中原西迁南移，融合众多的部族文化，在春秋时期，随着南方的诸侯大国——楚国的发展而成熟起来。楚文化的成就主要表现为以下五个方面：青铜冶铸、丝织刺绣、木竹漆器、美术和乐舞以及文学创作。楚文化具有浓厚的浪漫主义和神话色彩，有自己鲜明的特色：崇尚自然，富有激情，善于想象，善歌好舞，信鬼好祀，重神厚巫，原始文化的味道很浓。

9.1.2.2 农业发达，物产丰富

本区自古就是我国水稻的重要产区。战国时期，秦灭巴蜀后，汉族人大量移入四川、重庆，修渠筑堰，发展农业。秦太守李冰率众修筑都江堰水利工程，使成都平原成为沃野千里的“天府之国”。湘鄂则有“湖广熟，天下足”的美誉。

优越的自然条件，使这里物产富饶，土特名产众多，如四川的五粮液、剑南春、泸州老窖都闻名全国，四川的蜀锦和湖南的湘绣等著称于世。

9.1.2.3 交通运输条件显著改善

在相当长的历史时期，长江中上游的许多地区，尤其是巴蜀之地，交通十分闭塞。新中国成立后，经过多年的建设，本区已有京九、京广、焦柳、宝成、成昆、成渝、川黔等铁路干线交织成网，近年又修通了多条高速公路与区内外大中城市紧密联系。航空运输也在快速发展，省会及大城市和主要景区都已通航。素有“黄金水道”之称的长江及其支流航线可沟通区内大部分地区。目前，本区的交通基础设施已大为改观，交通运输条件显著改善，为旅游业的发展打下了坚实的基础。

9.1.3 旅游资源特色

9.1.3.1 峡谷名山景色壮丽

幽深壮丽的“山水画廊”长江三峡横贯本区，构成了我国乃至全球最为亮丽的一道峡谷风景线；举世瞩目的三峡水利枢纽工程竣工后，从宜昌三斗坪到重庆600多千米的“高峡平湖”正成为游人仰慕的游览胜地；鬼斧神工的大自然杰作武陵源、“一柱擎天”的武当山、五岳独秀的衡山和方竹遍野的金佛山，皆景色奇丽，引人入胜；洞庭湖、武汉东湖等绰约多姿的大小湖泊，则呈现一派水乡泽国的壮美风光。

9.1.3.2 三国胜迹和革命圣地遍布全区

川、渝、鄂、湘曾是三国争雄的舞台，留下了大量三国遗存，如刘备墓、武侯祠、白帝城、荆州古城、赤壁、剑门关、姜维庙、古隆中，等等。

在近代，本区一直处于社会变革的急流之中。武昌是标志着中国封建社会终结的辛亥革命首义成功地，武昌阅马场红楼、首义公园成了人们了解革命史实、缅怀革命志士的

场所。秋收起义在湖南文家市打响了农村包围城市的第一枪。此外，在本区范围内还爆发了湘南起义、平江起义、黄麻起义等。大别山、洪湖、华蓥山等都是革命根据地。长沙、武汉等地留下了诸多纪念地。

本区的伟人之多为全国之首。毛泽东、邓小平、刘少奇、朱德、彭德怀、任弼时等人的故居已成为世人瞻仰伟人、接受教育的基地。

9.1.3.3 生物旅游资源丰富，自然保护区众多

本区地形复杂，气候湿润，植被繁茂，人类干扰少，不少地方还保存有自然状态的环境，一些珍稀动植物分布其间。为保护这些珍稀动植物及其生存环境，建立了许多自然保护区，其中较为重要的有卧龙、王朗、九寨沟、黄龙寺、缙云山、神农架、张家界等保护区。这些保护区自然风光优美，是旅游者向往的胜地。

9.2 旅游业概况

蜀楚旅游区旅游资源丰富，以名山大川和三国胜迹为特色，以巴蜀荆楚文化为积淀，以长江三峡、九寨沟、张家界、峨眉山风景为主要旅游线，对旅游者有很强的吸引力。随着改革开放步伐的加快，本区旅游基础设施日趋完善，交通条件显著改善，旅游可进入性明显增强。

经过近年快速发展，本区旅游行业规模不断扩大，相关要素逐步配套，旅游行业初具规模，产业要素协调发展，产业体系日趋完善。各地区围绕自然生态和历史文化两条主线，大力实施政府主导型战略、旅游精品战略和可持续发展战略，不断优化旅游环境，积极推进扩大开放和区域合作，努力促进旅游形态由单一的观光旅游向观光与休闲、度假、会议等特色旅游相结合的方向转变。现在本区已经形成了一个具有一定规模和一定服务水平的旅游大区，本区的旅游业在接待国内外游客人数及收入等方面在全国位居前列。

今后，蜀楚旅游区应进一步强化区域整合的大局观念，发挥旅游资源优势，立足于市场需求，不断创新旅游产品，形成不同内容、不同类型、不同层次的产品体系，建立一个以长江为纽带，以峡谷湖泊原始森林等自然风光、现代化水利工程、巴蜀荆楚文化、三国遗迹和红色旅游为主要特色，区域风情异彩纷呈的大型旅游区。

9.3 主要旅游区介绍

9.3.1 重庆市

9.3.1.1 概况

重庆市位于川鄂两省之间的长江三峡西段嘉陵江与长江汇流处，因嘉陵江古称渝

水,故简称“渝”。重庆是一座具有悠久历史的文化名城,公元前11世纪,巴国就在此建都。公元1189年,宋光宗在此先封王后登帝位,自诩“双重喜庆”,重庆由此得名。抗日战争时期,重庆为国民党政府战时陪都。新中国成立后,重庆于1950年成为中央直辖市,1954年改为四川省辖市,1997年3月,全国人大第八届五次会议批准重庆设立中央直辖市。截至2018年底,全市总人口达到3 101.79万人。

重庆市旅游资源得天独厚,集山、水、林、泉、瀑、峡、洞等为一体。重庆市旅游形成了两大区域:一是以环都市为中心的渝西地区,包括重庆山城风光、大足石刻、缙云山、四面山和金佛山等,旅游资源以特有的自然景观和人文景观为特色;二是以长江三峡库区为主的渝东地区,旅游资源以高峡平湖、大江峡谷、三国文化为特色。

重庆市的主要旅游线路如下。

长江三峡游:重庆—三峡—宜昌

长江小三峡乡村游:重庆—巫山—小三峡—陆游洞

大足石刻文化游:重庆—大足—成都

9.3.1.2 主要旅游景区及景点

(1)重庆

重庆是我国著名的历史文化名城,具有3000多年的悠久历史和光荣的革命传统。由于特殊的地理环境和特殊的气候,重庆有很多别称,如因夏长酷热而得名“火炉”,因城市依山建筑而得名“山城”,因冬春时节云轻雾重而得名“雾都”。

重庆除以山城夜景著称外,还有南、北温泉公园,以及革命纪念地“红岩村”“曾家岩”“歌乐山革命烈士陵园”等景点。

(2)缙云山

缙云山国家自然保护区位于重庆北碚区,嘉陵江温塘峡南面。山间白云缭绕,似雾非雾,似烟非烟,磅礴郁积,气象万千,早晚霞云,姹紫嫣红,五彩缤纷。古人称“赤多白少为缙”,故名“缙云山”。山中缙云寺,始建于南朝宋,后几经修葺扩建,明末毁于兵火,今存庙宇为清康熙二十二年(1683)重建。素有“小峨眉”之称的缙云山山势雄峻,风景秀美,林木茂密,环境清幽,为游览避暑胜地。

(3)大足石刻

位于大足县,距重庆市区87千米。大足石刻创于晚唐,盛于两宋,以佛教造像为主,儒、道造像并存,是我国晚期石窟艺术的杰出代表作。大足石刻群有石刻造像70余处,总计10万尊,其中以宝顶山和北山石刻最为著名,保存最完好。北山石刻以人物造像个性鲜明为特色,石刻造像近万个;宝顶山石刻以故事性、趣味性强取胜,共13处,造像数以万计,以大佛湾为精华所在。大足石刻1999年列入世界文化遗产名录,现为全国重点文物保护单位,2007年5月被国家旅游局评为国家5A级旅游景区。

(4)长江三峡

长江三峡是万里长江一段山水壮丽的大峡谷。它西起重庆市奉节县的白帝城,东至湖北省宜昌市的南津关,由瞿塘峡、巫峡、西陵峡组成,全长192千米,其中峡谷段90千米,风光无限,为国家重点风景名胜区。

瞿塘峡又名夔峡，位于白帝城至巫山的大溪镇之间，全长8千米，两岸主要山峰海拔1 000～1 500米，是三峡中距离最短、江面最窄的一个峡谷，以雄伟险峻著称。

巫峡又称大峡，西起巫山的大宁河口，东至湖北巴东的官渡口，全长42千米，是长江三峡中长而又整齐的峡谷，以秀丽而著称。著名的巫山十二峰屹立在南北两岸，千姿百态，幽美秀丽，是三峡山水美景最迷人的地段，是我国久负盛名的游览胜地。

白帝城又称子阳城，位于瞿塘峡西口北岸，距奉节县城8千米。它东依夔门，西傍八阵，三面环水，一面靠山，孤峦独秀。李白"朝辞白帝彩云间，千里江陵一日还"的诗句使它初获盛名，"刘备托孤"更使它声名远扬。

(5)巫山小三峡

位于巫山县，小三峡南起龙门峡口，北至徐家坝，包括大宁河上的龙门峡、巴雾峡和滴翠峡，全长50千米。它兼有长江三峡之胜，却又别有天地，故称"小三峡"。小三峡两岸峰秀水清，野趣横生。龙门峡两岸峭壁耸立，峡内风平浪静，风景如画。巴雾峡山高谷深，云雾迷蒙，两岸多钟乳石，姿态万千，惟妙惟肖。滴翠峡是小三峡中最长、最幽深、最秀丽的峡谷，峡中既有磅礴的气势，又有玲珑剔透的小景，翠碧若滴。

9.3.2 四川省

9.3.2.1 概况

四川省简称"川"或"蜀"，地处我国西南地区，长江上游，是我国古代文化发生发展最早的地区之一，至今已有4500余年文明史，号称"天府之国"。全省面积约49万多平方千米，境内主要有汉、藏、羌、彝等民族。截至2018年底，全省总人口达到8 302万人。

四川地域辽阔，历史悠久，有着丰富的自然和文化旅游资源。全省拥有成都、宜宾、阆中、自贡、乐山、都江堰、泸州7座国家历史文化名城；有九寨沟—黄龙寺、青城山—都江堰、峨眉山、剑门蜀道、贡嘎山、蜀南竹海、西岭雪山、四姑娘山、石海洞乡、邛海—螺髻山、白龙湖等14处国家级风景名胜区。九寨沟、黄龙、四川大熊猫栖息地被联合国教科文组织确定为世界自然遗产；青城山—都江堰被确定为世界文化遗产；峨眉山—乐山大佛被纳入《世界自然文化遗产名录》。

四川旅游形成了三大区域：一是川中北部地区，包括成都、乐山、广元等城市，旅游资源以蜀汉遗迹为特色；二是川西部地区，包括九寨沟、黄龙、卧龙等旅游地，旅游资源以自然景观、人文景观、宗教古迹为特色；三是川南部地区，包括自贡、宜宾和泸州等地，旅游资源以文物古迹和自然风景为特色。

四川省的主要旅游线路如下。

四川世界遗产之旅：成都—青城山—都江堰—九寨沟—黄龙；成都—都江堰—青城山—乐山大佛—峨眉山

九寨梦幻天堂之旅：成都—九寨沟—黄龙

甘南川西风情之旅：香格里拉—稻城—海螺沟—贡嘎山—丹巴—四姑娘山—卧龙—成都

海螺沟、四姑娘山、稻城之旅:成都—四姑娘山—稻城—理塘—康定—泸定桥—海螺沟—雅安

西岭雪山、红原大草原、米亚罗之旅:成都—古尔沟—若尔盖—红原;蜀南竹海—石海洞乡—大峡谷温泉

9.3.2.2 主要旅游景区及景点

(1)成都

成都市是四川省和西南地区的政治、经济和文化中心,四川省省会。成都市是锦缎的故乡,有“锦城”之称。又因五代时遍植芙蓉,故又称“芙蓉城”或“蓉城”。成都气候温和,夏无酷暑,冬无严寒,土地肥沃,物产丰富,山川秀丽,四季常春,素有“天府之国”之称。成都历史悠久,自战国初期蜀王迁都于此,距今已有2400多年的历史,被国务院列为我国首批24个历史文化名城之一。成都市是中国最早开放的24个旅游城市之一,旅游资源丰富,名胜古迹驰名中外。武侯祠、杜甫草堂、王建墓、青羊宫等人文景观颇具特色。

1)武侯祠:武侯祠位于成都南门武侯祠大街,占地56亩,是纪念三国时蜀汉丞相诸葛亮的祠堂。武侯祠始建于西晋末年,与刘备昭烈庙相邻,明初武侯祠并入昭烈庙。1672年重建,形成现存武侯祠君臣合庙。武侯祠坐北朝南,主要建筑有大门、二门、刘备殿、文臣武将廊、过厅、诸葛亮殿,殿宇富丽壮阔,布局有致,环境幽雅。祠内共有蜀汉历史人物泥塑像40余尊,碑碣、钟、鼓、匾联等80余件,是研究蜀汉历史的重要资料。

2)杜甫草堂:杜甫草堂位于成都市西门外的浣花溪畔,是我国唐代伟大诗人杜甫流寓成都时的故居。后人为纪念杜甫,经历代修建、扩建,至今占地20公顷,主要建筑有大廨、诗史堂和工部祠。杜甫草堂内还有宋、元、明、清历代杜诗精刻本、手抄本和多种外文译本。在草堂两侧扩建了庭园建筑,古朴素雅,景色清幽,富有诗情画意。

(2)都江堰

都江堰位于成都平原西部的岷江中游,距成都56千米,是战国时期秦国蜀郡太守李冰及其子率众修建的一座大型水利工程,是我国现存的最古老而且依旧在使用的伟大水利工程。都江堰一带风景优美,有不少名胜古迹,有纪念李冰父子的伏龙观、二王庙和长约500米、横跨内外两江的安澜桥。2000年都江堰与青城山列入世界文化遗产名录。

(3)青城山

青城山位于四川省都江堰市西南17千米处,距成都约66千米。因山形如城,故称青城,是中国道教发祥地之一。全山原有道教宫观70余座,现存38处遗迹,著名的有建福宫、天师洞、三岛石、祖师殿、朝阳洞、上清宫,以及天然图画、金鞭岩、石笋峰、丈人山等名胜古迹。山上树木葱茏,层峦叠翠,素有“青城天下幽”之誉,是游览避暑胜地。2007年5月,青城山—都江堰景区被国家旅游局正式批准为国家5A级旅游景区。

(4)峨眉山

峨眉山位于四川省峨眉山市境内,雄踞四川盆地西南,山势逶迤,如“螓首峨眉,细而长,美而艳”,故名。最高峰万佛顶3 099米,景区面积154平方千米,胜景百余处,素有“峨眉天下秀”之美誉,并得“一山有四季、十里不同天”之妙喻。

峨眉山是我国四大佛教名山之一,普贤菩萨的道场。寺庙始建于东汉,明清时期曾

多达100多处，保留至今的尚有10余处，著名的有报国寺、伏虎寺、万年寺等，其中最宏伟的是报国寺。主峰金顶附近的普光古寺正殿后有一座明代铜殿，称为金殿，因其在阳光下闪闪放光，金顶由此而得名。日出、云海、宝光、圣灯，被称为峨眉金顶的四大奇观。

峨眉山树木丛生，苍翠鲜艳，是西南地区的"植物王国"，被誉为"自然博物馆"，有许多珍禽异兽和奇花异草。尤其山林中顽皮的猴群，常常向游人乞食或嬉戏，惹人注目。

1982年，峨眉山列入第一批国家级风景名胜区名单。2007年5月，峨眉山景区被批准为国家5A级景区。

(5)乐山大佛

乐山大佛地处乐山市东，岷江、青衣江、大渡河三江汇合处的凌云山上，是一座石雕弥勒佛坐像。大佛开凿于唐开元元年(713)，至贞元十九年(803)建成，历时90年。大佛通高71米，背靠凌云山，头齐山顶，脚踏三江，气势雄伟，体态端庄，被誉为"山是一尊佛，佛是一座山"，为世界最大的古代摩崖石刻佛像。它历经千年风霜，至今仍然安坐在滔滔江水之畔，静观人间的沧海桑田，它是中华民族的文化瑰宝，也是世界历史文化的宝贵遗产。

1996年12月，峨眉山—乐山大佛风景名胜区被列入《世界自然与文化遗产名录》。

(6)九寨沟

九寨沟风景名胜区，位于四川省北部阿坝藏族羌族自治州九寨沟仙境内，岷山山脉之中，是一条纵深40余千米的山沟谷地，因周围有9个藏族村寨而得名。景区面积62平方千米，既是自然保护区，又是国家级风景名胜区。这里群山峥嵘、雪峰高耸，在长达数十千米的树正、日则、则查洼三条"Y"字形沟谷里分布着大小湖泊(海子)114个，湖泊间有17个瀑布群、11段激流、5处钙化滩流，形成了中国唯一的、世界罕见的以高山湖泊群、钙化滩流为主体的高山河谷自然景观，属世界高寒喀斯特地貌。

九寨沟以雪峰、彩林、翠海、叠瀑和藏族风情这"五绝"而驰名中外。九寨沟四季景色都十分迷人，景色各异，其中尤以秋季最为迷人。九寨沟以原始的生态环境，一尘不染的清新空气与雪山、森林、湖泊组合，形成神妙、奇幻、幽美的自然风光，显现"自然的美，美的自然"，被誉为"童话世界""人间仙境"。

1992年和1997年，九寨沟分别被联合国教科文组织列入《世界自然遗产名录》与世界生物圈保护区。2007年，九寨沟被国家旅游局正式批准为国家5A级旅游景区。

(7)黄龙

黄龙风景名胜区位于四川省北部阿坝藏族羌族自治州松潘县境内，与九寨沟毗邻。海拔在3 000米以上，区内雪峰林立，海拔5 000米以上的就有7座，是中国海拔最高的风景名胜区之一。

黄龙风景名胜区由黄龙景区和牟尼沟景区两部分组成，面积700平方千米，地表钙华是黄龙景观的最大特色。黄龙主景是一条从山顶逶迤而来的黄龙沟，沟内遍布碳酸钙华沉积，呈梯田状排列，上面彩池层层叠叠，登高远望，酷似一条五彩斑斓的金色巨龙。其山峰、熔岩、瀑布、彩池纷呈异彩，尤以"五彩池"与规模宏大的钙华滩流最为壮观。

黄龙风景名胜区是自然保护区、国家级风景名胜区，与九寨沟同时被列入世界自然遗产名录。景区山、水、树、石并茂，尤以高山彩湖、叠瀑为主的钙华滩流景观特色著称于世，被誉为“人间瑶池”。

(8)四川大熊猫栖息地

四川大熊猫栖息地位于中国四川省境内，包括卧龙、四姑娘山和夹金山脉，面积9 245平方千米，地跨成都市、雅安市、阿坝藏族羌族自治州、甘孜藏族自治州四个地级行政区的12个县或县级市。景区内山势陡峭、苍劲粗犷，山沟内奇山异峰、冰川飞泉，大小高山湖和广阔的森林、草地，构成了独具特色的高原山地风光。

四川大熊猫栖息地拥有丰富的植被种类，是全球最大最完整的大熊猫栖息地。全球30%以上的野生大熊猫栖息于此，另外，这里也是小熊猫、雪豹及云豹等濒危物种栖息的地方。2006年，四川大熊猫栖息地被列入《世界自然遗产名录》。

(9)蜀南竹海

位于宜宾南部的长宁、江安两县连接地带，整个风景区面积约120平方千米。在20多座峰峦和300多个山丘上，楠竹如海，四季葱绿。竹林中飞瀑、流泉、湖潭众多，山谷幽静深邃。登高远望，苍山如海，碧涛起伏，是罕见的翠竹海洋。蜀南竹海春观笋、夏纳凉、秋观竹、冬赏雪。在竹海中还有许多形态各异的珍贵竹类50多种。

(10)石海洞乡

位于宜宾南部的兴文县，全县石林、溶洞遍布17个乡，71平方千米，宏伟壮丽，景观迷人。已探明的大小溶洞达100多个，面积在1万平方米以上的溶洞就有20多个。其中，兴堰乡方圆30平方千米分布有各种造型的峰石、形态逼真，被誉为“天下奇观”“中国一绝”。海岩区有地坑若干，坑如碗形，名为“漏斗”，漏斗底部的四周是笔直的悬崖，漏斗的直径为600米，最窄处也有500米，深200米，雄阔深险，为世界罕见。

(11)三星堆遗址

位于四川省广汉市西北的鸭子河南岸，分布面积12平方千米，距今已有3 000～5 000年历史，是迄今在西南地区发现的范围最大、延续时间最长、文化内涵最丰富的古城、古国、古蜀文化遗址。现有保存最完整的东、西、南城墙和月亮湾内城墙。三星堆遗址被称为20世纪人类最伟大的考古发现之一，昭示了长江流域与黄河流域一样，同属中华文明的母体，被誉为“长江文明之源”。

9.3.3 湖北省

9.3.3.1 概况

湖北省简称“鄂”，地处长江中游，洞庭湖以北，故称“湖北”。其地形大致为东、西、北三面环山，中间低平，略呈向南敞开的不完整盆地。长江自西向东横穿全省，纵横交错的河流和星罗棋布的湖泊，构成了“水乡泽国”的绮丽景色。截至2018年底，全省总人口达到5 902万人。

湖北省的旅游资源以山水风光和三国遗迹见长，从地理位置上可划分为鄂东南、鄂西南和鄂西北三大旅游区域。鄂东南地区包括武汉、荆州等地，旅游资源以楚风楚韵为特色，人文旅游资源极为丰富；鄂西南地区包括宜昌、神农架等地，旅游资源以高峡平湖、古朴民俗为特色；鄂西北地区包括襄阳市、武当山等地，旅游资源以道教文化、三国文化为特色。

湖北省的主要旅游线路如下。

长江三峡之旅：武汉—赤壁—荆州—宜昌—秭归—神农溪—重庆

古三国之旅：

陆路线：武汉—赤壁—洪湖—荆州—宜昌—襄阳

水路线：九江—黄石—黄州—武汉—赤壁—荆州—宜昌

武当山道教朝圣之旅：武汉—随州—襄阳—武当山—十堰

神农架回归自然之旅：宜昌—秭归—神农架

清江民俗风情之旅：以恩施为中心，以长江三峡为依托，进行清江漂流，欣赏民族歌舞。

9.3.3.2 主要旅游景区及景点

(1)武汉

武汉位于长江中游江汉平原东部，湖北省省会，长江与汉水把武汉分为汉口、汉阳和武昌三镇。武汉市处于优越的中心位置，水、陆、空交通便利，素以“九省通衢”著称。武汉的人文景观具有浓郁的楚文化特色，是国家历史文化名城。武汉市内的主要景点有黄鹤楼、东湖、归元寺、古琴台等。

黄鹤楼原在武昌蛇山的黄鹤矶上，建造长江大桥后移至距旧址 1 千米的蛇山峰岭上，享有“天下绝景”的盛誉，与湖南岳阳楼、江西滕王阁并称为“江南三大名楼”。黄鹤楼始建于三国时期，后屡毁屡修，现楼于 1985 年建成，以清代黄鹤楼为蓝本，高 51.4 米，五层，层层飞檐，四望如一，金碧辉煌，古朴端庄，是我国古典建筑的杰作。2007 年，黄鹤楼公园被国家旅游局评为国家首批 5A 级旅游景区。

东湖位于武汉市东部，总面积 82 平方千米，湖面 33 平方千米，是中国最大的城中湖。东湖湖山秀美、岸线曲折，景致迷人。湖中心有风光秀丽的湖光阁。西岸有行吟阁、听涛轩、水乡云、屈原纪念馆等景点。西北岸的九女墩，传说是太平军在保卫武昌战斗中牺牲的九位女英雄之墓。湖东南山峦重叠、松柏青翠，磨山植物园培育有奇花异草。秀丽的山水、丰富的植物、浓郁的楚风情和别致的园中园是东湖风景区的四大特色。1982 年，东湖被国务院列为首批国家重点风景名胜区。

归元寺位于汉阳区翠微路西端，是武汉著名的佛教寺院，创建于清顺治十五年(1658)，占地 46 900 平方米，殿舍 200 余间，其中罗汉堂供奉的由“脱胎泥塑”工艺而成的 500 尊金身罗汉为该寺的特色。

(2)葛洲坝

葛洲坝横贯于湖北宜昌市与南津关间的长江上，是长江干流的第一座大型水力发电工程，由拦江大坝、船闸、泄洪闸、冲沙闸组合而成。大坝全长 2 561 米，高 70 米，雄伟壮观，闸下瀑布倾泻，如碎玉飞雪。两岸峰岗罗列，景色壮阔。

(3)三峡大坝

三峡大坝位于西陵峡中段的湖北宜昌市境内的三斗坪(距下游的葛洲坝水利枢纽 38 千米)。三峡工程是目前世界上最大的水利枢纽工程。大坝全长 2309 米，最大坝高 185

米,横锁长江。工程全面竣工后,蓄水位达到175米,形成宜昌至重庆绵延650千米长的“高峡平湖”,呈现出青山连绵、绿水环绕,孤岛、半岛星罗棋布,峡谷溪流纵横交错的“三峡平湖”风光。2007年,宜昌三峡大坝旅游区被国家旅游局评为国家首批5A级旅游景区。

(4)神农架

神农架风景名胜区位于湖北省西北的神农架林区,三峡以北的长江和汉水之间。相传神农在此品尝百草,医治百病,由于山峰陡峭,只好搭架上山采药,故名“神农架”。神农架面积3 250平方千米,一般高度在海拔1 000米以上,超过3 000米的高峰达6座,被称为“华中屋脊”。

神农架是我国著名的原始森林林区和自然保护区,有“绿色宝库”之称,以丰富的动植物资源著名,有珙桐、水杉、鹅掌楸等“活化石”树种。猴子石、燕子垭等地以动物景观见长,猴子成趣,燕子成群。

神农架的景观具有雄伟、险峻、深邃、奥秘等特色。如巴东峡和红坪峡以奇峰怪石著名,构成了“一奇、二怪、三险、四美”的特色;盛夏冰封,宛如水晶宫的冰洞、一天三潮的潮水洞令人叫绝。茫茫的林海、完好的原始生态系统、丰富的生物多样性、原始的内陆高山文化,共同构成了绚丽多彩的山水画卷,也使神农架享有了“绿色明珠”“物种基因库”“自然博物馆”“清凉王国”等众多美誉,引起世人的瞩目。

(5)武当山

武当山,位于湖北省西北部丹江口市西南,又名“太和山”,方圆400千米,有“八百里武当”之称。武当山风景区有72峰、36崖、24涧、11洞、9泉、3潭等胜景,主峰天柱峰又名金顶,海拔1 612米,被誉为“一柱擎天”。

武当山是我国道教第一名山,以其珍贵的道教建筑群驰名中外。武当山古建筑群规模宏大,气势雄伟,被称为“中国古建筑成就的展览”,被列入《世界文化遗产名录》。其宫观庙宇始建于唐,明永乐年间大兴土木,形成宏伟壮观的“真武道场”,山中有8宫、2观、36庵堂、72岩庙、39桥梁等,总面积达160万平方米。武当山还以外柔内刚的武当拳名闻天下。

(6)襄阳

襄阳市(原名襄樊市)地处湖北省北部,居长江最大支流汉江的中游,是国家级历史文化名城,中国优秀旅游城市。今襄阳市襄城区中心古称襄阳城。襄阳地势险要,自古以来就是兵家必争之地。襄阳古城墙因有我国最宽的护城河而著名,平均宽180米,最宽处250米。自古以来就享有“铁打的襄阳”的声誉。

古隆中位于襄阳城西15千米处,三国时期著名的政治家、军事家诸葛亮曾隐居于此。东汉建安十二年(207),刘备为访求贤士而“三顾茅庐”,诸葛亮提出了统一全国的谋略,即著名的《隆中对》。古隆中青山幽谷,景色秀丽,有武侯祠、三顾堂、野云庵、抱漆亭、躬耕田等古迹。

(7)荆州

荆州位于湖北中部长江北岸,北依汉水,是我国著名的历史文化名城。

荆州古城遗址,即现在荆州市,因地势险要,为历代兵家必争之地。三国时期,围绕它的归属进行了长期的军事争夺,留下了大量古迹。现存的荆州古城相传最早是三国蜀将关羽所建。城墙大规模重建于明代,墙高9米,为护城河环绕,城墙蜿蜒起伏,巍峨矗立,素有“铁打的荆州城”之说。现在古城为清代重建。

楚纪南故城位于荆州城北5千米。由于它地处纪山之南,故名纪南,又称为纪郢,为春秋战国时楚国的都城,历时400余年,是当时我国南方最大、最繁华的都会。屈原就是在纪南被攻破后,悲愤地写下了《九章·哀郢》。现仍留有土筑城墙,城内外存有大量的古迹、古址和古墓。

荆州博物馆位于荆州市荆州中路,是我国地级市最大的博物馆,以其优美的环境、丰富的馆藏文物、独具地域特色的文物珍品陈列以及考古研究的丰硕成果而享誉海内外。馆内有堪称“国宝”的越王勾践剑和西汉古尸。

9.3.4 湖南省

9.3.4.1 概况

湖南地处长江中游、洞庭湖以南,故名“湖南”;又因省内最大河流——湘江贯通全省,故简称“湘”。古代湘江流域多芙蓉,故有“芙蓉国”之称,另有“潇湘之地”的美誉。全省面积21.8平方千米,省内东南西三面环山,向东北敞开,呈不对称的马蹄形盆地。境内丘陵山地广布,北部为洞庭湖平原。

湖南的自然景观与人文景观极为丰富,素以名山名水、名楼名寺、名城名人著称于世。湖南旅游资源既有秀丽的山水风光,又有丰富的文化遗迹,形成以长沙、岳阳、衡阳为中心的湘东集中区,以武陵源自然风光为特色的湘西集中区。

湖南省的主要旅游线路如下。

楚湘文化游:长沙—屈原祠—岳阳。

名山风情游:长沙—张家界—猛洞河—凤凰古城—怀化。

名城名人故里游:长沙—韶山—花明楼。

宗教文化与湘南风光游:长沙—衡山—郴州。

9.3.4.2 主要旅游景区及景点

(1)长沙

长沙位于湘江下游,湖南省省会,是全省政治、经济和文化中心,国家历史文化名城。它是一座具有2000多年历史的“荆楚名城”,为近代革命发祥地之一。山清水秀的古城长沙,名胜古迹众多,主要景区景点有岳麓山、橘子洲、马王堆汉墓等。

岳麓山海拔297米,位于长沙市区湘江西岸,是南岳衡山72峰之尾,是国家重点风景名胜区。山中林木葱郁,奇石盘道,流水潺潺,风景秀丽。岳麓山名胜古迹众多,其中坐落在山中的“千年学府”岳麓书院为我国著名的宋代四大书院之一,也是我国目前保存最完好的一座古代书院;古麓山寺建于西晋泰始四年(268年),号称“汉魏最初名胜,湖湘第一道场”;地处青枫峡的我国四大名亭之一的爱晚亭,建于清乾隆五十七年(1792年),

取唐杜牧“停车坐爱枫林晚，霜叶红于二月花”诗意而命名，为风景绝佳之地，也是毛泽东同志早年从事革命活动的地方。

橘子洲位于长沙市区西部湘江中，因历史上广种橘树，故名，是“潇湘八景”的“江天暮雪”所在地。因毛泽东诗词《沁园春·长沙》而闻名。洲长4.75千米，宽45~140米，由水陆洲、牛头洲等组成，现辟为公园。

马王堆汉墓位于湖南长沙市东郊浏阳河畔，1972—1974年相继发掘出3座距今逾2100多年的西汉墓葬，并出土珍贵文物3 000多件，内有500多件各种制作精致、纹饰华丽、光泽如新的漆器及大量珍贵的丝织品、帛书、帛画等。有一件素纱蝉衣，轻若烟雾，薄如蝉翼，长1.28米，长袖，重量仅49克，织造技艺巧夺天工。最为著名的是一号汉墓出土的一具女尸，历经2100多年仍形体完整，全身润泽，部分关节可以活动，软组织尚有弹性，几乎与新鲜尸体相似，举世罕见。

(2)洞庭湖

洞庭湖古称云梦泽，为我国第二大淡水湖，跨湘、鄂两省，接纳湘、资、沅、澧四大水系后注入长江，面积2 740平方千米，历史上号称“八百里洞庭”。洞庭湖上碧波万顷，浩无涯际，素以气象万千、美丽富饶而闻名天下。自古以来，它以独特的湖光山色吸引着无数游人，历代著名文人学士对它的记载和描绘不可胜数。“潇湘八景”中的“洞庭秋月”“远浦归帆”等两景均在此处。东洞庭湖自然保护区为我国著名的观鸟胜地。

(3)岳阳楼

岳阳楼踞于岳阳古城的西门城楼上，背靠岳阳城，俯瞰洞庭湖，遥对君山岛，为我国江南三大名楼之一。登楼远眺，一碧无垠，白帆点点，云影波光，气势雄伟壮观。相传其前身是三国时东吴将领鲁肃检阅水军的阅兵台，唐开元四年(716)中书令张说谪守岳阳，在阅兵台旧址建楼，定名“岳阳楼”。宋庆历五年(1045)重修岳阳楼，宋朝文学家范仲淹作《岳阳楼记》，以“先天下之忧而忧，后天下之乐而乐”的名句传于后世，使岳阳楼名扬天下。

岳阳楼主楼三层，高19.72米，纯木结构，顶呈头盔状，具有独特的风格，是我国古建筑的杰作之一。其建筑特色可归纳为八个字“三层、飞檐、盔顶、纯木”。岳阳楼临洞庭湖而建，与浩渺的洞庭湖巧妙配合，素有“洞庭天下水，岳阳天下楼”的盛誉。

(4)君山

君山原名洞庭山，四面环水，是洞庭湖中的一个小岛。岛上共有72个大小山峰，海拔多在40米左右。相传4000年前，舜帝南巡亡故，他的两个妃子娥皇、女英追之不及，攀竹痛哭，眼泪滴在竹上，变成斑竹。后两妃死于山上，后人建有二妃墓。二人也被称为湘妃、湘君，正是为了纪念她们，洞庭山更名为君山。现存有二妃墓、柳毅井、秦始皇封山印等古迹。除湖山胜景和神奇的传说外，君山的竹子、君山银针茶驰名中外。

(5)韶山

韶山位于湖南省中东部。韶山诞生了一代伟人毛泽东，留下了不少毛泽东青少年时期生活、求学和革命活动的足迹，因而，它与江西井冈山、贵州遵义和陕西延安，同被列为中国四大革命纪念圣地。

韶山风景区以毛泽东故居为核心，以纪念毛泽东的各种现代建筑，构成了丰富多彩的人文景观。著名景点有毛泽东故居、毛氏祠堂、毛泽东纪念馆、毛泽东铜像及广场、韶峰、毛泽东诗词碑林、滴水洞、虎歇坪等。

(6)南岳衡山

衡山位于湖南省中南部，因地处五岳的最南端，故名南岳。南岳群峰巍峨，气势磅礴，72 峰逶迤 800 里，贯穿 7 个县市，主峰祝融峰，海拔 1 290 米。清人在《衡岳吟》中说："恒山如行，岱(泰)山如坐，华山如立，嵩山如卧，唯有南岳独如飞"，生动地描绘出衡山的形状。

衡山地处亚热带，气候温暖湿润，植物繁茂，处处是茂林修竹，终年翠绿；衡山烟云奇特，变幻莫测，有"七分山水三分云"之说，自然景色十分秀丽，因而有"五岳独秀"的美称。衡山有许多名胜古迹和神话传说，吸引了历代文人，形成丰富多彩的文化积淀，是一个集自然风光与人文景观于一体的风景区。众多的寺庙古迹隐藏于绿树丛中，景色别致，是东南亚著名的佛教圣地。寺庙道观中以南岳庙的气势最为宏大，与泰安岱庙、登封中岳庙并称于世。祝融峰之高，藏经殿之秀，方广寺之深，水帘洞之奇，磨镜台之幽，大禹碑之古，南岳庙之雄，会仙桥之险，堪称"南岳八绝"。

1982 年，衡山被国务院批准列入第一批国家级风景名胜区名单；2007 年 5 月，衡阳市南岳衡山旅游区被国家旅游局批准为国家 5A 级旅游景区；2007 年 8 月，衡山被列为国家级自然保护区。

(7)张家界武陵源风景名胜区

张家界武陵源风景名胜区位于湖南省西北部武陵源山脉中段桑植县、慈利县交界处，隶属张家界市武陵源区。亿万年前，这里曾是一片波涛翻滚的海洋。石英砂岩沉积于海岸地带，经过流水的长期侵蚀和复杂的地壳运动，形成该地区最奇特的砂岩峰林地貌景观。

武陵源风景区由张家界国家森林公园和国家地质公园、索溪峪、天子山、杨家界四大景区构成，总面积达 369 平方千米，中心景区面积为 264 平方千米。武陵源"五步一个景，十步一重天"，被誉为"扩大了的盆景，缩小了的天境""中国山水画的原本"。景区内 3 000 余座尖细的砂岩柱和砂岩峰拔地而起，800 条溪流蜿蜒曲折，以"奇峰、幽谷、秀水、深林、溶洞"享有盛誉，被称为武陵源"五绝"。

1992 年，武陵源风景区被列入《世界自然遗产名录》。2007 年，张家界武陵源旅游区被国家旅游局正式批准为国家 5A 级旅游景区。

(8)凤凰古城

凤凰古城位于湖南省西部，自古以来就是一个以苗族为主的多民族聚居区。凤凰县县城位于沱江中游，已有 1000 多年建城历史，至今仍较完整地保留了明清时期形成的传统格局和历史风貌，独具特色的苗寨和边城景象及苗族风情，令人沉醉，有中国"最美的小城"之美誉。2001 年获国务院特批为国家历史文化名城之一。

凤凰古城景区主要有沈从文故居、熊希龄故居、万寿宫、天皇庙、三宫阁等古建筑，以及清代留下的古城八景和别具一格的吊脚楼。县城外有黄丝桥古城堡、奇梁洞及著名的苗疆边城。

本章小结

本章阐述了蜀楚旅游区的自然地理环境、人文地理环境和旅游资源特色，侧重介绍了区内重庆市、四川省、湖北省和湖南省的主要旅游景区及景点。通过本章的学习，熟悉蜀楚旅游区的旅游地理环境与主要旅游线路和分区。

案例分析

长江三峡由于自然分布与行政区划，1.8 个峡在湖北、1.2 个峡在重庆。2000 年 6 月，重庆市与国家旅游局联合举办了中国重庆第五届三峡国际旅游节；同年 10 月，湖北省也同国家旅游局举办了中国湖北长江三峡国际旅游节。

多年来，重庆和湖北对各自辖区内的景区建设、产品包装和营销都付出了较大努力，但由于利益分割，三峡的旅游没有实现资源和信息共享，各景区形成了长期封闭的竞争态势，出现了鄂渝相争，低水平重复建设的情况。经历了三峡游低谷后，渝鄂两地的旅游企业开始进行一些探索与联合，它们自觉地树立起全局观念，共同开发三峡旅游产品，对其进行重新定位和整体包装；各景区也及时加强产品的升级换代，推出“新世纪，新三峡，新概念”，共同托起未来的长江三峡旅游。要避免两败俱伤的局面，三峡旅游的出路除了联合，还是联合。但是，仅有各景区的联合是不够的。

讨论题：

1. 湖北与重庆各自办节的原因是什么？
2. 旅游业的联合除了景区联合外，还需要哪些方面的联合？
3. 你认为应如何发展三峡旅游？

自我检测题

1. 本区地理环境特征为旅游业发展提供了哪些条件？
2. 蜀楚旅游区的旅游资源有何特点？
3. 蜀楚旅游区各省市有哪些重要的旅游景区景点？
4. 本区可以开发哪些有特色的旅游线路？
5. 导游证考试知识点

(1) 单项选择题

1) 以“着色富有层次，绣品若画”为特点的名绣是(　　)。

A. 苏绣　　B. 湘绣　　C. 粤绣　　D. 蜀绣

2) 符离集烧鸡”是(　　)的代表名菜。

A. 湘菜　　B. 川菜　　C. 徽菜　　D. 苏菜

3) 湖南的“君山银针”属于茶叶分类中的(　　)系列。

A. 绿茶　　B. 红茶　　C. 白茶　　D. 黄茶

(2)多项选择题

1)下列白酒中属于酱香型的是(　　)。

A.郎酒　　B.泸州老窖　　C.茅台酒

D.西凤酒　　E.汾酒

2)下列关于范成大《峨眉山佛光记》的说法中，正确的是(　　)。

A.作者是在夏天游览峨眉山　　B.作者并没有登上金顶

C.作者知道旁边的瓦屋山也能观赏到佛光　　D.作者认为佛光其实是观者自见其形

E.作者观赏到了峨眉山云海和远方的大雪山

3)下列属于岩溶地貌风景区的是(　　)

A. 湖北神农架　　B. 云南路南石林　　C.贵州织金洞

D.浙江雁荡山　　E.广西桂林山水

实训题

选取本区一著名风景区(景点)，进行模拟导游训练。

第10章

山水神秀，名城佳园——吴越旅游区

教学目标

通过本章的学习，掌握吴越旅游区旅游资源的基本特征和重要旅游点的概况，熟悉吴越旅游区的旅游地理环境，了解各游览区一般旅游点概况。

导入案例

上海迪士尼乐园，是中国内地首座迪士尼主题乐园，位于上海市浦东新区川沙新镇，于2016年6月16日正式开园。它是中国第二个、中国内地第一个、亚洲第三个，世界第六个迪士尼主题公园。乐园拥有七大主题园区：米奇大街、奇想花园、探险岛、宝藏湾、明日世界、梦幻世界、玩具总动员；两座主题酒店：上海迪士尼乐园酒店、玩具总动员酒店；一座地铁站：迪士尼站。

2016年，有人曾放出豪言，“上海迪士尼乐园20年之内盈不了利”。然而，上海迪士尼第一个运营年度就实现了财务收支平衡，这在同等规模的主题乐园中尚属首次。

国内的主题公园与迪士尼的差距真的只有一个大IP的距离？一位不愿具名的业内人士给《中国经济周刊》记者举了个例子：某主题公园投资方想建过山车，向他要制作材料钢材的报价，这令他哭笑不得。“迪士尼每个几十亿的设备里面有无数个专利，光是研究油漆涂色就有两个耶鲁博士，置景分为13个板块研究，每个板块都有律师团队看是不是侵犯了别家的知识产权。也许最后体现出来的过山车跟其他主题公园貌似差不多，但不是专业人士的话，很难看到迪士尼团队背后的努力。”上海迪士尼乐园有许多全球首发游乐项目，如园内的创极速光轮将成为全球迪士尼主题乐园中首创的景点。

国外优质主题公园的引入，将会促进我国主题公园的发展。

思考：上海迪士尼乐园的顺利运营给我国主题公园的发展带来哪些启示？

本旅游区包括上海市、安徽省、江苏省、浙江省、江西省共四省一市。本区地处长江下游，黄海和东海之滨，地理位置优越，气候条件良好，是我国经济文化发达和人口最稠密的地区之一。本区旅游资源丰富，基础条件优越，在全国旅游业中占有重要地位。

10.1 旅游地理环境

10.1.1 自然地理环境

10.1.1.1 平原为主兼有丘陵的地表形态

本区地处我国地形三大阶梯的最低一级，因此平均海拔低，呈现出以平原为主，兼有低山丘陵分布的地形结构的特征。全区由北向南依次分布着三种地表形态：苏皖平原、长江下游平原、皖浙丘陵。

苏皖平原位于苏、皖两省淮河以北，是华北大平原的一部分。由于历史上黄河多次改道夺淮，挟带大量泥沙，淤塞了淮河河道，形成众多湖泊，如洪泽湖、高邮湖等。

长江下游平原位于淮河以南，皖浙丘陵与杭州湾以北，包括苏皖沿江平原和长江三角洲。苏皖沿江平原指从江西湖口开始至江苏镇江之间沿长江两岸分布的冲击平原。两岸丘陵夹峙，平原狭长。沿江山崖伸入江面，称为“矶”，马鞍山的采石矶和南京的燕子矶是著名的风景游览地。长江三角洲是指从镇江至东海之间横跨苏、沪、浙三省市的面积达 3 万多平方千米的冲积平原，是由泥沙淤积封闭古海湾而形成的。其特征是河道纵横，湖泊棋布，风景十分优美，再加上肥沃的土地、温和的气候，因而是本区旅游资源的集中分布区。沿长江两岸还有不少低山丘陵，多为海拔 200 ~ 300 米的低山，屹立于江海交汇之处，山水相连，名胜遍布，风光秀丽。

皖浙丘陵地区主要分布于长江下游平原以南的广大地区，这里是旅游名山集中之地。如集天下美誉于一身的黄山和四大佛教名山中的九华山、普陀山，雁荡山、天柱山、齐云山、天台山等都是旅游名山。它们融丰富的自然景观、人文景观和优越的气候条件于一体，多成为兼具观光、度假、疗养、避暑等多种功能的旅游胜地，对发展本区旅游业具有十分重要的意义。

10.1.1.2 气候湿润，水源丰富

本区除淮河以北属暖温带外，其余都属于亚热带湿润气候。本区冬季平均气温在 0 ℃以上，但因北面无高大山体阻挡，空气长驱直入，故冬季气候较同纬度世界其他地区偏低。自 3 月中旬开始进入春季，经常春雨绵绵，“清明时节雨纷纷”为本区春季气候特色。春雨江南，是欣赏江南水乡春天秀丽风光最好时机。五六月是梅雨季节，梅雨以后进入盛夏，南京、杭州等城市由于位置和地形的影响，成为全国夏季高温中心，有江南“火炉”之称。但山地依然凉爽宜人，比如黄山、莫干山等丘陵地区是夏季避暑度假的好去处。9 月到 11 月为秋高气爽的天气。由此可见，本区气候的总特点是冬温夏热，四季分明，降水丰沛，集中于春夏，四季风景皆可游赏，但以春、秋两季为旅游旺季，尤其天高云

淡的秋季是本区旅游的黄金季节。

温暖的气候培育了繁茂的植物,形成山清水秀的明媚风光。地势较低、平原广布的地貌特征使境内河湖密布,呈现一派江南水乡风光,水景资源极其丰富。本区分属淮河、长江和钱塘江三大水系,河流汛期长,泥沙少,水量大,无冰期,水流稳定,航运价值大,为开展水上旅游活动创造了十分有利的条件。

本区的湖泊众多,我国五大淡水湖中有四个在本区,即鄱阳湖、太湖、洪泽湖和巢湖。另外,本区内还有杭州西湖、南京玄武湖、扬州瘦西湖、嘉兴南湖、淳安千岛湖等,均为著名风景名胜区。

本区的瀑布、泉水也是一项重要资源。著名的瀑布有黄山的人字瀑、九龙瀑,雁荡山的大、小龙湫瀑布等。著名的泉点有镇江金山的"天下第一泉"、无锡惠山的"天下第二泉"、苏州虎丘的"天下第三泉"、杭州虎跑泉等。

10.1.2 人文地理环境

10.1.2.1 吴越文化特色鲜明

江浙一带山清水秀,气候湿润,土地肥沃,自古便是繁华之地。吴越文化形成于唐末五代时,主要在江浙一带。钱镠在杭州建立吴越国,采取保境安民的国策,促进和带动了整个吴越地区经济的发展,而且使杭州成为中国东南政治、经济和文化中心,成为中国东南人文荟萃之地。南宋迁都杭州,使这里更呈现一派繁荣景象。其特色主要表现在:一是崇尚文化的民风,人们整体文化素质较高,历史上名人辈出,人才荟萃;二是从各种建筑到文学艺术、戏曲等都以纤巧、秀雅、婉转、细腻为特色;三是商业发达,游娱之风较为盛行。

10.1.2.2 经济繁荣,特产丰富

长江下游地区自然条件优越,开发历史悠久,使得这里人口众多,经济发达。长江三角洲平原、太湖平原等都是我国重要的商品粮基地和农产品基地。本区也是我国重要的工业基地,机电、纺织、汽车、化工、电子、高科技和金融、房地产、信息等产业居全国首位。上海是全国最大的机械、钢铁、汽车、造船、工商业、金融、信息及高科技产业的中心。同时,本区也是我国城市化水平最高的地区,旅游城市数量之多、分布之密集居全国之冠;历史文化名城众多,南京、杭州是我国"七大古都"中的两个。

本区最富盛名的土特名产是丝绸和茶叶。著名的丝绸产品有杭州的都锦、生织锦、丝绸被面、双绉,苏州的塔夫绸、宋锦,南京的云锦等。主要名茶有西湖龙井茶、太湖碧螺春、黄山毛峰、六安瓜片和祁门红茶等。本区的特种工艺品开发历史悠久,种类繁多,有很高的艺术价值。比如苏州的刺绣、常熟的花边、惠山泥人、扬州漆器和玉雕、杭州的绸伞和工艺扇、东阳的木雕、湖笔、徽墨、宣纸、歙砚、景德镇的陶瓷等享誉国内外。

10.1.2.3 交通便利,四通八达

本区水、陆、空交通都极为便利,拥有远洋、近海、内河航运、公路、铁路和航空等各种

运输系统，构成了四通八达的交通网络。上海、杭州、南京、南昌、合肥、宁波、连云港、徐州、镇江、无锡、苏州、绍兴等旅游城市都有铁路、水路、公路连接，各风景名胜区如黄山、九华山、庐山等多在交通沿线。

本区是我国水路交通最便利的地区。长江是本区最大的水运河道，连通上海、南京、镇江、无锡、芜湖、安庆等长江沿岸重要的旅游城市。京杭大运河、新安江、钱塘江成为本区的旅游热线。海运方面，上海是中国最大的港口和世界重要港口之一。

本区航空交通发达，区内主要大城市都有航班相通。上海更是我国东部沿海的航空枢纽，与全国近百个城市有定期直达航班，并有国际航班通往世界近百个城市。

10.1.3 旅游资源特色

10.1.3.1 自然旅游资源以名山胜水为特色

本区风景名山数量众多，江河湖海水景丰富，有许多都是国家级重点风景名胜区。名山融丰富的自然景观和文物古迹于一体，加上宜人的气候和便捷的交通，历来多为游览胜地，如黄山、九华山、庐山、井冈山、紫金山、雁荡山、普陀山等。京杭大运河江南段两岸一派典型的水乡风光，名闻世界的江南古典园林都分布在这一带。新安江—千岛湖—富春江—钱塘江一线山清水秀，美妙如画。鄱阳湖、洞庭湖、太湖、洪泽湖和巢湖等沿岸湖光山色，风景优美。这些山水资源对本区旅游业的发展具有十分重要的意义。

10.1.3.2 古典园林独具特色

本区地处江南水乡，山明水秀的自然风光、丰富的植被和建园材料等，为造园提供了优越的条件。本区兴建园林最早出现于汉代，南朝历代帝王在建康（今南京）城内外兴建宫苑囿，出现兴建园林的第一个高潮。唐末五代时期，仕宦富家及大量民众纷纷南迁，出现了第二个营建园林的高潮。至南宋迁都杭州，园林修建的规模更大。明清两朝，江浙士大夫、富商巨贾纷纷聚集江南大兴土木，营造私人宅第园林，遂使本区成为江南园林的荟萃之地。江南园林大多集中于苏州、南京、扬州、杭州等地，据《苏州府志》记载，仅苏州一地，明代园林就有 271 座，清代园林 130 座，由此可见苏州园林之盛况。

古典园林是我国人文旅游资源中的一朵奇葩。本区的江南园林以私家园林为主，开创了我国古典园林一派新风，与北方皇家园林形成了我国园林艺术的主流，成为“中国文化四绝”之一。

10.2 旅游业概况

自改革开放以来，本区旅游业呈现出稳定发展的良好势头，产业规模不断扩大，产品结构日趋完善。本区旅游业的形态具有鲜明的个性，上海都市旅游、江苏太湖“吴越文化之旅”、浙江西湖“淡妆浓抹总相宜”、安徽黄山“奇松、怪石、云海、温泉”、江西庐山“雄、奇、险、秀”，构成了“一城二湖二山”的旅游格局，很好地整合了特色旅游景点，实现旅游资源的优势互补,形成完整的园林风光山水都市游。

随着旅游业的发展,在传统旅游产品的基础上,本区根据富有革命斗争传统的特点,大力发展红色旅游,如井冈山,作为中国革命的摇篮,已开发成为当代"风流文物",雄居于名山之列;根据经济技术发达的特点,积极建造人工景点,开发新型旅游产品,如无锡中视影视城、常州恐龙园、南京海底世界等,取得了巨大的经济效益和社会效益,使本区旅游业取得了较快发展。目前,本区已成为全国旅游业最发达的地区之一。

今后,吴越旅游区应发挥其地理位置、交通、科技与人才优势,加强旅游景观与产品的精品化设计,将本区逐步建设成为以山水胜景、园林名胜、吴越历史文化、都市古镇乡村风光、古运河采风为主的综合性旅游区。

10.3 主要旅游区介绍

10.3.1 上海市

10.3.1.1 概况

上海简称"沪",相传春秋战国时期,上海曾经是楚国春申君黄歇的封邑,故别称为"申"。上海地处东海之滨,长江入海口,我国大陆南北海岸线中点,大部分地区位于坦荡低平的长江三角洲平原,是我国最大的城市、最大的经济中心和最重要的工业基地之一,也是我国重要的贸易、金融、科技、文化中心。上海的总面积为 6 340.5 平方千米,2018 年末的常住人口为 2 423.78 万人。同时,上海也是我国最大的港口和长江中下游航运中心,海、空运输发达,陆路交通便利,成为我国最大的交通枢纽之一,是我国最重要的国内外旅游者的集散地。

上海是世界著名的大都市,我国的优秀旅游城市、历史文化名城。上海以人文旅游资源为主,是一个具有丰富历史遗迹和现代都市风貌的独特城市,市区有许多现代建筑是全国之最,如上海的地标——浦西的外滩和新天地。在一江之隔的浦东,呈现出另一番繁华景象:东方明珠电视塔与金茂大厦、上海环球金融中心等建筑共同组成了全球第五大天际线——上海天际线。上海旅游的特色是"都市风光、都市文化和都市商业",即以人民广场和黄浦江两岸为中心的城市观光、商务、购物旅游圈;以公共活动中心和社区为主的环都市文化旅游圈;以佘山、淀山湖、深水港、崇明岛等为重点的远郊休闲度假旅游圈。

上海市的主要旅游线路如下。

上海都市观光之旅:人民广场—城隍庙(豫园商城)—南京东路—东方明珠—外滩。

上海都市购物之旅:上海体育场—淮海路商业街—南京路商业街—四川北路商业街。

上海文化艺术经典之旅:人民广场—上海博物馆—上海大剧院—上海美术馆。

上海市郊环城观光度假之旅:龙华—淀山湖—佘山—古猗园。

10.3.1.2 主要旅游景区及景点

（1）豫园

豫园位于上海市东南部，占地47 000平方米，是著名的江南古典园林，号称“奇秀甲于江南”。豫园是上海五大古典园林（豫园、曲水园、醉白池、秋霞圃和古猗园）之一，始建于明嘉靖至万历年间（1559—1577年），是明代四川布政使潘允端为了侍奉其父亲尚书潘恩而建造的，取“豫悦老亲”之意，故名“豫园”，至今已有400多年历史。豫园建筑兼有明清两代园林风格，布局奇特，由5条造型独特的龙墙将全园40余处亭、台、楼、阁分隔为各具特色的五大景区，小中见大，引人入胜。其中玉华堂前的“玉玲珑”假山石是与苏州留园的“瑞云峰”、杭州花圃的“皱云峰”齐名的江南三大奇石之一，具“皱、漏、瘦、透”之美，相传为北宋“花石纲”遗物。1982年豫园被国务院列为全国重点文物保护单位。

“不游豫园，不算到上海”，豫园与豫园商城共同组成上海地区最有吸引力的园林庙市游览区，成为上海最大的旅游商业中心。

（2）玉佛寺

玉佛寺位于上海普陀区安远路江宁路口，是我国江南的一座名刹，为上海著名的佛教庙宇之一。清光绪年间，浙江普陀山的僧人慧根沿着唐玄奘法师西行取经的踪迹到印度“礼佛”，在回国途中取道缅甸，迎回大小五尊玉佛，途经上海时，留下白玉雕释迦牟尼坐像及卧像各一尊。光绪八年（1882年），为了供奉这两尊玉佛，募地建寺于江弯，取名玉佛寺。后寺院在战争中被烧毁，1918年重建于安远路，是上海市内著名的游览点之一。

（3）外滩

外滩又名中山一路，地处黄浦江西岸，是一条南北走向的临江大道，北起外白渡桥，南抵金陵东路，全长约1 500米。外滩是上海的风景线，是到上海观光的游客必到之地，江面、长堤、绿化带及雄伟的建筑群所构成的街景，是最具特征的上海景观。外滩有欧洲文艺复兴时期的古典建筑、美国式的近代建筑、西班牙式建筑、英国式乡村别墅、意大利式公寓、挪威式古典建筑等24幢特色建筑，每一幢楼都有各自不同的风格和不同的经历。外滩享有“万国建筑博览”的美誉，也是百年来近代上海历史的一个缩影。

（4）龙华

龙华位于上海西南部，由龙华寺、龙华塔和龙华公园为主组成，自古是一个以宝塔、古刹、桃花驰名中外的游览区。

龙华寺位于上海徐汇区龙华路，为上海历史悠久、规模最宏大的古刹，相传建于三国时期，距今1700多年。现在的佛殿大都是清光绪年间重建和修葺的。钟楼内铜钟高2米多，钟声可传数里外，“龙华晚钟”被列为旧城八景之一。寺东的龙华宾馆，是我国第一座具有佛教特色，专门满足国内外佛教信众进香需求的高级宾馆。

龙华塔位于龙华寺前，民间传说是东吴孙权为孝敬父母而建，故又名报恩塔。塔为砖木结构楼阁式，七层八角，高40.6米，是上海地区保留最完美的古塔之一。

龙华公园位于龙华寺西侧，原为龙华寺附属的寺庙园林。每年4月中旬，桃花盛开，来龙华观赏桃花的游客络绎不绝。

(5)东方明珠塔

东方明珠广播电视塔1994年建成,坐落于黄浦江畔浦东陆家嘴嘴尖上,塔高468米,由三根直径为9米的立柱、塔座、下球体、上球体、太空舱等组成。东方明珠塔位列亚洲第一、世界第三高塔,与外滩的"万国建筑博览群"隔江相望,成为上海的标志性建筑。

(6)金茂大厦

金茂大厦位于上海浦东新区陆家嘴,与著名的外滩风景区隔江相望。大厦总高度420.5米,占地面积2.3万平方米,地上88层,总建筑面积29万平方米。金茂大厦既有现代气派,又有民族风格,堪称上海迈向21世纪的一座标志性建筑。

(7)淀山湖

淀山湖位于上海市青浦区,原名薛淀湖,呈葫芦形,面积60平方千米,是上海全市最大的淡水湖泊。现已成为上海市规模最大的具有游览、体育、疗养、野营等多种功能的旅游区。

淀山湖西岸兴建起了以"大观园"仿古建筑群为主体的风景区,占地8万平方米,建筑面积8 000多平方米。建筑群以《红楼梦》小说为依据,有"怡红院""潇湘馆""蘅芜苑""稻香村"等建筑景点10多组。淀山湖东岸有青少年野营基地、大型游泳场、划船俱乐部。青少年野营基地为综合性游乐场所,设有帆船、高速摩托艇、溜冰场、钓鱼台等游乐设施。淀山湖南岸有水上运动场、国际高尔夫球乡村俱乐部,是国内外游人度假的良好场所。

(8)古猗园

古猗园位于上海市嘉定区南翔镇,占地8万余平方米,是上海五大名园之一。初建于明代嘉靖年间,至今已有400多年历史。因取《诗经》中"绿竹猗猗"而命名为"猗园"。至清代乾隆十一年(1746)重修,改名古猗园。古猗园具有苏州园林的特色,水域面积较大,亭台楼阁散立池畔,名胜古迹较多,是上海市郊的著名游览胜地。猗园的布局以戏鹤池为中心,周围有逸野堂、梅花厅、松鹤园、湖心亭、九曲桥、长廊等。

10.3.2 安徽省

10.3.2.1 概况

安徽省,取当时安庆、徽州两府首字得名,简称"皖",位于华东腹地,是我国东部襟江近海的内陆省份,总面积约14万平方千米,截至2018年底,全省总人口为6 324万人。全省地势西南高、东北低,地形地貌南北迥异,复杂多样。长江、淮河横贯全境,将全省划分为淮北平原、江淮丘陵和皖南山区三大自然区域。安徽地处暖温带过渡地区,以淮河为分界线,北部属暖温带半湿润季风气候,南部属亚热带湿润季风气候。

安徽山川壮丽,旅游资源丰富,名山胜水遍布境内,自然景观与人文景观交相辉映。从地理位置可划分为皖南、淮南和淮北三大旅游区域。皖南地区位于安徽南部,是旅游资源最丰富地区,包括世界自然与文化双重遗产的黄山、世界文化遗产的西递和宏村等皖南古村落,旅游资源以风景名山和古镇民居为特色;淮南地区是指介于长江与淮河之间的地区,有合肥、寿县、凤阳等历史文化名城,旅游资源以名山风光为特色;淮北地区位于淮河以北地区,旅游资源以人文景观为特色。

安徽省的主要旅游线路如下。

古徽文化名人故里之旅:绩溪—屯溪—休宁—黟县。

皖北历史文化访古之旅:合肥—凤阳—亳州—寿县—淮南。

皖山皖水黄梅情之旅:天柱山—花亭湖—安庆。

世界遗产探访之旅:屯溪—黄山—黟县—歙县。

皖东生态山水田园诗意之旅:合肥—宣城—宁国—太极洞。

10.3.2.2 主要旅游景区及景点

(1)合肥

合肥市位于安徽省中部,为安徽省省会,是全省政治、经济、文化中心和水陆交通枢纽。南淝河穿城而过,市内道路宽阔,绿树成荫,有"绿城"的美誉。名胜古迹有古战场逍遥津公园、包公祠、教弩台等。

逍遥津公园位于合肥市东北隅,是一座约 20 万平方米的城市公园,水面占三分之一。逍遥津为古时淝水上的一个渡口,有津桥可渡,是著名的三国古战场。

包公祠位于合肥城东南的包河公园香花墩,又称"包孝肃公祠",是纪念北宋清官包拯的祠堂。包河风景区面积 30.5 公顷,祠堂附近有包公井(又名"廉泉")以及包拯墓园。

教弩台是一个有红色墙垣的高坛,高 7.3 米,建筑突出。台东有一小桥,相传是当时孙权兵败脱险的地方,因此又名"飞骑桥"。台西有听松亭,是合肥胜景之一。

(2)黄山

黄山雄踞于安徽南部,属黄山市,横亘于黄山区、徽州区、歙县、黟县和休宁县之间,南北约 40 千米,东西约 30 千米,总面积约 1 200 平方千米,号称五百里黄山。黄山,秦称黟山,唐天宝六年(747)改名黄山,传说轩辕黄帝曾在此修身炼丹。黄山有大小 72 峰,莲花峰、天都峰、光明顶是黄山的三大主峰,海拔高度都在 1 800 米以上,最高峰是莲花峰,海拔 1 864.8 米。方圆 154 平方千米的黄山风景区无处不景,无景不奇,为全国重点风景名胜区,1990 年被列入《世界自然与文化双重遗产名录》,2004 年入选世界地质公园,2007 年被国家旅游局正式批准为国家 5A 级旅游景区。

黄山是我国特点最多的名山,集泰山之雄伟、华山之险峻、恒山之烟云、庐山之飞瀑、雁荡之巧石、峨眉之秀丽于一体,尤以"奇松、怪石、云海、温泉"四绝闻名天下,素有"天下第一奇山"的赞誉。明代大旅行家徐霞客有"五岳归来不看山,黄山归来不看岳"的感叹。

黄山景区的景点多达 400 余处,分为温泉、玉屏、北海、松谷、云谷、白云六大景区。黄山四季景色各异,万千气候,晨昏晴雨,瞬息万变,风光无限。黄山日出、晚霞、云雾、华彩、佛光和雾凇等时令景观各得其趣,可谓人间仙境。

(3)齐云山

齐云山位于休宁县境内,在屯溪西 33 千米处,古称白岳,因其"一石插天,与天并齐",明嘉靖年间改名为齐云山。齐云山方圆 110.4 平方千米,自然保护区 150 平方千米,为红色沙砾岩构成,属于丹霞地貌,主峰廊岩峰 585 米。齐云山是中国四大道教名山之一。山中丹崖耸翠、怪石峭立,宫观道院点缀其间,碑铭石刻密布。清乾隆皇帝巡游江南,誉齐云山"天下无双胜境,江南第一名山"。

(4)歙县风景区

歙县位于安徽南部,新安江上游,毗邻浙江省,是一座古老的山城。山环水绕,风景如画,历来为文人墨客所青睐,为国家历史文化名城。歙县古民居群布局典雅,园林、长亭、古桥、石坊、古塔到处可见,特别是以牌坊古建筑为代表的景观,如许国石坊、棠樾牌坊群等。

(5)皖南古村落——西递、宏村

西递和宏村都位于黄山市黟县东北部,是安徽南部民居中最具代表性的两座古村落,都以世外桃源般的生态环境、保存完好的村落形式、工艺精湛的徽派民居和丰富多彩的风情民俗而闻名天下,被誉为"东方古建筑的艺术宝库",2000 年被列入《世界文化遗产名录》。

(6)天柱山

天柱山又名皖山,安徽省简称"皖"即源于此。位于潜山县境内,因主峰海拔1 488米,峻拔高耸,直插云霄,势如擎天之柱而得名,被称为"第二黄山"。

天柱山古称南岳,道教尊天柱山为第 14 洞天 57 福地,唐佛光寺、南梁山谷寺曾显赫一时。这里有李白、白居易、苏轼、王安石、黄庭坚等文人墨客存留的近 400 方摩崖碑刻,集历代文学和书法之精华于一体。

天柱山森林茂密,环境幽静,冬暖夏凉,是避暑休闲胜地。天柱山 45 座名峰各有千秋,有怪石 86 处、名洞 22 个,有奇松多处,加上秀水名瀑点缀其间,风景多而奇,雄而秀,素以奇峰怪石、飞瀑流泉、峡谷幽洞、险关古寨、雾潮云海知名天下。

(7)九华山

九华山位于安徽青阳县西南 20 千米处,古称九子山,共有 99 峰,其中以天台、莲华、天柱、十王等九峰最为雄伟,酷似莲花。唐代诗人李白描绘九华峰是:"昔在九江上,遥望九华峰。天河挂绿水,绣出九芙蓉。"为此,九子山改称为九华山。主峰十王峰海拔1 344.4米,高度为诸峰之冠,素有"东南第一山"之称。

九华山在 1500 多年前的东晋末期开始建立寺庙,为地藏菩萨的道场,是中国四大佛教圣地之一。极盛时的明清两代,有寺庙达 300 多座,僧众 4 000 多人,享有"佛国仙城"的称号。现存化成寺、肉身宝殿、百岁宫、甘露寺等古刹 78 座,大小佛像 6 000 多尊,藏有与佛教有关的珍贵文物 1 300 多件。

九华山既有佛教圣迹,又有优美的自然风光,良好的避暑条件,终年游客不断,尤其是每年农历七月三十的地藏法会,国内外朝山者纷至沓来。

(8)琅琊山

琅琊山位于滁州市区西南 5 千米处,总面积 11 700 公顷,为国家级风景名胜区。因东晋元帝琅琊王司马睿曾避难于此而得名,又因宋代欧阳修《醉翁亭记》一文而得名。山上有很多唐、宋、明各代的碑刻,醉翁亭为主要建筑。醉翁亭建于北宋庆历六年(1046)。当时欧阳修任滁州太守,常与宾客来此同游,因他号称"醉翁",故起名"醉翁亭"。

(9)褒禅山

褒禅山位于含山县城东7.5千米处，是几座山的统称。东为灵芝山，古以盛产木灵芝而得名；中为起云峰，高耸挺拔；西有鳌鱼岭，传说有一罗汉出生于此，饮食后投碗于岭上，至今仍可见其坐卧痕迹，因此又称碗儿岭。褒禅山最著名的景观为华阳洞。

(10)六安

六安市位于安徽西部，大别山北麓，俗称“皖西”，是大别山区域中心城市。远在新石器时代，六安就有人类活动。在汉代，六安是座繁华都市，曾享有“金六安”的美誉。六安境内自然景观、人文景观众多。有国家级森林公园天堂寨，有南岳山、铜锣寨、万佛山、八公山（我国豆腐的发祥地）等风景名胜区，奇松怪石，珍禽异兽，尽显造化之神韵。有万佛湖、安丰塘、水门塘等休闲度假区，水天一色，碧波万顷，尽享自然之美妙。有全国历史文化名城寿县，保存着我国唯一完整、宏伟壮观的宋代古城墙，还有赵国将军廉颇墓，楚公子春申君墓，西汉淮南王刘安墓等。八公山下淝水一带是历史上著名的淝水古战场遗址，“草木皆兵”成语即产生于此战役。

10.3.3 江苏省

10.3.3.1 概况

江苏，得名于清朝江宁府和苏州府二府之首字，简称“苏”，位于我国东部，长江下游，东滨黄海，京杭大运河纵贯全省南北。总面积为10.7万平方千米，2018年全省总人口为8 051万人。江苏是我国地势最低平的省份，苏南太湖、苏北洪泽湖周围水网密布，有“水乡泽国”之称；又因盛产稻、麦、棉、蚕、鱼等，故有“鱼米之乡”的美称。

江苏历史悠久，是中国吴文化的发祥地，早在数十万年前南京一带就已经是人类聚居之地。江苏人文荟萃，以著名诗人李白、白居易、刘禹锡、王安石为代表的历代诗人，在江苏留下了许多不朽的诗篇。江苏风光秀丽，名城众多，名胜古迹遍布，是我国重点旅游省之一。

江苏旅游从地理位置上划分为苏南、苏北两大区域：苏南地区是指长江以南地区，包括南京、苏州、镇江等地，旅游资源以江南水乡、山水园林为特色；苏北地区是指长江以北地区，包括扬州、南通、徐州、连云港等地，旅游资源以山水风景为特色。

江苏省的主要旅游线路如下。

南京郊区古迹之旅：南京—雨花台—牛首山—祖堂山—南唐二陵。

运河古镇园林游：南京—扬州—镇江—苏州。

古运河风光游览线：苏州—无锡—常州—镇江—扬州——宿迁—徐州。

烟花三月下扬州之旅：镇江—扬州—淮安—南京；扬州—高邮—淮安。

10.3.3.2 主要旅游景区及景点

(1)南京

南京古称金陵，简称“宁”，位于江苏省西南部，横跨长江两岸，为江苏省省会，是我国著名八大古都之一。南京至今已有2400多年的历史,为国家级历史文化名城。三国东吴在此建都,称建业。尔后,东晋、宋、齐、梁、陈都在此建都,史称六朝。五代十国的南唐、明初、太平天国、中华民国先后定都南京,故有"六朝胜地、十代都城"之誉。南京四周山丘蜿蜒起伏,如蛟龙盘绕,市内石城屹立,如猛虎雄踞,故"钟山龙蟠,石城虎踞"成为其代名词。南京,山环水抱,山、水、城、林交融一体,自然风貌久负盛名,名胜古迹遍布城内外,古有"金陵四十八景"之说。

中山陵位于紫金山南麓,是孙中山的陵墓,建于1926年,陵园总面积1 000公顷。陵墓呈巨大的钟形,由南往北依山势逐级升高,从广场地面到墓室的中轴线上,依次有牌坊、墓道、陵门、碑亭、平台、祭堂和墓室,共有392级台阶。墓室为球状结构,正中是圆形大理石塘,有栏杆围护,石塘中央是长方形墓穴,墓穴下面安放着紫铜灵柩的孙中山遗体,基穴上镌有大理石孙中山卧像。整个陵区苍松翠柏,漫山碧绿,庄严肃穆,气势雄伟,是南京最富盛名的胜地。

明孝陵位于紫金山南麓、中山陵的西边,是明朝开国皇帝朱元璋的陵墓,因朱元璋标榜"以孝治天下",故名。明孝陵建于明洪武十四年到十六年(1381—1383年),占地170万平方米,是明代皇陵中规模最大的一座,现残存正门、碑亭、明太祖墓等。2003年列入《世界文化遗产名录》。

灵谷寺位于紫金山东南坡,中山陵东约2千米处,是紫金山风景最佳处之一,古称"灵谷深松"。灵谷寺原名开善寺,建在紫金山南麓独龙阜,因朱元璋在独龙阜建陵将寺迁到现址,改名灵谷寺。寺内主要建筑无梁殿高20米,宽40米,纵深38米。大殿全部用巨砖砌成,无梁无柱,故称"无梁殿",是全国无梁殿之冠。灵谷塔高60多米,九层八面,中心有螺旋式盘梯直上顶层,登塔可远眺钟山全貌。

玄武湖位于南京城北玄武门外,湖周长15千米,总面积4.44平方千米。湖三面环山,一面临城,湖中有环洲、樱洲、梁州、翠洲、菱洲等五洲,各洲之间有桥堤相通,水陆交通都很方便。玄武湖六朝时期曾是训练水师的军事基地,又是历代帝王游猎吟咏的游乐场所。玄武湖风景如画,湖光山色浑然一体,成为南京最大的公园。

清凉山附近的石头城遗迹,俗称"鬼脸城",即古"金陵邑"和六朝石头城所在地,其城垣为明朝城垣的精华之一。

莫愁湖位于南京水西门外,相传南齐时洛阳少女莫愁曾居湖滨,因而得名。公园总面积0.41平方千米,其中湖面0.33平方千米,湖水碧澄如镜,湖畔胜迹毗邻,是南京别具一格的园林,古人称它为"金陵第一名胜"。莫愁湖环境幽静,布置精致,建有胜棋楼、郁金堂、赏荷厅、光华亭等楼阁,其中以胜棋楼最为著名。郁金堂相传是莫愁女住过的地方,院内壁上有一幅莫愁女石刻像,院外水池中又矗立着一尊汉白玉莫愁女塑像,蕴含动人凄美的传说。

雨花台位于南京城南中华门外约1千米处,是一个高约100米、长约3千米的山冈,原称石子岗、玛瑙岗、聚宝山等。相传梁代高僧云光法师在这里讲经,感动了天神,天上降花如雨,故名雨花台,为历代著名的游览地。冈上盛产雨花石,形如鹅卵,色彩艳丽,可作观赏。六朝以来这里一直是兵家必争的地方。新中国成立前这里成了屠杀共产党人和爱国志士的刑场,新中国成立后在雨花台修建了壮丽的烈士陵园,革命烈士纪念碑上的“死难烈士万岁”六个大字为毛泽东亲笔书写。

秦淮河是南京地区的主要河流。从六朝起,秦淮河两岸就是南京历史上最繁华地区。两岸粉墙红瓦,北岸的大功坊、三山街,是六朝和南唐时的御街;南岸的乌衣巷是东晋王导、谢安两大家族居住过的地方。秦淮风光,以灯船最为著名。众多的名胜古迹使秦淮河成为中外游客的旅游胜地。

夫子庙是秦淮河畔的明珠。夫子庙,也称“文庙”或“孔庙”,是供奉和祭祀孔子的地方,建筑雄伟、古朴。它利用庙前的秦淮河为泮池,南岸的石砖墙就是当年的照壁,全长110米,是我国现存最长的一座照壁。庙两侧为东西市场,夫子庙广场东侧的贡院曾是科举时代的考场,西北为夫子庙人民游乐场。

(2)苏州

苏州位于江苏省东南部,北临长江,西濒太湖。苏州为国家级历史文化名城,已有2500多年的历史,深厚的文化积淀,秀丽的自然风光,使它成为“人间天堂”。苏州城内水巷纵横,石桥众多,具有“小桥、流水、人家”的水城特色,素有“东方威尼斯”之称。苏州为我国古典园林荟萃之地,至今共有园林170多处,故有“江南园林甲天下,苏州园林甲江南”之说。1997年苏州园林被列入《世界文化遗产名录》。

拙政园位于苏州娄门东北街,是苏州四大古名园之一,明代园林的代表作,堪称苏州园林之冠。它又与北京的颐和园、承德的避暑山庄和苏州留园合称为中国四大名园。拙政园始建于明代正德四年(1509),为御史王献臣辞官回乡时所建。园名拙政,是取晋代《闲居赋》中“拙者之为政”之意。拙政园是中国古典园林的经典之作,以江南水乡风光为特色。拙政园全园面积40 000平方米,分东、中、西三部分,东园有兰雪堂、芙蓉榭等建筑,西园有三十六鸳鸯馆和十八曼陀罗花馆,中园是全园精华,以远香堂为主体建筑,面临大荷花池,四周花窗,漏窗透空,水景如画。

留园位于苏州西郊阊门外,苏州四大古名园之一,清代园林的代表作。留园始建于明代中叶,清嘉庆三年(1798)修建后具有清代园林建筑风格,因园主姓刘,故名留园。留园面积27 000平方米,有移步换景之妙,充分体现了高深、曲直、虚实、明暗等造园艺术。景区以曲廊相贯通,在700多米长的曲廊壁上还镶嵌有历代名家书法石刻300多方,为著名的“留园法贴”。园内还有著名的“留园三峰”,即冠云峰、瑞云峰、岫云峰,是用完整的太湖石构筑的,其中冠云峰高约9米,是北宋花石纲遗物,是江南最大的湖石。

沧浪亭位于苏州市城南三元坊口,苏州四大古名园之一,是宋代园艺建筑的代表作,也是历史最悠久的园林。沧浪亭面积11 000平方米,巧借园外水色与园内山景自然结合,是园林“借景”中的杰作。

狮子林位于苏州园林路,苏州四大古名园之一,是元代园林的代表作。狮子林以假山洞壑著称,全园面积仅10 000平方米,太湖石假山就占1/2,有“假山王国”之称。假山石皆呈狮子形状,故得名。

网师园位于苏州城东南葑门十全街,是苏州中小型古典园林的代表,也是苏州典型的清代官僚住宅。它始建于南宋,清乾隆三十五年(1770年)重建。园主宋宗元借“渔隐”之意,自比渔父,故称网师园。网师园以布局紧凑,玲珑别致,幽深曲折,园中有园,景外有景而著称。

虎丘位于苏州市阊门外，原名海涌山。春秋时吴王夫差葬其父阖闾于此，相传葬后三日，有白虎蹲踞坟上，故名虎丘。虎丘有"吴中第一名胜"的美称，景点很多，最著名的是云岩寺塔和剑池。云岩寺塔又名虎丘塔，建于山顶，为一座七层八角的砖塔，建于后周显德六年(959)，塔高47.5米，现塔身上下偏移达2.82米，是苏州现存最古之塔，成为苏州城的象征。剑池相传为阖闾墓穴，池旁两岸峭壁如削，景致奇险。东壁"风壑云泉"四字为宋代米芾所书；西壁有东晋王羲之题"剑池"两字。

寒山寺位于苏州城西阊门外约5千米的枫桥镇，又称枫桥寺，是著名古刹，创建于梁天监年间。相传唐代高僧寒山和拾得二人曾居于此，故名寒山寺。唐天元年间诗人张继赴京应试落第，归途中于枫桥夜泊，有感而成《枫桥夜泊》，从此诗韵钟声，名扬天下。

(3)无锡

无锡位于江苏东南部，太湖北岸，是历史悠久的古城，三千年前曾是吴国所在地。相传周秦之际曾产过铅锡，西汉时锡竭，故名无锡。无锡风景秀丽，以自然风光和近代园林为主，其风光名胜大多与太湖景色相联系，因而无锡被誉为"太湖明珠"。

鼋头渚距无锡市区10余千米，是横卧太湖西北岸的一个半岛，因巨石突入湖中形状酷似神龟昂首而得名。"来无锡必游太湖，游太湖必至鼋头渚"。鼋头风光，山清水秀，浑然天成，为太湖风景的精华所在，故有"太湖第一名胜"之称。鼋头渚风景区地广景多，广福寺、澄澜堂、飞云阁等可以从不同角度观赏浩渺无际的太湖景色。当代大诗人郭沫若"太湖佳绝处，毕竟在鼋头"的诗句赞誉，更使鼋头渚风韵流扬海内外。

蠡园位于无锡市西南五里湖畔。五里湖又称蠡湖，是太湖的一部分。相传春秋时越国大夫范蠡偕美女西施泛舟于此而得名。全园面积5.84平方千米，其中水面2.35平方千米。蠡园三面临湖，以水饰景，亭、廊、堤均傍水而筑，精致纤巧，为江南名园之一。

锡惠公园位于无锡市西郊惠山和锡山之间。惠山是江南名山，高329米，其九峰如九条巨龙，故又称九龙山。山上有惠山寺、香花桥、大同殿等古迹。惠山东麓有明代所建的寄畅园，以精湛的造园艺术和独特的风格享有盛名。北京颐和园中的谐趣园就仿此而造。山上多清泉，最著名的惠山泉为"天下第二泉"，"二泉映月"乐曲即诞生于此，无锡泥塑"惠山泥人"也出于惠山。锡山位于惠山之东，高75米。山顶有龙光塔和龙光寺，山底有龙光洞，此处犹如一粒明珠紧挨惠山嘴边，故有"游龙戏珠"美名。1958年锡山与惠山之间开凿映山湖，两山连成一片，辟为锡惠公园。

梅园位于无锡西郊的浒山上，背依龙山，面临太湖，距市区7千米，因园内遍植梅树而得名。园内布局以梅饰山，依山饰梅，别具一格。全园有梅万余株，盛开时满山一片"香雪海"，是江南著名的赏梅景点。园内的开元寺建于1930年，被称为无锡的"小灵隐"，寺内三宝——泰国的弥勒佛铜像、日本的梵钟、美国的佛像弥足珍贵。

太湖影视城是中央电视台无锡外景基地，规划建六处景点，目前建成唐城、三国城、水浒城、欧洲城。它已形成集影视拍摄、娱乐、游览、饮食于一体的游览胜地。电视连续剧《三国演义》《唐明皇》《水浒传》和电影《杨贵妃》等均在此拍摄。

(4)镇江

镇江是历史悠久的江南古城，已有2500多年的历史，位于江苏省中部、长江下游南岸。镇江市三面山丘环峙，一面临水，江流壮阔，山峦秀丽，历来有"天下第一江山""山林城市”之称。

金山原位于市区西北的长江江心，有“江心一朵芙蓉”之称。清道光年间与南岸陆地相接，现已成内陆山。金山高60米，相传唐代法海禅师开山得金，故名为金山。金山寺始建于1 500多年前的东晋年间，为我国著名古刹之一。寺庙依山而建，从山脚到山顶，殿宇厅堂幢幢相接，亭台楼阁层层相衔，山与寺混为一体，有“金山寺裹山”之说。金山有法海、白龙、朝阳、仙人等四洞，其中法海洞和白龙洞有“白娘子水漫金山”的神话传说。山顶矗立着七层八角砖木结构的慈寿塔。金山的西面有“中泠泉”，为“天下第一泉”。

焦山距镇江市东北4.5千米，是长江中的一个岛屿，高71米，因东汉末年隐士焦光避居于此而得名。因满山苍翠，宛如碧玉，故又称浮玉山。焦山的寺亭楼阁和文物古迹，掩映在山荫云林之中，有“焦山山裹寺”之说。山间有定慧寺，是江南佛教圣地之一。山顶吸江楼是观赏日出和江景的好地方。此外，还有“板桥读书处”，焦光隐居的三诏洞，以及乾隆御碑亭、古炮台遗址等。

北固山位于镇江市东侧江边，高53米，北临长江，山壁陡峭，形势险固，因而得名。山上古迹都与三国时刘备招亲，孙权、刘备联盟有关，如刘备到东吴招亲的甘露寺。多景楼是甘露寺风景最佳处，被北宋书法家米芾誉为“天下江山第一楼”。此外，还有试剑石、走马涧、清晖亭等名胜。

（5）扬州

扬州位于江苏省中部，长江与京杭大运河的交汇点上，始建于春秋末期，已有2400多年的历史，又名广陵，历史上誉称“淮左名都”，是著名的风景旅游城市，国家历史文化名城。每年开春，春风浩荡，林木葱郁，绿满扬州，因此被誉为“绿杨城郭”。

瘦西湖位于扬州市西郊，又名“长春湖”。湖身狭长，长约4.3千米，清瘦秀丽，故名瘦西湖。瘦西湖水碧如带，逶迤曲折，隋唐以来，在湖畔相继建造了长堤春晓、大虹桥、徐园、钓鱼台、小金山、白塔、五亭桥、二十四桥、桂花厅、月观、四桥烟雨等景点，花木扶疏，亭阁别致，呈现出“两堤花柳全依水，一路楼台直到山”的盛况。尤其是湖中莲花埂上有五亭桥，又名莲花桥。桥上建有五亭，造型典雅，每当晴夜月满之时，15个桥洞各含一月，金色混漾，堪与杭州“三潭印月”媲美。

大明寺位于扬州市西北蜀岗中峰，因建于南朝刘宋大明年间，故称大明寺，是具有1 500多年历史的江南著名古刹之一，青砖灰瓦，幽静古朴。唐高僧鉴真曾于743年—753年间在大明寺居住和讲学，并住持大明寺。大明寺东侧有鉴真纪念堂，由碑亭、长廊和纪念堂组成，具有唐代建筑风格，正中供鉴真楠木雕像。

平山堂位于大明寺西侧，是北宋庆历八年（1048）文学家欧阳修任扬州太守时建造，在堂前南望江南诸山与此堂平，故名平山堂。平山堂后为欧阳祠，其西为西园。现在把唐大明寺遗址、西园、欧阳祠等通称平山堂。

何园位于扬州市徐凝门西街，原名寄啸山庄。何园原是乾隆时双槐园旧址，后为光绪年间官僚何芷舫的私人花园，故名何园。何园是保存最完好、最富有扬州特色的园林之一。何园四周建有串楼，逶迤曲折，长400米，构成立体交通路径，与园内各厅相连，不但起到立体观景效果，遇上天下雨，还能使游客免遭淋漓之苦。

个园位于扬州市东关街，据传原为清名画家石涛的寿芝园，至清代嘉庆、道光年间修建。个园内竹林苍翠,因竹叶形似“个”字而得名。个园以假山堆叠精巧著名,并饰以楼、台、亭、阁。假山采取分峰叠石的手法,运用色彩与景趣各异的石料,表现春夏秋冬四季景色,形成“四季假山”奇观。游园一周,似历一年。

(6)云台山

云台山位于连云港市东北,由前云台山、后云台山、东西连岛等组成。其中前云台山主峰海拔624.4米,为江苏省的最高峰。其著名景点有花果山。相传明代著名文学家吴承恩的《西游记》对花果山的描写就取材于此,泉水、怪石、洞穴及满山的花果,形成一幅壮丽的画卷。

(7)云龙山

云龙山位于徐州市南郊,北宋以前称石佛山。相传宋武帝刘裕小时候登此山时,山上出现了云龙环绕的异象,他当皇帝后就将此山改名为云龙山。云龙山东侧有石释迦牟尼半身像,高11.52米。在石佛两旁崖壁上,还有历代陆续雕刻的佛像200多尊。石佛附近的兴化寺,始建于南北朝。山上还有石室两座,一室有苏东坡、米南宫等人的题字石刻;另一室有14块石碑,刻有诸葛亮的《前出师表》和《后出师表》。云龙山附近有云龙公园和云龙湖。

(8)同里

同里镇位于江苏吴江市东北,距苏州城20千米,是一座有1000多年历史的文化古镇。同里风景优美,镇外四面环水,镇区被15条河流纵横分割成7个小岛,而49座古桥又将各小岛串为一个整体。镇内家家临水,户户通舟;明清民居,鳞次栉比;宋元明清桥保存完好。同里镇以“小桥流水人家”的格局赢得“东方小威尼斯”的美誉。

(9)周庄

始建于1086年的古镇周庄,是隶属于江苏省昆山市和上海交界处的一个典型的江南水乡小镇,2003年被评为中国历史文化名镇。周庄,古称摇城,原系春秋时吴国太子摇的封地;又名贞半里,北宋当地人周迪功郎笃信佛教,舍其故宅和良田给寺庙当庙产,百姓们感其恩德,遂更名为周庄。围绕全镇的有澄湖、白蚬湖、淀山湖、南湖和30多条大小河流,镇上有四条主河道,因此周庄自古有“水乡泽国”之称。周庄最为著名的景点有富安桥、双桥、沈厅。此外还有澄虚道观、全福讲寺等宗教场所。

10.3.4 浙江省

10.3.4.1 概况

浙江省简称“浙”,地处东南沿海、长江三角洲南翼,因境内最大的河流钱塘江(旧称之江,也称浙江)江流曲折而得名,素有“鱼米之乡、丝茶之府、文物之邦、旅游胜地”之称。浙江省总面积为1055万平方千米,截至2018年底常住人口为5 737万人。

浙江地势西南高,东北低,自西南向东北倾斜,呈梯级下降。山脉一直延伸到东海,露出水面的山峰构成半岛和岛屿。浙江沿海有2 000多个岛屿,是我国岛屿最多的省份。

浙江是中国古代文明的发祥地之一,历史悠久,文化灿烂。早在5万年前的旧石器时代，就有原始人类“建德人”活动，全省境内已发现新石器时代遗址100多处。春秋时期分属吴、越两国，五代十国时期临安人钱镠建立吴越国。南宋建都杭州。

浙江省旅游资源丰富，旅游业发达，形成了以杭州为中心的旅游网络，从地理上可划分为浙北、浙东和浙西三个旅游区域。浙北主要指浙江北部地区，包括杭州、嘉兴、绍兴等地，旅游资源以山水和古迹为特色；浙东主要指浙江省东南部地区，包括宁波、舟山、雁荡山、楠溪江等地，旅游资源以山水为特色；浙西主要指浙江西部地区，包括金华、富春江、新安江、千岛湖等地，旅游资源以江河、湖泊、溶洞为特色。

浙江省的主要旅游线路如下。

浙东水乡佛国游：杭州—绍兴—宁波—舟山。

浙西名山名水游：杭州—钱塘江—富春江—新安江—千岛湖。

浙南奇山秀水游：杭州—金华—缙云—东阳—武义—永康—温州。

浙北丝绸古镇游：杭州—嘉兴—乌镇—西塘；杭州—湖州—无锡。

10.3.4.2　主要旅游景区及景点

(1)杭州

杭州位于浙江省北部，为浙江省的省会，地处钱塘江下游北岸，京杭大运河南端，古称钱塘，后称临安，是浙江省的政治、经济、文化、交通和旅游中心。杭州是华夏文明的发祥地之一，市郊有4700多年前的良渚文化遗址。历史上共有14个帝王建都于此，是我国八大古都之一，历史文化名城。杭州市素以风景秀丽而著称，有“人间天堂”之誉，是驰名世界的风景旅游城市。

西湖又名西子湖，是西湖风景区的核心，位于杭州城西，故名西湖。西湖三面环山，一面临市，面积约5.6平方千米，环湖一周约15千米。苏堤和白堤将湖面分成外湖、北里湖、岳湖、西里湖和小南湖等五个部分，湖中小瀛洲、湖心亭、阮公墩三岛。环湖山峦叠翠，花木繁茂，峰、岩、洞、壑之间穿插着泉、池、溪、涧，青碧黛绿丛中点缀着楼阁、亭榭、宝塔、石窟。湖光山色，风景如画。“欲把西湖比西子，淡妆浓抹总相宜”(苏东坡)，杭州西湖以其秀丽清雅又富有灵性而被文人墨客吟诵千秋，然而仍使人感叹“山色湖光步步随，古今难画亦难诗”(汤促友)。

西湖景区为国家级风景名胜区。苏堤春晓、断桥残雪、平湖秋月、三潭印月、双峰插云、曲院风荷、花港观鱼、南屏晚钟、雷峰夕照、柳浪闻莺是最早的“西湖十景”。虎跑梦泉、龙井问茶、云栖竹径、满陇桂雨、九溪烟树、吴山天风、玉皇飞龙、宝石流霞、阮墩环碧、黄龙吐翠为“西湖新十景”。

岳庙、岳坟位于栖霞岭南麓，面对西子湖。南宋隆兴元年(1163)，岳飞之冤昭雪，改葬遗骸于此。岳庙忠烈祠大殿正中是岳飞塑像，上方挂有仿岳飞手书“还我河山”的大匾，大殿正门重檐中间高悬由叶剑英同志亲笔所题的“心昭天日”巨匾。岳庙照壁前的南北两厢各有一个碑廊，陈列着125块碑石，有岳飞诗词、奏扎等手迹，还有历代名人的题咏。岳坟在岳庙西首，墓前建有墓阙。阙前照壁上有“精忠报国”四字。墓地正中是岳飞墓，墓碑上书“宋岳鄂王墓”，左面是岳飞之子岳云的墓。墓阙后面两侧铁栏内有四个反绑双手跪着的铁像，即千古罪人秦桧夫妇及同谋张俊、万俟卨，供人唾骂，遗臭万年。

灵隐寺又名“云林禅寺”，位于西湖西面的灵隐山麓，背靠北高峰，前临飞来峰，建于东晋咸和元年(326)，至今已1600多年，是我国佛教禅宗十刹之一，也是西湖畔最大的寺院。灵隐寺隔溪相对的山峰，即为著名的飞来峰，高168米。飞来峰东南麓的溶洞内外石壁上分布有五代至元代的380多尊石刻造像，使之成为一座巨大的“艺术陈列馆”。

六和塔位于杭州市城南钱塘江边月轮山上。北宋开宝三年(970年)，吴越王钱俶为镇江潮在此建造六和塔，又名“六合塔”，取其合“天、地、四方”之意。六和塔是我国砖木结构建筑物中珍贵遗产之一，塔高59.89米，外观8面13层，2层1级，实际分7级，可直登顶层。登塔顶望去，起伏的群山，点点江帆及钱塘江大桥，尽收眼底。

虎跑位于西湖西南大慈山白鹤峰下，距市区5千米。内有虎跑泉、虎跑寺、滴翠轩、梦虎雕塑等。虎跑泉素有“天下第三泉”之称，泉水清甜，水质醇厚，龙井茶叶、虎跑水被称为“西湖双绝”。

(2)嘉兴

嘉兴是历史悠久的江南水乡名城之一，地处浙江东北部，紧靠上海、杭州、苏州等大中城市。“上有天堂，下有苏杭，嘉兴在中央。”

南湖位于嘉兴城南，湖平如镜，景色绮丽，烟雨楼坐落在湖中湖心岛上。乾隆六下江南，六次驻跸烟雨楼，盛赞南湖可与蓬莱仙岛媲美。1921年7月，中国共产党第一次全国代表大会从上海移此继续进行，为全国著名的革命纪念地。

乌镇古名乌墩、乌戍，位于桐乡市北，京杭大运河西侧，是典型的江南水乡古镇。乌镇拥有1300多年的建镇史，文化底蕴深厚。区内河网纵横，十字形的内河水系将全镇划分为东南西北四个区块，分别称之为“东栅、南栅、西栅、北栅”。民居临河而建，迤逦千余米的河岸边，水阁和廊棚透出水乡的悠悠韵味。

西塘位于嘉善县，是一座具有千年历史的文化古镇，到元代初步形成市集，至明代时已颇具规模。西塘地势平坦，有9条河道在镇区交汇，把镇区分划成8个板块，而众多的桥梁又把水乡连成一体，古称“九龙捧珠”“八面来风”。古镇内鳞次栉比的明清建筑与纵横交错的河流相映成趣。街衢多依河而建，民居临水而筑，并以桥多、弄多、廊棚多而著称。

(3)绍兴

绍兴古称会稽，是具有鲜明江南风光特色和文化底蕴的历史文化名城，从春秋时代越国大夫范蠡筑城算起，已有2400多年的历史。它是一座典型的江南水乡城市，全市有桥108座，被称为“桥都”。

大禹陵位于绍兴城东南3千米的会稽山麓，相传大禹东巡至此聚集诸侯，死后就葬在这里。周围群山环抱，奇峰林立，清流潺潺，使大禹陵更显凝重、壮观。大禹陵是一座规模宏大的古典风格建筑群，由禹陵、禹祠、禹庙三部分组成，占地40余亩，建筑面积2 700多平方米，被列为全国重点文物保护单位。大禹庙内现存有石刻碑文多处，称颂大禹治水的功绩，其中“岣嵝碑”最为珍贵，相传为大禹治水时所刻。

兰亭位于绍兴市西南12千米的兰渚山下。这里最早是越王勾践种兰花的地方，汉代曾设驿亭，故称兰亭。晋代著名书法家王羲书写《兰亭集序》，因此兰亭名扬天下。现存建筑有曲水流觞亭、王右军祠。祠前有墨池，相传为王羲之当年洗毛笔地方。流觞亭前为鹅池，“鹅池”两字相传为王羲之所书。

沈园位于绍兴市鲁迅路和延安中路之间，本系沈氏私家花园，故名。沈园是陆游与唐琬相遇的地方，陆游的名词《钗头凤》至今还留在园中墙上。

鲁迅纪念馆位于绍兴市鲁迅中路，包括鲁迅故居、百草园、三味书屋和鲁迅生平事迹陈列厅。鲁迅故居主要建筑仅存两楼两底的木结构旧式民房一幢，鲁迅外出求学前一直生活于此。东面不远的三味书屋是他少年求学的地方，书屋内一张桌子上刻有“早”字，是当年鲁迅的书桌。故居后面是百草园，是他童年时的乐园。

东湖位于绍兴城东3.5千米，与杭州西湖、嘉兴南湖合称浙江三大名湖。东湖有奇石、石石有奇景；东湖多深潭、潭谭见清影。东湖是绍兴的著名胜迹，号称“天下第一盆景”。

(4)宁波

宁波简称“甬”，古称明州，地处东海之滨，依山傍海，自古以来就是我国对外贸易的主要港口和海运的中转枢纽，国家历史文化名城。

天一阁位于宁波城西天一街，建于明嘉靖四十年(1561)，是明朝兵部右侍郎范钦的藏书楼。楼上面南背北一大统间，空气流通，干燥明亮；楼下六间，为“天一”“地六”之意，符合“天一生水，地六成之”之说，故取名天一阁。天一阁是我国现存最古老的藏书楼，原有藏书7万余卷，多系明代刻本和抄本，有很多是研究明史的珍贵文献。现藏书总数达30余万册，阁藏善本已逾8万册，享有“南国书城”的盛誉。

保国寺位于宁波城西南15千米的灵山，始建于东汉，初名灵山寺，唐僖宗广明元年(880)重建，赐额“保国寺”。其大雄宝殿建于北宋大中祥符六年(1013)，是我国现存最早的木结构建筑之一，现为全国重点文物保护单位。

天童寺位于宁波市东南20千米的太白山麓，始建于西晋永康年间，明洪武十五年(1382)正式命名为“天童寺”。天童寺原有990间屋宇，规模之大，全国少有，现尚有730余间，20多幢大建筑。它是禅宗名刹，寺内藏有许多佛经和书画。天童寺号称“东南佛国”，在日本和东南亚各国影响很大。

阿育王寺位于距市区20千米的东郊，创建于西晋太康三年(282)。阿育王寺因置有释迦牟尼舍利宝塔而驰名中外。阿育王寺与天童寺同为禅宗名刹，在中国佛教史上占有显著的地位。

雪窦山距宁波市西37千米，为四明山支脉的最高峰，海拔800米，有“四明第一山”之誉。四周群山，峥嵘突兀，一峰居中名乳峰，峰上一石窦，有飞泉喷激而出，色白如乳，故泉名乳泉，窦称雪窦，山名也因此得名。浙东名刹雪窦寺坐落其间，另有千丈岩、三隐潭瀑布、妙高台、商量岗、林海等景观。因这里是蒋介石、蒋经国父子的故里而格外引人注目。

(5)舟山

舟山市位于浙江省舟山群岛，地处我国东南沿海，长江口南侧，杭州湾外缘的东海洋面上，素有“东海鱼仓”和“祖国渔都”之美称。全市共有大小岛屿1 390个，其中舟山岛最大，面积为502平方千米，为我国第四大岛。

普陀山是舟山群岛的一个小岛，呈狭长形，南北长8.6千米，东西宽3.5千米，面积约12.7平方千米，最高峰佛顶山海拔286.3米。普陀山是我国四大佛教名山之一，为观世音菩萨的道场,普济寺、法雨寺、慧济寺是岛上最大的庙宇。普陀山集山、海奇观于一身,以“海天佛国”著称于世,是首批国家重点风景名胜区,2007 年被国家旅游局正式批准为国家 5A 级旅游风景区。“海上有仙山,山在虚无缥缈间”,普陀山以其神奇、神圣、神秘,成为驰誉中外的旅游胜地。

嵊泗列岛位于舟山群岛的北部,由钱塘江与长江入海口汇合处的数以百计的岛屿群构成,是中国唯一的国家级列岛风景区,以“碧海奇礁、金沙渔火”的海岛风光著称于世。嵊泗仿若海中明珠,镶嵌于碧波之上,阳光、海风、海滩创造了良好的避暑休养的环境,素有“南方北戴河”之誉。金色沙滩,湛蓝海水,海岛奇观,奇峰异石,渔港景色等,让人充分感受到大自然的魅力。

(6)温州

温州是一座历史文化悠久的城市,323 年著名学者郭璞选址建温州城。相传建城时,有一只白鹿衔花跨城而过,所到之处一片鸟语花香、祥云腾飞,故又名“鹿城”。

雁荡山位于浙江省温州市乐清市东北,以山水奇秀闻名,有“寰中绝胜”之誉,号称“东南第一山”。因山顶有湖,芦苇茂密,结草为荡,南归秋雁多栖于此,故名雁荡。雁荡山东西 25 千米,南北 18 千米,有景点 300 多处,可分为北、中、南三座雁荡山,各具特色,并称“东瓯三雁”,其中以北雁荡山最为著名,范围最大,景色最佳。北雁荡山以奇峰、瀑布著称,有七大景区,即灵峰、灵岩、大龙湫、雁湖、显胜门、羊角洞和仙桥,其中以灵峰、灵岩、大龙湫为最杰出,称为“二灵一龙”,为雁荡风景“三绝”。

1982 年,雁荡山被国务院列入第一批国家级风景名胜区名单,2005 年,被评为世界地质公园,2007 年,被国家旅游局正式批准为国家 5A 级旅游景区。

楠溪江是国家级风景名胜区,位于温州永嘉县境内,是瓯江的一条支流,长 103 千米,其间有 72 湾 36 滩,以“水秀、岩奇、瀑多、村古”著名,号称“天下第一江”。楠溪江江水清澈,可乘竹筏在狮子岩附近游览,或顺流而下。楠溪江两岸分布有数以百计的宋明清风格的古老村寨,每一村寨前都有一座别致的“路亭”建筑,还有戏台、祠堂、庙宇等建筑,都基本保存完好。大若岩(小楠溪)为楠溪江景观最丰富区,有百丈瀑、陶公洞、十二峰等景观。

(7)富春江—新安江

富春江—新安江景区包括富春江、新安江、千岛湖(又称两江一湖),地跨富阳、桐庐、建德、淳安四县市,面积 1 123 平方千米,为国家级风景名胜区。上接黄山,下连西湖,山清水秀、境幽史悠,以水见长,山、水、林、岛、洞并茂,人文景观众多,是我国东南部著名的“黄金旅游线”。

瑶琳仙境位于桐庐县境内富春江畔,距杭州市 115 千米。瑶琳仙境系一大型石灰岩溶洞,规模宏大,气势壮观,为全国闻名的游览胜地。主洞长约 900 余米,面积 28 000 平方米,洞内钟乳累累,气温宜人,常年保持在 18 ℃左右。根据溶洞的自然形态,分为七个洞厅,目前可供参观的有四个洞厅,面积 16 000 平方米。

千岛湖位于淳安县境内,是新安江水电站大坝建成后形成的巨大人工湖,湖中有 1 078个翠岛星罗棋布,故称“千岛湖”。水域面积 573 平方千米,东西长 60 千米,南北宽 50 千米。湖区山水穿插,岛丛出没,以山清水秀、洞奇石怪而驰名。

(8)金华

金华以“山水城市、仙游胜地”著称,是一座有着1700多年历史的古城,地处浙江中部,因其母亲河婺江而得名“婺州”。

金华北山的双龙洞,为国家级风景名胜区,包括冰壶洞、朝真洞等胜迹,道家称之为“第三十六洞天”。双龙洞顶的壁纹起伏,有如两条巨龙腾飞,因此而得名,其精妙在于洞中有洞,里洞外洞之间有小溪贯穿。冰壶洞在半山,离双龙洞仅500米,内有一飞瀑从石隙中悬空而下,高约20米。朝真洞已近北山顶,洞穴曲折深长,洞中有洞。

诸葛村坐落在兰溪市高隆之西,是诸葛亮后裔聚居地。南宋末年,诸葛亮后裔迁居此地后,为纪念先祖诸葛亮而按九宫八卦阵图式设计构建村落。村落具有布局奇巧、错落有致、气势壮观、结构别致、轮廓优美等特点。现保存有大公堂、丞相祠堂等建筑11座,为全国重点文物保护单位。

10.3.5 江西省

10.3.5.1 概况

江西省位于中国的东南部,长江中下游南岸。因唐玄宗设江南西道而得省名,又因境内主要河流赣江而简称“赣”。全省面积16.69万平方千米,境内除北部较为平坦外,东、西、南三面环山,中部丘陵起伏,成为一个整体向鄱阳湖倾斜而往北开口的巨大盆地。截至2018年,全省总人口达到4 648万人。

江西自古以来物产富饶,人文荟萃,素有“物华天宝、人杰地灵”之誉。旅游资源的特点是自然与人文融为一体,构成复合的风景名胜。江西省从地理位置上可划分为赣北和赣南两大旅游区域,赣北地区包括南昌、九江、景德镇等地,旅游资源以名山、古迹、溶洞为特色;赣南地区包括吉安、赣州、井冈山等地,旅游资源以名山、革命纪念地为特色。

江西省的主要旅游线路如下。

江西红色文化之旅:南昌—井冈山—赣州—瑞金。

名山名城名村陶瓷文化之旅:南昌—九江庐山—景德镇—婺源。

名山名城道教文化之旅:南昌—龙虎山—龟峰—三清山。

赣东文化名人之旅:南昌—临川—李坑—瑞金。

赣西生态之旅:南昌—新余—宜春—萍乡。

10.3.5.2 主要旅游景区及景点

(1)南昌

南昌市地处江西省中部偏北,古称洪都,汉初为南方昌盛之地,因而得名南昌。南昌是一座有着悠久历史的古城,又是一座富有光荣革命传统的英雄城市。这里爆发过举世闻名的南昌起义,现已建立了八一起义纪念馆、革命烈士纪念堂、南昌起义纪念塔等。

滕王阁位于南昌市沿江路赣江边,为江南三大名楼之一。唐永徽四年(653)唐太宗李世民之弟李元婴都督洪州时营建此阁,落成之日元婴被诏封滕王,故名“滕王阁”。唐上元二年(675)重阳节王勃作《滕王阁序》于此,滕王阁由此扬名四海。滕王阁历时1300多年,屡毁屡建,重建后的滕王阁碧瓦丹柱,画栋飞檐,斗拱层叠,门窗剔透,其立面似一个倚天耸立的“山”字,而平面则如一只展翅欲飞的大鲲鹏。

青云谱位于南昌市南郊定山桥附近,是一处历史悠久的道院,始建于东晋太兴四年(321),明末清初著名画家“八大山人”朱耷曾隐居于此。青云谱庭院古朴,古木参天,曲径幽回,亭台玲珑,环境幽静。青云谱现辟为八大山人纪念馆,对研究清代绘画艺术具有很高的参考价值。

(2)庐山

庐山位于九江市南部,相传西周时有匡氏七兄弟到庐山结庐隐居,故称“庐山”,也叫“匡山”或“匡庐”。庐山北依长江,濒临鄱阳湖西岸,主峰大汉阳峰海拔1 473.4米,在千里平原上拔地而起,异常雄伟。

“匡庐奇秀甲天下”,庐山以风景名山、文化名山、宗教名山、教育名山和政治名山著称于世。自然景观以“雄、奇、险、秀”而闻名,苏轼有诗云:“横看成岭侧成峰,远近高低各不同。不识庐山真面目,只缘身在此山中。”奇峰、泉瀑、云雾和植物并称庐山四大奇观。庐山脚下有我国著名的四大书院之一的“白鹿洞书院”,另外还有仙人洞、大天池、龙首崖、含鄱口、五老峰、三叠泉等著名景观。

1982年,国务院批准庐山为国家级风景名胜区;1996年,以“世界文化景观遗产”列入《世界遗产名录》;2004年,被评为首批世界地质公园;2007年,入选首批全国5A级旅游区。

(3)景德镇

景德镇位于江西省东北部,赣、浙、皖三省交界处。景德镇是世界闻名的瓷都,与佛山、汉口、朱仙镇并称中国古代四大名镇之一,是国家历史文化名城。景德镇瓷器享有“白如玉、薄如纸、声如磬、明如镜”的美誉。景德镇的旅游资源内涵丰富,独具优势,主要有龙珠阁、陶瓷博物馆、湖田古窑址等景点。

(4)上饶

上饶位于江西省东北部,信江上游,以山郁珍奇、上等富饶而得名,并以婺源乡村旅游资源和三清山道教名山而著名。

婺源位于赣东北,徽州文化的发祥地之一,素有“书乡”“茶乡”之称,风景清丽、古风犹存,是全国著名的文化与生态旅游县,被誉为“中国最美的乡村”“一颗镶嵌在皖、浙、赣三省交界处的绿色明珠”。古村落依山傍水而建,有“小桥流水人家”的美誉。比较著名的有李坑村和延村等。

三清山是国家级风景名胜区、国家地质公园,位于玉山县北部,因玉京、玉虚、玉华三座山峰高耸入云,宛如道教玉清、上清、太清三个最高境界而得名。三清山以古松、云雾、飞泉、道教古建筑称奇,最高峰玉京峰海拔1 819.9米,景区内千峰竞秀、万壑奔流、古树茂盛、珍禽栖息,终年云缠雾绕,充满仙风神韵,自古以来就有“天下第一仙山”的美誉。2008年,三清山被列入《世界自然遗产名录》。

(5)龙虎山

龙虎山位于鹰潭市区南郊20千米处,是中国道教发祥地、国家级风景名胜区。其名因“两峰对峙，状如龙虎”而得来，龙虎山有99峰、24岩、108个自然景区和近百处人文景观，由上清古镇、上清宫、天师府、龙虎山、仙水岩等景区组成。源远流长的道教文化、独具一格的丹霞风光和世所罕见的春秋战国岩墓(悬棺)群构成了龙虎山景观三绝。

(6)赣州

赣州是一座历史悠久的古城，三面临水，一面依山，为赣南政治、经济、文化、交通中心。赣州是赣南著名的旅游城市，自然资源丰富，名胜古迹众多，以古建筑、古遗址为其主要旅游资源特色。古城墙沿江而筑，蜿蜒3 600多米，虽历经沧桑变化，但古韵依旧。代表景点有郁孤台、八境台、古浮桥、文庙、慈云塔等。

(7)井冈山

井冈山位于湘赣边界的罗霄山脉中段，山势高大，主要山峰海拔都在千米以上。井冈山以“革命摇篮”蜚声中外，朱德亲笔题词为“天下第一山”，现有革命遗址60多处。五百里井冈，绵延起伏，层峦迭峰，地势险峻，具有雄、险、奇、幽、秀的特点，融秀美的自然风光和辉煌的革命史于一身，分为茨坪、黄洋界、龙潭、主峰、桐木岭、湘洲、笔架山、仙口八大景区。“红”与“绿”交相辉映的井冈山，是游览观光、休闲度假、科研修学、接受革命传统教育的理想之地。

1982年井冈山被列为我国第一批国家级风景区，有10处革命旧址遗迹被列为中国重点文物保护单位。

本章小结

本章阐述了吴越旅游区的自然地理环境、人文地理环境和旅游资源特色，侧重介绍了区内上海市、安徽省、江苏省、浙江省和江西省的主要旅游景区及景点。通过本章的学习，熟悉吴越旅游区的旅游地理环境与主要旅游线路和分区。

案例分析

上海作为国际性大都市，虽然缺少优越的名胜景观和山水资源，却拥有极为丰富的人文旅游资源，源远流长的民间收藏。上海某旅行社策划推出的“上海家庭博物馆一日游”，成为吸引国内外游客的特色旅游项目。

上海现在拥有民间收藏大军10万余人，家庭博物馆30多家，他们以“小、专、奇、特、精”的收藏品，展示了独特的海派风貌和上海人的生活情趣。如王按坚钟表博物馆、徐宝定算具陈列室、赵金志钥匙博物馆、杨顺发世界铸币收藏馆、严汉祥“火花”收藏、王耿雄“孙中山照片”收藏、徐演杰“航模世界”、杨绍荣的“百履斋”，等等。

讨论题：

1. 博物馆作为一种旅游资源，具有哪些特点？

2. 你认为开发“博物馆”旅游项目，需要注意什么？

自我检测题

1. 本区地理环境特征为旅游业发展提供了哪些条件?
2. 吴越旅游区的旅游资源有何特点?
3. 吴越旅游区各省市有哪些重要的旅游景区景点?
4. 比较苏州、杭州游览区的旅游资源特色。
5. 导游证考试知识点

(1)判断题

1)上海迪士尼度假区是中国内地首个迪士尼度假区。 ( )

(2)单项选择题

1)在以下中国古代园林中,是私家园林的有( )

A. 北京颐和园 B. 北京恭王府 C. 苏州拙政园

D. 上海豫园 E. 承德避暑山庄

2)安徽的西递宏村属于哪个县( )

A. 绩溪县 B. 休宁县 C. 黟县 D. 歙县

3)被称为“人民军队的摇篮”“军旗升起的地方”是( )

A. 江西上饶 B. 江西安源 C. 江西南昌 D. 江西瑞金

实训题

根据本章主要旅游区(点)的分布,设计一条体现本区旅游特色的自助旅游线路。

第 11 章

南国风情，山海景观——岭南旅游区

教学目标

通过本章的学习，熟悉岭南旅游区的旅游地理环境和旅游资源特色，理解本区旅游业发展的概况，了解主要的旅游区点。

导入案例

港珠澳大桥跨越珠江口伶仃洋海域，是以公路桥的形式连接香港、珠海及澳门的大型跨海通道，大桥的起点是香港大屿山，经大澳，跨越珠江口，最后分成 Y 字形，一端连接珠海，一端连接澳门。

2009 年 12 月 15 日，港珠澳大桥正式开工建设；2017 年 7 月 7 日，港珠澳大桥主体工程贯通；2018 年 2 月 6 日，港珠澳大桥主体完成验收，于同年 9 月 28 日起进行粤港澳三地联合试运。2018 年 10 月 23 日，港珠澳大桥开通仪式在广东珠海举行，习近平出席仪式并宣布大桥正式开通；大桥于同年 10 月 24 日上午 9 时正式通车，驾车从香港到珠海、澳门仅需 45 分钟；同年 12 月 1 日起，首批粤澳非营运小汽车可免加签通行港珠澳大桥。

那么，港珠澳大桥的正式通车对其旅游发展有何影响？

岭南，是指中国南方的五岭（越城岭、都庞岭、萌渚岭、骑田岭、大庾岭）之南的地区，相当于现在广东、广西、海南全境，以及湖南、江西等省的部分地区。由于行政区划的变动，现在提到“岭南”一词时，特指广东、广西和海南三省区，江西和湖南部分位于五岭以南的县市并不包括在内。而本书岭南旅游区除福建、广东和海南三省外，还包括香港、澳门和台湾，总面积 37 万多平方千米，人口约 18 068 万（全国第六次人口普查结果）。本旅游区位于我国东南沿海，地形复杂多变，气候属于热带、亚热带季风气候，邻近华侨最多的东南亚各国，有显著的岭南外来文化特色，经济发达。因此，本旅游区以特殊的人文旅游资源和热带、亚热带风光及山海景观吸引着无数的中外旅游者，是我国旅游的热点地区。

11.1 旅游地理环境

11.1.1 自然地理环境

11.1.1.1 地理位置得天独厚

本旅游区地处我国东南沿海，背靠祖国大陆，面临浩瀚的太平洋，不仅是远东贸易航空航线的枢纽，同时又是进出中国大陆的主要门户。众多华侨、华人归国回乡途经此地，东亚、东南亚以及大陆环球旅行的游客，也可在港澳台作停留观光，尤其是香港通常也是美洲、欧洲、大洋洲的许多国家到中国旅游的第一站。优越的地理位置是构成本区旅游业发展的有利条件之一。

11.1.1.2 地貌类型多样

本区地表起伏不平，地貌类型多样，以低山丘陵为主，山地丘陵占总面积的 3/4 以上，平原狭小。花岗岩地貌、丹霞地貌、岩溶地貌形成本区独特的自然旅游景观。如广东、福建两省花岗岩地貌发育广泛，形成了厦门的日光岩、万石山和泉州的清源山等风景名胜区。武夷山和南岭两条山脉构成岭南地形的骨架，多红色盆地和丹霞地貌，碧水丹山，色泽鲜艳，如广东的丹霞山，福建的武夷山、冠豸山等。广东北部、西部及福建西部有岩溶地貌分布，如广东肇庆的星湖、福建的永安石林等。

本区濒临东海和南海，有漫长的海岸线和众多的岛屿，海岸多为岩岸，天然良港众多。红树林海岸、珊瑚礁海岸是这里独特的海岸景观。海蚀地貌在本区分布甚广，如福建海坛岛，有海蚀崖、海蚀平台、海蚀洞、海蚀柱、海蚀天桥等许多类型，已列为国家级以海蚀地貌为主的风景名胜区。

11.1.1.3 地热资源丰富

本区位于环太平洋火山地震带上，地热资源丰富，温泉众多。广东、福建、海南三省温泉出露均达百处以上，尤其广东、福建两省温泉总数占全国十分之一，福建福州还堪称“温泉城”。现三省均已建成许多温泉疗养区，如广东从化、福建福州、海南七星岭温泉都非常著名。台湾约有温泉 100 多处，是我国温泉密度最高的省份，其中北投、阳明山、关子岭和四重溪温泉号称台湾“四大温泉”。

11.1.1.4 高温多雨的热带亚热带季风气候

受临海地理位置和地形特征的影响，该区属热带、亚热带季风气候，长夏无冬，春秋相连、季节更替不明显是本区自然面貌的重要特征。全区终年气温较高，大部分地区年平均温度高于 20 ℃，夏季长达八九个月，冬季气温较暖，最冷时月均气温在 10 ℃以上，没有真正的冬季。因而一年四季皆宜旅游，以春秋二季最佳，而冬季则成为全国的避寒疗养地和旅游中心。全区年降水量1 400~2 000毫米，是我国降水最丰沛的旅游区。一般5月至10月的降雨量占全年的60%~80%，显示了明显的季风性气候特征。

在长期湿热条件下，该区的自然植被为终年常绿的热带雨林、季雨林和亚热带常绿阔叶林，植物种类丰富多样，林木茎生、附生等现象普遍，热带经济作物、果品、名茶、名花等皆名扬中外。同时，由于该区一直处于稳定的亚热带环境，所以保存了大批古老种属，还有许多名贵动物等。为了适应环境保护和生物研究的需要，该区建有一系列自然保护区，如福建屏南的鸳鸯保护区、广东新会的鸟类保护区、鼎湖山的南亚热带植物保护区、海南东寨港红树林保护区等，为旅游业的发展提供了良好的条件。

11.1.2 人文地理环境

11.1.2.1 岭南文化颇具特色

本区开发比较晚，明清以前是流放之地。一些被贬的官员如韩愈、苏轼等对当地文化艺术发展发挥了重要影响，使中原文化与当地文化相融，促进了岭南文化的形成与发展。时至今日，该区的人文旅游资源表现出本土文化和外国文化相结合的痕迹，形成了中外交融的岭南文化。这主要表现在以下几个方面。

一是园林、宗教建筑和民居以及其他纪念性建筑，都以中华建筑为本底，并广泛吸收西方建筑艺术，表现出以我国民族形式为主、兼容外国风格的特色。例如这里的园林建筑既吸收了北方皇家园林的风格，也吸收了江南私家园林的特色，并注意吸收少数民族与外国造园经验，使各家特色完美结合，形成了颇具特色的岭南园林文化，广州庭园、惠州西湖等即是如此。

二是文化艺术和特种工艺南北兼蓄，独具特色。如福建的梨园戏有“宋元南戏活化石”之誉，广东的粤剧为我国主要剧种之一。语言文化包括了我国汉语八大方言中的闽北话、闽南话、客家话和广州话（白话）四种方言。饮食文化兼容全国八大菜系中的粤、闽两大菜系。民俗风情十分诱人，比如海南黎族风情，广东的过年和元宵花灯，福建妈祖文化均各具特色。

11.1.2.2 交通运输便捷

本区交通运输发达，以航空、铁路和海运为骨干与外区联系，依靠公路和内河运输联系区内各地。航空以福州、广州、海口、香港为中心连接国内外主要城市，铁路运输有京广、鹰厦、京九等主干线，水运有以福州、厦门、广州等大港口为支撑的海上运输和内河运输。海陆空齐备的便利交通，为本区社会经济的迅猛发展和商贸业的繁荣提供了良好的条件，同时也促进了旅游业的快速发展。

11.1.2.3 进出口贸易活跃

本区的社会经济发展迅猛，商贸业十分繁荣，对外贸易非常发达。港、澳、台地区经济发达，台、港地区曾被列入“亚洲四小龙”之列。香港、澳门实行自由港政策，加以特殊的区位条件，进出口贸易活跃；台湾对外贸易也很发达，和160多个国家和地区有贸易往来。闽、粤两省开放已久，经济发展速度快。海南作为全国最大的经济特区，其经济、交通发展迅速。活跃的贸易往来，不仅促进了游客的增加，而且带动了酒店业、饮食业以及零售业等的快速发展。

11.1.3 旅游资源特色

11.1.3.1 我国著名的侨乡

我国现有华侨、华裔、旅外华人中，其祖籍和籍贯以广东、福建为最多。广东省占全国华侨一半以上，福建仅次于广东，海南省也约有300万旅外华人、侨胞，台湾地区也是我国著名的侨乡。因此，每年都有大批华侨回国观光、寻根祭祖、探亲访友，或是提供技术、投资与贷款，进行商务旅游。这已成为本区稳定的入境旅游客源之一，而且他们平均滞留时间长，购物支出大，对本区旅游业产生了很大影响。

11.1.3.2 革命遗迹众多

本区拥有许多革命遗迹，如广东花都的太平天国领导人洪秀全故居、虎门炮台遗址、广州"三元里人民抗英斗争"纪念碑、黄花岗七十二烈士墓、孙中山故居、黄埔军校旧址、农民运动讲习所；福建上杭县古田会议旧址、龙岩红四军司令部旧址等，是向广大群众进行爱国主义教育和革命思想教育的生动课堂。

11.1.3.3 特产丰富，美食多多

本区是我国热带经济作物主要的生产基地。如橡胶、咖啡、黄麻的生产在全国具有重要的地位。热带和亚热带水果种类繁多，如荔枝与香蕉、菠萝、龙眼号称"南国四大果品"。名茶、名花数不胜数，如乌龙茶素负盛名，再如水仙花江南处处皆有，还被誉为"凌波仙子"。广州四时花期不绝，名花异草令人眼花缭乱，每年春节举行花会，与灯展结合，不仅吸引了当地居民，而且吸引了大批侨胞前来聚会，体现出"花城"的特色。

本区的闽、粤菜均在我国八大菜系之列。闽菜系最早起源于福建闽侯县，发展中形成福州、闽南、闽西三种流派。闽菜形成三大特色，一长于红糟调味，二长于制汤，三长于使用糖醋。由于福建地处东南沿海，因此多以海鲜为原料烹制各式菜肴，别具风味。烹调方法擅长于炒、溜、煎、煨，尤以"糟"最具特色。粤菜即广东菜，由广州、潮州、东江三地特色菜点发展而成，起步较晚，但它影响深远，港、澳以及世界各国的中菜馆，多数是以粤菜为主。粤菜注意吸取各菜系之长，烹调技艺多样善变，用料奇异广博。在烹调上以炒、爆为主，兼有烩、煎、烤，讲究清而不淡，鲜而不俗，嫩而不生，油而不腻，有"五滋"（香、松、软、肥、浓）、"六味"（酸、甜、苦、辣、咸、鲜）之说。时令性强，夏秋尚清淡，冬春求浓郁。岭南人喜食蛇肴、虫肴，是岭南饮食文化中最富于地方特色的内容，是岭南人对"食杂"的古代饮食习惯的保留。

11.1.3.4 南国风光，自然保护区众多

本区在热带、亚热带季风气候的影响下，热带植被集中，终年常绿，花果期长，森林林冠参差不齐，常散生着高大的棕榈科树木，巨型叶聚集在不分枝的茎顶，树干笔直高大，耸立于海滨、村落，构成了热带特有的景观标志。沿海的红树林和红树林海滩也是该区独有的景观。

该区先后建立了许多自然保护区。统计显示：福建建立了15个国家级自然保护区，广东建立了13个国家级自然保护区，海南建立了10个国家级自然保护区。其中福建屏南鸳鸯溪是我国第一个鸳鸯保护区。广东新会境内有一个独特的鸟类保护区——"小鸟天堂"。南亚热带植物王国的鼎湖山自然保护区被称为"北回归线沙漠带明珠"，已被列入世界生物保护圈。海南岛琼山县东寨港有红树林自然保护区。珊瑚礁海岸、椰子树等热带、亚热带风光，对于生活在非热带地区的旅游者极富吸引力。

11.1.3.5 现代化建筑鳞次栉比，彰显都市风光

本区是我国经济高速发展的地区，随着城市化进程的不断加速，城市建设日新月异。深圳、广州、厦门、香港、澳门等都是现代化国际大都市，城区耸立着风格各异的高楼大厦，车水马龙，人流如潮，夜晚绚丽多彩的生活及璀璨的夜景更是陶醉了无数游客。另外，在饱览现代都市风貌的同时，还可以欣赏购买琳琅满目的商品。例如香港素来被中外游客称作"购物天堂"，在香港购物，不论是货品种类、价格还是服务，都是世界知名的。

11.2 旅游业概况

总的来说，本区地理区位条件优越，旅游资源丰富，又是著名的侨乡和首先对外开放地区，实力雄厚，客源充足，旅游业发展迅猛。具体来看，广东省旅游业以发展都市风光旅游、人造景观旅游和观光度假旅游为重点；福建省旅游业则以发展华侨、港澳台胞寻根祭祖旅游、宗教朝圣旅游和观光旅游为重点；海南省则由阳光、沙滩、海水、椰树构成丰富的海滩旅游资源，适于发展海滨休闲度假旅游；台湾则以丰富的自然、人文、民俗风情旅游资源吸引游客；香港以购物天堂吸引不少游客，其景观以开发自然旅游资源为主，尤其海滩资源丰富，是度假的好去处；澳门以人文旅游资源为主要吸引物，博彩业尤为盛行，吸引众多赌客前往，是世界三大赌城之一。

11.3 主要旅游亚区介绍

11.3.1 福建旅游亚区

11.3.1.1 福建旅游亚区概述

福建属于中国华东地区。福建是中国著名侨乡之一，旅居世界各地的闽籍华人1 580

万人。其中，菲律宾、马来西亚、印尼这三地的闽籍华人华侨最多。福建与台湾源远流长，关系最为密切，台湾同胞中80%祖籍福建。福建居于中国东海与南海的交通要冲，是中国距东南亚、西亚、东非和大洋洲最近的省份之一。福建省总面积为12.4万平方千米，截至2018年底全省总人口3 941万人。

唐开元二十一年（733）设"福建经略使"，始称"福建"。南宋设有1府5州2军，故又称"八闽"。福建在历史上是"海上丝绸之路""郑和下西洋"、伊斯兰教等重要文化发源地和商贸集散地，福州、厦门曾被辟为全国五口通商口岸。泉州曾是古代世界第一大港口。闽江口的马尾港是中国近代造船工业的先驱和培养科技人才的摇篮。

"山海一体，闽台同根，民俗奇异，宗教多元"是福建旅游的鲜明特色。迷人的武夷仙境、浪漫的鼓浪琴岛、神圣的妈祖朝觐、奇特的水上丹霞、动人的惠安女风采、神奇的客家土楼、光辉的古田会址、悠久的昙石山文化、神秘的白水洋奇观、壮美的滨海火山构成了福建独具特色的十大旅游品牌。

11.3.1.2 主要旅游区点

（1）武夷山风景名胜区

武夷山素有"碧水丹山"之美誉，为八闽第一胜迹，1999年12月被联合国教科文组织列入《世界自然与文化遗产名录》，是首批中国优秀旅游城市、首批历史文化名城、国家重点风景名胜区、国家级自然保护区、国家级旅游度假区、国家一类航空口岸。

武夷山风景名胜区位于福建省西北部武夷山市境内，在市区以南约15千米，处在武夷山脉北段的东南麓，景区面积约70平方千米。这里是典型的丹霞地貌，亿万年大自然的鬼斧神工，形成了奇峰峭拔、秀水潆洄、碧水丹峰、风光绝胜的美景，古人说它"水有三三胜，峰有六六奇"，被誉为"奇秀甲东南"。武夷山风景区内有三十六峰、七十二洞、九十九岩及一百零八景点。不仅全年有景，四季不同，而且阴晴风雨，其山川景色变幻莫测，瑰丽多姿。现全区分为武夷宫、九曲溪、桃源洞、云窝天游、一线天—虎啸岩、天心岩、水帘洞七大景区。它兼有黄山之奇、桂林之秀、泰岱之雄、华岳之险、西湖之美。

（2）鼓浪屿

原名圆沙洲、圆洲仔，因海西南有海蚀洞受浪潮冲击，声如擂鼓，明朝雅化为今名。位于厦门岛西南隅，与厦门市隔海相望，面积1.78平方千米，是国家4A级旅游区、国家级风景名胜区、全国35个王牌景点之一。1902年，鼓浪屿沦为公共租界，英、美、法、德、日等13个国家先后在岛上设立领事馆，古希腊的三大柱式陶立克、爱奥尼克、科林斯各展其姿，罗马式的圆柱，哥特式的尖顶，伊斯兰圆顶，巴洛克式的浮雕，门楼壁炉、阳台、勾栏、突拱窗争相斗妍，中外风格各异的建筑物在此地被完好地汇集、保留。从19世纪中叶起，伴随着基督教的传播，西方音乐开始涌进鼓浪屿，与鼓浪屿优雅的人居环境相融合，造就了鼓浪屿今日的音乐传统，培养出周淑安、林俊卿、殷承宗、陈佐煌、许斐平等一大批杰出的音乐家。如今，鼓浪屿的人均钢琴拥有率为全国第一，岛上有100多个音乐世家，因此有"万国建筑博览""钢琴之岛"和"海上花园"的美称。

主要观光景点有日光岩、菽庄花园、皓月园，毓园、环岛路、鼓浪石、博物馆、郑成功纪念馆、海底世界和天然海滨浴场等。鼓浪屿周边海域为厦门港主要部分，濒临中华白海豚保护区、文昌鱼保护区、大屿岛白鹭保护区，与金门列岛隔海相望。

(3)湄洲岛

位于湄洲湾湾口的北半部，在莆田市中心东南42千米，与宝岛台湾遥遥相望。因地处海陆之际，形如眉宇，故称湄洲，现辟为国家旅游度假区、国家4A级旅游区。湄洲岛素有“南国蓬莱”美称，既有扣人心弦的湄屿潮音、“东方夏威夷”九宝澜黄金沙滩、“小石林”鹅尾怪石等风景名胜30多处，更有2亿妈祖信众魂牵梦萦的妈祖祖庙，每年农历三月廿三妈祖诞辰日和九月初九妈祖升天日期间，朝圣旅游盛况空前，被誉为“东方麦加”。妈祖原名林默娘(960—987)，自幼聪明，8岁能诵经，10岁能识文，13岁学道，经常出海抢救遇险渔民。宋雍熙四年(987年)九月初九，林默娘28岁时在湄洲岛湄屿峰归化升天。为了纪念她，当年人们就在湄洲峰“升天古迹”旁立庙奉祀，尊她为海神灵女、龙女、神女等。宋徽宗时封妈祖为“顺济夫人”，这是朝廷对妈祖的首次褒封。以后历代朝廷还敕封她“天妃”“天后”“天上圣母”等尊号。

(4)泰宁金湖

位于三明市。国家重点风景名胜区、国家4A级旅游区、国家森林公园，以金湖水上丹霞景观为代表之一的泰宁地质公园于2005年2月获世界地质公园称号。金湖景观资源十分丰富，可概括为72峰、36岩、18洞、5泉、2瀑之美景，共分八大景区189个景点，49处胜景，具有幽、秀、奇、绝的独特风格和山青、水秀、石美、洞奇、峰怪“五绝”特点；景区生态良好，原始次生林覆盖率达95%以上，水质优良，丹崖翠峰碧水相映成趣；生物多样性丰富，珍稀动植物繁多；气候宜人，冬暖夏凉，春暖秋爽，四季适游，是度假避暑、休养旅游、科考科普、水上运动的理想胜地。

(5)福建土楼

又称客家土楼，主要分布在闽西南的永定、南靖和华安等地，是客家人世代相袭、繁衍生息的住宅。土楼以悠久的历史、奇特的风格、巧妙的构筑、恢宏的规模，被誉为世界民居建筑的奇葩。现存的圆楼、方楼、五角楼、八角楼、吊脚楼等各式土楼有30多种23 000多座，形成一个个依山偎翠、错落有致、布局合理的土楼群，如：永定初溪土楼群、南靖书洋乡田螺坑土楼群等。土楼不仅引起了建筑界的注意，同时也吸引了历史学、地理学、人类学、民俗学等中外学者专家的浓厚兴趣。最大的圆楼是永定县高头乡高北村的“承启楼”，全楼直径73米，三圈四层，共400个房间，住60户人家。最小的圆楼是永定县的“如升楼”，共12层12间房，住6户人家。最古老的圆楼要数华安县沙建乡的“齐天楼”，有六百多年的历史。

(6)古田会议会址

古田是福建上杭县的一个小镇，地处“华南虎的故乡”梅花山自然保护区南麓，既是一个充满田园情趣的小镇，又是一个非凡的革命会址。1929年12月28—29日，中共红军第四军第九次代表大会在这个偏僻的小镇里召开。会议讨论通过了毛泽东主持起草的八个决议，即著名的古田会议决议案，从而确立了“党指挥枪”的中国共产党建军纲领，“在中国共产党领导的人民武装力量发展史上起了长期的指导作用”。这次会议史称“古田会议”，是我党和军队建设史上的一个重要里程碑。

(7)漳州滨海火山国家地质公园

位于漳州市漳浦、龙海滨海一带,距漳州市区 80 千米,距漳浦县城 50 千米。地质公园北到镇海、南至前湖、西到鱼鳞石、东达南碇岛,面积 100 平方千米,是一处典型的第三纪火山地质公园,属金门—深土北东向玄武岩带上的一部分。区内火山岩(玄武岩)是在距今 1 700 万年前的喜马拉雅运动中岩浆喷发形成的,火山构造显现异常清楚,反映了西太平洋新生代惊心动魄的火山活动和地质构造历史进程。至今仍保留了中心式火山喷发构造形迹和后期风化侵蚀的地形地貌景观。其中,牛头山古火山口喷发机理完整、层次清楚、保存完好;林进屿拥有世界罕见的火山喷气口群;南碇岛和陆域上鱼鳞石坑的玄武岩柱状节理,雄伟壮观。南碇岛约 140 万根巨型石柱,展现在 20 ~ 50 米高的海岛崖壁上,美不胜收。2001 年 3 月,国土资源部批准该园为中国首批国家地质公园之一。

景区衬托在蓝天、碧海、沙滩、绿林之中,与火山地学景观融为一体,集观光旅游、休闲度假、科学研究、科普教育为一体,成为回归大自然的综合旅游区。

(8)屏南白水洋

又名仙耙溪,在鸳鸯溪上游,为鸳鸯溪四大奇观之一。白水洋三大水上万米广场经建设部组织专家证实,系目前世界已发现的稀有浅水广场,有"宇宙之谜,世界奇观"之称,2005 年 8 月被评为国家地质公园。白水洋平坦的岩石河床依石而就,净无沙砾。最使人称绝的为"十里水街",它是由三块平坦的巨石铺于水底形成浅水广场,最大的一块达4 万平方米,最宽阔处达 150 米,河床布水均匀,水深没足,阳光下波光粼粼,一片白炽,故称白水洋。洋上可骑自行车,有宽近百米的折水弧瀑,有近百米的水上滑道,赤身冲浪不伤肌肤。白水洋下游与燕潭沙滩相连,既是天然的冲浪场所,又是天然的水上游乐场。屏南县每年 8 月均在此举办 2 万人参与的群众水上运动会。目前,景区的基础设施在不断完善,环白水洋步游道、景区旅游公路等设施都已建成,吸引着越来越多的省内外游客畅游白水洋。

(9)泉州开元寺

是福建省内规模最大的佛教寺院,位于泉州市鲤城区西街,建于唐朝垂拱二年(686)占面积 7.8 万平方米,历史悠久,规模宏大,构筑壮观,景色优美,名扬海内外,曾与洛阳白马寺、杭州灵隐寺、北京广济寺齐名,被列为全国重点寺院之一,海内外佛门信徒,旅游客众、海外侨胞以及国际友人纷至沓来,膜拜观瞻,为全国重点文物保护单位。开元寺最有名的双塔——镇国塔和仁寿塔,相距约 200 米,全部仿木结构建造,为我国现存最高大的一对石塔,以其雄伟壮丽的形象和杰出的建筑艺术形式,成为泉州历史名城的独特标志,成为我国古石结构建筑的瑰宝。

(10)崇武古城

地处福建省东南沿海的突出部、泉州湾和湄州湾之间、惠安县境东南 24 千米的崇武半岛南端,濒临台湾海峡。明洪武二十年(1387)江夏侯周德兴经略海防时为抵御倭寇所建,是中国现存最完整的丁字形石砌古城,是明政府为抗击倭患,在万里海疆修筑的 60 多座卫所城堡中仍保存完好的一座。如今是一处集滨海风光、历史文物、民俗风情、雕刻艺术于一体的国家 4A 级旅游景区,被誉为"天然影棚""南方北戴河"。1988 年被国务院列为第三批国家重点文物保护单位,为福建省首批"国防教育基地"。

11.3.2 广东旅游亚区

11.3.2.1 广东旅游亚区概述

广东省简称粤，地处中国大陆最南部。东邻福建，北接江西、湖南，西连广西，南临南海，珠江口东西两侧分别与香港、澳门特别行政区接壤，西南部雷州半岛隔琼州海峡与海南省相望。全省面积18万多平方千米。截至2018年全省人口为7 346万人。广东历史渊源久远，距今13万年前就有“曲江马坝人”在此繁衍生息。在中国近、现代史上曾经风云际会，英雄辈出。鸦片战争、太平天国运动、戊戌维新、辛亥革命、北伐战争、省港大罢工、广州起义等许多重大历史事件都在这里发生，涌现出洪秀全、康有为、梁启超、孙中山、叶剑英等一批杰出的历史人物，并留下许多珍贵的遗迹。

广东地处亚热带，大部分地区属亚热带季风气候，夏长冬暖，雨量充沛。广东位于中国大陆最南部，南临南海，海岸线总长3 368千米，岛屿众多；全省地处低纬度，北回归线横贯陆地中部；地势北高南低，境内山地、平原、丘陵交错。河流大多自北向南流，主要有珠江、韩江、鉴江等，最长的珠江由西江、北江、东江汇流而成，长2 122千米，是中国第三大河流。南海沿岸的珠江三角洲、韩江三角洲土地肥沃，是著名的鱼米之乡。广东自古就是我国的富庶之地，早在秦汉时代已经有对外贸易和文化交流活动，近代广东更是成为商业发达的地区，也是我国著名的侨乡之一。

广东省旅游资源丰富。广东的山水风光吸引着众人的目光，肇庆七星岩，拥有桂林山之美，杭州水之秀；粤北的丹霞山、南海的西樵山、博罗的罗浮山和肇庆的鼎湖山是广东的四大名山。其中，韶关丹霞山是四大名山之首，世界地质公园，世界自然遗产。而广州的“世界大观”，可在有限的空间领略世界风貌；移步“民俗文化村”，又可以领略中国各个民族多姿多彩的风土人情；连绵数千千米的海岸线，不乏出色的海滨浴场，还有温泉、度假村都是人们休闲放松的场所。

11.3.2.2 主要旅游区点

(1)肇庆星湖风景名胜区

广东肇庆市的星湖风景名胜区，包括七星岩和鼎湖山两部分，是我国南方著名的旅游胜地。鼎湖山是岭南四大名山之首，被誉为“北回归线上的绿宝石”，是全国闻名的天然氧吧。七星岩景区由散落在广阔湖区的七岩、八洞、五湖、六岗组成，以山奇水秀、湖山相映、洞穴幽奇见胜，景区内七座挺拔秀丽的石灰岩山峰布列如北斗七星，故名七星岩。很多游人对星湖风景名胜区评价很高，认为它兼有杭州西湖和广西桂林的胜景。星湖位于肇庆市北郊4千米处，湖面约8 000亩，大小和西湖相近。整个湖面被蜿蜒交错的湖堤划分为五个湖：东湖、青莲湖、中心湖、波海湖、里湖。湖堤总长20余千米，堤上杨柳、凤凰木成行，宛如几条绿色带子飘落在碧澄的水面上。

(2)丹霞山

位于湘、赣、粤三省交界处的仁化县境内，距广东省韶关市45千米。是国家级重点风景名胜区，国家地质地貌自然保护区，被誉为“中国红石公园”。方圆 319 平方千米的红色山群“色如渥丹，灿若明霞”，故称丹霞山。丹霞山由红色沙砾岩构成，以赤壁丹崖为特色，地质学上以丹霞山为名，将同类地貌命名为“丹霞地貌”，丹霞山使之成为世界上同类特殊地貌的命名地和同类风景名山的典型代表。与鼎湖山、罗浮山、西樵山合称为广东四大名山，现已成为世界自然遗产。丹霞山由丹霞、巴寨、韶石、矮寨、锦江画廊五大景区组成。以赤壁丹崖之雄、阴阳元石之奇、巴寨之险、锦江之秀、翔龙湖之幽、韶石之韵、夏富之旷闻名，是以自然山水观光为主，集科普、攀岩、考察、探险、休闲度假为一体的风景区。

(3)罗浮山

又名东樵山，是中国十大道教名山之一，为道教十大洞天之第七洞天，七十二福地之第三十四福地，岭南第一山，以药市而闻名于世。汉朝史学家司马迁曾把罗浮山比作为“粤岳”。罗浮山已被国务院批准为第五批国家重点风景名胜区，拥有九观十八寺三十二庵。它位于中国广东省惠州博罗县的西北部，横跨博罗县、龙门县、增城市三地，总面积 260 多平方千米，和位于中国广东省佛山市境内的西樵山是姐妹山。罗浮山的主峰是飞云顶，海拔 1 281 米。其山势雄浑，风光秀丽，四季气候宜人，是中国的“国家重点风景名胜区”和避暑胜地，被誉为“岭南第一山”。北宋苏东坡曾在这里写下“罗浮山下四时春，卢桔杨梅次第新。日啖荔枝三百颗，不辞长作岭南人”的名句，而使罗浮山闻名于世。葛洪、黄大仙、鲍姑、吕洞宾、何仙姑、铁拐李等都曾留过胜迹。

(4)飞来峡

飞来峡俗称“飞霞”，南距广州 70 多千米，西离清城 26 千米。这里“风光誉南国，古迹遍峡山”，主要景点具有“古”“广”“美”“奇”特色，它集自然景观和人文景观于一体，是省级风景名胜区和旅游度假区，是道教第十九福地。这里山川秀丽，古迹林立，一江两岸七十二峰，峰奇险峻，江水曲折回环，奔泻其间，构成一幅“一水远赴海，两山高入云”的大自然美景。唐代张九龄、韩愈，宋代苏东坡，明代海瑞，清代袁玫等文人墨客，都曾慕名而来飞来峡，留下了大量的诗词歌赋。

(5)从化温泉

又名流溪河温泉，位于广东从化市西北，距广州市 75 千米，是广东省名传遐迩的风景区和疗养胜地。总面积 20 多平方千米，分为河东岸和河西岸两部分。碧波桥横跨流溪河，将两岸连为一体。这里气候宜人，四面山峦重叠，环境幽静，是旅游和疗养胜地，是世界上仅有两处的珍稀的含氡苏打温泉之一，与欧洲的瑞士温泉举世闻名。2009 年，从化温泉荣膺中国世界纪录协会中国第一含氡苏打温泉。以水质好、水温高、泉景佳为著的从化温泉被人们称为“岭南第一泉”。

(6)开平碉楼

它是中国乡土建筑的一个特殊类型，是集防卫、居住和中西建筑艺术于一体的多层塔楼式建筑，有古希腊、古罗马及伊斯兰等风格多种。开平碉楼位于广东省江门市下辖的开平市境内，为广东第一个世界文化遗产项目。2001 年 6 月 25 日，作为近现代重要史迹及代表性建筑，被国务院批准列入第五批全国重点文物保护单位名单。根据现存实证，开平碉楼最迟在明代后期(16 世纪)已经产生，自明朝以来，开平因位于新会、台山、恩平、新兴四县之间，为“四不管”之地，土匪猖獗，社会治安混乱；加上河流多，每遇台风暴雨，洪涝灾害频发，当地民众被迫在村中修建碉楼以求自保。到19世纪末20世纪初发展成为表现中国华侨历史、社会形态与文化传统的一种独具特色的群体建筑形象。这一类建筑群规模宏大、品类繁多，造型别致，分布在开平市的乡村。开平碉楼种类繁多，若从建筑材料来分，可以分为四种：石楼、夯土楼、砖楼、混凝土楼。按使用功能，开平碉楼可以分为众楼、居楼、更楼三种类型。

(7)广州光孝寺

位于广东省广州光孝路北端。光孝寺的历史源远流长，民谚说：“未有羊城，先有光孝。”寺址原是西汉初年南越王赵佗的玄孙赵建德故宅。寺名曾几次更改，东晋隆安五年(401年)称五园寺，唐代称干明法性寺，五代南汉时称干亨寺，北宋时称万寿禅寺，南宋时称报恩广孝寺，明宪宗成化十八年(1482)赐“光孝寺”，才改名光孝寺。此后，历代相传，成为一方名胜。“光孝菩提”是宋代“羊城八景”之一。

光孝寺建筑结构严谨，殿宇雄伟壮观，特别是文物史迹众多。如始建于东晋的大雄宝殿，南朝时达摩开凿的洗钵泉，唐朝的瘗发塔、石经幢，南汉的千佛铁塔，宋、明时期的六祖殿、卧佛殿，以及碑刻、佛像、河子树、菩提树等，都是珍贵的佛教遗迹遗物，对于研究我国佛教史、广东历史，以及认识人民群众的创造力量，具有重要的价值。1961年3月国务院公布为全国重点文物保护单位。

(8)广州中山纪念堂

它是全国及广东省重点文物保护单位，是广州人民和海外华侨为了纪念伟大的革命先行者孙中山先生而筹资兴建的纪念性建筑物，由我国著名建筑师吕彦直先生设计，1929年动工，1931年完成。中山纪念堂是一座宏伟、壮丽的八角形宫殿式建筑。整座建筑面积约为3 700平方米，高49米，由前后左右四个宫殿式重檐歇山抱厦建筑组成，就像四层卷叠的龙脊，组成一个整体，拱托出中央巨大的八角形攒尖式屋顶。重檐歇山顶的中央，高悬着一块蓝底红边的漆金大匾，上面有孙中山手书的“天下为公”四个大字，雄浑有力。正面檐下，内外各八大根可三人合围的朱色水磨大石柱，拱托着彩绘的磨水石米斗拱、花梁和拼花图案的天花板，做工精细。

(9)圆明新园

1997年2月2日正式建成并开放，它坐落于珠海九州大道石林山下，占地面积为1.39平方千米，以北京圆明园为原稿，按1∶1比例精选圆明园四十景中的十八景修建而成，投资6亿元人民币，是我国首批4A级景区之一。它以浓厚的清文化、精雅别致的亭、台、楼、阁和气势磅礴的大型舞蹈表演吸引了无数国内外游客。圆明新园融古典皇家建筑群、江南古典园林建筑群和西洋建筑群为一体，为游客再现了清朝盛世风华。

(10)锦绣中华与中国民俗文化村

锦绣中华是深圳华侨城的一个旅游区，坐落在风光绮丽的深圳湾畔。它是目前世界上面积最大、内容最丰富的实景微缩景区，占地450亩，分为主点区和综合服务区两部分。82个景点均按中国版图位置分布，比例大部分按1∶15建造。“锦绣中华”的景点均是按它在中国版图上的位置摆布的，全园面积犹如一幅巨大的中国地图。这些景点可以分为三大类：古建筑类、山水名胜类、民居民俗类。安置在各景点上的陶艺小人达5万多人。

中国民俗文化村，占地20多万平方米，是中国第一个荟萃各民族民间艺术、民俗风情和民居建筑于一园的大型文化旅游景区，内含22个民族的25个村寨，均按1∶1的比例建成。通过民族风情表演、民间手工艺展示、定期举办大型民间节庆活动，如华夏民族大庙会、泼水节、火把节、西双版纳风情月、内蒙古风情周等多种方式，多角度、多侧面地展示出我国各民族原汁原味、丰富多彩的民风民情和民俗文化，让游客充分感受中华民族的灵魂和魅力。中国民俗文化村以"二十五个村寨，五十六族风情"的丰厚意蕴赢得了"中国民俗博物馆"的美誉。

11.3.3 海南旅游亚区

11.3.3.1 海南旅游亚区概述

海南省简称琼，是中国第二大岛，它北以琼州海峡与广东省划界，西临北部湾与越南为邻，东濒南海与台湾相望，东南和南边在南海中与菲律宾、文莱和马来西亚为邻。包括海南岛和西沙群岛、南沙群岛、中沙群岛的岛礁及其领海，陆地面积3.4万平万千米，海洋面积200多万平方千米，约占中国海洋面积的2/3。海南岛的地势中部高，四周低，整个地貌由山地、丘陵、台地、平原呈环形层状分布。山地和丘陵面积占全岛面积71.3%。主要河流有南渡江、昌化江、万泉河等，这些河流均发源于五指山区，向四周分流入海。截至2018年，全省人口数量为934万人。

海南的海岸线长达1 823千米，适宜的气候和优良的沙滩使这里遍布理想的海水浴场和避暑胜地，如三亚市的鹿回头、亚龙湾、大东海、天涯海角，海口市的秀英海，文昌县的清澜湾，琼海市长坡，铜鼓岭南北海岸，陵水县猴岛，东方县鱼鳞洲等。沿海还有火山爆发奇观与红树林海岸景观。五指山为海南岛主峰，气势格外磅礴。琼中的琼崖纵队旧址则为现代革命纪念地。黎族唯独分布在海南，人口约70万，他们善纺织、印染，服饰，饮食具有鲜明的民族特色，成为海南最主要的民族习俗旅游资源。

11.3.3.2 主要旅游区点

(1)东寨港红树林

位于海口市东南的东寨港红树林保护区，占地4 000公顷。该区于1980年2月划为国家级自然保护区，1992年定为海南省十大重点旅游开发区之一，是知名度极高的风景胜地。这里的红树植物终年生长在海水之中，树冠硕大，树干形态奇特，划小船进入红树林曲折的"走廊"，犹如进入幻境，现已成为游览胜地和国内外学者科学考察的基地，其中发现的海桑是中国最珍贵的植物稀有品种。红树林、阳光、海水、海滩、海鲜产品及明代古迹——海底村庄，构成了该区的奇物景观。红树林是热带亚热带海滨泥滩上特有的植物群落，是一种多功能、多效益的特种植物资源，品种奇特。因而，国际上成立了红树林学会，定期举行学术交流，促进红树林的保护和发展。东寨港红树林有15个科29个品种，因其树冠千姿百态，并生长在海边滩涂上，故有"海上绿洲，海上森林公园"之美称。自辟为旅游区后，前来参观、考察、观光的游客络绎不绝。

(2)海南五指山

是海南第一高山,是海南岛的象征,也是我国名山之一,被国际旅游组织列为A级旅游点。该山位于海南岛中部,峰峦起伏成锯齿状,形似五指,故得名。远眺五指山,只见林木苍翠,白云缭绕,绿山盘旋而上峰巅,顿觉云从脚下生,人在太空游。近看五指山,只见5个"指头"由西南向东北,先疏而后密地排列。跟前那座郁郁葱葱的山峰,便是五指山第一峰,海拔1 300多米,峥嵘壁立,那顶峰倾斜指向天际。在五指山区公所的所在地朝山上看,整座山峰好像一座硕大的金字塔,那山巅则像喙食尖削的鸟嘴,但是登上去后,却是一大块近10多平方米面积的岩石。五指山区遍布热带原始森林,层层叠叠,逶迤不尽。海南主要的江河皆从此地发源,山光水色交相辉映,构成奇特瑰丽的风光。

(3)亚龙湾

位于中国最南端的热带滨海旅游城市——三亚市东南28千米处,是海南最南端的一个半月形海湾,全长约7.5千米,是海南名景之一。亚龙湾沙滩绵延7千米且平缓宽阔,浅海区宽达50~60米。沙粒洁白细软,海水澄澈晶莹,而且蔚蓝。能见度7~9米。海底世界资源丰富,有珊瑚礁、各种热带鱼、名贵贝类等。年平均气温25.5℃,海水温度22~25.1℃,终年可游泳,被誉为"天下第一湾"。

亚龙湾气候温和、风景如画,这里不仅有蓝蓝的天空、明媚温暖的阳光、清新湿润的空气、连绵起伏的青山、千姿百态的岩石、原始幽静的红树林、波平浪静的海湾、清澈透明的海水,洁白细腻的沙滩以及五彩缤纷的海底景观等,而且8千米长的海岸线上椰影婆娑,生长着众多奇花异草和原始热带植被,各具特色的度假酒店错落有致,又恰似一颗颗璀璨的明珠,把亚龙湾装扮得风情万种、光彩照人。

(4)天涯海角

位于三亚市海滨西部26千米处,意为"天之边缘,海之尽头"。古时候交通闭塞,"鸟飞尚需半年程"的琼岛,人烟稀少,荒芜凄凉,是封建王朝流放"逆臣"之地。来到这里的人,来去无路,望海兴叹,故谓之"天涯海角"。这里碧水蓝天一色,烟波浩翰,帆影点点,椰林婆娑,奇石林立,那刻有"天涯""海角""南天一柱""海南南天"等巨石雄峙海滨,使整个景区如诗如画,美不胜收。据记载,"天涯"题刻,是清代雍正年间崖州知府程哲所书。"南天一柱"据说是清代宣统年间崖州知州范云梯所书。

(5)鹿回头

位于三亚市南部5 000米的三亚湾,是三面临海的半岛,状似鹿站在海边回头观望。神话中的猎手和仙女的传说被雕塑成"鹿回头"巨型石雕,其高为12米、长9米、宽4.9米,屹立在鹿回头岭上。鹿回头半岛最高点海拔285米。鹿回头岭于1984年开辟,有哈雷彗星观测纪念点、听潮亭、情人岛等观赏、休憩设施。鹿回头岭是登高望海和观看日出日落的制高点,也是俯瞰三亚市全景的唯一佳处。

(6)海瑞墓

为国家级重点文物保护单位,坐落在海南省海口市西郊滨涯村的海瑞墓,为一长方形陵园。四周为石砌围墙,园内草木四季长青,环境整洁、宁静、肃穆。海瑞墓园始建于明万历十七年(1589年),是皇帝派许子伟专程到海南监督修建成的。据说,当海瑞灵柩运至现墓地时,抬灵柩的绳子突然断了,人们以为这是海瑞自选取风水宝地,于是将其就地下葬。陵园大门的青灰色石牌坊上横刻“粤东正气”4个红色大字。一条宽阔的麻石大道从牌坊下直通墓地。甬道两旁有石羊、石马、石狮、石人，或站或坐或躺，栩栩如生。墓前一石龟占据道中。陵墓格局与杭州的岳坟相似，只是规模稍小。有石供桌、石平台、五栏杆、石砌圆形坟冢。坟墓直径1.6米、高2.6米。墓前石碑上刻“明皇敕葬资善大夫南京都察院右佥都御史赠太子少保谥忠介海公之墓”30字。碑高4米、宽0.8米、厚10厘米，是400年前造墓时的原物。

(7)五公祠

位于海口市区与琼山市接壤处。五公祠又称“海南第一楼”，位于海南省海口市东南。五公祠建于清光绪十五年(1889年)，祠内祭祀着五位唐宋年间被贬海南的贤臣名相、忠义之士，他们是：李德裕、李纲、赵鼎、胡铨和李光。五公祠占地面积66 000平方米，建筑面积6 800平方米，2001年6月26日被国务院列为第五批全国重点文物保护单位。五公祠近千年的历史，孕育着丰富的文化内涵，蕴藏着深厚的历史底蕴，是全面了解海南历史、政治、文化发展的名胜古迹。这里楼阁参差，疏密相间；亭廊宛转，错落有致；叠石假山，丘壑分明；泉井湖水，浣溪渺弥；树木花卉，沧古洒洒，素有“琼台胜境”“瀛海人文”和“海南第一名胜”之誉。

11.3.4 台湾旅游亚区

11.3.4.1 台湾旅游亚区概述

台湾省简称台，位于东海和南海交界处，即我国大陆东南100多千米的海面上，它四面环海，西台湾海峡与福建省相距不足200千米，南濒巴士海峡与菲律宾相望，东邻太平洋。台湾面积为3.6万平方千米，由台湾岛、澎湖列岛、钓鱼岛等86个岛屿组成，为我国的第一大岛，素有“美丽宝岛”之称。台湾多山谷，中央山脉绵亘南北，将全岛分成不对称的东西两部分，东部和中部为山地，西部为平原，二者之间为丘陵地带。台湾横跨北回归线，属热带和亚热带气候，长夏无冬，雨多风强，年平均气温20 ℃～25 ℃，年平均降水量为2 000毫米左右。

台湾旅游资源丰富，名胜古迹千余处。台湾由于构造运动剧烈，又有喀斯特地貌与海蚀地貌，故多富有观赏价值的山水胜境、火山群与温泉群。山地有著名的玉山、阿里山、大屯火山群以及形状独特的珊瑚石灰岩地形等。海岸地形富于造型之美，如北部、南部的海岸形成“玉女头”“仙女鞋”“梅花石”等48处奇景，东部海岸的断崖和海蚀洞穴，西部海岸的海滨浴场。由于地形复杂和降水丰富，台湾河网密布，多数河流湍急，瀑布数量众多，尤以中部和北部最为集中，如乌来瀑布、木瓜大瀑布、蛟龙瀑布、蓬莱瀑布，各具特色。大小湖泊、人工水库和温泉众多，配以丰茂植被、花卉、蝴蝶点缀，或与周围山色相映成趣，都是旅游的好去处。众多的庙宇古迹和特种建筑也是台湾旅游热点。另外，独特的少数民族风情也吸引不少游客。高山族是台湾主要的少数民族之一，是台湾最早的居民，他们性情豪放、热情好客、能歌善舞。“杵歌”是高山族最具民族色彩的音乐，闻名海内外。

11.3.4.2　主要旅游区点

（1）阿里山

位于嘉义市东方75千米，地处海拔2 000米以上，气候四季相差不大，平均气温为10.6 ℃，在冬季最寒冷之日亦可达-3 ℃，蚊蚋绝迹，实为台湾休养避暑最佳处所。阿里山的铁路可与"阿里四景"（日出、云海、晚霞、森林）合称"五奇"。铁路全长72千米，却由海拔30米上升到2 450米，坡度之大举世罕见，途经热、暖、温、寒四带，景致迥异，搭乘火车如置身自然博物馆。阿里山列为台湾风景区之一，美景纷陈早为人所称道，因此有"不到阿里山，不知阿里山之美，不知阿里山之富，更不知阿里山之伟大"的说法。

（2）日月潭

旧称水沙连，又名水社里和龙湖，位于阿里山以北、能高山之南的南投县鱼池乡水社村。湖面海拔740米，面积7.73平方千米，潭中有一小岛名珠仔屿，亦名珠仔山，海拔745米。以此岛为界，北半湖形状如圆日，南半湖形状如一弯新月，日月潭因此而得名。日月潭是台湾著名的风景区，是台湾八景中的绝胜，也是台湾岛上唯一的天然湖泊，其天然风姿可与杭州西湖媲美，堪称明珠之冠。日月潭之美在于环湖重峦叠峰，湖面辽阔，潭水澄澈；一年四季，晨昏景色各有不同。7月平均气温不高于22 ℃，1月不低于15 ℃，夏季清爽宜人，为避暑胜地。

（3）鹅銮鼻

位于台湾岛的最南端，地处中央山脉尽头的台地，尖端挺伸海外形成半岛，三面临海，一面背山，是太平洋、巴士海峡和台湾海峡的分界处，南部海上轮船来往必经这里，其重要性有如非洲的好望角。因为附近香蕉湾的海中有一石，高50米，周围约40米，极似船帆，取名"帆船石"。又因这里北接恒春丘陵，衔山环海，突出如鼻，故得名"鹅銮鼻"。其之所以著名，还因为这里屹立着一座有"东亚之光"美称的大灯塔。鹅銮鼻附近的海域为珊瑚礁石灰岩地形，巨礁林立，怪石嶙峋，有好汉石、擎天石、猪石、草海洞、古洞等天然奇石怪洞，妙趣横生。这里四季如春，旖旎多彩，素有蕉风椰雨、碧海白浪的热带海滨情调，人称"台湾的夏威夷"。

（4）蛟龙大瀑布

位于嘉义县阿里山乡丰山村东南方的塔山尾棱岩壁上，为一座因断层形成的瀑布，是全台湾最高的瀑布，也是全东南亚落差最大的瀑布。瀑布落差超过800米。在5～9月雨季，水量大时，分成二层俯冲而下，气势磅礴；水量少时则分四层流下山谷。最末层距地面约500米，伫立在丰山的空地上，便能清晰望见。

（5）北投温泉

位于台北市北投区，是台湾温泉之冠。泉源主要来自地热谷及行义路底的龙凤谷，地热谷涌出的热泉澈绿似玉，称为青磺，属盐酸酸性泉，因泉水中又含有少量的放射性镭，也称为"镭温泉"；由龙凤谷接管引来的白磺又称为星汤，属酸性硫酸盐泉，两种泉质均有治疗慢性关节炎、肌肉酸痛、慢性皮肤炎等疗效。许多爱汤族喜欢晨昏来北投泡泡澡，再漫步一遭，格外神清气爽。北投的温泉多集中在北投公园周边地带，北投公园内花木扶疏，石造拱桥古朴典雅，游人特别喜欢于此徘徊留影。

(6)太鲁阁公园

是台湾地区的著名公园之一,位于台湾岛东部,地跨花莲县、台中县、南投县三个行政区。太鲁阁公园的特色为峡谷和断崖,峡谷两岸悬崖万仞,奇峰插天;山岭陡峭,怪石嵯峨;谷中溪曲水急,林泉幽邃,具有长江三峡雄奇景观连绵不断的气势,被誉为宝岛的三峡。太鲁阁公园的原始森林面积广阔,生态环境也非常的复杂,拥有许多生态资源,如山椒鱼、莫氏树蛙、台湾黑熊、台湾猕猴猪、台湾穿山甲、山羌、水鹿、长鬃山羊等数百种动物生态,更有云杉林、台湾芦竹、冷杉林、箭竹草原、玉山圆柏及铁杉林等多种珍奇植物,诚为园区内的特有景观。

(7)台北故宫博物院

是中国著名的历史与文化艺术史博物馆。坐落在台北市基隆同北岸士林镇外双溪,始建于1962年,1965年夏落成,占地面积1.03万平方米。中国宫殿式建筑,共4层,白墙绿瓦。院前广场耸立由6根石柱组成的牌坊,气势宏伟,整座建筑庄重典雅,富有民族特色。院内设有20余间展览室,现代化的空气调节、防火、防潮、防盗等设施,以维护珍贵的文化瑰宝。院内收藏有自北平故宫博物馆及沈阳故宫,热河行宫运到台湾的24万余件文物,所藏的商周青铜器,历代的玉器、陶瓷、古籍文献、名画碑帖等皆为稀世之珍。

11.3.5 香港旅游亚区

11.3.5.1 香港旅游亚区概述

香港特别行政区位于珠江口东侧,南海之滨,包括香港岛、九龙、新界及附近岛屿,总面积1 092平方千米,古时此地因主产沉香故称香江、香海,明代万历年间因转运东莞所产香木始有"香港"一称。香港特别行政区是著名的国际金融中心、贸易中心和自由港,被誉为"东方之珠""动感之都"。香港是典型的滨海丘陵地,陆地部分呈菱形,凸于广东省宝安县城之南,从大陆伸入南中国海。境内山岭丘陵众多,平地很少,大部分沿海平地都是近百年来填海的结果。香港属于亚热带气候,春季潮湿,夏季炎热,秋季清凉干爽,冬季凉爽干燥,年降水量200多毫米。秋季是抵港旅游的旺季。

香港本身旅游资源不多,但由于其优越的地理位置、便捷的交通运输、特殊的贸易政策等因素,兴建了大量人工游乐设施,并开展各项旅游活动,使旅游业成为香港第三大创汇产业。香港的旅游资源有亚热带海岛风光、古迹文物、人造景观和各种节庆活动,都极具特色。这里有可供国际性和区域表演活动的大会堂、艺术馆、太空馆、科技馆以及著名的海洋公园。香港利用自身的优势,创设成为"购物天堂""美食天堂",吸引着全世界各地的游客前往感受它的独特魅力。

11.3.5.2 主要旅游区点

(1)太平山

俗称扯旗山,因山上建有许多维多利亚风格的建筑,所以又叫维多利亚山,它位于香港岛的中西区,海拔554米,是香港岛之巅。在殖民地时期,太平山曾经是香港上流社会政府高官及富贾巨商的居住集中地，一般的平民只有经过殖民政府的许可才能进入，而如今，太平山上虽然还是有很多独立式的住宅和别墅，但它同时也是香港闻名世界的旅游景区。太平山顶还是远眺香港全景的最佳地点之一，无论是红日西沉的黄昏美景，还是璀璨迷人的夜景，都十分动人，尤其是在风和日丽的天气里，站在凌霄阁顶部的观景台上，不仅可以看到维多利亚港两岸的美景，还可以看到九龙和新界。

(2)大屿山

位于香港西南面，是香港境内最大的岛屿，面积146.75平方千米，比香港岛大84%。地域宽阔，风光秀丽。岛上有山峦，东西延伸，上有香港第二及第三高的山岭，分别是凤凰山(934米)及大东山(869米)。有"南天佛国"之称的宝莲禅寺，坐落于大屿山昂平高原，是香港香火最鼎盛的寺庙之一。天坛大佛坐落于大屿山宝莲寺，是20世纪90年代初建成的一座大铜佛，由中国航天科技部设计和制作，大佛身高26.4米，加上大佛底座三层，总高度近34米，占地面积约6 567平方米，重量高达250吨，由200块青铜铸件砌成，占地面积约6 567平方米。它是世界上最高最大的露天释迦牟尼青铜像。因其基座是仿照北京天坛而设计，故习称天坛大佛。大佛造型集云岗、龙门佛像和唐代雕塑技术之精华，庄重慈祥。坐南朝北，右手齐胸屈举，五根手指平伸，示"无畏印"，代表拔除痛苦；左手下垂脚上，反掌向外，指端微微向下，称"与愿印"。被誉为尖端科技与东方艺术的结晶。

(3)浅水湾

号称"天下第一湾"，也有"东方夏威夷"之美誉，是香港最具代表性的沙滩。浅水湾在香港岛之南，依山傍海，海湾呈新月形，坡缓滩长，波平浪静，水清沙细，沙滩宽阔洁净而水浅，且冬暖夏凉，水温在16 ℃~27 ℃，历来是港人消夏弄潮的胜地，也是游人必至的著名风景区。浅水湾的秀丽景色，使它成为港岛著名的高级住宅区之一，区内遍布豪华住宅，其中包括香港巨商李嘉诚、包玉刚的豪华私宅以及著名的影湾园、浅水湾129号等，这些依山傍水的建筑，构成了浅水湾独特的景区，令人流连忘返。

(4)维多利亚港

是位于香港的香港岛和九龙半岛之间的港口和海域，是中国的第一大海港，世界第三大，仅次于美国的旧金山和巴西的里约热内卢。维多利亚港水面宽阔，景色迷人，海港的西北部有世界最大的集装箱运输中心之一的葵涌货柜码头。每天日出日落，繁忙的渡海小轮穿梭于南北两岸之间，渔船、邮轮、观光船、万吨巨轮和它们鸣放的汽笛声，交织出一幅美妙的海上繁华景致。

(5)海洋公园

是香港一个以海洋为主的大型主题公园，位于香港南区的黄竹坑，1977年1月10日落成启用。香港海洋公园分为3部分，分别为位于北面的山下花园、南面的南朗山南麓及大树湾，占地共17公顷。香港海洋公园拥有全东南亚最大的海洋水族馆及主题游乐园，凭山临海，旖旎多姿，是访港旅客最爱光顾的地方。在这里不仅可以看到趣味十足的露天游乐场、海豚表演，还有千奇百怪的海洋性鱼类、高耸入云的海洋摩天塔，更有惊险刺激的越矿飞车、极速之旅，堪称科普、观光、娱乐的完美组合。

(6)宋城

坐落于九龙荔枝角荔园游乐场旁边,1979年建成开放。宋城参照名画《清明上河图》的画意设计,是宋代都城汴京(今河南开封)生活风貌的缩影,整个建筑显得淡雅古朴。穿过高大的城门楼,只见一条小河贯通南北。河中船只往来穿梭,两岸楼阁矗立,杨柳低垂。身穿宋代服装的商贩在此经营着仿古酒茶。城中经常有魔术、民间舞蹈及杂技表演,还有中国古代婚礼仪式的表演。宋城中有一座蜡像艺术馆,陈列着白蜡制作的中国历代名人塑像,与真人一般大小,成为游客了解中国历史的生动课堂。

(7)黄大仙祠

又名啬色园,建于1945年,是香港九龙有名的胜迹之一,是香港最著名的庙宇之一,在本港及海外享负盛名。据传,黄大仙又名赤松仙子,以行医济世为怀而广为人知。相传祠内所供奉的黄大仙是"有求必应"的,他的签文十分灵验。每年,不少善信争相在农历大年初一上"头炷香",成为一年一度的城中贺岁佳话。此外,该祠是香港唯一可以举行道教婚礼的道教庙宇。在每年农历年底及正月初一至十五日,有大量善信前往该祠,为过去一年酬谢神恩及为未来一年求神庇佑。每年农历八月二十三是黄大仙宝诞,所有黄大仙的弟子会于正午时分聚集于祠内的主殿参与祭祀活动。黄大仙祠的建筑雄伟,金碧辉煌,极尽中国古典庙宇的特色。庙宇占地18 000多平方米,除主殿大雄宝殿外、还有三圣堂、从心苑等。其中以牌坊建筑最具特色,充分表现中国传统文化。

11.3.6 澳门旅游亚区

11.3.6.1 澳门旅游亚区概述

澳门特别行政区位于珠江口西南岸,毗邻珠海市,东隔伶丁洋与香港相望,包括澳门半岛和凼仔、路环两岛,全区土地面积32.8平方千米(已包含2009年11月29日国务院批复澳门填海造地360公顷建造新城的澳门新城区在内)。澳门的名字源于渔民非常敬仰的中国女神天后。16世纪中叶,第一批葡萄牙人抵澳时,询问居民当地的名称,居民误以为指庙宇,答称"妈阁"。葡萄牙人以其音而译成"MACAU",成为澳门葡文名称的由来。在后来的400多年时间里,东西文化一直在此地相互交融,留下了许多历史文化遗产,使澳门成为一个独特的城市。澳门全年气候温和,平均气温约20 ℃,湿度较高,约75%~90%,全年降雨量约1 778毫米。澳门半岛狭小,但地势高低起伏,变化多端。

澳门地域狭小,是一个适宜徒步游览的城市。其自然旅游资源较少,以人文旅游资源为主。几百年来的发展形成了澳门中西文化交会、华洋共处的社会结构和城市结构,拥有独特的历史古迹和风景名胜。澳门的宗教建筑林立,以妈阁庙、观音堂和莲峰庙三大古刹最为著名。大三巴牌坊、大炮台、孙中山纪念堂、军事博物馆等是游人必到之处。同时,澳门旅游业中以博彩业最为发达,是世界三大赌城之一,被称为"东方的蒙特卡洛",其收入占旅游业收入的80%。

11.3.6.2 主要旅游区点

(1)妈阁庙

为澳门最著名的名胜古迹之一,初建于明弘治元年(1488),距今已有五百多年的历史。原称妈祖阁,俗称天后庙,位于澳门的东南方,枕山临海,倚崖而建,周围古木参天,风光绮丽。主要建筑有大殿、弘仁殿、观音阁等殿堂。庙内主要供奉道教女仙妈祖,又称天后娘娘、天妃娘娘,人称其能预言吉凶和助人消灾。每年春节和农历三月二十三日为娘妈诞,妈阁庙香火至为鼎盛。除夕午夜开始,不少善男信女都会前来拜神祈福。

(2)三巴胜迹

包括大三巴牌坊和大炮台组成的景观,是游人必至的好去处。大三巴牌坊是天主之母教堂(即圣保禄教堂)正面前壁的遗址。圣保禄教堂附属于圣保禄学院。该学院于1594年成立,1762年结束,是远东地区第一所西式大学。1835年一场大火烧毁了圣保禄学院及其附属的教堂,仅剩下教堂的正面前壁、大部分地基以及教堂前的石阶。自此,这便成为世界闻名的圣保禄教堂遗址。本地人因教堂前壁形似中国传统牌坊,将之称为大三巴牌坊。这座中西合璧的石壁在全世界的天主教教堂中是独一无二的。大炮台原是大三巴教堂的祭天台,已有300多年的历史,澳门天文台也设于此。炮台东北角为露天博物馆,有不少古炮和古代石刻。邻近的白鸽巢花园,又称贾梅士花园,布局巧妙,为澳门最大的公园。

(3)白鸽巢公园

亦称贾梅士公园,是澳门最大的公园,也是澳门最古老的花园之一。贾梅士博物院原址及其花园,昔日为葡国皇室贵族的行宫,占地19 000多平方米。公元19世纪,葡萄牙的富翁马葵士在此建造了一所豪华别墅。由于马葵士酷爱养鸽,最多时曾有数百只之多。成群的白鸽漫天飞舞,上下翱翔,成为当时澳门的一大景观,因此当地的居民称这里为"白鸽巢"。

(4)普济禅院

俗称观音堂,是位于澳门特别行政区最大的禅院与最具规模的庙宇。普济禅院为中国古翚飞式的佛教建筑,保存着明清南方庙宇的特色。普济禅院始祖为石濂大汕(1633—1705),属禅宗南禅曹洞宗。普济禅院的主体建筑分为三殿:大雄宝殿供奉丈八金身的三宝佛像;长寿佛殿供奉长寿佛;观音殿供奉观音大士、十八罗汉。普济禅院在殿堂悬挂历代众高僧和不同艺术名家的书画、书法和文物,以供游客欣赏。普济禅院、妈阁庙与莲峰庙并称为澳门三大古庙。

(5)谭公庙

位于路环十月初五街尾,炮台山的西麓,与珠海市横琴岛隔海相望,是路环四庙慈善会管理的庙宇中最有名的一座。该庙建于清同治年间,距今已有百年,是路环香火最盛的庙宇。庙内有两件历史文物,其中有一只全长四尺,由鲸骨雕制而成的龙舟,是一件已有百年多历史的文物。此龙舟为当年开庙时渔民所赠的,后装配有木制的龙头、龙尾、锦旗、罗伞、锣鼓、艄公及挠手等,使龙舟更栩栩如生,被视为"镇庙之宝"。据说摸过鲸骨会行好运,故普男信女进香后必顺便一摸龙骨。另一件历史文物就是谭公庙旁的一块碑石，刻于清道光七年（1827 年），碑石上刻的是香山县政府勒石永禁舟师兵役滥封索扰渔船的规定。每年农历四月初八谭公诞辰，许多港澳居民都前来进香祈福，搭大棚演出神功戏。

（6）澳门旅游塔

港澳地区习称为观光塔，位于南湾新填海区。从地面到它的最高点，总高度为338 米（56 层）。主观光层位于离地面223 米高的位置。位列全球独立式观光塔第十位，是世界高塔联盟的成员之一。站在塔的观光廊，澳门、珠海尽收眼底，晴天还可以看到香港的大屿山岛。此外，该塔还有展览及会议设施、主题餐厅、高级购物中心和剧场、露天广场和海滨长廊等。

（7）澳门渔人码头

是中国澳门首个主题公园和仿欧美渔人码头的购物中心。澳门渔人码头建于外港新填海区海岸，邻近港澳码头。由何鸿燊及周锦辉投资兴建，总投资约为澳门币 18.5 亿，经过 5 年时间筹备与兴建。渔人码头集娱乐、购物、饮食、酒店、游艇码头及会展设施于一体，结合不同建筑特色及中西文化，使游客突破地域界限，体验不同地区的感受。区内多元化的娱乐设施使澳门渔人码头成为举家同游的好去处。

本章小结

岭南旅游区包括福建省、广东省、海南省、台湾和香港、澳门。地理区位条件优越，具有著名的侨乡，对外交往频繁，旅游资源丰富，实力雄厚，客源充足，旅游业发展迅猛。自然旅游资源主要以海滨风光、名山温泉、热带植物等；人文旅游资源则侧重于岭南文化、华侨故里、都市观光购物等为主。该区是我国旅游的热点地区。

案例分析

2010 年 5 月 7 日，海峡两岸旅游交流协会台北办事处成立仪式暨招待晚宴在台北圆山饭店隆重举行。海峡两岸旅游交流协会会长邵琪伟在致辞中回顾了近年来两岸旅游业界的合作历程。他说，根据海协会和海基会 2008 年 6 月 13 日签署的协议，双方同意互设旅游办事处。经过近两年的精心准备，海旅会台北办事处在今天正式成立，在两岸旅游交流史上具有里程碑意义。双方互设旅游办事处，将作为两岸旅游业界相互沟通的"桥梁"和服务游客的"窗口"。两岸旅游业界相互携手，实现了务实推动大陆居民赴台旅游、建立了常态化工作机制、共同促进赴台旅游品质保障、实现了相互参展和市场互动等目标。

请分析海峡两岸客源互市的条件及可持续发展举措。

自我检测题

1. 岭南旅游区的地理位置对发展旅游有何优势?
2. 岭南旅游区的旅游资源有什么特点?
3. 试分析海南建设国际旅游岛的优势、困难及对策。
4. 香港旅游资源有限,为什么它却是亚洲最大的旅游市场?
5. 导游证考试知识点

(1)单项选择题

1)2018 年建成的港珠澳大桥总长(　　),是世界上最长的跨海大桥。

A. 45 千米　　B. 55 千米　　C. 35 千米　　D. 65 千米

2)福建省的第一大岛是(　　)

A. 东山岛　　B. 湄洲岛　　C. 海坛岛　　D. 鼓浪屿

3)海南最早的民族是(　　)

A. 黎族　　B. 汉族　　C. 傣族　　D. 苗族

(2)多项选择题

1)下列关于香港的说法中,正确的有(　　)

A. 香港被誉为“购物天堂”

B. 香港人送花喜送梅花

C. 香港行人靠右走,车辆靠左行驶

D. 香港由香港岛、九龙、新界内陆地区及 260 多个离岛组成

E. 香港的主要宗教是佛教和道教

实 训 题

设计一条以广州市为起点和终点的粤港澳都市圈封闭旅游线路。

12

石林洞乡，民族风情——西南旅游区

教学目标

通过本章的学习，熟悉西南旅游区的旅游地理环境，掌握西南旅游区旅游资源的基本特征和各重要旅游点的概况，了解西南旅游区旅游业发展概况。

导入案例

云南是我国的旅游大省。2017 年全省累计接待海外过夜旅游者 667.69 万人次，同比增长 11.2%；实现旅游外汇收入合计 35.50 亿美元，同比增长 15.5%；累计接待国内游客 5.67 亿人次，同比增长 33.3%；实现国内旅游收入 6 682.58 亿元，同比增长 47.3%；全省共实现旅游业总收入 6 922.23 亿元，同比增长 46.5%，其中中秋国庆黄金周期间全省共实现旅游收入 141.14 亿元，同比增长 46.23%。

西南旅游区北靠秦巴山地，南与老挝、越南接壤，东南濒临北部湾，西及横断山脉，东连湘西、南岭山区。西南旅游区域绝大部分处于我国地势第一、第二阶梯交界处，由西向东分为四大地貌单元，横断山区、云贵高原、广西丘陵盆地。西南旅游区包括：云南、贵州两省和广西壮族自治区，全区总面积约 79 万多平方千米，人口约 12 674 万（全国第六次人口普查结果）。本区地形复杂，气候温暖湿润，动植物资源极为丰富，岩溶地貌分布广泛，民族风情绚丽多彩，边境贸易逐渐繁荣，旅游业发展的潜力很大。

12.1 旅游地理环境

12.1.1 自然地理环境

12.1.1.1 地理位置紧邻边疆

本区西南和南部不仅有绵延数千米的陆地疆界，与缅甸、老挝和越南近邻，而且山水相连，一脉相承，为发展跨国旅游和边境旅游提供了便利条件。尤其是位于本区的怒江、澜沧江和元江等分别与邻国的萨尔温江、湄公河、红河同为一江水，具有旅游开发潜力和优势，可增辟跨国旅游线。

12.1.1.2 地貌奇特多样

本区属于青藏高原向两广丘陵过渡的地带，自西向东分布着横断山地、云贵高原和广西丘陵盆地，地貌奇观荟萃，颇具“天然未雕饰”之自然美。滇西位于横断山脉的中南部，山高谷深，相对高差较大，形成了许多大的峡谷与自然奇景。滇南处于横断山脉南段，平原与山地间断分布，保存有大片的热带原始森林，成为我国最大的动植物资源宝库。云贵高原处于本区中部，由云南高原与贵州高原组成，云南高原向东过渡到贵州高原，地势向北、东、南倾斜，边缘部分被分隔成为低山丘陵。广西丘陵盆地被山脉和高原所环绕。在山脉前沿谷地或盆地边缘，丘陵错综分布。

本区是我国岩溶地貌发育最完美、分布最广的区域，其岩溶地貌景观如孤峰、石林、峰林、峰丛、天生桥、溶洞、岩洞瀑布等无所不有，堪称世界上岩溶地貌发育最典型、最完美的自然博物馆，是闻名于世的岩溶风景游览胜地。

12.1.1.3 气候温暖湿润

本区的纬度较低，北回归线横穿其南部，同时距海较近，大部分地区属于亚热带季风气候，气候普遍温暖湿润，一年四季皆宜旅游。云南高原冬季受热带气团控制，气温较高，夏季受海拔高度影响，天气凉爽，气候具有四季如春、冬暖夏凉的特点。贵州高原温度变化小，但干湿季的区分明显，大部分地区年平均气温超过 15 ℃，降水量在 1 000 毫米左右，雨日多，但全年雨日分布较均匀，故有“天无三日晴”之说。该区在北回归线以北的地区属于亚热带季风气候，温暖湿润；南部及广西南部和云南南部是热量和水分最丰富的地区，为湿热的热带气候，年平均气温 20 ℃ ~ 26 ℃，没有真正的冬季，年降水量 1 400 ~ 2 000 毫米。由于该区夏季炎热，下雨就凉，因此有“四时皆为夏，一雨便成秋”的特点，是我国重要的冬季旅游与避寒之地，对发展旅游业十分有利。

12.1.1.4 生物资源丰富

本区地形复杂，地势高低悬殊，加以南北跨度大，气候垂直和水平差异显著，自然生态环境优秀，滋生和孕育了种类众多、组成复杂的野生动植物。如广西有国家濒危保护植物 389 种，以银杉、木沙椤、金茶花、冷杉、望天树、铁杉最具代表性，是全国闻名的水果之乡，柑橘、枇杷、荔枝、龙眼、杧果等种类繁多。野生动物资源也极其丰富，其中以灵长类和鸟类资源最为丰富。本区拥有丰富的生物资源，云南的植物种类就有 1.7 万多种，几乎占全国植物种类的一半，是全国植物种类最多的省份，被誉为“植物王国”。云南集中了从热带、亚热带、亚温带甚至寒带的所有生物品种。贵州动物和植物数量种类众多，珍稀动物多达 30 多种，珍贵树种占全国一半。

12.1.2 人文地理环境

12.1.2.1 少数民族聚居

本区是我国少数民族聚居最集中的地区。云南是全国少数民族数目最多的省份，全省共有25个少数民族，占全省人口的33.3%。各民族分布呈“大杂居、小聚居”的特点。其中云南的世居民族有16个：彝、白、哈尼、傣族、傈僳、拉祜、佤、纳西、景颇、布朗、普米、阿昌、怒族、基诺、德昂、独龙。贵州少数民族仅次于云南，居全国第二位。世居少数民族有土家族、苗族、布依族、侗族、彝族、仡佬族、水族、回族、白族、瑶族、壮族、毛南族、蒙古族、仫佬族、羌族、满族、畲族等16个，少数民族人口占全省总人口的37.9%。广西境内有12个少数民族，人口为1 721万，占人口总数比例38%，比重居全国第4位（次于西藏、新疆、青海）。境内居住着壮、汉、瑶、苗、侗、仫佬、毛南、回、京、彝、水、仡佬等12个世居民族。

12.1.2.2 交通运输迅速发展

本区交通运输经过多年建设，形成了以铁路运输为主，水运、公路运输和航空运输为辅的交通运输网络，极大地方便了区内外的社会经济交往和文化信息交流，并为旅游业发展奠定了重要的物质基础。铁路交通以柳州、贵阳和昆明为枢纽与区内外多条铁路干线联系，有黔桂、贵昆等铁路干线沟通三省区，南昆高速铁路、贵广高速铁路、渝黔高速铁路等正在建设之中；公路交通是本区不可缺少的运输方式，广西公路交通发展迅速，贵州是西南各省中公路网密度较大的省份，云南公路基本形成了以昆明为中心的网络；水运以内河航运为主，广西以梧州为总汇，主要航道有浔江、郁江、右江、黔江、桂江、柳江等；海运以广西北海为主要港口，是我国大西南通往东南亚各国的海上门户；航空近年来发展迅速，截至2018年1月，云南省拥有民用机场15个，数量位居全国各省区第一位，其中在建的新昆明国际机场将成为继北京、广州、上海之后中国第四个国家门户机场，是中国唯一面向东南亚、南亚和联结欧亚的门户枢纽机场。

12.1.2.3 边境贸易逐渐繁荣

本区自古就是我国与东南亚和南亚各国经济文化交往的陆路通道，我国的丝绸和工艺品经过该地区运往印度、缅甸等国，被誉为“西南丝路”。改革开放后，云南和广西先后成为对外开放的窗口，2010年1月1日，经过10年努力，涵盖19亿人口、6万亿美元国民生产总值、4.5万亿美元贸易额的中国-东盟自由贸易区正式建成，对世界经济尤其是东南亚经济产生深远影响。大湄公河次区域经济合作，奠定了中国云南省、缅甸、老挝、泰国、柬埔寨和越南次区域经济合作的基础。经济合作和边贸的发展也促进了边境旅游和跨国旅游的快速发展。

12.1.3 旅游资源特色

12.1.3.1 民俗风情绚丽多彩

从古至今，本区一直是多民族聚居地，共有少数民族30多个，其中云南最多，有25个之多。在长期的生产生活中，各民族形成了各自的民俗风情，创造出丰富的民族特色文化，构成独具优势的人文旅游资源。如苗族的芦笙节、龙舟节，白族的三月街，傣族的泼水节，彝族的火把节、傈僳族的刀杆节，水族的“过端”赛马，壮族的山歌会等，均吸引了大批国内外游客。

本区的少数民族工艺品就地取材，加工精巧，精致美观，民族特色浓郁。传统的工艺有蜡染、大理石雕、刀鞘、竹编、东巴木雕等。

12.1.3.2 岩溶地貌发育完美

本区石灰岩分布面积广、厚度大、质地纯，在新构造运动和湿热气候条件下，是岩溶地貌发育最好、类型最全的典型地区。在发育过程中，因溶蚀或沉积形成了各种奇特瑰丽的岩溶地貌，如地面上的石林、峰林，溶洞中的石笋、钟乳石、石花、石幔、石柱等无所不有，堪称世界上岩溶地貌发育最典型、最完美的自然博物馆，是闻名于世的岩溶风景游览胜地，形成了许多景色优美的风景区。例如，云南东部路南、宜良、弥勒、罗平、个旧的石林风景，广西盆地周围的峰林。此外，桂林漓江风景区奇石林立，地下溶洞密布，人称“无山不洞，无洞不奇”，宛如神仙洞府。

12.1.3.3 珍稀动植物丰富

本区的气候有利于植物生长，加之地形复杂，温差大，局部环境千差万别，为多种动植物的生长提供了适宜条件，因此，该区的动植物资源十分丰富。这里有无数奇花异草和珍禽异兽，它们既是宝贵的生物资源，又是极具观赏价值的旅游资源。

本区建立了多个自然保护区，如贵州的习水中亚热带常绿阔叶林国家级自然保护区、赤水桫椤国家级自然保护区、长江上游珍稀特有鱼类国家级自然保护区、云南的大山包黑颈鹤国家级自然保护区、西双版纳国家级自然保护区、会泽黑颈鹤国家级自然保护区、广西的山口红树林生态国家级自然保护区、合浦营盘港—英罗港儒艮国家级自然保护区、防城金花茶国家级自然保护区、金钟山黑颈长尾雉国家级自然保护区、雅长兰科植物国家级自然保护区等，对生态环境和珍稀动植物起到了良好的保护作用。

12.2 旅游业的概况

改革开放前，由于交通不便等因素的制约，本区旅游业发展缓慢，改革开放后，尤其1993年西南五省区成都经济协作会的召开，云南、贵州、广西确定了旅游产业地位。随后经过几年的努力，区内外交通在原有基础上大为完善，新建、改建了一批现代化饭店，旅游接待设施不断改善，再加上旅游资源开发步伐加快，旅游宣传促销力度加大，使本区旅游业取得了较快发展。澜沧江—湄公河次区域经济合作，奠定了中国云南省、缅甸、老挝、泰国、柬埔寨和越南次区域经济合作的基础。

总的来说，本区旅游业的发展水平与其旅游资源的地位不相符，尚有巨大潜力。今后，随着进一步的发展变化，本区必将在国内和国际旅游中占据越来越重要的地位。

12.3 主要旅游区介绍

12.3.1 云南省

12.3.1.1 云南旅游区概述

云南省简称滇或云，位于中国西南边陲，省会昆明。战国时期，这里是滇族部落的生息之地。云南，即“彩云之南”，另一说法是因位于“云岭之南”而得名。总面积约39万平方千米。截至2018年，全省总人口数量为4 830万人。与云南省相邻的省区有四川、贵州、广西、西藏，云南省的3个邻国是缅甸、老挝和越南。北回归线从该省南部横穿而过。云南地处云贵高原，山地和高原约占全省面积的94%。云南属亚热带高原型季风气候，受地形影响，垂直变化显著，尤其滇西有“一山四季”之说。

云南以美丽和神奇著称于世，冰川、雪山、峡谷、丘陵、森林、沼泽、湖泊千姿百态的地形地貌汇聚于此。滇西北气势磅礴的虎跳峡成了冒险者跃跃欲试挑战自我的去处；雄伟壮观的玉龙雪山、哈巴雪山、梅里雪山以其奇特的陡峭险峰吸引了海内外的雪山探险家；在丽江古城，人们沉浸在东巴文化和纳西古乐的熏陶中；在大理，人们会想起美丽的蝴蝶会传说；而西双版纳，傣族姑娘婀娜的舞姿则是这里似水风情的表现。滇东南“文献名邦”建水把文化的内涵砌进了古城的斗拱飞檐，山坳中哈尼人世代耕种的梯田层层叠叠。

在云南这块多彩的土地上聚居着彝、白、哈尼、傣、傈僳、纳西、瑶、景颇、布依、水、独龙等25个少数民族。纳西族的东巴文化、大理的白族文化、傣族的贝页文化、彝族的贝玛文化……汇集了神话、歌舞、绘画、古乐等民俗风情。云南还是我国动植物资源最为丰富的省份，素有“植物王国”之称。

12.3.1.2 主要旅游区点

(1)玉龙雪山

位于丽江的西北部，距离玉龙县城约15千米，它是北半球距离赤道最近的雪山，整座雪山由十三峰组成，由北向南呈纵向排列，延绵近50千米，东西宽约13千米。山顶终年积雪不化，似一排玉柱立地擎天，主峰扇子陡在丽江县城抬头就可看到，海拔5 596米，是世界上北半球纬度最低、海拔最高的山峰。玉龙雪山不仅气势磅礴，而且秀丽挺拔，造型玲珑，皎洁如晶莹的玉石，灿烂如十三把利剑，在碧蓝天幕的映衬下，像一条银色的玉龙在飞舞，故名玉龙雪山。

玉龙雪山上植物资源非常丰富，从海拔1 800米的金沙江河谷到海拔4 500多米的永久积雪地带之间，有着亚热带到寒带的多种气候，种类繁多的植物，按不同的气候带生长在山体的不同高度上，组成了非常明显而完整的山地植物分带谱，成为滇西北横断山脉植物区的缩影。最早被列为国家重点风景名胜区和省级自然保护区。在这里，人们不仅能观赏到雪山奇景，还可以领略高原森林的风姿、珍稀动植物的情趣，被誉为“现代冰川博物馆”和“植物王国”。

(2)苍山洱海

云南省大理白族自治州的苍山洱海是古今旅游者所向往的地方。明代著名文人杨升庵描绘它“山则苍茏垒翠，海则半月掩蓝”。苍山又称点苍山，因其山色苍翠、山顶点白而得名。苍山属横断山脉云南端余脉，北起上关，南达大理市，南北长 42 千米，东西宽 20 千米，最高峰海拔 4 000 多米。苍山景色向来以雪、云、泉著称。经夏不消的苍山雪，是素负盛名的大理“风花雪月”四景之最。

洱海位于苍山之东，古称叶榆泽。它两头窄，中间宽，略弯曲，形如人的耳朵而得名。洱海北起洱源江尾，南止大理市，长 40 千米，东西宽 4 ~ 9 千米，总面积 240 多平方千米，蓄水量 30 亿立方米，平均水深约 11.5 米，最深为 20 米，是中国第七大淡水湖。湖内有“三岛”“四洲”“五湖”“九曲”之胜。湖水清澈碧绿，四周风景如画。

(3)三江并流

位于青藏高原南延部分的横断山脉纵谷地区，由怒江、澜沧江、金沙江及其流域内的山脉组成，整个区域达 4.1 万平方千米。它地处东亚、南亚和青藏高原三大地理区域的交会处，是世界上罕见的高山地貌及其演化的代表地区，也是世界上生物物种最丰富的地区之一。同时，该地区还是 16 个民族的聚居地，是世界上罕见的多民族、多语言、多种宗教信仰和风俗习惯并存的地区。景观主要有：奇特的三江并流，雄伟的高山雪峰，险要的峡谷险滩，秀丽的林海雪原，幽静的冰蚀湖泊，少见的板块碰撞，广阔的雪山花甸，丰富的珍稀动植物，壮丽的白水台，独特的民族风情，构成了雄、险、秀、奇、幽、奥诸特色，是云南省面积最大，景观最丰富、民族风情多姿多彩，极令人神往但尚未开发的一个景区。它是联合国教科文组织指名调查，经国务院 1988 年批准，定为国家第二批重点风景名胜区。

(4)腾冲地热火山

腾冲地热火山风景名胜区，位于云南省西部我国边陲，与缅甸接壤，面积 129.9 平方千米，地势属横断山南段偏西部分。东部高黎贡山和西北部姐妹山形成天然屏障，向西南急骤降低，呈长马蹄状盆地。境内分布着气泉、热泉、温泉 80 多处，以及 90 多座火山锥，为我国第二大热气田。主要景点有：大滚锅、黄瓜箐、鼓鸣泉、珍珠泉、眼镜泉、美女池等。由于火山群规模大，保存完好，形态各异，怪石林立，浮石、火山蛋、火山熔洞典型，被誉为“天然的地质自然博物馆”。

(5)西双版纳风景名胜区

位于云南南部西双版纳傣族自治州境内，距昆明 740 千米。景区包括景洪县风景片区、勐海县风景片区、勐腊县风景片区三大块。每一块又分若干景区，共有 19 个风景区，800 多个景点，总面积 1 202.13 平方千米。该区有种类繁多的动植物资源，被称之为动植物王国。其中许多珍稀、古老、奇特、濒危的动植物又是西双版纳独有的，引起了国内外游客和科研工作者的极大兴趣。景观以丰富迷人的热带、亚热带雨林、季雨林、沟谷雨林风光、珍稀动物和绚丽多彩的民族文化、民族风情为主体。该区景观独特，知名度高，经国务院1982年批准定为第一批国家重点风景名胜区。

(6)路南石林

位于云南石林彝族自治县，距昆明72千米，面积约40万亩，是传说中阿诗玛的故乡，石林是由喀斯特地貌形成的。景区由大、小石林、乃古石林、大叠水、长湖、月湖、芝云洞、奇风洞7个风景片区组成。其中石林的像生石，数量多，景观价值高，举世罕见。石林遍布着上百个黑色大森林一般的巨石群。有的独立成景，有的纵横交错，连成一片，占地数十亩、上百亩不等。只见奇石拔地而起，参差峥嵘，千姿百态，鬼斧神工，被人们誉为“天下第一奇观”。每年农历六月二十四的火把节，石林四周的彝、汉等各族群众都要从四面八方汇集到石林欢庆佳节。人们在白天举行摔跤、爬杆、斗牛等比赛活动，夜晚则燃起熊熊篝火，耍龙、舞狮、表演民族歌舞。

(7)滇池

亦称昆明湖、昆明池，距昆明市约20千米，是云南省面积最大的高原湖泊，也是全国第六大内陆淡水湖。滇池东南北三面有盘龙江等20余条河流汇入，湖水由西面海口流出，经普渡河而入金沙江。形似弦月，南北长39千米，东西宽13.5千米，平均宽度约8千米。湖岸线长约200千米；湖面面积300平方千米，居云南省首位，湖水最大深度8米，平均深度5米，蓄水量15.7亿立方米，素称“五百里滇池”。有“高原明珠”之美称的滇池，是昆明风景名胜的中心。游览内容丰富，既可环湖探访石器时代的遗址，追寻古滇王墓的踪迹，探索云南文化摇篮的奥秘；又可在岸上游览西山、白鱼口、郑和故里、盘龙古寺、官渡金刚塔等十数处名胜古迹；还可以深入环湖海口、昆阳、晋宁、呈贡、官渡、黑林铺等大小城镇考察风俗民情。

(8)丽江古城

又名大研镇，它位于丽江坝中部，北依象山、金虹山，西枕狮子山，东南面临数十里的良田阔野。丽江是第二批被批准的中国历史文化名城之一，也是中国向联合国申报世界文化遗产成功的古城之一，与同为第二批国家历史文化名城的四川阆中、山西平遥、安徽歙县并称为“保存最为完好的四大古城”。依山傍水的丽江古城，既无高大围城，也无轩敞大道，但它古朴如画，处处透出自然和谐。镇内屋宇因地势和流水错落起伏，人们以木石与泥土构筑起美观实用的住宅，融入了汉、白、藏民居的传统，形成独特风格。丽江纳西人历来重教尚文，许多人擅长诗琴书画。在古城多彩的节庆活动中，除了通宵达旦的民族歌舞和乡土戏曲，业余演奏的“纳西古乐”最为著名。闻名于世的丽江壁画，分布在古城及周围15座寺庙内，这些明清壁画，具有多种宗教及各教派内容融合并存的突出特点。

(9)巍山古城

又叫蒙化城，是南诏古国的发祥地。古城北距大理市61千米，东至昆明400余千米。现存的巍山古城建于明洪武二十二年(1389年)，已有六百多年的历史了。古城形状方如巨印，中间的文笔楼为印柄，方圆有四里三。由于古城屡遭兵祸，加上年久失修，古城的东、西、南三座古楼已被拆除，今只有北古楼和城中的文笔楼幸存下来。但从整个布局来看,古城仍保持着明清时的棋盘式建筑格局。登楼四顾,只见古城青砖碧瓦与现代高楼交映生辉,城内人流如潮,一派生机勃勃之景象。在古城及附近还有数十处古建筑和名胜古迹。如龙于城遗址、大小寺、巍宝山建筑群、圆觉寺、南诏蒙舍城遗址、等觉寺太阳宫、白塔、玄龙寺、封川塔、文庙、三鹤洞摩崖题刻、文昌宫、文华书院、云净寺、月波庵、北社学、圭峰寺、西竺庵、东岳庙、杜文秀起义遗址、城隍庙、萧公祠、陈翼叔墓等。1994 年 1 月,经国务院批准,巍山定为第三批中国历史文化名城。

(10)昆明世界园艺博览园

世界园艺博览园设在昆明东北郊的金殿风景名胜区,距云南省昆明市区约 4 千米。博览园占地面积约 218 公顷,植被覆盖率达 76.7%,其中有 120 公顷灌木丛茂密的缓坡,水面占 10% ~15%。共有 9 个国家和国际组织分别在这里建起了自己的专题展示园(台),国内许多省市区也都建有反映本地区园林艺术的展示场所。可以这样说,这里是一个汇集了全世界园艺风景的超大型博览场所。博览园主要由 5 个展馆、6 个专题展园、34 个国内展园和 33 个国际展园组成。

12.3.2 贵州省

12.3.2.1 贵州旅游区概述

贵州省简称“黔”或“贵”,位于中国西南的东南部,介于东经 103°36′ ~109°35′、北纬 24°37′ ~29°13′,东毗湖南省、南邻广西自治区、西连云南省、北接四川省和重庆市,是一个山川秀丽、气候宜人、民族众多、资源富集、发展潜力巨大的省份。全省东西长约595 千米,南北相距约 509 千米,总面积为 176 167 平方千米,占全国国土面积的 1.8%。贵州有汉、苗、布依、侗、土家、彝等 18 个世居民族,截至 2018 年,全省人口数为 3 600 万。其中,少数民族人口占全省总人口的 38.9%。

贵州地貌属于中国西部高原山地,境内地势西高东低,自中部向北、东、南三面倾斜。境内山脉众多,重峦叠峰,绵延纵横,山高谷深,多喀斯特地貌。贵州属亚热带湿润季风气候,冬无严寒,夏无酷暑,阴雨天多,四季不分明。

贵州旅游资源丰富。境内自然风光神奇秀美,山水景色千姿百态,溶洞景观绚丽多彩,野生动物奇妙无穷,文化和革命遗迹闻名遐迩;山、水、洞、林、石交相辉映,浑然一体。闻名世界的黄果树瀑布、龙宫、赤水、织金洞、马岭河峡谷等国家级风景名胜区和铜仁梵净山、茂兰喀斯特森林、赤水桫椤国家级自然保护区、威宁草海等国家级自然保护区,犹如一串串璀璨的宝石,五光十色,令人目不暇接、流连忘返。以遵义会址和红军四渡赤水遗迹为代表的举世闻名的红军长征文化,更让人驻足凭吊,追思缅怀。多民族悠久灿烂的历史文化,浓郁神秘的民族风情,以及冬无严寒、夏无酷暑的宜人气候,使贵州成为理想的旅游观光和避暑胜地,荔波喀斯特水上森林和赤水丹霞被列入《世界自然遗产名录》。

12.3.2.2 主要旅游区点

(1)黄果树瀑布

国家4A级风景区。位于贵州省安顺市镇宁布依族苗族自治县境内的白水河上,是珠江水系打邦河的支流白水河九级瀑布群中规模最大的一级瀑布,因当地一种常见的植物"黄果树"而得名,瀑布高度为77.8米,其中主瀑高67米,瀑布宽101米,其中主瀑顶宽83.3米。黄果树瀑布属喀斯特地貌中的侵蚀裂典型瀑布。黄果树瀑布不只一个瀑布的存在,以它为核心,在它的上游和下游20千米的河段上,共形成了雄、奇、险、秀风格各异的瀑布18个,黄果树为其中最大一级。它以其雄奇壮阔的大瀑布、连环密布的瀑布群而闻名于海内外,十分壮丽,并享有"中华第一瀑"之盛誉,是除尼亚加拉瀑布和维多利亚瀑布之外的世界第三大瀑布。1999年被吉尼斯总部评为世界上最大的瀑布群,列入吉尼斯记录。

(2)龙宫

位于贵州省安顺市南郊,与黄果树风景区毗邻,距省会贵阳市116千米。龙宫是贵州接待条件最成熟、景观最精华的黄金旅游点之一。龙宫风景区是以暗河溶洞为主,并集旱溶洞、峡谷、瀑布、峰林、绝壁、溪河、石林等多种喀斯特地质地貌景观为一体的国家重点风景名胜区。龙宫总体面积达60平方千米,分为中心、漩塘、油菜湖、仙人箐等四大景区,有着中国最长、最美丽的水溶洞,中国最大的洞穴佛堂,中国最大的洞中瀑布,全世界最低的天然辐射剂量率、全世界最多、最为集中的水旱溶洞等高品位风景资源,被游客赞誉为"大自然的大奇迹"。龙宫同时是游戏《梦幻西游》中12门派之一。1988年,龙宫以贵州龙宫风景名胜区的名义,被国务院批准列入第二批国家级风景名胜区名单。2007年5月8日,安顺市龙宫景区经国家旅游局正式批准为国家5A级旅游景区。

(3)织金洞

原名打鸡洞,位于贵州省织金县城东北23千米处的官寨乡,距省城贵阳120千米。织金洞地处乌江源流之一的六冲河南岸,属于高位旱溶洞。洞中空间开阔,岩质复杂,遍布石笋、石柱、石芽、钟旗等四十多种堆积物,包括世界溶洞中主要的形态类别,形成千姿百态的岩溶景观。洞道纵横交错,石峰四布,流水、间歇水塘、地下湖错置其间。被誉为"岩溶瑰宝""溶洞奇观""岩溶博物馆"。洞外还有布依、苗、彝等少数民族村寨。游客曾留诗赞美织金洞:"黄山归来不看岳,织金洞外无洞天。琅嬛胜地瑶池景,如信天宫在人间。"

(4)赤水桫椤国家级自然保护区

位于贵州省赤水中部葫市镇金沙沟一带,离赤水城40千米,赤枫公路旁侧,是我国第一个以桫椤及其生态环境为保护对象的国家级自然保护区。保护面积133平方千米,其中核心区面积55平方千米,缓冲区面积40平方千米,实验区面积38平方千米。保护区海拔最低点金沙沟蜂桶岩311.5米,最高处幺栈沟葫芦坪1 730.1米,海拔落差悬殊,丹霞绝壁耸立,流泉瀑布密集,自然生态原始古朴,野生动植物种属丰富,珍稀保护动植物生存良好,是一个植被繁茂、物种丰富、自然环境良好的圣洁之地。2000年10月,国家旅游局批准在赤水桫椤国家级自然保护区内开设地球爬行动物时代标志植物及其生存环境游览观光园林，正式命名为“中国侏罗纪公园”。

（5）梵净山自然保护区

位于贵州省铜仁市，得名于“梵天净土”，原来的正名为“三山谷”，国务院于1978年将其确定为国家级自然保护区，联合国教科文组织于1986年将梵净山接纳为全球“人与生物圈”保护区网的成员单位。梵净山乃“武陵正源，名山之宗”，曾先后荣膺2013年度和2014年度的“中国十大避暑名山”，梵净山是全国著名的弥勒菩萨道场，是与山西五台山、四川峨眉山、安徽九华山、浙江普陀山齐名的中国第五大佛教名山，在佛教史上具有重要的地位。梵净山山体庞大，东西宽约21千米，南北长约27千米，总面积567平方千米，古老的地层和优良的生态环境，使它具有独特的山地风光。巍然屹立于群山之巅的红云金顶、奇特的蘑菇石、雄伟的万卷书、罕见的金刀峡与剪刀峡、神奇的仙人桥、栩栩如生的老鹰岩、百丈深谷中拔地而起的太子石、佛光幻影、云海波涛、山花红叶、山涧清泉，“独一无二、惊世骇俗”！

（6）遵义会议会址

在遵义老城子尹路（原名琵琶桥）东侧，原为黔军25军第2师师长柏辉章的私人官邸，修建于20世纪30年代初。1935年1月15日至17日，中共中央政治局在贵州遵义召开的独立自主地解决中国革命问题的一次极其重要的扩大会议。会议集中全力解决了当时具有决定意义的军事和组织问题，肯定了毛泽东的军事战略主张，确立了毛泽东在党和红军中的领导地位。整个建筑分主楼、跨院两个部份。主楼为中西合璧，临街有八间铺面房，当年为房主经营酱醋及颜料纸张。铺面居中有一小牌楼，檐下悬挂着毛泽东1964年11月题写的“遵义会议会址”六个字的黑漆金匾。街面房连接主楼与跨院之间有一座青砖牌坊。牌坊上方用碎蓝瓷镶嵌着“慰庐”二字。牌坊的另一面有“慎笃”二字。遵义会议会址主楼坐北朝南，一楼一底，为曲尺形，砖木结构，歇山式屋顶，上盖小青瓦。楼房有抱厦一圈，楼顶有一老虎窗。楼层有走廊，可以凭眺四围苍翠挺拔的群山，指点昔日红军二占遵义时与敌军鏖战地红花岗、插旗山、玉屏山、凤凰山诸峰。

（7）云山屯古建筑群

包括云山屯和本寨，位于贵州省安顺市西秀区七眼桥镇东南8千米，是一处保存较完整的古代军屯村寨、始建于明代初年。屯寨自建成以后，几经战乱烟火和自然侵蚀，逐年均有修葺和增建。屯寨内的屯墙、街巷、宅院以及自然生态环境保存完整，犹如一部古代屯田文化的百科全书。古民居建筑靠青山坡北依山而建，前以三岔河为屏、后依青山为障，封闭式自成体系的三合院、四合院相套，整组建筑群建有七座粗大料石砌筑的高层碉楼，云山屯古建筑群石的屋顶、石的山墙、石的街道，各宅院大门雕凿精美的垂花门罩和隔扇门窗，布局严谨、主次有序、结构坚固、紧凑舒适。云山屯集防御与生活于一体，是明代军事屯堡建筑的典型代表。2001年6月25日，云山屯古建筑群作为明代古建筑，被国务院批准列入第五批全国重点文物保护单位。

12.3.3 广西壮族自治区

12.3.3.1 广西旅游区概述

广西壮族自治区简称桂,地处祖国南疆。广西区位优越,南临北部湾,面向东南亚,西南与越南毗邻,东邻粤、港、澳,北连华中,背靠大西南,是西南地区最便捷的出海通道,也是中国西部资源型经济与东南开放型经济的结合部,是华南通向西南的枢纽,是全国唯一的具有沿海、沿江、沿边优势的少数民族自治区。全区土地总面积 23.67 万平方千米,占全国总面积 2.47%。截至 2018 年,全自治区人口数量为 4 920 万人。广西是一个多民族的地方,又是全国重要侨乡。全自治区聚居壮、汉、瑶、苗、侗、仫佬、毛南、回、京、彝、水、仡佬等民族,其中壮族人口占 32.79%。

广西地貌属于丘陵性盆地,山多而平原少,山地和丘陵的面积约占总面积 76%,整个地势呈四周高、中间低状。境内沉积复杂,褶皱断裂发育,喀斯特地貌发育,自然资源丰富。广西属亚热带湿润季风气候,夏季长而炎热,冬季偶有奇寒,干湿季节明显。

广西的旅游资源十分丰富。石灰岩分布区约占全区面积的一半,因高温多雨,溶蚀成千姿百态的峰林、岩洞,与青山绿水组成一处处山水胜地,有"桂林山水甲天下,阳朔山水甲桂林"之说。壮观的德天瀑布群、壮族先民的花山壁画、北海银滩的壮观秀美都向人们展示着广西这片土地的山清水秀。广西热带水果丰富,盛产沙田柚、荔枝、龙眼、菠萝、罗汉果等。广西是一个以壮族为主的多民族杂居地区,世代聚居于此的壮、苗、侗等 12 个少数民族人民各具特色的习俗文化,以及广为流传的刘三姐的传说,更是广西人民勤劳聪慧的集中体现。

12.3.3.2 主要旅游区点

(1)独秀峰

又称紫舍山,位于广西桂林市区中心靖江王城内,有"南天一柱"之称。山东麓的颜延元读书岩是桂林最古老的名人胜迹。独秀峰孤峰突起,陡峭高峻,气势雄伟,南朝文学家颜延元曾写下"未若独秀者,峨峨郛吧间"的佳句,独秀峰因此得名。独秀峰如擎天柱一样竖直耸立,峰顶的独秀亭似乎被托着一般,威严而又壮观。西麓有太平岩,东麓有月牙池,月牙池畔有中山纪念塔,峰顶有独秀亭。在独秀峰下,唐有学宫,宋有铁牛寺,元称大圆寺,后改万寿殿。独秀峰位于桂林王城内,它是王城景区不可分割的部分。最早的"桂林山水甲天下"的诗句就刻在独秀峰上。

(2)银子岩

位于桂林市荔浦县马岭镇,占地面积 1 500 亩。距桂林市中心 85 千米,距阳朔县城仅 20 千米。1999 年初对外开放,由桂林旅游股份有限公司投资的"AAAA"级景区,荣获首批"桂林市文明旅游风景示范点"称号,是大桂林旅游圈中一颗璀璨的明珠,也是桂林著名的热点景区。银子岩景区宛如一个巨大的天然盆景,四周群山环抱,俊秀的小青山、朝寨山拔地而起,千亩桃林错落其间,四季花果飘香,鸡犬相闻。绝壁攀岩,惊险刺激;清湖泛舟垂钓,心旷神怡;田园风光十分迷人,有“诗境家园典范”之称。银子岩洞内的钟乳石像银子、似钻石、晶莹剔透,洁白无瑕,含有方解石、石英石微粒的钟乳石在灯光的照射下,折射出银子般光芒,故称为“银子岩”。洞内钟乳石高达数十米,雄、奇、幽、美;汇集了不同地质年代发育生长的钟乳石,特色景点数十个,让您领略到大自然的鬼斧神工,被誉为“世界溶洞奇观”。

(3)漓江

位于华南广西壮族自治区东部,属珠江水系。发源于兴安县猫儿山,从桂林到阳朔83千米水程,漓江像蜿蜒的玉带,缠绕在苍翠的奇峰中,造化为世界上规模最大、景色最为优美的岩溶景区。乘舟泛游漓江,可观奇峰倒影、碧水青山、牧童悠歌、渔翁闲钓、古朴的田园人家、清新的空气,一切都那么诗情画意,人称“百里漓江、百里画廊”。

(4)龙脊梯田

位于广西龙胜县东南部和平乡境内,距龙胜县城27千米,距桂林市80千米,景区面积共66平方千米,其中最精华的梯田景区20平方千米,龙脊梯田区域内最高海拔1 850米,最低海拔300米,梯田一般分布在海拔300米~1 100米,坡度大多在26°~35°的地方,最大坡度达50°。高山深谷,让龙脊梯田周边形成远有高山云雾,近有河谷急流的绝佳景观。龙脊梯田的景色,还随着季节的变化而变化,“春如层层银带,夏滚道道绿波,秋叠层层金塔,冬似群龙戏水,四季如诗如歌”。龙脊梯田集壮丽与秀美于一体,有“世界梯田之冠”的美称。龙脊梯田景区内居住着壮、瑶两个民族,以壮族为主,龙脊的壮族是北壮的代表,服饰独特,风情独具,在这里可以听到优美的壮族山歌,享受原汁原味的壮族风情,还可以享受香醇味美的龙脊茶和龙脊辣椒,香甜可口的龙脊水酒。

(5)阳朔

位于广西壮族自治区东北部,桂林市区东南面。隶属广西桂林市,位于漓江西岸,风景秀丽。建县始于隋开皇十年(590),距今已1 400余年。“桂林山水甲天下,阳朔山水甲桂林”,高度概括了阳朔的自然风光的重要位置。“山清、水秀、峰奇、洞巧”,为天下四绝。县内旅游资源可分为一环、二带、五景区。阳朔百里山川,处处奇山秀水,自然景观与人文景观交相辉映,被誉为“中国旅游名县”。阳朔人制作的大量书画作品,画扇、大理石、滑石制品、山水盆景、文化衫、戏剧脸谱、仿古陶器等销往国内外旅游市场。

(6)兴安灵渠

又称湘桂运河,也称兴安运河。在广西壮族自治区兴安县境内。灵渠开凿于公元前214年。横亘湘、桂边境的南岭山势散乱,湘江、漓江上源在此相距很近。灵渠地处桂林兴安县境内,是中国著名的古代水利工程,也是世界上最古老的运河之一,它沟通了湘江(长江水系)与漓江(珠江水系),为开发岭南起了重要作用。灵渠为秦始皇时期所建,至今有2200多年的历史,其设计之精巧,令人赞叹,有着“世界古代水利建筑明珠”的美誉。

(7)三江程阳桥景区

位于柳州三江县城古宜镇的北面20千米处,国家4A级旅游景区、全国重点文物保护单位,素有“中国民族建筑艺术之乡”的美誉。既有山清水秀的宜人风景,又有巧夺天工的“程阳风雨桥”和气势恢宏的鼓楼建筑,人文历史悠久,民俗风情浓郁。中国首批景观村落——程阳八寨是景区的核心组成部分。

(8)柳侯祠

位于柳州市中心柳侯公园内的西隅,原名罗池庙(因建于罗池西畔得名),现改名为柳侯祠,是柳州人民为纪念唐代著名的政治家、思想家、文学家柳宗元而建造的庙。现在的柳侯祠是按照清代建筑物重建的,祠内陈列有许多文物及史料,反映了柳宗元的生平和政绩。祠堂大门上高悬的"柳侯祠"金字匾额是当代文学家、历史学家郭沫若的手迹,豪迈奔放,苍劲挺秀。门联为韩愈诗句集结而成,书曰"山水来归黄蕉丹荔,春秋报事福我寿民",为清末永州知府杨翰所书。"三绝碑"集三大家之韩文、苏书、柳事于一身,世所罕见,因其句首云"荔子丹兮蕉黄",故亦称"荔子碑",为镇祠之宝。

(9)金田起义地址

1851 年 1 月,在现桂平市金田镇金田村爆发的太平天国农民起义运动,是中国历史上规模最大、影响最深刻的一次农民革命运动,它从根本上动摇清政府的统治,给帝国主义侵略者以沉重的打击。恩格斯在《波斯和中国》一书中,称太平天国农民运动是"大起义",是"中华民族的人民战争",从这个战争"看到整个亚洲新纪元的曙光"。金田起义地址由犀牛岭、犀牛潭、太平军前军指挥部旧址(三界庙)、韦昌辉故居等组成。1961 年,金田起义地址被国务院公布为全国重点文物保护单位。

(10)昆仑关战役旧址

位于南宁兴宁区和宾阳县交界处,中国古代名关之一,地势险要,战略地位极为重要,享有"南方天险"的盛名,自古以来就视为"南宁东北的门户"。抗日战争时期,日本为了迫使中国政府投降,在占领武汉和广州后,发动了南宁战役,意欲占领南宁,截断自河内至南宁的西南国际补给线。1939 年 11 月—1940 年 2 月,中国军队与日军展开了桂南会战,其中的昆仑关战役取得了大捷,开创了抗战以来攻坚战的实例。昆仑关战役旧址是中国人民抗日战争的历史见证,是爱国主义教育的重要基地。2006 年被国务院公布为全国重点文物保护单位。

本章小结

西南旅游区地处我国西南边陲,包括云南、贵州两省和广西壮族自治区。气候温暖湿润,动植物资源极为丰富,以岩溶地貌景观为特色的多种自然旅游资源和以少数民族风土民情为特色的人文旅游资源极为丰富,加之交通发展迅速,边贸日趋繁荣,旅游业发展前景广阔。

案例分析

2010 年 9 月 15 日上午,第五届贵州旅游产业发展大会在被誉为"武陵正源、名山之宗"的铜仁地区江口县梵净山隆重召开。会议以"转变旅游发展方式,推动产业优化升级"为主题,强调以科学发展观为指导,按照加快旅游业发展的战略部署,着力开发特色资源,打造旅游精品,推进产品转型升级,进一步动员全省广大干部群众解放思想,抢抓机遇，努力推进旅游业又好又快、更好更快发展，加快把贵州省建设成为旅游大省。

本届旅游发展大会主要是为了推进铜仁地区生态和旅游精品建设，提升梵净山国际旅游品牌知名度和影响力，开发特色旅游，培育旅游产业集群，发展特色优势产业；加快铜仁地区基础设施和服务设施建设，创建中国旅游目的地城市；加快跨区域战略合作，打造黔湘渝环梵净山旅游精品路线，建立武陵山区大旅游经济圈。

试分析贵州旅游业发展现状及本次会议意义。

自我检测题

1. 为什么说西南旅游区发展旅游业的潜力巨大？

2. 试分析西南旅游区发展国际入境游的优势与进展。

3. 导游证考试知识点

多项选择题

1）云南省有众多河流，其中是跨国河流的有（　　）

A. 金沙江　　B. 澜沧江　　C. 怒江

D. 红河　　E. 伊洛瓦底江

2）下列我国少数民族习俗中，列入广西民族风情旅游“四绝”的是（　　）

A. 苗族的节　　B. 瑶族的舞　　C. 壮族的歌

D. 黎族的戏　　E. 侗族的楼和桥

实训题

1. 试评价桂林实景演出《印象刘三姐》。

2. 设计一条贵州境内的红色旅游线路。

13

丝路风情，大漠草原——西北塞外旅游区

教学目标

通过本章的学习，要求学生能够了解该区旅游地理环境的概况；掌握该区旅游资源的基本特征；了解该区旅游业发展的现状及前景；熟悉新疆、甘肃、宁夏、内蒙古各主要旅游区点的情况。

导入案例

丝绸之路是世界上最具活力和潜力的黄金旅游线路，已拥有很高的国际美誉度和知名度，其沿线历史悠久、文化灿烂、旅游资源富集，分布有22处遗产点，旅游产品也相对成熟。早在2009年，国家旅游局就在《中国国家旅游线路初步方案》征求意见稿中，将"丝绸之路"列入首批12条中国国家旅游线路之首。《"十三五"旅游业发展规划》提出，中国将重点打造丝绸之路旅游带等10条国家精品旅游带。从2015年至今，中国已连续3年以"丝绸之路旅游年"为年度旅游宣传主题，深入打造丝路特色旅游，集中推广丝绸之路沿线悠久的历史、灿烂的文化和丰富的旅游资源，强化聚合效应，激发国际业界和入境客源市场对丝绸之路旅游的向往，扩大丝绸之路旅游品牌的国际影响力，提升中国入境游市场知名度。

[案例来源:《世界看好丝路旅游》，人民日报海外版，2017-04-21(12版)]

丝路风情、大漠草原旅游区位于我国西北部，包括新疆维吾尔自治区、宁夏回族自治区、内蒙古自治区和甘肃省。本区幅员辽阔，边境线漫长，区内自然环境复杂多样，丝路文化历史悠久，民族风情灿烂多彩，形成以温带草原、沙漠戈壁、大漠风光为主的自然旅游资源及以丝路古迹、民族风情为主的人文旅游资源。今后，随着交通条件及接待设施的进一步完善，旅游业发展前景广阔。

13.1 旅游地理环境

13.1.1 自然地理环境

13.1.1.1 地形复杂多样,以高原、盆地、山地为主

本区地形复杂多样,东西部差异明显。西部以山地和盆地为主,东部则以高原、平原为主。

新疆全境、内蒙古和甘肃的西部,表现为“三山夹两盆”及“二山夹一走廊”的地貌单元。“三山夹两盆”是新疆地形的典型概括,其中天山山脉横贯中部,北与阿尔泰山脉合抱准噶尔盆地,南与昆仑山脉、阿尔金山脉合抱塔里木盆地。阿尔泰山呈西北—东南走向,海拔一般在3 000米以上,分布着大面积的现代冰川。西南坡生长有大面积的草原和森林,为新疆主要牧场之一。天山山地由数列东西走向的平行山脉和断陷盆地组成,海拔一般超过4 000米,高峰终年积雪,冰川地貌发育。吐鲁番盆地是天山山间断层陷落盆地,是我国地势最为低洼的地区。准噶尔盆地面积38万平方千米,中部的古尔班通古特沙漠多固定或半固定沙丘。塔里木盆地面积达53万平方千米,中部为塔克拉玛干沙漠,是我国最大的沙漠。盆地的边缘分布着大大小小的绿洲,是新疆人民的世居之地。“二山夹一走廊”是指北山山地与祁连山地之间的东西长约1 000千米的狭长地带,因位于黄河以西而得名的河西走廊,海拔大多在1 000~1 500米,由一系列冲积、洪积平原组成,是历史上连接东部与西域的必经之路、古丝绸之路的重要通道、兵家必争之地,留下了灿烂的丝路文化和军事防御工程。

东部则以高原、平原为主,地理区域包括内蒙古大部分、甘肃东部及宁夏全境。内蒙古高原海拔1 000~1 400米,开阔坦荡,气候十分干燥,既有碧野千里的草原,如呼伦贝尔草原、锡林郭勒草原、乌兰察布草原等,也有沙浪滚滚的沙漠,如巴丹吉林沙漠、腾格里沙漠、乌兰布和沙漠和库布齐沙漠等,是中国天然牧场和沙漠分布地区之一。河套平原是黄河泥沙在河谷中堆积形成的断陷冲积平原,地势平坦,土质较好,自古劳动人民在这里修建渠道,引黄河水灌溉农田,有“塞上江南”之称,为宁夏与内蒙古重要农业区和商品粮基地。

13.1.1.2 典型的温带大陆性气候,干旱少雨

本区地处欧亚大陆中心,远离海洋,形成了明显的温带大陆性气候,干旱少雨,夏季炎热短暂,冬季寒冷漫长,春秋气候变化剧烈,5—10月为旅游黄金季节。

由于海拔较高和云量较小,本区光照充足,热量丰富,多数地区全年日照时数达2 600~3 000小时,太阳能资源非常丰富,利用潜力很大。另外气温年较差和日较差都大,气温年较差达35 ℃以上,阿勒泰地区富蕴县境可可托海曾出现极端最低气温-51.5 ℃,而全国最为炎热的吐鲁番地区极端最高气温可达48.9 ℃。气温日较差可达

11 ℃～16 ℃，沙漠地区尤甚，多达 30 ℃以上，故历来有“早穿皮袄午穿纱，围着火炉吃西瓜”之说。因深居内陆，并有山岭阻隔，本区降水偏少，气候干旱，位于吐鲁番盆地西部的托克逊年降水量仅有 5.9 毫米，成为全国最少雨的地方。由于受蒙古—西伯利亚高压的影响和部分地区的特殊地貌作用，本区多风沙，一年四季风次多，持续时间长。特别是准噶尔西部山地、天山山地及河西走廊的山谷隘口处，风力常可达 12 级以上，“老风口”“三十里风区”“百里风区”为数不少。如达坂城年平均风速高达 6.1 m/s，大风日数多达 148 天，利用此处丰富的风能资源，已建成为亚洲最大的风能基地，成为“中国风谷”。

13.1.1.3 植被景观以荒漠和草原为主，独具特色

受气候的影响，本区地表植被自东向西大体呈现草原—荒漠草原—荒漠的变化，植被组成简单，多为旱生、叶退化的半灌木、灌木和小乔木。内蒙古的锡林郭勒和呼伦贝尔盟东部大草原，夏季降水稍多，水草丰美，马牛羊成群，其中蒙古马体型粗壮，耐力好，是草原民族的伙伴，形成了独特的蒙古马文化。贺兰山以西的内蒙古西部、甘肃河西走廊及新疆的两大盆地，由于降水少，草原上的牧草矮小稀疏，逐渐成为荒漠。荒漠主要为石质戈壁或沙丘，只生长极少数的胡杨、芨芨草、骆驼刺等耐旱植物，牲畜以耐渴的骆驼为主，其中胡杨林耐盐碱，生长快，是西北地区重要造林树种。此外，在冰川融水的滋润下，西北内陆盆地周边高山地区植被由下而上呈现出山地荒漠、山地草原、山地森林、亚高山灌丛草甸、高山草甸明显的垂直分布，成为荒漠中的绿洲和森林。

13.1.1.4 水量季节变化明显，以内流河、内流湖泊为主

本区气候干旱，河川径流量小，大多数河流以冰雪融水补给为主，季节变化明显，为内流向心水系或无流区。流经宁夏、甘肃、内蒙古的黄河是本区最大的外流河，新疆北部的额尔齐斯河是我国唯一属于北冰洋水系的河流。位于塔里木盆地的塔里木河和发源于天山的伊犁河分别是我国最长和年径流量最多的内流河。还有一些短而不成系统的经常及间歇性河流，分布在内陆集水湖盆周围，流程短，流量小，常有干涸断流现象发生。本区湖泊星罗棋布，多为咸水和半咸水的内陆湖，成因复杂，除各地常见的断陷湖、堰塞湖、河迹湖外，还有冰川湖和风蚀湖。主要有新疆的艾丁湖、赛里木湖、天池、博斯腾湖、喀纳斯湖、布伦托海，甘肃的月牙泉，宁夏的沙湖，内蒙古的呼伦湖、贝尔湖、居延海等。湖泊沿岸，水草丰美，景色秀丽，极富旅游观光价值。

13.1.2 人文地理环境

13.1.2.1 丝路文化影响深远

中国是丝绸的故乡，早在殷商时代就出现了蚕桑和丝织品，是世界上最早养蚕、缫丝并进行丝绸制造的国家。到了汉代，织锦和刺绣已达到很高的水平。公元前 119 年张骞出使西域后，开辟了一条沟通中国与中亚、西亚，并连接地中海各国的陆上通道。该道路东起我国古都长安(今西安附近)，沿渭水西行，经过河西走廊，到达敦煌，出玉门关和阳

关，进入西域（今新疆及以西地区）。南路出阳关沿昆仑山北麓西行，北路出玉门关沿天山南麓西行，翻越葱岭（今帕米尔高原）进入今中亚地区，再往西，经今伊朗等国到达大秦（罗马帝国在中东的领地）境内，全长约 7 000 千米。在经由这条路线进行的贸易中，以丝绸最具代表性。19 世纪下半期，德国地理学家李希霍芬就将这条陆上交通路线称为“丝绸之路”，并沿用至今。丝绸之路是汉唐千余年间中外经济、文化交流的重要通道，为中西方文化交流做出了重大的贡献。经由这条道路，中国古代精美的手工艺品、珍贵的药材、丝绸以及火药、造纸术、印刷术等传到了西方，欧洲和亚洲各国的特产、乐器以及佛教、伊斯兰教及其文化艺术也流入了中国，促进了欧亚非各国和中国的友好往来。如今，随着丝绸之路的成功申遗，古老的丝绸之路沿线众多的历史文物、古迹、壮丽的自然风光和多姿多彩的各民族风土人情，将吸引着越来越多来自世界各地的旅游者，继续发挥着文化交流的作用。

13.1.2.2 旅游交通网基本形成

本区交通经过多年的建设，已基本形成以铁路为骨干、公路为主体、航空相配合，覆盖全区，连通区内外的交通网络。

铁路是本区交通运输网的骨干，区内铁路干线主要有陇海线、兰新线、包兰线、兰青线和南疆线等。特别是兰新铁路西段乌鲁木齐到阿拉山口铁路的修通，并与哈萨克斯坦的铁路接轨，成为第二亚欧大陆桥的重要组成部分，使本区成为亚欧大陆陆上便捷的通道，对于开展边境旅游十分有利。2017 年，作为首条贯通丝绸之路经济带的高铁线，宝兰高铁将连通丝路沿线的西安、宝鸡、天水、兰州、西宁、乌鲁木齐等多个主要城市，形成新丝绸之路上的高速通道，对加快西北地区与中东部地区的经贸合作、人文交流，促进丝绸之路旅游发展具有十分重要的意义。

公路运输在本区地位重要，区内很多旅游热点主要依靠公路对外联系。312 国道贯穿新疆和甘肃全境，是一条西北地区联结东部沿海城市的要道。314 国道使乌鲁木齐与喀什、阿克苏等南疆城市连接为一体。连霍高速、京藏高速、定武高速等对于连接区内外的旅游点发挥了重要作用。特别值得一提的是北起轮台南到民丰。全长 522 千米。呈南北向穿越塔克拉玛干沙漠的公路，创造了人间奇迹。

近年来本区民航事业发展迅速，乌鲁木齐、兰州、银川、呼和浩特为本区的主要航空站，有定期航班往返于国内外多个城市。其中乌鲁木齐国际机场已开通 27 条国际航线、156 条国内航线，喀什、库尔勒等 8 个支线机场常态化开通与 13 个内地城市的直飞航线，以乌鲁木齐为集散中心的航线网络加速形成。

立体交通网络的不断完善，为旅游者进出本区及在区内旅游提供了前所未有的便利。

13.1.2.3 方兴未艾的沿边对外开放

本区位于我国西北部，边境线漫长。其中新疆分别与蒙古、俄罗斯、哈萨克斯坦、吉尔吉斯斯坦、塔吉克斯坦、阿富汗、巴基斯坦、印度相邻，边界线长 5 400 多千米，拥有 17 个国家一类口岸，是我国国境线最长、交界邻国最多的省区。新疆作为我国向西开放的桥梁,较为注重边境资源的开发,20 世纪 90 年代初新疆部分边境口岸开展了边境旅游,每年有近万名游客赴哈萨克斯坦等周边国家进行旅游,推动了新疆对外开放力度,促进了进出口贸易和边境贸易发展。近年来,伴随着旅游产业的发展,阿勒泰地区、塔克什肯口岸等采取了常驻户口人员签发边境通行证的形式,人们组团前往该区域进行边境游活动,逐渐形成了良好的旅游工作基础。内蒙古与俄罗斯、蒙古国接壤,边境线长 4 221 千米,拥有对外开放口岸 19 个。内蒙古自治区与蒙古国不仅在地理上相互接壤,而且具有相同或相近的生活习惯和风土人情,使两地在发展旅游业方面具有良好的基础。中蒙边境旅游自 1991 年开展以来,蒙古国来内蒙古旅游的人数逐年增长,双方旅游合作呈现良好势头。

13.1.3 旅游资源特色

13.1.3.1 自然景观复杂多样

受自然条件影响,本区自然景观复杂多样,既有巍峨的高山、高耸入云的雪峰、苍翠无边的原始森林、晶莹光洁的冰川,又有碧澄的湖泊、浩瀚的戈壁沙海、辽阔的草原,构成了冰川与火州为邻、沙漠与绿洲相映、草原与森林为伴的奇特景观。其中尤以风成地貌和温带草原、荒漠最具特色。

本区干旱,多大风,是我国沙漠集中分布的地区,风成地貌发育典型,各种风蚀和风积地貌类型齐全。风积地貌以沙丘为主,连绵的沙丘构成浩瀚无垠如波涛起伏的茫茫沙海,新月形、金字塔形、羽状或复合状的沙丘链随处可见。风蚀地貌的形态也很丰富,有风蚀洼地、风蚀槽、风蚀残丘、风蚀蘑菇、风蚀柱等,尤以雅丹地貌最为奇特。雅丹地貌是河湖相岩层经风力侵蚀后形成的大片状如城堡、亭台、阁楼、塔等地表崎岖不平的地形,以新疆的罗布泊洼地、乌尔禾"风城"、将军戈壁上的"魔鬼城"最为典型。响沙是沙漠地区一种有趣的自然现象,甘肃敦煌鸣沙山、宁夏沙坡头和内蒙古响沙湾是我国三大听沙胜地,已开发为滑沙、听沙为主的旅游区。

本区也是我国温带草原、荒漠的集中分布区。在内蒙古高原北部和中部,由呼伦贝尔西半部向南经锡林郭勒盟、哲里木盟、昭乌达盟直到黄土高原的北部地区,属典型的温带草原区,类型完整,从草甸、草原、典型草原到荒漠草原,应有尽有,特别是东部的呼伦贝尔和锡林郭勒草原是目前世界上最典型、最丰富、最完整、保持天然性最多的草原。本区具有世界温带荒漠最完整的系列,从东到西分布有草原化荒漠、典型荒漠到极端荒漠。其中西鄂尔多斯—东阿拉善地区是亚洲荒漠区最古老、最特有、最丰富所在,有近百种古老、珍稀和特有植被,是干旱区第三纪残遗植被的避难所,我国特有属分布中心之一。此外,在新疆森林线以下的山地,也分布着温带草原,与山顶的冰川、山上的森林、山间的湖泊、山下的绿洲、沙漠共同构成了新疆独有的自然景观。

13.1.3.2 丝路古迹引人入胜

丝绸之路是一条横贯亚洲、连接欧亚大陆的古代著名陆上商贸通道。随着丝绸之路的开辟和繁荣,沿途许多地方得到开发,至今留下了数量巨大、种类丰富的历史遗迹和遗物,如古石窟、古佛寺、古城、古峰隧、古关口、古长城、古墓等。古丝绸之路横贯本区,丝路古迹众多,主要有甘肃麦积山石窟、炳灵寺石窟、玉门关、锁阳城遗址及墓群、骆驼城遗址及墓群、张掖大佛寺、马蹄寺石窟群(金塔寺、千佛洞)、榆林窟、悬泉置遗址;新疆交河故城、高昌故城(含台藏塔)、苏巴什佛寺遗址、楼兰古城、尼雅遗址、莫尔寺遗址、龟兹石窟群、阿巴和加麻扎、石头城遗址、柏孜克里克石窟、吐峪沟石窟;宁夏开城遗址、固原城、固原北朝及隋唐墓地、须弥山石窟等。在这些古遗址中还出土了大量的文物,如出土于甘肃武威古城雷台东汉墓葬中的铜车马,构思大胆,造型奇特,成为中国旅游的标志。此外,丝绸之路沿线的自然景观,奇特而壮丽。巴音布鲁克草原的天鹅自然保护区、天山深处的天池、罗布泊的雅丹地貌、吐鲁番的火焰山和克拉玛依的魔鬼城等,均为丝路之旅增添无穷的魅力。

13.1.3.3 民族风情绚丽多姿

西北地区是我国少数民族聚居区,除维吾尔族、回族、蒙古族以外,还有哈萨克族、满族、达斡尔族等40多个少数民族。在各民族聚集地区,人们可体验当地民族生活,欣赏民族歌舞,参加当地居民的婚礼和欢度节日,选购精美的民族手工艺品。

维吾尔族的民族服装多彩而艳丽。男子穿“袷袢”长袍,右衽斜领,无纽扣,用长方丝巾或布巾扎束腰间;女子普遍穿连衣裙,外面套对襟背心,喜欢画眉、染指甲、佩项链、戴耳环及手镯等。男女老幼均喜戴四楞小花帽。维吾尔族能歌善舞,木卡姆是中国维吾尔歌舞艺术形式最杰出的代表。受气候影响,维吾尔土房房顶多穹窿顶或平顶,墙壁较厚,拱形门窗,窗口少而且小。特色饮食有风靡全国的烤羊肉串、吃法独特的抓饭、香甜酥脆的烤馕等。传统节日主要有肉孜节、古尔邦节等,以古尔邦节最为隆重。

受伊斯兰文化的影响,回族服饰以素雅、端庄大方为特点。上身内穿浅色长袖上衣,外穿坎肩,下着长裤,脚穿布鞋。女子头顶一块斜角对折的盖头,男子头戴白色小圆帽。回族偏爱面食,尤其擅长制作油炸面食,油香和馓子最为著名。回族的清真食品口味独特,清真饭店、清真小吃深受人们的欢迎。盖碗茶是其特色的饮料。民族节日主要有开斋节、古尔邦节、圣纪节等。

蒙古族以粗犷豪放、胸怀坦荡、诚实热情著称。服饰艺术璀璨夺目,男女老幼皆穿长袍腰带,穿高腰靴子。居住在可拆搭、轻便、保暖、适合于游牧生活的蒙古包。饮食以粮、乳、肉、奶茶为主,并且嗜饮奶茶及马奶酒,全羊、手扒肉是招待贵客的宴席。蒙古族的奶食(又称白食)十分讲究,分乳食品和饮料两大类。乳食品有奶油、奶皮子、奶酪、奶干、奶糕等多种;奶制饮料有奶茶和奶酒两种。敬献哈达是蒙古族的最高礼节。祭敖包、草原盛会“那达慕”是蒙古族的传统活动和特有的民族风情。长调民歌述说着蒙古族人民对自然和人生的感悟。

13.1.3.4 以瓜果为主的土特名产

由于本区光热资源丰富,气温日较差大,对瓜果糖分的制造和积累十分有利。因而所产瓜果特别甘甜爽口。新疆素有“瓜果之乡”的美誉,吐鲁番的无核白葡萄,鄯善的哈密瓜，库尔勒的香梨、白杏，阿图什的无花果，喀什的樱桃、核桃、光皮桃，叶城的石榴、旗盘梨，和田的蜜桃，伊犁的苹果等均享有美誉。正如当地民谣所说："吐鲁番的葡萄哈密的瓜，库尔勒的香梨人人夸，叶城的石榴顶呱呱。"兰州有"瓜果城"之称，鲜桃、白兰瓜、黄河蜜瓜、麻皮醉瓜、籽瓜等20多种瓜果久负盛名。特别是白兰瓜，皮薄肉厚，汁多籽少，香甜可口。本区的羊绒制品品质优良。阿拉善白绒山羊以绒质优良著称，所产羊绒被外商誉为"纤维宝石"。鄂尔多斯阿白山羊绒光泽好、洁白柔软、纤维长、净绒率高，国际上享有"开司米"绒的美称。新疆的英吉沙小刀、和田的地毯和玉雕、酒泉夜光杯、蒙古族银器等传统工艺品及宁夏红黄蓝白黑"五宝"（红宝枸杞、黄宝甘草、蓝宝贺兰石、白宝滩羊皮和黑宝发菜）等也是馈赠好友的佳品。

13.2 旅游业发展概况

本区是少数民族聚居区，交通不便，经济较为落后，旅游业起步较晚，基础相对薄弱。伴随着社会经济的迅猛发展，西部大开发战略的逐步深入，"丝绸之路"申遗成功以及"一带一路"的推进，本区旅游产业地位不断提高，旅游环境不断优化，产业体系不断完善，产品内涵不断丰富，旅游经济呈现出多元化发展趋势，进入了蓬勃发展的新阶段。新疆近年来致力于建设成为丝绸之路经济带旅游集散中心，旅游产业实现平稳发展的良好态势。2015年全区旅游总消费达1 022亿元，首次过千亿大关，正式进入千亿产业之列。"十二五"期间，全区累计接待入境旅游者757.76万人次，创汇27.07亿美元；累计接待国内旅游者2.44亿人次，国内旅游收入3 195亿元人民币。甘肃省旅游业已成为全省新的经济增长点和消费热点，"十二五"期间，全省旅游接待人数达52 046.5万人次，年均增长29.5%；实现旅游综合收入3 180.5亿元，年均增长32.7%，增速连年位居全国前列。内蒙古旅游业已成为内蒙古新的经济增长点、国民经济的重要产业，"十二五"期间，全区累计接待国内外旅游者34 241万人次，年均增长12.4%；累计完成旅游收入7 482亿元，年均增长26.2%，旅游业贡献水平不断提升，对国民经济的综合贡献率达到11.8%。宁夏旅游业已成为国民经济重要支柱产业和经济发展新的增长点，"十二五"期间，全区旅游接待量和旅游总收入连续五年呈现高速增长态势，旅游接待人数累计达7 561.54万人次，旅游总收入累计达618.6亿元，占全区GDP的比重升至5.6%。

尽管本区旅游业发展较快，但整体规模与北京、江苏等发达省市相比还有很大的差距，整体水平还较落后，不论从旅游总收入、旅游创汇排名，还是接待游客总人数方面，在全国均处在倒数的位置。但是本区旅游资源得天独厚，是中国旅游业最具发展潜力的地区之一。为促进全区旅游业的大发展，今后主要从以下两方面着手：

一是紧抓"一带一路"机遇，深化区域旅游合作。建立旅游协作机制，搭建交流合作、互利共赢平台，推进区域旅游共享共建；构建旅游联动宣传推广体系，面向国内外共同开发游客市场、共享游客资源、共同促进西北地区成为丝绸之路旅游的重要目的地；打造中国西北游产品体系，形成西北各省区互联互通、相互辐射、内容丰富、结构合理的旅游产品体系；以丝绸之路旅游品牌为引领，培育西北旅游营销体系，树立丝绸之路旅游整体品牌。

二是依托地缘优势，大力发展边境旅游。本区是我国西北边陲，与许多国家接壤，地缘优势突出。再加上口岸边防会晤站、国门、界桥、边民互市贸易市场、边民互市贸易区等独特边关风貌的吸引力以及本区丰富多彩的旅游资源，为边境旅游的发展带来了巨大的潜力。应通过与周边国家开展全方位旅游合作，扩大旅游区域，建立口岸经济区；建立县市一级对话及协调机制，联动发展；放松出入境限制，加快游客出入境速度，简化往来手续；强化口岸管理、完善服务体系；加强边境口岸的安全防范工作，保障游客安全；联合宣传，线路开辟联动等措施，逐步实现与周边国家边境旅游的便捷通畅。

13.3 主要旅游区介绍

13.3.1 甘肃省

13.3.1.1 概况

甘肃以古甘州（张掖）和肃州（酒泉）两地首字而得名，又因境内大部分地区在陇山以南，所以简称陇或甘，省会兰州市。截至2018年，全省总人口数量为2 63726万人。甘肃横跨黄土、青藏、内蒙古三大高原交会地带，是中华民族的文化发祥地之一。早在20万年前，华夏始祖伏羲氏诞生于此，开创了华夏文明的先河。汉唐以来，甘肃成为中西文化交流、贸易往来的重要通道，举世闻名的丝绸之路横穿甘肃，在甘肃境内蜿蜒1 600多千米，沿途密布石窟寺庙、长城关隘、塔碑楼阁、古城遗址等历史遗存，主要有莫高窟、麦积山石窟、炳灵寺石窟、嘉峪关、阳关、玉门关、夏河拉卜楞寺、张掖大佛寺等。甘肃的自然风光也独具特色，高山草原、大漠戈壁、黄土高原、丹霞奇观、冰川雪山一应俱全。另外在这里居住有汉、藏、回等十多个民族，民俗风情浓郁，甘南的藏族风情，临夏的伊斯兰风情独具特色。甘肃每年都定期举办敦煌之夏、嘉峪关国际滑翔节、天水伏羲文化节、夏河拉卜楞寺大法会以及多种特色旅游项目。

近年来，甘肃省按照全域旅游发展理念，优化旅游发展空间格局，着力构建一个旅游龙头（敦煌世界文化旅游名城）、两大区域旅游集散地（兰州—中国西北旅游集散地，敦煌—丝绸之路旅游集散地）、三大特色国际旅游目的地（张掖户外体验旅游区，天水寻根访祖旅游区，甘南民族风情旅游区）、四条旅游发展带（丝绸之路旅游黄金带，黄河风情旅游带，长征胜利会师红色旅游带，南向旅游发展带）、十大主题旅游线路（世界石窟长廊，河西走廊古道，华人寻根圣地，多彩民族风情，中国旅游地标，万里长城名关，沙漠戈壁挑战，工业科技丰碑，陇上江南休闲，农耕文化传承）的旅游发展新格局，把旅游业打造成为甘肃省的支柱产业和富民产业。

13.3.1.2 主要旅游区点

(1)莫高窟

又名“千佛洞”，以丰富多彩的壁画著称于世，与山西云冈石窟、河南龙门石窟、甘肃麦积山石窟并称为中国四大石窟。1987 年成为中国首批世界文化遗产。莫高窟位于敦煌市东南 25 千米处鸣沙山东麓断崖上，南北长 1 600 余米，上下排列五层，最高处达 50 米。始建于前秦建元二年(366 年)，历经十六国、魏晋南北朝、隋、唐、五代、宋、西夏，到元基本结束，现存洞窟 735 个，壁画 45 000 余平方米，彩塑 2 415 身，飞天塑像 4 000 余身，是世界上规模最庞大，内容最丰富，历史最悠久的佛教艺术宝库。1900 年偶然发现的藏经洞里藏有从 4 世纪到 14 世纪的历代文物五六万件，震惊了世界，此后由此衍生专门研究藏经洞典籍和敦煌艺术的学科"敦煌学"。莫高窟的主要建筑有遍布壁画、彩塑的洞窟 492 座，其中可供参观洞窟有 40 个，内有世界"室内第一大佛"的九层楼、藏经洞陈列馆及莫高窟陈列馆。

(2)鸣沙山和月牙泉

位于敦煌市城南约 5 千米处，以"山泉共处，沙水共生"的奇妙景观著称，被誉为"塞外风光之一绝"，为国家重点风景名胜区。鸣沙山，又名神沙山，沙角山，东起莫高窟崖顶，西接党河水库，东西绵延 40 千米，南北宽 20 千米，高达数十米。整个山体由红、黄、绿、黑、白米粒状沙粒堆积而成，狂风起时，沙山会发出巨大的响声，轻风吹拂时，又似管弦丝竹，因而得名为鸣沙山，"沙岭晴鸣"自古为敦煌八景之一。

月牙泉位于鸣沙山北麓，长约 150 米，宽约 50 米，因水面酷似一弯新月而得名。泉被鸣沙山四面环抱，始终碧波荡漾，清澈见底，永不干涸，风起沙飞，从不落入泉中，令人称奇。近代据科学家考证，月牙泉四面沙山高耸，山坳随着泉的形状也成月牙形，吹进这种环山洼地里的风，由于空气力学原理，会向上旋，于是月牙泉周围山上流下来的沙子又被送回四面的鸣沙山脊的另外一侧，这就是泉水不为黄沙掩盖的道理。泉内游鱼成群，泉南岸台地上建有娘娘殿、龙王宫、药王洞、玉泉楼、雷音寺等建筑。景区内开展有沙疗、滑沙、滑翔跳伞，骑驼遨游等沙漠娱乐项目。

(3)玉门关和阳关

玉门关又称小方盘城，位于敦煌西北 75 千米处，与阳关遥遥相对，相传和田玉经此直入中原，故名玉门关，为丝绸之路通往西域北道的咽喉要隘。关呈四方形，四垣保存较完整。汉代构筑的关外长城，遗址犹存。关四周长城蜿蜒，烽燧兀立，沟壑纵横，与古关雄姿交相辉映，令游者怀古之情油然而生。

阳关位于敦煌市西南 70 千米处，始建于西汉武帝时期，因在玉门关之南而得名，是丝绸之路南道的重要关隘。如今阳关故城不存，仅存十几座烽燧，其中古董滩北面墩墩山顶上的烽火台地处最高，保存也最完整，有"阳关耳目"之称。

(4)敦煌雅丹国家地质公园

位于敦煌市西北约 180 千米处，是迄今为止发现的全球规模最大、地质形态发育最成熟、最具观赏价值的雅丹地貌群落。地质公园东西长约 25 千米，南北宽约 18 千米，面积达 398 平方千米，分为南、北两个大区。北区以雅丹地貌为主，分布集中连片；南区以风蚀谷、风蚀残丘、风蚀柱等为主，分布相对分散。各种造型奇特的风蚀地貌，宛如一座中世纪的古城，入夜尖厉的劲风发出恐怖的啸叫，犹如千万只野兽在怒吼，因此又得名"魔鬼城"。另有大面积分布的黑戈壁，与区内各种土黄色的雅丹地貌浑然一体，颇为壮观。

(5)嘉峪关

位于甘肃嘉峪关市向西5千米处，是明万里长城的西端起点，古代丝绸之路的交通要冲。始建于明洪武五年(1372年)，历时168年，是明代长城沿线千余个关隘中最雄险的一座，至今保存完好。关城高踞于祁连山和北山之间，两翼的城墙横穿沙漠戈壁，向北8千米连黑山悬壁长城，向南7千米接万里长城第一墩，壁垒森严，被誉为“天下第一雄关”。关城以内城为主，周长640米，面积2.5万平方米，城高10.7米，以黄土夯筑而成，西侧以砖包墙，雄伟坚固。内城开东西两门，东为光化门，西为柔远门，门台上建有三层歇山顶式建筑。门外各有一瓮城围护，西门外有一罗城，与外城南北墙相连，有“嘉峪关”门通往关外，上建嘉峪关楼。嘉峪关内城墙上还建有箭楼、敌楼、角楼、阁楼、闸门楼共十四座，关城内建有游击将军府、井亭、文昌阁，东门外建有关帝庙、牌楼、戏楼等。

(6)大佛寺

位于张掖城西南隅，始建于西夏永安元年(1098年)，卧佛身长34.5米，肩宽7.5米，脚长4米，耳长2米，全身金装彩绘，形态逼真，视之若醒，呼之则寐。身后塑十大弟子，两侧廊房塑十八罗汉，殿内四壁为《西游记》和《山海经》壁画。

(7)拉卜楞寺

位于夏河县城西1千米的大夏河之滨，由第一世嘉木样活佛创建于1710年，经历代兴修扩建，现已成为甘、青、川地区最大的藏族宗教和文化中心，与西藏的哲蚌寺、色拉寺、甘丹寺、扎什伦布寺、青海的塔尔寺合称我国喇嘛教格鲁派(黄教)六大寺院。拉卜楞寺占地1 234亩，建筑面积82.3万平方米，有6座经堂，84座佛殿，31座藏式楼房，30院佛宫，500余间经轮房，万余间僧舍。寺内藏有各类经卷6万余册，分全集、哲学、医药等12类，为藏经最多的寺院。拉卜楞寺设有显宗闻思学院、密宗续部下院等六大学院，教学制度严谨，为世界最大的喇嘛教学府。每年的大法会和辩经活动期间，人潮汹涌，场面热闹壮观。

(8)麦积山石窟

位于天水市东南约45千米处，为我国四大佛教石窟之一，以精美的泥塑艺术闻名中外，被誉为“东方雕塑艺术馆”。始凿于十六国后秦，历经十余个朝代的不断完善，现有大小窟龛194个，各种艺术造像7 000余尊，壁画1 000余平方米。麦积山平地崛起，犹如麦垛，石窟即开凿于山体南侧的悬崖峭壁上，洞窟之间全靠架设在崖面上的凌空栈道通达，层层相迭，密如蜂房，异常壮观。在我国著名的石窟中，自然景色以麦积山为最佳，“麦积烟雨”位于天水八景之首。

(9)崆峒山

位于平凉市城西12千米处，系六盘山山脉，主峰海拔2 123米。相传黄帝曾在此山问道于广成子，因此，有“天下道家第一名山”之称。崆峒山有大小数十座山峰组成，受差异风化、水蚀、崩塌等外力作用，形成了孤山峰岭广布，方山洞穴发育的高海拔丹霞地貌景观。景色既有北方山势之雄，又兼南方山色之秀，有“西来第一山”“西镇奇观”“崆峒山色天下秀”之美誉。崆峒山早在秦汉时期即为僧道聚集之地，唐宋明清各代山上均建有道观禅院，开辟丛林。明代时规模甚大，有问道宫、轩辕宫、大雄宝殿等8台、9宫、12院、42处寺观，以崆峒宝塔最为著名。

13.3.2 新疆维吾尔自治区

13.3.2.1 概况

新疆维吾尔自治区简称新,位于我国西北边疆,面积166万平方千米,占全国总面积的1/6,是我国面积最大的省区。截至2018年底,全自治区人口数量为2 486.76万人。新疆古称西域,清朝统一西域后改称新疆,意为"故土新归"。1955年成立新疆维吾尔自治区,是一个以维吾尔族为主体的多民族地区,首府是乌鲁木齐。新疆地理环境独特,自然景观多样,阿尔泰山、帕米尔高原、昆仑山、喀喇昆仑山、阿尔金山等四周环绕,天山横贯中部,形成冰川雪岭与戈壁瀚海共生,沙漠与绿洲相邻,火洲与冰山相依,雪山与湖泊相映的自然奇景。新疆位于古丝绸之路的要冲,昔日繁华的丝绸之路留下了许多蜚声中外的遗迹,如交河故城、高昌故城、楼兰遗址、克孜尔千佛洞等。新疆素有"歌舞之乡""瓜果之乡"的美称,各民族能歌善舞,民族风情独具特色,葡萄、哈蜜瓜甘甜爽口。近年来,新疆通过实施5A级景区倍增计划,大力培育旅游新业态,促进旅游消费转型升级,开创旅游新格局。目前5A级景区已达9家,位列西部第一、全国第三。自驾营地、温泉度假、旅游演艺、医疗养生、沙漠特种、现代酒庄、低空观光、商业旅游、湿地观光等旅游新业态不断涌现,以《千回西域》《吐鲁番盛典》《东归·印象》等为代表的歌舞演艺产业蓬勃发展,中国新疆国际旅游节、中国西部冰雪旅游节暨新疆冬季旅游产业交易博览会、中国国际旅游商品博览会等节庆效益显著提升,正成为新疆旅游业的重要组成部分和增长点。"十三五"期间,新疆将围绕"一带一路"紧抓"旅游援疆"历史机遇,致力于建设乌鲁木齐国际旅游集散中心、南疆丝绸之路文化与民族风情旅游目的地,提升完善天山廊道世界遗产旅游产业带、准噶尔北缘生态旅游产业带,把新疆旅游业发展成为战略支柱产业和稳疆富民产业。

13.3.2.2 主要旅游区点

(1)天山

横亘新疆的中部,全长2 500千米,西端伸入哈萨克斯坦,为塔里木盆地和准噶尔盆地的天然分界线。由东西走向的三列平行褶皱山脉组成,山间有伊犁谷地和吐鲁番、哈密等盆地。博格达峰为天山东段最高峰,海拔5 445米,山上终年积雪,冰川延绵。天山天池位于博格达峰北侧山腰,古称瑶池,被誉为天山明珠。湖面海拔1 928米,呈半月形,长约3.4千米,最宽为1.5千米,水深约90米,是一个高山冰碛湖。湖畔森林茂密,绿草如茵,湖滨云杉环绕,雪峰辉映。夏季的天池是绝佳的避暑盛地,冬天的天池是全国少有的高山滑冰场。皑皑冰峰的博格达峰与清澈碧蓝的天池相映成趣,构成了天山绰约多姿的自然景观。距天池约2千米的小天池,相传为西王母洗脚处,状如圆月,池水清澈幽深,塔松环抱四周,景色旖旎。

(2)楼兰古城

位于罗布泊以西、孔雀河道南岸7千米处,形成于两汉,是汉代通西域南路必经之地，在东西文化交流上曾起过重要作用，后被沙漠埋没，有“沙漠中的庞贝”之称。整个遗址散布在罗布泊西岸的雅丹地貌之中，包括10.8万平方米的城区面积和东郊墓地，周围寺院居民遗址及楼兰贵族墓。残高10.4米的楼兰佛塔和楼兰官署遗迹“三间房”成为楼兰遗址的标志。曾出土了大量的文物古迹和震惊世界的楼兰美女。如今，楼兰古城仍有许多不解之谜吸引着世人前来探寻。

(3)葡萄沟

位于吐鲁番市东北11千米的火焰山西端，是一条南北长约8千米，东西宽约2千米的沟谷，以盛产葡萄而闻名。沟谷两岸悬崖陡峻，沟内狭长平缓，葡萄林漫山遍谷，种植面积达220余公顷，有无核白、马奶子、白加干、红玫瑰等近百种葡萄，特别是这里生产的无核白葡萄，皮薄、肉嫩、多汁、味美，营养丰富，素有“珍珠”美称，其含糖量高达20%～24%，超过美国加利福尼亚州的葡萄，居世界之冠。用无核白鲜葡萄晾制的葡萄干，含糖量高达60%，被人们视为葡萄中的珍品。夏天，沟里风景优美，凉风习习，是火洲避暑的天堂。葡萄架下，维吾尔人表演的传统舞蹈麦西来甫，舞姿优美，吹弹击鼓，醉倒游人。沟西坡蜂窝状的葡萄干晾房屹立在干热的漠风中，层层叠叠，错落有致，构成葡萄沟独特的景观。

(4)火焰山

为天山支脉之一，自东向西横亘于吐鲁番盆地中部。山体长约98千米，宽约9千米。火焰山由中生代红色砂岩构成，寸草不生，每当盛夏，山体在烈日照射下，炽热气流滚滚上升，云烟缭绕，赭红色的山体犹如大火烈焰腾腾燃烧，“火焰山”名称由此而来，曾有“飞鸟千里不敢来”之语。火焰山处在丝绸之路北道上，至今仍留存许多文化古迹和历史佳话。《西游记》里孙悟空三借芭蕉扇过火焰山的故事，便取材于此，唐僧取经群塑是火焰山新辟的旅游景点之一。

(5)坎儿井

古称井渠，至今已有2000多年的历史，与万里长城、京杭大运河并称为中国古代三大工程。坎儿井是干旱地区取用地下水的一种渠道，由明渠、暗渠、竖井和涝坝四部分组成，利用地面坡度将地下水沿着挖成的暗渠引至地面，再由明渠引入农田或涝坝。坎儿井四季水流不断，水量稳定，是绿洲的生命之源。新疆地区的坎儿井主要分布在吐鲁番和哈密，其中仅吐鲁番地区就有坎儿井1 200多条，总长度超过5 000千米。吐尔坎儿孜坎儿井位于吐鲁番市恰特卡勒乡庄子村，全长3.5千米，是新疆最古老的坎儿井，至今已使用了470多年。名气最大的坎儿井是米衣木·阿吉坎儿井，全长5千米，最深处为80米，日出水量可浇地70亩，已建成吐鲁番坎儿井乐园。

(6)高昌故城

位于吐鲁番市以东约40千米处，始建于公元前1世纪，曾是高昌王国的都城。高昌故城规模宏大，分内城、外城、宫城三重，总面积200万平方米，是古代西域留存至今最大的故城遗址。高昌城在13世纪末的战乱中废弃，现存的故城遗址城垣保存基本完好，城市布局大致与唐长安城相仿。城呈长方形，外墙基宽12米，墙高11.5米，周长5.4千米，夯土筑成。全城有9个城门，西面北边的城门保存最好。内城北部正中有一座不规则的方形小城堡，当地人称“可汗堡”。外城西南和东南角有两处寺院遗址。

(7)喀纳斯湖

地处阿尔泰山中部的布尔津县境内,喀纳斯蒙古语意为“美丽富饶,神秘莫测”。湖面呈弯月形,海拔1 374米,南北长25千米,东西宽2.9千米,面积45.78平方千米,平均水深约90米,最大水深188.5米,为我国内陆仅次于长白山天池的第二深水湖。湖周植物茂密,是我国唯一的南西伯利亚区系动植物分布区,生长有西伯利亚区系的落叶松、红松、云杉、冷杉等珍贵树种和众多的桦树林。湖中生长的有大红鱼哲罗鲑、细鳞鲑、江鳕、阿尔泰鲟、西伯利亚斜鳊等珍稀鱼类。喀纳斯湖是有名的变色湖,湖水因季节、气候、观赏角度不同呈现出浅蓝、中蓝、蓝绿、翠绿等奇幻色彩。喀纳斯所过之处,或淤积为湖或蜿蜒为河曲,或平坦如镜或激荡成险滩,最著名的景色是一山、二湖、三湾。禾木和白哈巴是附近的两个图瓦人村落,图瓦人世代以放牧、狩猎为生,沿袭传统的生活方式。

(8)魔鬼城

又名乌尔禾风城,位于克拉玛依市东北部乌尔禾区境内。魔鬼城长约5千米,宽约3千米,面积约15平方千米,由一系列近北西—南东走向的孤立台地组成。魔鬼城属典型的雅丹地貌,流水的切割和风力的雕凿使白垩纪地层形成各种奇异的形态,似城堡、舰船、楼阁,似人物、动物、蘑菇,高低参差错落。由于地处风口,四季多风,每当大风来临,黄沙蔽日,呼啸的狂风在城中穿梭回旋,发出种种怪诞之声,如同鬼怪凄厉,令人毛骨悚然,“魔鬼城”因此而得名。著名的准噶尔翼龙化石就在此出土。

(9)艾提尕清真寺

位于喀什艾提尕尔广场西侧,是一座典型的伊斯兰寺院建筑,为新疆乃至全国最大的一座伊斯兰教礼拜寺,有“小麦加”之称,是喀什城的象征。它始建于1442年,占地约25.22亩,坐西朝东,由寺门塔楼、庭园、经堂和礼拜殿四大部分组成。每年古尔邦节,数万穆斯林云集广场,伴随着深沉的鼓点和激越的唢呐,跳起粗犷豪放的萨玛舞,场面甚为壮观。

(10)巴音布鲁克草原和天鹅湖

位于和静县西北,天山南麓,海拔约2 500米,面积约23 000平方千米。草原上绿草茵茵,牛羊成群,群山拱抱,河流如带,是我国仅次于鄂尔多斯的第二大草原。巴音布鲁克,蒙古语意为“富饶的泉水”。焉耆天山马、巴音布鲁克大尾羊、中国的美利奴羊和有“高原坦克”之称的牦牛,被誉为草原四宝。著名的天鹅湖就坐落在草原上,栖息着我国最大的野生天鹅种群,是中国唯一的天鹅自然保护区。

13.3.3 内蒙古自治区

13.3.3.1 概况

内蒙古自治区简称内蒙古,地域辽阔,总面积118.3万平方千米,约占全国总面积的1/8,是除新疆、西藏之外最大的省区。截至2018年底,全自治区人口数量为2 534万人。内蒙古是我国跨经度最大的省份,东西景观差异较大,东部草原辽阔,西部沙漠广布,是我国重要的生态旅游基地。其中草原是内蒙古生态旅游资源的支柱类型,有天然草场

8 667万公顷,占全国草原面积的21.7%,呼伦贝尔大草原、锡林郭勒大草原、希拉穆仁草原、科尔沁草原、乌拉盖草原等牧区,风吹草低见牛羊。有森林1 680万公顷,面积居全国第二,大兴安岭的森林是我国仅有的北方泰加林两块中最完整、最丰富的一块。另有沙漠和沙地3 000余万公顷,仅次于新疆,其中巴丹吉林沙漠是世界上沙山最高、最雄伟的沙漠,还有腾格里、乌兰布和、库布其沙漠和毛乌素、浑善达克、科尔沁沙地。内蒙古历史悠久,红山文化、大窑文化揭开了内蒙古文明的序幕,是“中华第一玉雕龙”的出土地。之后戎、狄、匈奴、东胡、鲜卑、柔然、突厥、回鹘、契丹、女真、蒙古等北方少数民族政权在此崛起和发展,现有文物遗址1.5万余处,成吉思汗陵、元上都遗址、五当召、五塔寺、辽太祖陵等历史遗迹是该地区漫长历史的见证。内蒙古少数民族众多,现有蒙古族、达斡尔族、鄂温克族和鄂伦春族4个自治民族及汉族、满族、回族等49个民族聚集,是我国第一个少数民族自治区。热烈的草原那达慕,古朴别致的蒙古族婚礼,色彩绚丽的民族服饰,回味悠扬的马头琴声,节奏欢快的传统歌舞构成了浓郁的蒙古族文化氛围。近年来,内蒙古深入实施全区旅游业“643X”品牌体系战略,以“壮美内蒙古・亮丽风景线”品牌为统揽,集中打造“祖国正北方、亮丽内蒙古”形象品牌、“内蒙旅游,马到成功”旅游品牌、“草原+风景道”线路品牌、“豪迈、自然、温馨”服务品牌、“内蒙古博乐歌”旅游商品品牌、“自由自在内蒙古”自驾游品牌6个品牌,着力建设东北林草文化四季全生态、环京津冀草原风情、敕勒川现代草原文明、西北水沙胡杨秘境探险4个旅游片区,以及串联4个旅游片区的3级品牌线路和若干景区品牌,全面提升旅游业的影响力和竞争力,推进旅游资源大区向旅游经济强区的跨越。

13.3.3.2　主要旅游区点

(1)五塔寺

位于呼和浩特市旧城东南部,原名金刚座舍利宝塔,因塔座上有五座方形舍利塔,俗称五塔寺,风格与北京真觉寺的五塔极为相似。始建于清雍正年间,高约16米,是一座砖石结构的喇嘛塔。塔身以琉璃砖砌成,通体布满雕刻,下层是用三种文字刻写的金刚经经文,上层则为数以千计的鎏金小佛,刻工精巧,玲珑秀丽。塔后墙壁上的石刻天文图是我国唯一用蒙文记载的天文图。

(2)昭君墓

位于呼和浩特市南9千米大黑河南岸,传为西汉王昭君之墓。因秋季塞外草衰时,唯独墓上芳草青青,故称“青冢”。“青冢拥黛”是呼和浩特八景之一。墓呈覆斗形,夯土筑成,高33米,占地20余亩,巍峨高耸,远望如山。墓前立董必武题《谒昭君墓》诗碑及双骑铜铸雕像。

(3)五当召

位于包头市东北70千米处的五当沟内,五当是蒙语“柳树”的意思,因寺庙前的沟中柳树繁茂而得名“五当召”。始建于清康熙年间,是内蒙古地区现存最大、最完整的纯藏式喇嘛寺庙。全寺占地面积约300余亩,屋宇2 500余间,以西藏扎什伦布寺为蓝本而建,寺内的全部殿宇均为平顶白墙的传统藏式风格,六大殿群重重叠叠,错落有致,十分壮观。

(4)响沙湾

位于库布其沙漠银肯敖包东端，在蒙语中被称为“布热芒哈”，意思是“带喇叭的沙丘”，以沙漠景观和响沙奇观为主要特色。响沙湾高110米，宽400米，呈弯月状，坡度为40°，形成一个巨大的沙丘回音壁。当沙子干燥时，游客乘坐滑沙板从沙山顶部往下滑时，沙丘会发出轰隆声，轻如青蛙的叫声，重像汽车飞机轰鸣，非常奇妙，被称为“响沙之王”。

(5)成吉思汗陵

位于鄂尔多斯高原上的伊金霍洛旗境内，陵园占地面积5万多平方米，主体建筑由三座蒙古包式的大殿和与之相连的廊房组成。陵园分作正殿、寝宫、东殿、西殿、东廊、西廊六个部分。正殿居中，为成吉思汗纪念堂，高达26米，平面呈八角形，重檐蒙古包式穹庐顶，上覆黄色琉璃瓦。整个陵园的造型，犹如展翅欲飞的雄鹰，极具蒙古族艺术风格。每年农历三月二十一的公祭活动承载着千百年来蒙古族的传统文化，吸引着国内外大批游客前来观光拜谒。

(6)呼伦贝尔湖

呼伦湖和贝尔湖并称姊妹湖，是草原生态湖泊群落，为呼伦贝尔草原的象征。呼伦湖位于草原西部，又名达赉湖，面积2 339平方千米，是内蒙古第一大湖，中国第四大淡水湖，素有“北方第一湖”“广寒仙境”之美称。贝尔湖位于草原西南部边缘，又名嘎顺诺尔，面积609平方千米，是中蒙两国共有的湖泊。这里水域宽广，沼泽湿地连绵，是鸟类和鱼类的天堂，盛产多种鱼类，有天鹅、海鸥、鹤、鹭等200多种珍稀鸟类，是我国东部内陆鸟类迁徙的重要通道。

(7)阿尔山温泉

阿尔山全称“哈伦·阿尔山”，蒙古语意为“热的圣水”，位于大兴安岭中段西麓兴安盟境内。阿尔山温泉群就处在阿尔山断裂带上，大小48个泉眼分布在南北长500米、东西宽70多米的范围内，是世界上第二大矿泉群。温泉分南北两个泉群，南部为冷泉群，主要是放射性氡泉和偏硅酸泉，北部为冷泉、温泉、热泉、高热泉相间的温泉群，主要是重碳酸钠泉、放射性氡泉、偏硅酸泉等。阿尔山的温泉对多种疾病有良好疗效，特别是对关节炎、类风湿、牛皮癣等疾病疗效显著，是著名的矿泉疗养地。

(8)辽上京遗址

位于赤峰市巴林左旗林东镇南郊。上京是辽五京之一，始建于辽太祖神册三年(918)。上京建筑规模宏大，气势雄伟，占地5平方千米，分南北二城，北名皇城，南曰汉城，两城相连作“曰”字形。皇城呈方形，是契丹贵族的居住区，今城垣遗址尚巍然耸立。汉城略呈正方形，为渤海、回鹘、汉等人的居住区，现残存城墙三段。另外，上京城南北各有砖塔一座，俗称南塔、北塔。附近有辽太祖陵、辽庆陵、辽庆州城、祖州城等遗迹。

(9)满洲里

位于呼伦贝尔大草原的腹地，是我国最大的沿边陆路口岸。满洲里兼具中俄蒙三国风情，素有“东亚之窗”的美誉。主要景点有国门、中俄互市贸易区等。国门景区位于满洲里市区西9千米处，占地面积13平方千米，包括国门、41号界碑、和平之门主体雕塑和满洲里历史浮雕、满洲里红色国际秘密交通线遗址、红色旅游展厅、火车头广场等景点，是爱国主义教育基地。中俄互市贸易区横跨中俄两国区域，位于国门的东北面，是我国首家国家级边境互市贸易区。

(10)巴丹吉林沙漠

位于阿拉善右旗北部，东西长约270千米，南北宽约220千米，面积4.7万平方千米，是我国第三、世界第四大沙漠。沙山一般海拔高度在1 200~1 700米，相对高度可达500多米，是世界唯一高大沙山群分布密集的沙漠，为世界沙漠之最，被称为“沙漠珠穆朗玛峰”。奇峰、鸣沙、湖泊、神泉号称巴丹吉林沙漠四绝。

(11)腾格里达来·月亮湖

位于阿拉善左旗境内，是腾格里沙漠中的天然湖泊，面积4.5平方千米，从东边看好似一轮弯弯的月亮，从西边沙丘上看好似一幅中国地图，故当地牧民称之为“月亮湖”“中国湖”。湖水中富含人体所需的多种矿物质及微量元素，是天然的药浴配方，湖周围遍布罕见的黑泥沙滩，是天然的泥疗佳品。现已开发为我国距离中心城市半径最短、设施最全、规模最大、旅游内容最为丰富的沙漠生态旅游区。

13.3.4 宁夏回族自治区

13.3.4.1 概况

宁夏回族自治区简称宁，总面积为6.64万平方千米，是中国面积最小的省区之一。截至2018年底，全自治区人口数量为688.11万人。黄河宛如一条玉带，自南而北斜穿而过，世代哺育着宁夏平原，形成了“塞上江南”的秀美风光。贺兰山、六盘山横亘在西部和南部，塑造了奇险的山岳景观。宁夏历史悠久，历史上党项族首领李元昊在此建立了西夏王朝，定都中兴府(今银川市)，创造了神秘独特的西夏文化，至今宁夏遗留有许多西夏建筑及文化遗迹。作为我国唯一的回族自治区，宁夏以富有特色的回族文化而著称，回族人口占总人口的1/3，3 000多座清真寺营造出了浓郁的伊斯兰氛围。近年来，宁夏着力构建全域旅游空间发展新格局，以银川全域旅游核心区一核集成服务，黄河金岸旅游带、古城历史文化旅游带两带均衡发展，贺兰山东麓葡萄文化旅游廊道、清水河流域旅游廊道、古军事文化旅游廊道三廊整合提升，大沙湖度假休闲板块、西夏文化旅游板块、塞上回乡文化体验板块、东部边塞旅游板块、大沙坡头度假休闲板块、韦州历史文化旅游板块、大六盘红色生态旅游板块七板块打造精品，六盘山、贺兰山、黄河金岸、清水河、东部环线五大旅游风景带串联产品的全域旅游发展格局正在形成。

13.3.4.2 主要旅游区点

(1)西夏王陵

位于银川市西约35千米处的贺兰山东麓，是西夏历代帝王陵墓所在地。陵区南北长10千米，东西宽4千米，占地近50平方千米，分布着9座帝王陵和140多座王公大臣的殉葬墓，是中国现存最密集的帝王陵区，有“东方金字塔”之称。每座帝陵陵园占地面积都超过10万平方米，由阙台、神墙、碑亭、角楼、月城、内城、献殿、灵台等部分组成。西夏王陵规模宏伟,布局严整,不仅吸收了秦汉以来,特别是唐宋王陵之所长,同时又受到佛教建筑的影响,使汉族文化、佛教文化与党项民族文化很好地结合在一起,构成了我国陵园建筑中别具一格的形式,为西夏文物古迹的典型代表。

(2)承天寺塔

位于银川市城西承天寺内,俗称西塔,是西夏王朝的主要佛寺。始建于西夏天佑垂圣元年(1050),后遭地震损毁后于清嘉庆二十五年(1820)重建,仍保留了原西夏佛塔的基本形制。该塔为一座八角十一层楼阁式砖塔,高64.5米,造型挺拔,古朴简洁。现为西夏博物馆所在地。

(3)海宝塔

又称黑宝塔,坐落在银川市北郊海宝塔寺内,因其与承天寺塔遥遥相对,又俗称北塔。相传为公元407年大夏国王赫连勃勃重建,距今已有1600多年的历史。海宝塔是一座方形九层十一级楼阁式砖塔,通高53.9米。"古塔凌霄"为宁夏八景之一。

(4)贺兰山岩画

贺兰山位于银川市西北部,山势巍峨险峻,为银川平原的天然屏障,是古代匈奴、鲜卑、突厥、回鹘、吐蕃、党项等北方少数民族驻牧游猎、生息繁衍的地方。如今在贺兰山东麓27个山口和山前洪积扇的荒漠草原上发现了数以万计的古代岩画,是古代游牧民族社会习俗和生活情趣的真实记录,以贺兰口岩画最具有代表性。贺兰口景色幽雅,奇峰叠嶂,千余幅个体图形的岩画分布在沟谷两侧绵延600多米的山岩石壁上。画面艺术造型粗犷浑厚,构图朴实,姿态自然,写实性较强。内容以人首像为主,还有多种动物图案和抽象符号,是研究古代贺兰山地区少数民族历史艺术的珍贵资料。

(5)沙湖

位于银川市北56千米处,中国十大魅力休闲旅游湖泊之一。沙湖拥有万亩水域、五千亩沙丘、两千亩芦苇、千亩荷池,盛产鱼类、鸟类。芦草丛内栖居着白鹤、黑鹤、天鹅等近百种珍鸟奇禽,每年春季数百万只鸟类在这里繁衍栖息,成为沙湖绝妙一景。金沙、碧水、翠苇、飞鸟、游鱼、远山、彩荷七大景源的有机结合,构成了沙湖融江南水乡与大漠风光为一体的秀丽景观。目前沙湖风景区拥有百鸟乐园、万亩荷花精品园、尼罗河风情、大漠丝路奇观四大景区,开展了50余种娱乐项目。新开放的宁夏农垦博物馆向游客展示了战士们屯垦戍边的艰苦创业足迹和农垦创建60年来取得的辉煌成就。

(6)镇北堡西部影城

位于银川西北35千米处的荒野上,原址是明清时期的驻军要塞。由著名作家张贤亮于1993年创建,以出产的影片最多,获奖最多,升起的明星最多,人工雕琢最少,游客流量最大而被誉为"中国一绝",现为一处集观光、娱乐、休闲于一体的5A级旅游景区,国家文化产业示范基地。《红高粱》《新龙门客栈》等70多部影视片在此拍摄。"一片荒凉,有文化妆点成奇观;两座废墟,经艺术加工变瑰宝",这副楹联概括了该影城的特点。"贩卖荒凉"成为中国旅游策划中的经典。

(7)青铜峡108塔

位于青铜峡大坝库区西山坡上,是一处由108座塔组成的塔群。始建年代不详,明代志书即称其为"古塔",塔基下曾出土有西夏文题记的帛书。塔群坐西朝东,背山面河,随山势凿石分阶而建，自上而下按奇数错落排列成12层，构成一个等边三角形塔群，其形制之独特与塔数之众多为国内罕见。除最上面的第一座塔较大之外，其余均为小塔。塔全部用砖砌成，抹以白灰，属于喇嘛式的实心塔。每当风和日丽，108座塔倒映在金光闪闪的水波中，景色奇特，幽雅明丽。

(8)沙坡头

位于中卫市城西16千米处，国家首批5A级景区，南靠祁连山余脉香山，北连腾格里大沙漠，中间黄河横穿而过，形成以黄河两岸山水田园以及北部的腾格里沙漠为核心，高山、黄河、沙漠、长城和绿洲汇聚一地的独特景观。沙坡头有四大特色，一是沙漠与绿洲同在；二是滑沙和听沙同享，“金沙鸣钟”为其一景；三是治沙成果举世闻名，以麦草方格为主的“五带一体”综合治沙工程体系，在流动沙丘上营造出了一片片绿洲，被誉为“人类治沙史的奇迹”；四是黄河漂流，乘坐古老的羊皮筏子在黄河上漂流，观黄河水车是景区最具特色的娱乐活动。如今，沙坡头以科技治沙工程、沙漠生态环境以及特色旅游项目名扬海内外，成为我国著名的富有浓郁西部特色的沙漠旅游区。

(9)六盘山

又称陇山，横跨宁夏泾源、固原、隆德三县，是西北地区重要水源涵养林基地和国家级风景名胜区。因古代盘道六重始达山顶，故名。主峰海拔2 928米，总面积6.78万公顷。六盘山风光旖旎，森林茂密，气候凉爽，物种丰富，环境优越，森林覆盖率达72.8%，动植物资源丰富，是泾河、清水河、葫芦河的发源地，被誉为黄土高原上的绿岛和湿岛。1935年毛泽东同志率领中国工农红军长征到达此地，写下了气壮山河的光辉诗篇《清平乐·六盘山》，今有红军长征纪念馆供游人缅怀。

(10)须弥山石窟

位于固原县西北55千米的须弥山南麓，开凿于北魏中晚期，距今1400多年。至今保存有历代石窟132个，造像350余身，其中70个洞窟有雕凿的佛像，较完整的洞窟20多个，分布在山势迂回的八座山峰上，蜿蜒长达2 000米。其中北周造像最为精美，在全国造像中是佼佼者。第5窟大佛楼的露天弥勒佛坐像高达20.6米，是现存可数的唐代大佛像之一。此外还有宋、西夏、金、明等各个时代的题记33则，壁画7处，明代石壁3通，是我国石窟艺术的重要遗址之一。

(11)同心清真寺

位于同心县旧城西北角，是宁夏现存历史最久、规模最大的清真寺。相传建于明朝初年，距今有600多年的历史。整个大寺占地3 542平方米，以汉式建筑为主体，兼纳伊斯兰风格雕刻、砖雕的装饰，气势雄伟，装饰精美，是回汉文化交融的重要见证之一。这里也是中国历史上第一个回族革命政权——陕甘宁省豫海回民自治政府旧址所在。

本章小结

丝路风情，大漠草原旅游区位于欧亚大陆的中心，地域广阔，气候干旱，地貌类型多样，自然景观复杂多变，森林、草原、沙漠、绿洲、湖泊、高山、冰川兼具。

丝绸之路横穿全境，丝路文化独具魅力，留下了众多的丝路遗迹，如古石窟、古佛寺、古城址、古长城等。本区还是我国少数民族聚居区之一，民族风情浓郁。丰厚的自然和人文旅游资源为其旅游业的发展提供了坚实的基础。今后，随着“一带一路”建设的推进和“丝绸之路”申遗成功，本区独特的旅游资源优势也将充分发挥出来，旅游业发展前景极为广阔。

案例分析

2015 年 3 月 28 日，国家发改委、外交部、商务部联合发布《推动共建丝绸之路经济带和 21 世纪海上丝绸之路的愿景与行动》(以下简称《愿望与行动》)。其中在合作重点中专门提出“加强旅游合作，扩大旅游规模，互办旅游推广周、宣传月等活动，联合打造具有丝绸之路特色的国际精品旅游线路和旅游产品，提高沿线各国游客签证便利化水平”。这将极大推动沿线国家及城市旅游业长足发展。

请分析：在这一机遇下，丝绸之路沿线各省份应如何进行区域合作，联合打造具有丝绸之路特色的国际精品旅游线路和旅游产品。

自我检测题

一、填空题

1. 我国四大石窟分别是__________、____________、____________、_________。

2. ________________与万里长城、京杭大运河并称为中国古代三大工程。

3. ______________，又名“千佛洞”，以丰富多彩的壁画著称于世。

4. ________________与哲蚌寺、色拉寺、甘丹寺、扎什伦布寺、塔尔寺合称为我国喇嘛教格鲁派六大寺院。

5. ____________是中国维吾尔歌舞艺术形式最杰出的代表。

二、问答题

1. 简述丝路风情，大漠草原旅游区旅游地理环境及旅游资源的特征。

2. 试分析丝路风情，大漠草原旅游区旅游业发展的前景和方向。

3. 内蒙古、新疆、甘肃、宁夏各有哪些主要旅游区点？

三、导游证考试知识点

1. 判断题

(1) 回族信奉伊斯兰教，开斋节、古尔邦节和圣纪节是其三大节日。 (　　)

(2) 莫高窟又名“千佛洞”，是我国首批世界文化遗产，以丰富多彩的壁画著称于世，是我国石窟艺术中规模最大、内容最丰富、艺术价值最高的。 (　　)

(3) 嘉峪关是现代万里长城西端主宰，自古为河西第一隘口。 (　　)

(4) 麦积山石窟以精美的泥塑艺术闻名中外，被誉为“东方雕塑艺术馆”。 (　　)

(5) 坎儿井是我国新疆干旱地区的特殊灌溉水利工程，主要分布于新疆的哈密、库车和吐鲁番盆地。 (　　)

(6) 乌尔禾风城是我国著名的丹霞地貌景观。 (　　)

(7)艾提尕清真寺位于新疆维吾尔自治区喀什市，不仅是新疆规模最大的清真寺，也是全国规模最大的清真寺之一。 ( )

2. 单项选择题

(1)蒙古族的特色民居、饮食、节日分别是( )。

A. 蒙古包、手抓肉、那达慕大会　　B. 蒙古包、奶皮子、那达慕大会

C. 毡房、奶皮子、那达慕大会　　D. 蒙古包、手抓肉、古尔邦节

(2)中国最早用蒙古文写成的历史文献和文学巨著( )，已被联合国教科文组织定为世界著名文化遗产。

A.《江格尔》　B.《格萨尔王传》　C.《蒙古秘史》　D.《玛纳斯》

(3)建于明洪武年间，是目前保存最完整的一座城关，有“天下第一雄关”美名的是( )。

A. 山海关　B. 嘉峪关　C. 居庸关　D. 玉门关

3. 多项选择题

(1)中国三大雅丹地貌分别是( )。

A. 乌尔禾　B. 白龙堆　C. 沙坡头

D. 三垅沙　E. 鸣沙山

(2)下列关于维吾尔族的描述，正确的有( )。

A. 古尔邦节是其最为隆重的节日

B. 接受物品时，忌讳用左手

C. 饮食以面食为主，喜食羊、牛、狗肉

D.“十二木卡姆”是其大型民族音乐舞蹈史诗

E. 男女老少都喜戴四楞小花帽

(3)我国少数民族著名的三大英雄史诗是( )。

A. 蒙古族的《江格尔》　　B. 藏族的《格萨尔王传》

C. 维吾尔族的《福乐智慧》　　D. 柯尔克孜族的《玛纳斯》

E. 哈萨克族的《创世记》

(4)中国四大石窟是以中国佛教文化为特色的巨型石窟艺术景观，包括( )。

A. 云冈石窟　B. 龙门石窟　C. 大足石刻

D. 麦积山石窟　E. 莫高窟

(5)( )并称为中国古代三项伟大工程。

A. 坎儿井　B. 万里长城　C. 都江堰

D. 京杭大运河　E. 灵渠

实训题

1. 请为本区设计一条以“丝绸之路精华游”为主题的旅游线路。

2. 你认为本区在边境旅游方面应如何加强？

14

世界屋脊，雪域藏乡——青藏旅游区

教学目标

熟悉本区的旅游地理环境，掌握本区旅游资源特点和重要旅游景点概况，明确本区旅游业发展前景。

导入案例

西藏将打造全球奢野旅游产品聚集地

2018年6月中旬，西藏奢野产品定制吹风会在林芝国际旅游小镇鲁朗召开，决议将打造全球奢野产品聚集区，"奢野定制"将成为西藏旅游未来的重点发展方向。

自治区旅发委主任王松平在会上表示，具有"世界第三极""亚洲水塔"之称的西藏是千江之源，亚洲著名的恒河、印度河、布拉马普特拉河、湄公河等河流的上源都在这里。丰富的水资源加上青藏高原七大山脉，使西藏拥有世界上独一无二、不可比拟的奢野旅游资源，将之打造成全球奢野产品聚集区，才不辜负西藏美好的大山大水。

此次会议不仅确定了西藏奢野定制游的发展方向，还宣布了针对旅行社定制游的相关制度配套。王松平透露，通过多方工作，西藏自治区将成为全国首个推出旅行社双资质制度的省区。也就是说，从事专业定制游的西藏旅行社，可以再颁发一个专项旅游资质许可证，这在自治区旅游条例已经明确。这意味着西藏旅游真正开启定制时代，西藏旅游向高端化、精品化发展迈出了坚实的一步，不仅顺应全球旅游业发展趋势，更符合西藏旅游发展的实际。而这也正是对自治区政府提出西藏旅游"打好特色牌、走好高端路、扶好精品点、唱好全域戏"四个"好"要求的最佳践行。

（案例来源：西藏自治区人民政府官网，2018-06-15）

青藏旅游区包括青海省和西藏自治区，地处我国西南边陲，总面积190多万平方千米，人口860多万。藏族是本区的主要民族，其他民族有汉、蒙古、哈萨克、门巴、珞巴、纳西等，是我国人口最少、密度最小的一个区域。本区位于我国第一阶梯上，区内地势高峻，有“世界屋脊”之称。长江、黄河和印度河都发源于此。青藏区的旅游资源种类众多，富有特色，并且地域组合条件好。古老的历史、丰富的历史遗迹、独具特色的藏传佛教、特色鲜明的藏族风情，加上唯我独尊的“第三极”高寒景观，人文与自然相映成趣，为开展多种形式的旅游活动提供了必备的条件。青藏铁路的开通运营打破了本区发展旅游业的“瓶颈”限制，为本区的经济开发和旅游发展提供了优越的条件。

14.1 旅游地理环境

14.1.1 自然地理环境

14.1.1.1 自然风光壮丽、地热景观奇特

青藏旅游区地势高峻，所处的青藏高原是世界上最高的高原，有“世界屋脊”之称。高原外围高山环绕：南有喜马拉雅山，北有昆仑山和祁连山，西为喀喇昆仑山，东为横断山脉；高原内部横亘着数列长 1 000 ~ 2 000 千米的巨大山脉，有唐古拉山、冈底斯山、念青唐古拉山等，这些山脉海拔大多超过 6 000 米，喜马拉雅山不少山峰超过 8 000 米，构成了高原的基本骨架；山脉之间，分布着高原盆地、谷地，构成“远看是山，近看成川”的壮丽景象。

由于青藏高原地势高，成为亚洲和我国许多大河的发源地或流经地，长江、黄河、澜沧江、怒江、雅鲁藏布江、印度河等皆发源于此。雅鲁藏布江是西藏的主要河流，在其境内长 1 700 千米，沿江地区是西藏政治、经济和文化的中心地带。

青藏高原上湖泊星罗棋布，是世界最高的湖区。高原上有两组不同走向的山岭相互交错，把高原分割成许多盆地、宽谷和湖泊。这些湖泊主要靠周围高山冰雪融水补给，而且大部分都是自立门户，独成“一家”。著名的青海湖位于青海省，为断层陷落湖，面积为 4 583 平方千米，高出海平面 3 196 米，最大湖深达 38 米，是中国最大的咸水湖。其次是西藏境内的纳木湖，面积约 2 000 平方千米，高出海平面 4 650 米，是世界上最高的大湖。这些湖泊大多是内陆咸水湖，盛产食盐、硼砂、芒硝等矿物，有不少湖还盛产鱼类。在湖泊周围、山间盆地和向阳缓坡地带分布着大片翠绿的草地，使本地区成为仅次于内蒙古、新疆的重要牧区。

本区位于喜马拉雅地热带，高温地热资源占全国地热总量的 80%。西藏地热资源主要分布在青藏铁路沿线的拉萨—尼木—羊八井—那曲—错纳湖一带，此外“一江两河”地区和藏北无人区也蕴藏着丰富的地热资源。西藏地热分布按其地热活动形迹、显示特征和区域地质，大致划分为三大区域：藏北低、中温水显示区，“三江”上游中、高温热水显示区，藏南部谷地高、中温水汽显示区。在雅鲁藏布江中上游河谷地带，有热泉、温泉、沸泉、间歇喷泉、热水河、热水湖、热水沼泽、水热爆炸穴等 20 多种，像水热爆炸穴、间歇喷泉是我国仅有、世界罕见的自然奇观。

14.1.1.2 高原气候独特

青藏高原平均海拔在4 000米以上，耸立于对流层的中部，与同高度的自由大气相比较，这里气候最温暖，湿度最大，风速最小，但就地面而言，与同纬度的周边地区相比较，这里气候最冷、最干，风速最大，这是巨大高原的动力和热力作用的结果。

青藏高原气候的主要特征为：辐射强烈，日照多，气温低，积温少，气温随高度和纬度的升高而降低。据计算，海拔高度每上升100米，年均气温降低0.57 ℃；纬度每升高1度，年均气温降低0.63 ℃，日温差较大，有“一年无四季，一日有寒暑”之说；干湿分明，多夜雨；冬季干冷漫长，大风多；夏季温凉多雨，冰雹多；四季不明。大部分地区的最暖月均气温在15 ℃以下，1月和7月平均气温都比同纬度东部平原低15～20 ℃。按气候分类，除东南边缘河谷地区外，整个西藏全年无夏，呈现出西北严寒干燥，东南温暖湿润的气候特征。除此之外，还形成了多种多样的区域气候和明显的垂直气候带，“一山有四季，十里不同天”是这里的真实写照。

14.1.1.3 生物景观复杂多样

青藏高原是世界生物多样性最丰富的地区，是世界山地生物物种的重要起源地和分化中心。这里拥有世界珍稀濒危植物30多种，珍稀野生动物100多种。由于地势和气候的影响，该区的植被具有耐寒、耐干、耐盐、抗风的特征。全区形成了高山草甸、草原和高寒荒漠景观。山南地区垂直高差大，出现了自高山冰雪到亚热带常绿阔叶林、热带森林景观，从谷底到青藏高原顶部可看到从热带到极地的各自然带景观，不仅是天然旅游胜地，而且是科学考察宝地。该区动物主要有藏系绵羊、山羊、牦牛等。在雪线附近则生长着雪莲、虫草、贝母、雪鸡甚至雪豹等动植物。为了更好地对稀有植物和珍禽异兽进行保护，现已划定了18个国家级重点自然保护区。

14.1.2 人文地理环境

14.1.2.1 神秘奇特的宗教文化、蔚为壮观的宗教建筑

藏族是居住在青藏高原上的主体民族。西藏最古老的宗教苯教和主导了西藏社会政治、经济、文化的藏传佛教，其影响渗透于社会生活的各个方面，从而形成了不同于别的民族的民俗风情和审美情趣。在青藏地区，民众大多信奉藏传佛教，因藏语尊称僧侣为喇嘛，俗称喇嘛教。藏传佛教源于印度，但吸收了西藏地区原始苯教一些神祇和仪式，具有浓厚的神秘色彩。该区民族与宗教息息相关，宗教的圣地、圣迹比比皆是。西藏寺院，一般以措钦、扎仓为组合中心，建筑群布局灵活、自由。措钦大殿既是整个寺庙活动中心，也是建筑群艺术构图中心。佛教的教义、戒律、思想，对建筑群的总体布局或殿堂内部设计具有决定性的影响。著名的寺庙有布达拉宫、大昭寺、塔尔寺、哲蚌寺、甘丹寺、色拉寺、扎什伦布寺、萨迦寺以及著名的文成公主庙等。佛殿依山势高低建成多层次格局，上下相互辉映，形成独特的建筑风格。

14.1.2.2 多姿多彩的民俗风情、内涵深厚的藏乡文化

青藏地区居住的民族有藏族、门巴族、珞巴族、羌族、撒拉族等,其中藏族人口最多。西藏民俗文化的内容包含丰富,民俗文物多姿多彩,举凡服饰、饮食、居室、婚丧、节日娱乐等,都演绎出了藏族丰厚的历史文化变迁与升华的过程。藏族同胞具有热情好客、尊敬老人、扶危济贫等美德,同时还非常注重礼节,在节日或重大场合见面,要互敬哈达,以示尊敬。藏族又是一个能歌善舞的民族,整个藏区是歌舞之乡,不仅在男婚女嫁的日子或宗教节日,就是平日闲暇时间,不分男女老幼席地而坐,也会以草原为舞台,以蓝天为幕布,欢歌跳跃,富有浓厚的生活情趣,给辽阔、寂静的草原带来了无比欢乐。每年七八月份举办的赛马大会,隆重而热烈,是藏族风情的最直接表现,具有强烈的吸引力。

藏族人民在文化艺术、建筑、医学、科技等方面有着辉煌的成就。创造了具有浓厚高原泥土气息的文化传统艺术,如丰富多彩的民间文学,包括民歌、神话传说故事、音乐、舞蹈、藏戏等。

14.1.2.3 旅游交通不断发展

1300 年前文成公主进藏的唐蕃古道,曾是内地进出西藏的主要通道。历史上的青藏旅游区交通闭塞,藏民的运输方式非常原始,陆地以牦牛和驴骡为主,水上运输工具则是牛皮筏和空心独木舟。新中国成立后,修建了青藏、川藏、新藏、滇藏等主要公路,开辟了拉萨和国内部分主要城市之间的航线,而2006 年 7 月 1 日,青藏铁路的全线通车,真正把人迹罕至的青藏高原上的最独特景观串成了一条"世界旅游极品线",对推动西藏乃至西部地区经济特别是旅游业发展起到了不可替代的促进作用。青藏铁路以青海省西宁市为起点,至西藏自治区拉萨市,全长 1 956 千米。由于它翻越唐古拉山的铁路最高点海拔 5 072 米,经过海拔 4 000 米以上地段 960 千米,连续经过多年冻土区 550 千米以上,穿越世界屋脊,而被称为"天路"。青藏铁路在改善西藏交通结构、降低社会经济发展成本、密切与内地联系、促进地区全面发展的同时,也对青藏地区的旅游业产生了重要和积极的推动作用。

14.1.3 旅游资源特色

青藏旅游区旅游资源类型独特多样。该区旅游景观具体表现为:藏文化与茫茫雪原融为一体,神山、圣水,天然、神秘。

250 多万平方千米的青藏高原,由耸入云端的巍峨群山,终年不化的皎洁雪山,水草丰盛的辽阔草原,莽莽无边的茂密森林,不计其数的野生动植物,纵横交错的大小江河,星罗棋布的高山湖泊,蕴藏丰富的物产资源,秀丽多姿的地形地貌,复杂多样的自然气候和风光诱人的自然景色组成。这些都是青藏高原的优势旅游资源,可以根据其资源优势,积极开展高山滑雪、探险、科考等旅游活动,从而促进青藏高原旅游区旅游业的发展。

由于历史、民族和宗教等因素,本区文化景观具有浓厚的民族特色和宗教氛围。青藏高原距今六七千年前就有人类在此繁衍生息。以古墓群、古庙、古岩画、古城堡为特色

的名胜古迹众多。西藏的历史遗存首推遍布于各地的寺院建筑,著名的有布达拉宫、大昭寺、哲蚌寺、塔尔寺、扎什伦布寺、甘丹寺、拉卜楞寺等,它们都是青藏地区重要的旅游资源,至今仍然保持着古老而神秘的色彩,每年吸引着大量中外游客前来观光。

雪域高原还养育了众多优秀的民族,藏族、门巴族、珞巴族、纳西族、回族、蒙古族、怒族、独龙族、土族、撒拉族和汉族是青藏高原区的主要组成民族,其中还包括未识别的夏尔巴人。少数民族的民俗风情独具特色,尤其是民族服饰、习惯、节日,富有浓郁的民族气息和鲜明的地方特色,并伴有各种美妙的传说,旅游开发潜力巨大。

14.2 旅游业概况

青藏高原发展旅游业具有得天独厚的优势和潜力,古老神秘的文化遗迹,雄奇壮美的自然景观,风格迥异的民族风情,符合世界旅游求新、求异、求知、求乐的需求趋势,具有很强的吸引力和国际市场竞争力。近年来,随着青藏铁路的建成通车,林芝机场的通航,西藏旅游业得到了快速发展。但由于旅游业总体起步晚,加上种种因素的制约,青藏高原旅游业整体上仍处于发展的初级阶段,发展水准还较低,开发、经营、服务等很多方面难以与内地省份相比。

青藏铁路沿线地区旅游资源丰富,几乎覆盖了全国旅游资源的主类和亚类。在西藏自治区调查收集的1 424处旅游资源单体中,极品旅游资源单体有29处,占2.0%;优级旅游资源单体有160处,占11.3%;良级旅游资源单体有409处,占28.7%;普通级旅游资源单体为826处,占58.0%。沿线的旅游资源优势是该地区旅游业发展的核心竞争力所在。

西藏旅游起步时期,入境旅游一直占主导地位,入境旅游占全区接待游客总量和旅游总收入的一半以上。20世纪90年代以来,西藏国内旅游快速增长,入境旅游徘徊起伏,国内游客的比例急剧提升。1995年国内游客占国内外游客总量的68.1%,国内旅游收入占全区旅游总收入的60.3%,2000年分别为76.1%与56.8%,2005年分别为94.7%与84.8%,形成了以入境旅游为先导、国内市场为主体、区内市场为补充的市场格局。西藏铁路通车后,西藏在世界上的知名度随之扩大,部分入境游客为体验世界海拔最高的铁路而来,再加上对外的旅游促销,入境市场的发展速度加快。西藏旅游2015年全年累计接待游客首次突破2 000万人次,全年旅游总收入达280亿元,分别比“十一五”末增长1.9倍和2.9倍。但相比而言,青藏铁路对西藏国内旅游的促进更直接、更强劲,国内游客的流速更快,流量更大,国内游客人数超过游客总量的95%以上,国内旅游收入超过旅游总收入的85%以上,国内市场的主体地位更加牢固。

青藏铁路通车运营后,铁路部门新增从广州、上海、北京、兰州、重庆、成都等地始发经西宁入藏的列车,在青海沿线贯穿了西宁旅游圈、青海湖旅游风景区、昆仑山文化旅游区,也给青海省带来了巨大的旅游商机,将青海、西藏同国内其他旅游线路、旅游景点连接贯通,使得两省区旅游业融入全国旅游业发展的大格局中,游客的出游线路组合更为丰富,旅游资源优势更快转化成为经济优势。

青藏铁路的建成通车克服了青藏地区交通“瓶颈”,加快了青海、西藏两省区经济的发展。在开放的环境下，青藏的神秘感成为一种旅游者心中向往的稀缺资源，以往因封闭所保留的自然、人文状态，也日益显示出开发潜力。而青藏铁路则成为青藏铁路沿线旅游的“名片”，其旅游品牌直接影响到整个青藏铁路沿线旅游业的发展。

14.3 主要旅游区介绍

14.3.1 西藏自治区

14.3.1.1 区域旅游概况

西藏自治区简称藏，位于我国西南边陲，青藏高原的西南部，是我国 5 个民族自治区之一，成立于 1965 年，首府拉萨市。它北邻新疆，东北紧靠青海，东接四川，东南界云南，南边和西部与缅甸、印度、不丹、尼泊尔等国接壤。国境线长达 3 842 千米，是中国西南边陲的重要门户，战略位置十分重要。全区面积 122 万平方千米，约占全国总面积的八分之一，仅次于新疆维吾尔自治区。截至 2018 年底，全自治区人口数量为 344 万，是我国人口最少、密度最小的省区。藏族占全区人口的 90% 以上。全区人口分布很不平衡，主要集中在南部和东部。雅鲁藏布江中游及其主要支流拉萨河与年楚河流域，是人口最稠密的地区。藏西阿里、藏北那曲，人口特别稀少，往往百里不见人烟。羌塘草原北部甚至被称为“无人区”。

西藏的神秘，在于它独树一帜的宗教和人文景观。古老的传统文化和藏传佛教形成了自身独特的文化体系，这一切使西藏极具诱惑力。在长期封闭的自然环境下，西藏人民创造了自己独具特色的民俗风情和民族性格。带有浓厚宗教色彩的藏历节日和庆典活动，几乎月月都有。如藏历新年、雪顿节、望果节、燃灯节等，所有这些无不洋溢着浓浓的雪域特色。而藏传佛教的宫殿和庙宇则是西藏最具旅游吸引力的人文景观。布达拉宫是世界上最高、气势最宏伟的山体式宫殿建筑，是藏族人民智慧的结晶，是西藏众多寺庙、宫殿的代表；西藏三大寺哲蚌寺、色拉寺、甘丹寺就坐落在拉萨；围绕在庙宇和庄园附近的众多的“林卡”也是游人观赏的重要资源，占地 360 万平方米的“罗布林卡”，被认为是中国古代园林建筑的代表；藏族人民在漫长的历史发展中，创造了博大精深的文化，藏传佛教独特的宗教文化以及闻名遐迩的寺庙、丰富壮观的历史文物古迹，无不对游客充满诱惑力。

西藏还以其雄伟壮观、神奇瑰丽的自然风光闻名于世。青藏高原平均海拔在4 000米以上，号称“世界屋脊”，是世界上面积最大，海拔最高的高原，与南极、北极并称为“地球三极”。独特的地理环境造就了独一无二的雪域风光，构成了西藏丰富多彩的旅游景观。在西藏的自然景观中雅鲁藏布大峡谷以世界第一大峡谷而闻名于世；本区还拥有众多著名的高山，平均海拔 6 000 米以上的喜马拉雅山脉就位于西藏高原最南缘，其中超过7 000米的高峰有 50 多座，超过 8 000 米的山峰就有 10 座，海拔 8 844.43 米的世界第一高峰珠穆朗玛峰就耸立在喜马拉雅山脉中国和尼泊尔的边界上；本区湖泊遍布，全区大小湖泊有1 500多个,总面积约2.4万平方千米,占全国湖泊总面积的30%以上,其中面积超过100平方千米的湖泊就有47个,具有很高的观赏价值。纳木错是西藏最大的湖泊,也是世界上海拔最高的湖泊;西藏的冰川总面积达2.74万平方千米,占全国冰川总面积的46.7%,广布的冰川是热爱登山和探险人士的向往之地。

目前,西藏全区开放的著名山峰有44座,1个国家级风景名胜区,13个国家级文物保护单位和11个自治区级文物保护单位,旅游景点达100余处,其中4A级景点有5处,拉萨市也已成为国家命名的优秀旅游城市。全区已初步形成了以文化观光型旅游为主,多种专项旅游并存的多元化格局,基本上形成了以拉萨市为中心,日喀则、山南地区相结合,辐射那曲、阿里、林芝、昌都地区点线面相连的景点开发利用总体格局。

14.3.1.2 主要旅游景区、景点

(1)布达拉宫

布达拉宫位于拉萨市的古城中心西北约2千米的红山上,最高处海拔3 767.19米,是世界上海拔最高的古代宫殿,被誉为"世界屋脊的明珠"。占地面积36万多平方米,高177.19米,东西长360多米,由红宫、白宫两大部分组成。红宫为宗教活动场所,除了佛殿,还存放有历代达赖喇嘛的肉身灵塔;白宫则是达赖喇嘛生活起居和处理政务的主要场所。

布达拉宫最初是松赞干布为迎娶文成公主而兴建的,17世纪重建后,布达拉宫成为历代达赖喇嘛的冬宫居所,也是解放前西藏政教合一的统治中心。整座宫殿具有鲜明的藏式风格,依山而建,气势雄伟。布达拉宫中还收藏了无数的珍宝,堪称是一座艺术的殿堂。1961年,布达拉宫被列入第一批全国重点文物保护单位。1994年,布达拉宫被列为世界文化遗产。

(2)大昭寺

位于拉萨老城区的中心,占地16 700平方米,始建于唐贞观二十一年(647),距今已有1300多年的历史。全寺建有20多个殿堂,总建筑面积为25 100多平方米,是拉萨最古老的寺庙。大昭寺是西藏重大佛事活动的中心,许多重大的政治、宗教活动,如"金瓶掣签"等都在这里进行。主殿"觉拉康"内,供奉着唐文成公主从长安带来的一尊"觉阿"佛——释迦牟尼12岁时的等身镀金像。配殿内,供奉有松赞干布和文成公主、尼泊尔尺尊公主等人的塑像。寺内还保存有唐代以来的大量珍贵文物。寺前有《唐蕃会盟》碑和松赞干布与文成公主合植的唐柳等古迹。大昭寺建成后,成为当时吐蕃王朝的突出标志和象征。

(3)罗布林卡

位于拉萨市西郊,藏语意为"宝贝园林",是西藏人造园林中规模最大、风景最佳、古迹最多的园林。始建于18世纪40年代(达赖七世在位),是历代达赖喇嘛消夏理政的地方。全园占地约36万平方米,由格桑颇章、金色颇章、达旦明文颇章三组宫殿建筑组成,每组建筑分为宫前区、宫区和森林区三个部分。西部是幽静的森林区,东部是金顶石墙的宫殿。宫殿共三层,一层是经堂,前面有一个600平方米的石板院子;二层有罗汉殿,护法殿和达赖阅经室;三层是达赖接见僧俗官员的地方。园中树木茂盛,花卉繁多,更有

亭台池榭，林竹山石，珍禽异兽点缀其间，宫前长廊和室内雕梁画栋，富丽堂皇。

（4）扎什伦布寺

位于日喀则市城西的尼玛山东面山坡上，是西藏佛教格鲁派在后藏地区的最大寺院，与拉萨的“三大寺”甘丹寺、色拉寺、哲蚌寺合称藏传佛教格鲁派的“四大寺”。寺院始建于明正统十二年（1447），经历代班禅修缮、扩建，形成了如今气势磅礴的建筑群。

扎什伦布寺自班禅四世后为宗教和政治活动中心。该寺依山傍水，楼层高耸，金顶碧瓦，巍峨庄严。全寺分为脱桑林、夏孜、吉康、阿巴四个扎仓（经学院），内有殿堂数十处，墙上绘有壁画。另有历代班禅灵塔，塔身包裹银皮，镶嵌各色宝石，灿烂辉煌。寺内收藏有佛像、唐卡（卷轴佛画）、刺绣及精美贵重的珍玩、供器、瓷器，还有明、清皇帝颁发的金玉印章，封诰敕书及八思巴文的元代“大司徒印”印章等文物，是研究西藏古代文化和藏汉关系史的重要资料。1961 年被国务院列为第一批全国重点文物保护单位。

（5）萨迦寺

坐落于西藏自治区萨迦县奔波山上，是藏传佛教萨迦派的主寺，由萨迦的创始人昆·贡却杰布于公元 1073 年创建。寺中艺术珍品浩瀚，文物价值又极高，萨迦寺分南北两寺，以仲曲河为界，北寺修在北岸苯波山前，始建于宋神宗元丰二年（1079），北寺规模宏大，为一片重叠逶迤的建筑群，在“文革”中遭到毁灭性破坏。萨迦南寺坐落在日喀则地区萨迦县仲曲河南岸的平原上，始建于 1268 年，面积 14 700 平方米，平面呈正方形，有两圈城墙，城墙上有垛口。为了利于防守，除修有坚固的寺墙外，还修建了四个城堡和四个角楼，远远望去，非常对称、壮观。南寺内珍藏着大量具有历史和艺术价值的文物，如封诰、印章、佛像等。萨迦寺的元代壁画有上万平方米，以萨迦法王像和曼陀罗最有特色，仅曼陀罗壁画就有 130 多幅，因此萨迦寺又被人们称为“第二个敦煌”。

（6）江孜

古城江孜坐落在年楚河上游，距日喀则市 90 千米，是一座历史悠久、名胜集中的历史名城。江孜原来称之为“杰卡尔孜”，简称“杰孜”，逐渐变音为“江孜”。元朝（1206—1368 年）时江孜修建了白居寺，各方信徒云集，又位于交通要冲，工商业繁荣，遂形成西藏历史上的第三大城镇。江孜还被称为英雄城，1904 年，江孜军民在这里英勇抗击外国侵略者，至今宗山堡上仍保留着当年抗英的炮台。

（7）林芝

位于西藏自治区东南部，雅鲁藏布江下游，平均海拔 3 100 米，总面积约 11.7 万平方千米。林芝地区自然条件得天独厚，气候宜人，水资源丰富，素有“西藏江南”之美誉。该地区风光美丽，景点密布，现有 8 大景区 40 个景点，主要景区有国家 4A 级景区——巴松措，世界级的雅鲁藏布江大峡谷景区，海拔 7 787 米的世界第十五高峰——南迦巴瓦，世界柏树王园林，海拔 4 085 米的日及木错森林公园，以及独具风格的宁玛派寺庙——喇嘛岭。远山雪峰突立，阳光映照下，无数银光在蓝天下闪烁；接近峡谷处，山峦起伏跌宕，纵横交错，林海茫茫，松柏参天，满目清翠，层林尽染。雪山、深谷、森林，构成了林芝与众不同的自然景观。

林芝是门巴族、珞巴族等少数民族的聚居地，他们的生活习惯及宗教信仰皆保留着浓厚的传统色彩，具有独特的民族风情。古老的传统文化，以及藏传佛教和本地兴起并盛行的苯教,使林芝拥有著名的寺院等人文景点,与南迦巴瓦峰、雅鲁藏布江大峡谷、巴松错以及察隅、波密、墨脱等独特的自然风光构成了丰富多彩的旅游景观。

(8)雅鲁藏布大峡谷

位于林芝地区的米林县和墨脱县境内。大峡谷的入口在米林县的派乡,出口处为墨脱县的巴昔卡村,长度为504.6千米,极值深度6 009米,平均海拔3 000米以上,是世界上最大的峡谷。这里拥有我国山地生态系统最完整的垂直植被组合:热带低山半常绿季风雨林,亚热带中山常绿、半常绿阔叶林,亚高山常绿针叶林,高山灌丛草甸和高山冰缘等5个垂直顶级生态组合系列,有重点保护动物40余种,包括羚牛、孟加拉虎、金钱豹、赤斑羚、长尾叶猴、熊猴、小熊猫以及多种虹雉、棕颈犀鸟和蟒蛇等,是我国生物多样性最为丰富的地区之一。

雅鲁藏布大峡谷旅游资源丰富,拥有南迦巴瓦、加拉百垒等著名山峰,有被评为"中国十大徒步线路"之首的徒步墨脱线路,有具有悠久传统的转加拉宗教之旅,雅鲁藏布大峡谷徒步更是世界上最艰苦的徒步科考线路。

(9)纳木错湖

位于西藏自治区的中部,在那曲地区的东南边界和拉萨市区划的西北边界上,约有3/5的湖面在那曲地区的班戈县内,2/5的湖面在拉萨市的当雄县内。纳木错,藏语意为"天湖",是西藏三大圣湖之一,湖面海拔4 718米,东西长70千米,南北宽30千米,面积1 920平方千米,是西藏自治区最大的湖泊,中国第二大咸水湖,也是世界上海拔最高的大湖。

纳木错的形状像静卧的金刚度母,湖的南面有乌龟梁、孔雀梁等18道梁,湖的北面有黄鸭岛、鹏鸟岛等18个岛。湖的四面建有4座寺庙,即东有扎西多波切寺,南有古尔琼白玛寺,西有多加寺,北有恰妥寺,象征着佛教上所说的愠、怒、权、势。纳木错远离现代文明的污染,保持着自然原始生态,是朝圣者心目中的圣地。

14.3.2 青海省

14.3.2.1 区域旅游概况

青海省,简称青,位于青藏高原东北部,因域内有中国最大的内陆高原咸水湖——青海湖,而得名"青海"。是长江、黄河、澜沧江的发源地,被誉为"江河源头""中华水塔"。东西长1 200千米,南北宽800千米,面积72.12万平方千米。青海省是个多民族聚居的省份,主要有汉族、藏族,其他有回、蒙古、土、撒拉等民族。省会西宁市,是全省政治、经济、文化的中心。

青海省具有悠久的历史。距今六七千年前,古代先民们就繁衍生息在这片土地上。以古墓群、古寺庙、古岩画、古城堡为特征的名胜古迹众多。据统计,青海省人文风景旅游点有700余处,占全省风景旅游点的78%,其中以古文化遗存所占比例最高,包括古文化遗址、古墓葬、古城、石刻、岩画、壁画、古建筑、古道等,总计430余处,占人文风景旅游点的62.3%。其次为宗教寺院(以藏传佛教寺院和伊斯兰教清真寺院为主),总计近240

处，占人文风景旅游点的30%以上。古文化遗存中，中石器时代马家窑文化的彩陶以及广泛分布在全省各地的石刻、岩画、壁画，充分显示了高原古代民族的发展历史和精神风貌，有较高的旅游价值。宗教寺院尤其是藏传佛教寺院不仅数量较多，而且分布广泛，规模十分宏大，历史悠久，信教群众多，成为青海省人文风景旅游资源的重要组成部分。

青海自然风光雄奇壮美，境内山脉高耸，地形多样，河流纵横，湖泊棋布。青海省具备观赏规模的自然风景旅游点有120多处，占全省风景旅游点的14.8%，同人文风景旅游点相比虽然数量不大，但知名度更高。如世界屋脊为世界众多旅游者所向往，青海湖是中国最大的内陆咸水湖，它长105千米，宽63千米，周长360千米，面积达4 583平方千米，湖面高出海平面3 196米，是泰山顶峰的2倍。湖水最深处为38米。湖中有鸟岛、海心山、海西山、三槐石和沙岛可供游客游览。另外长江与黄河源头、柴达木盆地盐泽世界及雅丹地貌、坎布拉和互助北山国家级森林公园都是具有很高旅游价值的独特旅游资源。

青海省还是国家重点自然保护区，有野生动物250多种，其中属国家一类保护动物的有野骆驼、野牦牛、野驴、藏羚羊、盘羊、白唇鹿、雪豹、黑颈鹤、苏门羚、黑鹳等10种，有牦牛500多万头。位于青海湖西部的鸟岛，面积约1平方千米，每年春季有约10万只从中国南方和东南亚以及印度半岛飞来的10多种候鸟在这里繁衍生息，蔚为壮观，其集群繁殖密度之大，为亚洲罕见。

14.3.2.2 主要旅游景区、景点

(1)塔尔寺

位于青海省西宁市西南25千米处的湟中县城鲁沙尔镇。塔尔寺藏语中叫“拱本”，就是10万佛像的意思，是我国著名的六大喇嘛寺之一(其余五寺为西藏的色拉寺、哲蚌寺、扎什伦布寺、甘丹寺和甘肃的拉卜楞寺)，是喇嘛教黄教创始人宗喀巴诞生地，亦是西北地区佛教活动的中心。

塔尔寺始建于明嘉靖三十九年(1560)，至今已有400多年的历史。该寺依山势起伏，是由大金瓦寺、小金瓦寺、大经堂、小花寺、九间殿、大拉浪、如意宝塔、太平塔、菩提塔、过门塔等许多宫殿、经堂、佛塔寺组成的一个气势宏伟、藏汉艺术风格相结合的佛教园林古建筑群。整座寺不仅造型独特，富于创造性，而且细部装饰也达到了高超的艺术水平。寺内的酥油花、壁画和堆绣，被称为“塔尔寺三绝”，具有独特的民族风格和很高的艺术价值。每年农历正月、四月、六月、九月，塔尔寺举行四大法会，二月、十月举行两个小法会。塔尔寺是1961年国务院第一批公布的全国重点文物保护单位之一。

(2)青海湖旅游区

位于青藏高原的东北部，西宁市的西北部。青海湖，藏语叫作“错温波”，意思是“青色的湖”，是我国最大的咸水湖。景区以高原湖泊为主体，兼有草原、雪山、沙漠等景观。湖中有海心山、三块石、鸟岛、海西山、沙岛五个形态各异的岛屿，山峦叠翠，景观独特，其成以鸟岛闻名遐迩。湖面高出海平面3 196米，面积达4 583平方千米，而流域面积则比湖面大10倍，有50条短河从三山的四面八方汇入，没有出海的通路，因而又是我国最大的内陆湖。青海湖湖水含氧量少，含盐量最大，浮游生物稀少，透明度达8~9米以上，所

以显得格外湛蓝。湖区充满生机,到处可见牦牛、黄牛漫步,羊群吃草,构成“风吹草低见牛羊”牧歌式的图景。

鸟岛地处青海湖的西北部,面积约 1 平方千米,近年来由于注入的水量少于蒸发量,湖面逐渐下降,基本上已成为半岛。在长约 500 米,宽约 150 米的岛上栖息着近十万只候鸟,堪称“鸟的王国”。鸟岛坡度平缓,地表由沙土、石块覆盖,岛的西南边有几处泉水涌流。该岛是亚洲特有的鸟禽繁殖所,是我国八大鸟类保护区之首,也是青海省对外开放的一个重要地点。每年 3—4 月,从南方迁徙来的雁、鸭、鹤、鸥等候鸟陆续到青海湖开始营巢;5—6 月间鸟蛋遍地,幼鸟成群,热闹非凡,声扬数里,此时岛上有 30 余种鸟,数量达 16.5 万只之多;7—8 月间,秋高气爽,群鸟翱翔蓝天,游弋湖面;9 月底鸟群开始南迁。为保护鸟类供人观赏,1975 年 8 月建立了鸟岛自然保护区,1980 年被列为国家级自然保护区。鸟岛不仅以辽阔、明媚、恬静、雄伟、神奇而著称于世,而且以其丰富的水中矿产资源和渔类资源吸引着无数科技工作者和观游览的人们。

(3)日月山

横列于青海湖东侧,海拔 3 500 米,山顶有红色岩系裸露,故古称赤岭。据说当年文成公主入藏途经此山,怀揣宝镜,登峰东望,不见长安故乡,悲从心起,宝镜下滑坠地,一分为二,一半化为金日,一半化为银月,日月交相辉映,照亮着西去的征程,后人就以日月命名此山,故称“日月山”。现在山隘上尚立有刻着“日月山”三字的青石碑。山顶修有遥遥相望的日亭和月亭,山南脚下有流向独特的倒淌河。登上峰顶极目远望,东麓是富饶美丽的湟水流域,清澈的响河水蜿蜒曲折,盘山绕岭,滋润着两岸丰腴的田野,养育着这里勤劳的人民;而西北方便是波澜壮阔的青海湖;西南山峦绵亘、草原无际,帐篷点点、炊烟袅袅,数不尽的牛羊骏马犹如五彩斑驳的珍珠在绿油油的草地上滚动。距日月山 40 千米的西山脚下,便是闻名遐迩的倒淌河,南面几十千米处是奔腾咆哮的黄河和举世瞩目的龙羊峡。此山还是大丝路羌中道和唐蕃古道的咽喉之地,公元 734 年唐与吐蕃遣使于此划界立碑,定点进行茶马交易,并正式确定其为边防关隘,修筑了颇具盛名的石宝城,并留下了许多文化胜区。

(4)察尔汗盐湖

位于青海省格尔木市。“察尔汗”是蒙古语,意为“盐泽”。整个盐湖东西长 160 多千米,南北宽 20 ~ 40 千米,盐层厚约为 2 ~ 20 米,面积 5 800 平方千米,海拔 2 670 米,是中国最大的盐湖,也是世界上最著名的内陆盐湖之一。因长期风吹日晒,湖内形成了高浓度的卤水,逐渐结晶成了盐粒,湖面板结成了厚厚的盐盖,异常坚硬。在湖面上可以修公路、建铁路、造高楼,形成湖面车水马龙,湖下碧波荡漾的奇观,青藏铁路就从中穿行而过。横跨湖上长达 32 千米的“万丈盐桥”,是世界上最长的盐桥。整座桥全由盐铺成,堪称世界奇桥。察尔汗盐湖上建有多座钾肥厂,其中青海钾肥厂先进的船采船运生产工艺构成了盐湖上一道亮丽的工业旅游风景线。钾肥厂内的大型人工盐池,在日光照耀下,绚丽多彩,形成“盐海玉波”的奇观。此外千奇百态的盐花、盐脑、盐钟乳等都是盐湖孕育出的自然奇观。

(5)玉树

位于青海省西南青藏高原腹地的三江源头,藏语意为“遗址”,传说为格萨尔王建立领国的地方，平均海拔在 4 200 米以上。玉树素有“江河之源”的美誉，中华民族的母亲河长江、黄河和东南亚第一巨川湄公河（国内部分称澜沧江）均发源于玉树。另外境内还有有名扬藏区的玉树歌舞和神秘的唐蕃古道；有闻名遐迩的文成公主庙和众多教派的藏传佛教寺院；有世界之最的新寨加那嘛呢石堆和岗察寺殿内高达 25 米的宗喀巴座佛铜像；有黑颈鹤的故乡——隆宝滩国家级自然保护区和比较完整保留原始面貌的可可西里野生动物保护区等。目前玉树全州共有旅游观光景区、景点 40 余处。

（6）可可西里旅游区

位于青海西南部的玉树藏族自治州境内，“可可西里”蒙语意为“青色的山梁”。该地区总的地貌特征为南北两端高，中间稍低，内有冰川、高寒山地独有的冻丘、冰帐、石环等高原地貌，又有各类湖泊、湿地。自远处眺望可可西里，冰川林立，溪流纵横，泉眼、湖泊星罗棋布，五光十色，景色壮观独特，是世界少有的特殊高原风景区。可可西里气候严酷，自然条件恶劣，人类无法长期居住，被誉为“生命的禁区”。正因为如此，给高原野生动物创造了得天独厚的生存条件，成为“野生动物的乐园”。这里有多达 230 余种的野生动物，其中属国家一、二类重点保护的就有 20 余种。如藏野驴、野牦牛、藏羚羊、藏原羚、黄羊、熊、狼、雪豹等大型哺乳类动物，许多属于青藏高原特有物种。这些野生动植物种类不仅是我国的珍稀物种，而且为世界生物界所瞩目，无论在学术上还是在自然保护上都有特别重要的意义。根据可可西里自然资源及野生动植物的基本情况，国家有关部门已将可可西里列为国家级自然保护区。

（7）长江源头

长江全长 6 380 千米，是世界第三大河，它的源头是位于青海省南部唐古拉山脉主峰格拉丹东大冰峰。1979 年发现长江的正源是沱沱河。长江源区由正源沱沱河、南源当曲、北源楚玛尔河组成，沱沱河流与当曲汇合在一起以后，叫通天河。通天河流经青海省玉树藏族自治洲境内，接纳巴塘河后进入西藏自治区与四川交界处的高山峡谷之间，称为金沙江。金沙江流经著名的横断山脉区，在深切的峡谷之中穿过云贵高原北侧，流到四川省宜宾市。当它和北面流来的岷江在宜宾汇合之后，才称为长江。长江源头的景观十分壮丽，雪山冰峰，无垠的草地，蓝天白云倒映在河水中，构成了令人心旷神怡的美景。长江源头已被国家列为自然保护区。

（8）金银滩草原

位于青海省海晏县境内，是国家 4A 级旅游景区。平均海拔 3 200 多米，西部与宝山和青海湖相临，北、东部是高山峻岭环绕，南部与海晏县三角城接壤（三角城是西海郡遗址，建于西汉王莽秉政时期）。在这方圆 1 100 平方千米的大草原上，有麻皮河和哈利津河贯穿，北岸草滩上盛开着一种叫金露梅的小花，故称金滩，南岸草滩上则是洁白如银的银露梅的天下，谓之银滩。每至夏季，野花盛开，其中的金露梅开着黄花，银露梅开着白花，绽放成片，犹如金色和银色的草滩，金银滩草原因此得名。它不仅是黄河重要支流——湟水河的重要源区，发挥着重要的生态系统服务功能；同时还具有美丽的自然草原景观和丰富的人文民俗风情，是环西宁旅游经济圈和环青海湖民族体育旅游圈的重要组成部分，是青藏铁路经济带上的重要节点，被誉为“天上草原”。

本章小结

青藏高原是世界上最高最年轻的高原,有"世界屋脊"之称。这里有世界最高峰——珠穆朗玛峰,有中国内陆最大的咸水湖——青海湖,有巍峨壮丽的布达拉宫,有神奇的雅鲁藏布江大峡谷……青藏高原以其独特的人文和自然景观闻名于世,是科学探险、考察和生态旅游的胜地。而位于青藏高原地区形形色色的自然保护区,又是世界屋脊上生态环境最奇特、生物资源最丰富的自然资源宝库,具有极高的科学价值。

案例分析

就在2010中国城市市长拉萨雪顿高峰论坛水晶球被触亮之时,来自北京、上海、广东、福建、山东等地的30名自驾车爱好者和摄影爱好者,驾驶10多辆越野车自拉萨启程,开始了2010世界旅游精品——羌塘草原可可西里远征行。

随着西部大交通的改善和人们经济生活水平的提高,越来越多的旅游者选择自驾车出游。青藏铁路开通后,西部地区特别是青藏高原,成为很多自驾车爱好者的旅游目的地。青藏铁路在带动西藏旅游业迅猛发展的同时,也带动了青海省旅游的快速发展。很多坐火车到西藏的游客,往往会选择在青海停留适应几天,在游览了青海的人文与自然风光之后,再进藏继续旅游。青藏线把西宁与拉萨两个城市连在一起,西宁与拉萨共同联手打造青藏高原自驾游,青海省与西藏共同推动西部自驾游,通过客源互送,共同掀起西部旅游高潮将是大势所趋。

请分析:

1. 青藏铁路开通后,对西部旅游业带来什么样的影响。
2. 结合本章节的相关知识,分析青藏高原自驾旅游应注意哪些事项。

自我检测题

1. 青藏高原旅游区的旅游资源有何特点?
2. 青藏高原旅游区的主要旅游点有哪些?
3. 青海、西藏两省区发展旅游业各有什么优势?
4. 西藏有哪些主要佛教寺院,各有什么特色?
5. 导游证考试知识点

(1)单项选择题

1)三江"并流而不交汇"是世界上罕见的自然地理景观,三江指的是(　　)。

A. 金沙江、澜沧江、怒江　　B. 金沙江、怒江、漓江

C. 嘉陵江、澜沧江、沱江　　D. 岷江、沱江、嘉陵江

2）楹联"听飞瀑雄声，声声震耳；浥众山彩色，色色娱人"描写的景点是（　　）

A. 黄果树瀑布　　B. 青海湖　　C. 镜泊湖　　D. 天池

（2）多项选择题

1）拉萨是藏传佛教的中心，著名的"拉萨三大寺"指的是（　　）。

A. 拉卜楞寺　　B. 扎什伦布寺　　C. 甘丹寺

D. 哲蚌寺　　E. 色拉寺

2）下列关于《苏幕遮·青海湖》说法中，正确的是（　　）。

A. 词句"鸟语人喧，都道江山瑞"中"瑞"的是意思是"秀丽"

B. 词句"懒散鸬鹚礁上醉"中"鸬鹚"指的是"鱼鹰"

C. 词句"雁鸥来，繁子嗣"描写的是青海湖鸟岛的景色

D. "苏幕遮"是词牌名

E. 作者是当代诗人乐时鸣

实训题

1. 在青藏旅游区中为探险旅游爱好者策划一条"极地探险"旅游线路。
2. 欣赏项目：《青藏高原》风光片。
3. 网页游览：结合网络地图查找青藏铁路沿途的旅游景区（点），并一一列举出来。

参考文献

[1]黄远水. 中国旅游地理[M]. 北京:高等教育出版社,2015.

[2]毕毕,游长江. 旅游资源学[M]. 北京:旅游教育出版社,2010.

[3]王志电. 旅游地理[M]. 郑州:郑州大学出版社,2006.

[4]李燕琴,张茵,彭建. 旅游资源学[M]. 北京:清华大学出版社,2007.

[5]黄远水. 旅游资源学[M]. 沈阳:东北财经大学出版社,2007.

[6]王勇. 中国旅游地理[M]. 北京:对外经济贸易大学出版社,2006.

[7]王玉宝. 导游基础[M]. 北京:中国旅游出版社,2007.

[8]梁朝信. 中国旅游地理[M]. 北京:旅游教育出版社,2010.

[9]王玉宝. 导游基础[M]. 北京:中国旅游出版社,2007.

[10]王冬青,杨光. 全国导游基础知识[M]. 大连:大连理工大学出版社,2004.